Adalberto Pérez

LAS MENTIRAS DEL TÍO SAM

O

LOS MITOS DEL IMPERIO

LIBRO PRIMERO

© 2007, Adalberto Pérez.

Primera edición: Noviembre del 2007.

ISBN: 978-0-6151-7512-6

A Fidel Castro Ruz
–el venerable patriarca revolucionario que nos trazó el rumbo–,

a Hugo Chávez Frías
–el portador del Fuego Nuevo que anuncia que la Revolución y el
Pensamiento Bolivariano nunca fueron una excepción histórica–,

a Evo Morales Ayma
–esperanza y orgullo de los pueblos autóctonos suramericanos–,

y a todos los que luchan incansablemente por proteger
a la humanidad y al planeta de la barbarie yanqui
que amenaza con aniquilarnos.

PRÓLOGO

En los comienzos de este siglo XXI -cuando los vientos de libertad avivan con mayor fuerza la flama revolucionaria- la ambición imperialista yanqui amenaza al mundo entero y por doquier escuchamos lamentos de dolor.

Ahora que la *Operación Milagro* ha conseguido la proeza de devolverle gratuitamente la vista a más de ochocientas mil personas, que la *Misión Robinson* convirtió a Venezuela en territorio libre de analfabetismo, y que el galardonado método cubano *Yo Si Puedo* ha permitido que tres millones de individuos –en más de quince países de América Latina, Oceanía y África- sepan leer y escribir, necesitamos orientar al pueblo sobre el inminente peligro que nos acecha.

La humanidad vive uno de sus momentos cruciales porque estamos ante el dilema del ser o no ser de la antigua filosofía: Un sólo paso atrás y estamos perdidos; luchamos o perecemos, eso es todo.

Iraq –cuna de la espléndida civilización mesopotámica- ha sido invadido y saqueado por las hordas bárbaras, y los campos de concentración en Guantánamo -y alrededor del mundo- están repletos de infelices brutalizados por la dictadura yanqui.

Los crímenes y las injusticias de los últimos años –el bestial agravio contra los pueblos de África, Afganistán, Palestina y el Líbano- nos han confirmado irrebatiblemente que la ambición imperialista yanqui es una mortífera plaga que funestamente se extiende por todo el orbe.

Un asesor del Presidente Bush declaró al *New York Times* –en un arrebato geopolítico durante el verano del año 2002– que *"nosotros somos un imperio ahora y cuando actuamos creamos nuestra propia realidad... Y mientras usted se encuentra estudiando esa realidad –de manera juiciosa, como usted lo hará– nosotros actuaremos una vez más creando otras nuevas realidades, a las cuales usted también puede estudiar, y así es como las cosas se separarán... Somos actores de la historia y todos ustedes se quedarán tan sólo estudiando lo que nosotros hacemos..."*

Pero la auténtica realidad –la que no procede de la propaganda– demuestra concluyentemente que Estados Unidos –aunque poderoso– es incapaz de convertirse en un imperio porque no dispone de las fuerzas militares necesarias para sojuzgar ya no digamos al mundo entero sino a dos Estados medianos e indefensos en el Medio Oriente, porque no tiene la solvencia financiera para mantener su pretensión hegemónica mundial, y porque la población gringa se expande no exportando colonos sino importando dos millones y medio de extranjeros cada año.

Estados Unidos no es evidentemente un imperio sino una nación cuyas ambiciones imperiales representan un auténtico peligro para la humanidad, para todas las formas de vida que habitan el planeta y para la Tierra misma.

Los supremacistas anglosajones que regentan Estados Unidos son sólo *imperialistas de clóset* porque únicamente pueden expresar sus ambiciones en determinados círculos políticos -cónclaves secretos- y porque tienen que disfrazar sus perversas intenciones con la apariencia de la defensa de la libertad y de la democracia.

Estados Unidos no es el promotor de la libertad, de la democracia y de la civilización –ni el invulnerable imperio que la propaganda nos hace creer– sino un miserable organismo histórico –cuando mucho un *imperio cojo*, un *lame empire*, un *tigre de papel*- con severas taras congénitas porque desde su nacimiento se acostumbró a vivir y disfrutar a expensas de otros pueblos –la historia yanqui aporta nítido testimonio al respecto, con la legalización de la esclavitud, las incesantes guerras de agresión, la explotación colonial, los fraudes, los monopolios- y ahora se ha convertido en el pandillero de la aldea global que salvaguarda los sórdidos intereses del orden financiero mundial contra la liberación del Tercer Mundo.

Los ambiciosos imperialistas yanquis anhelan febrilmente dominar al mundo y recurren en estos instantes a su consagrado arsenal -el monopolio informativo, el embuste, la corrupción, la propaganda, la conspiración, el bloqueo económico, la diplomacia, el sabotaje, el genocidio, el asesinato de gobernantes legítimos que no se arrodillan ante sus dictados, la guerra sin declaración, la coacción militar con medios técnicos superiores, la aparentemente desinteresada ayuda económica con fines inconfesables- para concretar sus siniestros propósitos.

En estos precisos instantes nuestra amada América Latina es uno de los bocados más apetecidos por la bestia yanqui –principalmente Cuba, Venezuela, Bolivia, Nicaragua, Ecuador, la Triple Frontera- y está amenazada de muerte por la avalancha arrolladora y brutal del abominable imperialismo estadounidense.

De cuando en cuando emerge en América Latina algún estadista heroico y defensor de la libertad, pero los mercaderes gringos siempre intentan sobornar a esos hombres justicieros y -cuando no lo logran- suelen financiar grandes conjuras secretas para derrocarlos y asesinarlos porque la voracidad yanqui no escatima medios -por perversos que sean- para lograr sus fines.

La insaciable codicia estadounidense siempre desemboca en el magnicidio y en longevas dictaduras generosamente patrocinadas desde Washington.

Somos libres y queremos vivir libres, sin dictaduras capitalistas, sin guerras, sin amenazas, sin espías, sin muros, sin campos de concentración.

América Latina ha conquistado su independencia en los campos de batalla, ha sufrido lo indecible y ama su libertad.

Creemos que nuestra América Latina necesita una nueva doctrina política que sea superior al *capitalismo* que es sólo un movimiento oportunista sin ideología definida, un amasijo de conceptos diversos, contradictorios, modelados desde arriba, desde el poder, y por ello es totalmente derechista y extremista.

La doctrina capitalista tiene sabor a poder, a orgullo, a soberbia; sólo quiere dignidades, jerarquías, dinero, señorío; que le rindan vasallaje y pleitesía; que la aplaudan, que la admiren, que la idolatren; considera muy provechosa la desigualdad social e insolentemente decreta que sólo los *mejores* –los más arteros, cínicos, cobardes, tramposos, corruptos, pícaros- tienen el derecho de gobernar y de beneficiarse con los recursos nacionales.

No sólo de pan vive el hombre, por eso debemos alimentar mundialmente también una *contraofensiva de las ideas,* para demostrar que las acciones yanquis son un genuino peligro para la humanidad, y asegurarnos de que la propaganda imperialista gringa no encuentre terreno fértil en la mente ni en el corazón de nuestro pueblo.

Debemos restringir las posibilidades de que *las mentiras del Tío Sam –los mitos del imperio-* continúen manipulando despiadadamente las aspiraciones y las esperanzas de libertad de las naciones porque los pueblos deben entender que si se vive con terror, con pobreza, con hambre, con privaciones, con guerras y conflictos es por causa de la ambición imperialista yanqui que calamitosamente se propaga por el mundo.

El capitalismo y su credo neoliberal realmente no resisten un análisis de fondo -son basura- pero sólo demostrando la falsedad del sistema capitalista, sus monumentales fallas, y tirando sobre el tapete de la actualidad los principios fundamentales del *Socialismo Cristiano Latinoamericano* del siglo XXI podrá iniciarse en el mundo una nueva era, un nuevo orden en los siglos, apoyado por la América Latina.

Por lo anterior, ahí va como un león temible este pequeño y sencillo libro al campo de batalla –ciento por ciento verídico y práctico- para desenmascarar a los traidores y desconcertar a los opresores ante el veredicto solemne de las conciencias despiertas, y de los hombres libres de todo el mundo que están en contra de la tiranía y de los crímenes sin precedentes cometidos por el ambicioso régimen yanqui, y por los que lo apoyan.

¡Hasta la Victoria Siempre!
¡Patria, Socialismo o Muerte!
¡Venceremos!

Adalberto Pérez
24 de noviembre del año 2007

ÍNDICE

INTRODUCCIÓN

LA EDAD DE ORO

"Existió Una Edad de Oro cuando el oro no existía..."

Hugo Reichenbach.

Antiguas teogonías –viejas tradiciones que se pierden en la remota noche de los tiempos- nos recuerdan que alguna vez existió una *Edad de Oro,* cuando todo era de todos y el ser humano se encontraba en un idílico estado de pureza espiritual, libre del retorcido materialismo que nos agobia en este ciclo decadente.

La ancestral sabiduría –ampliamente consignada en templos, textos y tradiciones de más de treinta culturas pretéritas- nos ha legado valiosa información sobre la historia de la humanidad y nos previene sobre el destino de la actual Quinta *Raza Aria,* a la que pertenecen todos los pueblos del mundo.

Esos conocimientos -enraizados en la conciencia colectiva del género humano- son astutamente manipulados por los ambiciosos imperialistas yanquis que desde hace décadas nos anuncian que la *Edad de Oro* ha retornado, con Estados Unidos como avatara y el neoliberalismo como heraldo.

Pero necesitamos permanecer extremadamente atentos -y no dejarnos sorprender- porque resulta muy fácil confundir a la barbarie con la civilización.

Las civilizaciones se procesan en oleadas -tan pronto hay en ellas evolución como tan pronto involución- y a toda civilización le antecede y le sigue la barbarie.

No perdamos de vista que por obra de malabares propagandísticos se ha tergiversado la historia haciéndonos creer que el arbitrariamente denominado Tercer Mundo –la cuna de la humanidad- es un pueblo bárbaro, y que la élite supremacista blanca que controla a Estados Unidos -descendiente de los animalescos anglosajones que vivían en cavernas y subsistieron durante siglos saqueando a Europa- son la civilización.

Si curioseamos escrupulosamente en los documentos antiguos siempre encontraremos que los pueblos del norte europeo son los destructores de la civilización, los vándalos, los salvajes, los bárbaros.

En el transcurso de ésta *Quinta Raza Aria* han florecido muchas grandiosas civilizaciones que la barbarie destruyó –Micenas, Asiria, Babilonia, India, China, Egipto, Persia, Grecia, Roma, Mayas, Aztecas, Incas- pero ciertamente ninguna se desarrolló en el norte de Europa.

Antes de toda civilización, la barbarie duerme apaciblemente en su caverna, solitaria, muy feliz con su arco y su flecha.

Cuando nace la civilización, la barbarie comienza a desenvolverse tratando siempre de imitar y engalanarse con los trajes del progreso, finalmente se vuelve poderosa, asesina a la civilización y -después de sepultarla- regresa a la caverna para acariciar nuevamente su arco y su flecha.

George W. Bush –el inepto aprendiz de *Führer* que abandonó el desgastado pretexto imperialista de la *Guerra contra el Comunismo* y lo actualizó con la excusa de la eterna *Guerra contra el Terrorismo*- miente desvergonzadamente al insistir que "*estamos participando en una lucha mundial -una cruzada por la civilización- contra los seguidores de una ideología asesina que desprecia la libertad, elimina la disensión, tiene ambiciones territoriales, va en pos de objetivos totalitarios y pretende dominar a las naciones... Venceremos a los bárbaros y su ideología de odio al propagar la esperanza de la libertad en todo el mundo...*"

Los ambiciosos imperialistas estadounidenses falsifican –como siempre- los acontecimientos históricos porque verdaderamente no existe un *choque de civilizaciones* sino un choque fenomenal entre la civilización –la humanidad- y la barbarie yanqui que pretende destruirla.

Desde sus orígenes, la humanidad compartió generosamente el saber forjado en milenios de historia, pero el libre flujo del conocimiento comenzó a ser controlado durante el siglo XX mediante un mecanismo conocido como *Derechos de Propiedad Intelectual*.

Estados Unidos y sus compinches quieren evitar ahora que los países en vías de desarrollo se beneficien del libre flujo de los logros de la ciencia, y están patentando las especies vegetales, los microorganismos, las moléculas, los algoritmos, las partículas atómicas y hasta la información genética humana.

Es irónico que los *Derechos de Propiedad Intelectual* que no se aplicaron a conocimientos e invenciones fundamentales surgidas en el Oriente -como el concepto del cero, el álgebra, la medicina, la pólvora, el papel, o la astronomía- hoy se apliquen en todos los casos, y que lo que siempre fue libre e inherente a la naturaleza hoy se le adjudique absurdamente un dueño.

La libertad que los ambiciosos imperialistas yanquis proyectan para la humanidad es únicamente la libertad para el capital financiero. Los explotadores gringos se figuran que los pueblos son sólo objetivos económicos, mercados sometidos, clientes para la usura internacional y difuntos para la industria armamentista.

La humanidad y el planeta peligran por el poder de las corporaciones transnacionales yanquis que objetan –invariablemente- la legislación ambiental y económica de los países o los doblegan a sus pretensiones. Estas empresas –igual que las instituciones financieras estadounidenses- evaden el pago de impuestos a los gobiernos mediante la exportación de sus ganancias a *paraísos fiscales*, de modo que los fondos internacionales que se transfieren evadiendo impuestos se acercan diariamente al trillón de dólares.

El modelo yanqui de sociedad de consumo definitivamente no es el mejor sistema para la mayoría de la humanidad –ni para el planeta- porque jamás el mundo poseyó tanta riqueza y nunca como ahora tantos pobres, tantos hambrientos, tantos enfermos y tanta polución.

Nuestros pueblos no deben olvidar que el neoliberalismo es sólo una perniciosa entelequia humana y no una condición natural, por lo que en cualquier momento pueden renunciar a él y construir una alternativa de desarrollo diferente que privilegie realmente al prójimo.

Los codiciosos imperialistas gringos -adeptos del *darwinismo social*- falsean la *Teoría de la Evolución* porque Darwin estableció que la lucha por la supervivencia del más capaz se da exclusivamente entre individuos de la misma especie, y las potencias capitalistas de ningún modo luchan a muerte entre ellas para definir cuál es la más apta; que el número de individuos entre diferentes especies permanece equilibrado y constante, pero los países acaudalados aspiran a que todas las naciones sean capitalistas; y que la especie más competente, la que está en la cima de la pirámide evolutiva, necesita de la variedad de organismos en su ecosistema para no fenecer, pero el capitalismo elimina precisamente esa diversidad sociopolítica.

El verdadero peligro para la humanidad no es el comunismo -ni el terrorismo- sino la existencia de un bárbaro régimen yanqui que sólo ha esparcido la muerte en todo el planeta, y cuya actividad está profundamente determinada por los intereses corporativos e impulsada por una maquinaria propagandística que amplifica su poder político, militar y financiero.

La barbarie yanqui ha manipulado arteramente la fuerza colectiva y la ha puesto al servicio de una perturbada élite que ambiciona explotar planetariamente -sin riesgo y sin escrúpulos- la persona, la libertad y la propiedad ajenas, por eso llama *Ley* a su propia violencia, ha convertido la expoliación –para protegerla- en Derecho, y la legítima defensa de los pueblos contra la aniquilación en crimen, para castigarla.

La propaganda yanqui ha implantado en nosotros una fuerte inclinación a considerar lo legal como legítimo, hasta el punto que la mayoría de las personas crédulamente dan por sentado que toda justicia emana de la ley. Basta pues que la ley establezca y consagre la explotación para que ésta sea considerada justa y sacrosanta por millones de entumecidas conciencias.

Así, la esclavitud, la segregación, la discriminación, la explotación humana, el exterminio por hambre de pueblos enteros, el monopolio, la guerra de agresión, la tortura, los campos de concentración, el robo, la estafa, la corrupción, el fraude electoral, la manipulación mediática, el genocidio, el asesinato de líderes y jefes de Estado, encuentran defensores no solamente entre los que de ello se benefician sino aun entre los que por ello sufren, porque el persistente lavado cerebral ha conseguido que los oprimidos aprendan a besar amorosamente el látigo del malhechor.

Los trastornados imperialistas estadounidenses se consideran modelados con una arcilla diferente de la que usó el Supremo Creador para el resto de los hombres, dicen que son los guardianes de la civilización y se colocan neciamente por encima de la humanidad, quieren pastorear al mundo, quieren que seamos su rebaño, y tal arreglo presupone un mandato que nunca en verdad nadie les ha dado y una superioridad de naturaleza con respecto a la cual tenemos todo el derecho de ser escépticos, de cuestionarla y de reclamar pruebas.

Los ambiciosos imperialistas yanquis están absolutamente equivocados si creen que la humanidad será destrozada, arrojada a un sombrío abismo de miseria e ignorancia, de barbarie, de anarquía, de aniquilación en una prolongada esclavitud.

Estados Unidos se acostumbró, desde su fundación, a vivir del trabajo ajeno pero tendrá que aprender –a golpes de derrota- que está en la naturaleza de los hombres el reaccionar contra la iniquidad de que son víctimas, y que la humanidad tiende por vías revolucionarias a sacudirse al explotador mundial.

No importa la condición histórica que el individuo encarne: El deseo de libertad nunca podrá ser destruido porque es una fuerza invencible que se origina en la naturaleza humana, y es por esa razón que es universal.

La Libertad es una poderosa idea -sustantivo y verbo temible- fruto de las revoluciones y catalizador de tremendos cambios en la Historia.

Acorde al tiempo presente en el que prepondera la actitud de explotar al máximo todo aquello que represente ganancias o de ceñirse al pensamiento que está de moda, vemos como confusamente recurren al vocablo desde el ciudadano común con su dilatada escala de matices, pasando por los estudiosos, gobernantes, políticos, religiosos, economistas, ideólogos, comerciantes y hasta los militares.

Así, el concepto *Libertad* de las luchas revolucionarias, el de los movimientos sociopolíticos, el de los genuinos estadistas, el de la aspiración íntima del hombre, se transforma en un adjetivo que enaltece comunes asuntos.

Nos llueven entonces frases hechas: *libre empresa, libre mercado, libre comercio, libre cambio, libre importación, libre información, libre de estrés, libre de colesterol, libre de enfermedades, libre de contaminantes, pueblos libres, sexo libre...* Abusos idiomáticos que por su diaria difusión nos hacen suponer que -independientemente del contexto- la *Libertad* es una realidad vivida de manera global.

Lo único cierto es que en la historia de la humanidad la *Libertad* ha sido una perpetua edición del mito de Hércules recién nacido a punto de ser asesinado.

La libertad no es dádiva de los poderosos y se ha conquistado con luchas, sangre y sufrimientos.

La libertad, la justicia, y la paz en el mundo deberían fundamentarse en la aceptación implícita de la dignidad y de los derechos iguales e inalienables para todas las personas.

La trascendental obra del género humano consiste en edificar un mundo en el que disfrutemos de la libertad plena, lo que significaría libertad de palabra, libertad de pensamiento, libertad de expresión, libertad de creencia, libertad sobre el propio cuerpo, entre otras cosas.

Vivir como a uno más le agrade, eso es lo propio de la libertad, como sería de la esclavitud el no tener libre albedrío.

Con el pretexto de la defensa de la libertad y la democracia, e invocando el nombre de Dios, los dirigentes políticos yanquis -con la complicidad de los líderes religiosos y de los mercaderes- han azuzado a su pueblo a guerrear incesantemente, y a cometer actos de barbarie cada vez más ultrajantes para la conciencia de la humanidad.

La barbarie yanqui también ha robado los trajes de la civilización y ha evolucionado –aunque sólo superficialmente- pero por mucho que evolucione siempre será barbarie porque la bomba atómica, en el fondo, es sólo una evolución de la flecha y la lanza: Es la barbarie evolucionada.

Antes de que aparecieran las primeras civilizaciones de esta *Quinta Raza Aria* existió una *Edad de Piedra,* y cuando la *Raza Aria* desaparezca volverá una nueva *Edad de Piedra.*

Albert Einstein expresó que después de la *Tercera Guerra Mundial* el hombre volvería otra vez a coger el arco y la flecha, y la profecía de aquél sabio está en camino de cumplirse porque la barbarie yanqui ya está destruyendo la presente civilización.

EL NUEVO MAGISTERIO

"Las noticias y la Verdad no son la misma cosa..."

Walter Lipman.

El desarrollo del conocimiento a través de los siglos siempre ha estado sujeto a criterios económicos, políticos, religiosos, y de ningún modo se ha aceptado la divulgación de percepciones que -aunque verdaderas- contradijeran a esos intereses.

Los recursos para la investigación se asignan exclusivamente a aquellos que trabajan dentro de los parámetros establecidos, y quienes han osado revelar una concepción del mundo contraria a la versión institucional han sido objeto de burla, exclusión, persecución, encarcelamiento o asesinato.

La propaganda de los ambiciosos imperialistas yanquis induce hábilmente la idea de que los conocimientos que proceden de sus centros de estudios son axiomáticos e irrefutables, pero Harvard, IMT o Yale no son fábricas de genios porque la principal misión de esas universidades -al margen de la cuota de ciencia oficial que elaboran- es *colonizar* por medio de la enseñanza.

Robert Lansing –Secretario de Estado en la presidencia de Woodrow Wilson- reveló parte del proyecto yanqui de colonización mental cuando expresó -en el año 1920- que *"México es un país extraordinario, muy fácil de dominar porque basta controlar a un solo hombre: El Presidente de la República... Tenemos que abandonar la idea de establecer en la Presidencia de México a un ciudadano estadounidense porque esto nos llevaría otra vez a una guerra innecesaria con México... La solución favorable a nuestros intereses llevará más tiempo... Debemos abrir a los jóvenes mexicanos ambiciosos las puertas de nuestras universidades y hacer el esfuerzo por educarlos en el modo de vida americano, en nuestros valores y en el respeto absoluto al liderazgo de Estados Unidos... Con el tiempo, esos jóvenes llegaran a ocupar cargos importantes y finalmente se adueñarán de la Presidencia de México... Entonces -sin necesidad de que Estados Unidos gaste un solo centavo o dispare un solo tiro- harán lo que ordenemos, y lo harán mucho mejor y más radicalmente que nosotros..."*

Todos los gobiernos estadounidenses han alimentado magnánimamente un poderoso mecanismo de agresión propagandística –una hidra de diez mil cabezas- contra los países que no ceden ante sus bárbaras pretensiones imperiales, y los denominados *Think Tanks* –organizaciones dedicadas a sembrar entre los intelectuales, universitarios y políticos del mundo la percepción de que es inútil oponerse al proyecto de los codiciosos imperialistas gringos- también son parte del colonialismo educativo, del *nuevo magisterio* que amenaza nuestra independencia tanto como la agresión armada.

Enumeremos sólo unos cuantos ejemplos: La *Jamestown Foundation* –instaurada por la CIA en la época de Reagan para justificar la ambición imperialista yanqui, y muy activa durante el gobierno de Bush hijo- edita boletines especializados sobre poscomunismo y sobre terrorismo que sirven de referencia a otros *Think Tanks* e instituciones universitarias; el *American Enterprise Institute* –difusor de la *Nueva Iniciativa Atlántica* y del *Proyecto para un Nuevo Siglo Americano*- es dirigido discretamente por el actual vicepresidente Dick Cheney y por el expresidente Gerald Ford; el *Cato*

Institute –modelado con las teorías retrógradas de Friedrich von Hayek- defiende los intereses de las transnacionales yanquis contra los ecologistas, promueve la destrucción del Estado benefactor y la privatización total de los sistemas de pensiones; la *Heritage Foundation* –estrechamente vinculada a la *Administración Reagan* y con un presupuesto anual de 35 millones de dólares- difunde en los medios de comunicación ideas militaristas disfrazadas de liberalismo; la *Albert Einstein Institution* –financiada por la CIA- utiliza la *no violencia* como técnica de acción política para remover a gobiernos legalmente constituidos que no se someten a los dictados de Washington y está activa en casi cualquier país –desde Lituania a Serbia y desde Venezuela a Ucrania-; el *Center for Strategic and International Studies* –establecido en 1962 por orden de la CIA- pugna por la aniquilación de los Estados que aspiran a obtener poder nuclear, impulsa la rapiña yanqui de los recursos petroleros mundiales y fomenta la guerra de las civilizaciones; la *Brookings Institution* –etiquetada como el principal *Think Tank* del partido demócrata yanqui- propaga las mismas ideas republicanas sobre el imperialismo, el uso de la fuerza militar y el dominio del mundo, pero las encubre con presuntas razones humanitarias; la *Carnegie Foundation* –manejada siempre por una larga lista de exdirigentes de la CIA y vinculada estructuralmente a cuando menos 50 transnacionales yanquis- presuntamente realiza investigaciones sobre política internacional e induce el neoliberalismo en Rusia y Latinoamérica; la *Ford Foundation* –una fachada respetable para las operaciones de financiamiento de la CIA- es la mayor organización filantrópica del mundo, financió y sufraga miles de revistas, programas televisivos, proyectos científicos y organizaciones no gubernamentales; el *Manhattan Institute* –una red mundial de 90 centros de investigación que ha formado a los políticos republicanos de la Costa Este, como Rudolf Giuliani- aboga por el desmantelamiento de los servicios sociales, por eliminar el feminismo, por expulsar a los afroamericanos y a los pobres de las grandes ciudades yanquis, por la tolerancia cero ante el comportamiento social considerado como inadecuado por las élites, y por terminar con la *nefasta compasión basada en la fe*; el *Institute for the Análisis of Global Security* –refugio de todos los *imperialistas de clóset*- trabaja en un programa para reducir el consumo de hidrocarburos en Estados Unidos y diversificar los carburantes sólo durante un breve lapso que permita, sin temor a perturbar gravemente la economía yanqui, mantener el suministro energético e invadir a los principales Estados productores de petróleo; el *Center for Security Policy* –otro producto de la *Guerra Fría*- presume de dictar la política exterior yanqui porque miembros clave de la *Administración Bush* fueron adiestrados en esa institución; la *Freedom House* –presidida actualmente por James Woolse, exdirector de la CIA- se dedica a organizar imponentes campañas mediáticas internacionales para hostigar a China, a Rusia o a los países que se opongan a la ambición imperialista yanqui; la *National Endowment for Democracy* –instituida por Reagan como parte de las operaciones encubiertas de la CIA- apoya financieramente a dirigentes, sindicatos, asociaciones y partidos políticos con el objetivo de derrocar a los gobiernos que no se arrodillan ante los dictados gringos, y es financiada por la *Smith Richardson Foundation*, la *John M. Olin Foundation* y la *Lynde & Harry Bradley Foundation*, que a su vez son capitalizadas con contratos federales.

Así, la libertad de los pueblos está continuamente en peligro por causa de los *sesudos intelectuales* y *expertos* que –apadrinados en organizaciones como las anteriores- glorifican la explotación y el exterminio de la humanidad.

Si en política existen los colaboracionistas -los Petain, los Quisling, los Salinas de Gortari, los Menem, los Andrés Pérez, los Manuel Rosales, los Sánchez de Lozada, los Fujimori, los Fox, los Noboa, los Aznar, los traidores, los venales- entonces... ¿Por qué negarnos a aceptar que lo mismo ocurre en el ambiente intelectual?

Si Alberdi oficiosamente escribe que *"un mundo sin anglosajones es como un bosque sin pájaros"* y *"que sin Inglaterra y Estados Unidos la libertad desaparecería del mundo"*; si Sarmiento dice zalameramente que *"en Estados Unidos una raza europea pura engendró una raza europeizada y en Latinoamérica una raza euroafricana se mezcló a la indígena para formar un conglomerado en el cual todas las taras se suman"*; si William Graham Summer opina equivocadamente que *"los millonarios son un producto de la selección natural"*; si Leopoldo Lugones propone lisonjeramente, el día de la independencia yanqui, que *"saludar en su cumpleaños al pueblo generoso, centinela avanzado tantas veces de nuestras libertades próximas al naufragio, por agresiones y acechanzas que la historia registra, es más que una cortesía, es un deber"*; si Martín García Merou exagera abyectamente que Estados Unidos *"es una democracia donde los hijos del millonario como los del ínfimo obrero se acuestan sonrientes soñando con angelitos rosados"*; si el racista John Fiske inventa que África está llena de negros salvajes y que por eso merece ser explotada; si Faulkner ensalza alegremente la esclavitud sudista; si Thomas Mann exalta monstruosamente la guerra con afirmaciones que poco tienen que envidiar a los delirios decadentistas de Oswald Spengler; si Carlos Fuentes –íntimo del oligarca Enrique Cisneros- defiende servilmente al imperialismo y en su avanzada senilidad ha terminado convertido en un *Gringo Viejo*; si Vargas Llosa simula ser un revolucionario para despedazar precisamente a la verdadera revolución; si Francis Fukuyama, Jorge Bosch o José Sebreli insisten neciamente que la Historia ha llegado a su fin... Entonces sólo nos queda respetar sus opiniones, pero sabemos que mienten porque intentan darle a la obra de seres perversos una consistencia que el humanismo, la ética y el sentido común no admiten.

Debemos rechazar rotundamente a las autoridades absolutas o divinizadas –convertidas en ídolos por los medios de comunicación- y fomentar la libre investigación que es la base del espíritu científico.

La Internet -símbolo de modernidad, herramienta de desarrollo tecnológico y sinónimo de libertad para mucha gente alrededor del mundo- está amenazada permanentemente por los ambiciosos imperialistas estadounidenses que pretenden coartar la libertad de expresión y comunicación en la Web con el pretexto de la protección a los menores de edad, de la seguridad de los consumidores en línea y –después del derrumbe de las *Torres Gemelas*- de la lucha contra el terrorismo.

Detrás de las excusas gringas para controlar la Web encontramos el recelo de los obsesionados imperialistas yanquis a perder el control sobre la libre expresión de las ideas -que han ejercido durante siglos- y que ha sido pieza fundamental para mantener sometidos a los pueblos.

Bill Clinton planteó en 1996 y en el 2000 establecer la censura en Internet por vía legislativa, y el Supremo Tribunal de Estados Unidos declaró inconstitucionales las dos propuestas. Es célebre la sentencia del año 1996 en la que un juez de Pensilvania estableció que *"la ausencia de regulación gubernativa de los contenidos de Internet ha producido, incuestionablemente, una especie de caos, pero lo que hace de Internet un éxito es el caos que representa. La fuerza de Internet es ese caos. De la misma forma que la fuerza de Internet es el caos, la fuerza de nuestra libertad depende del caos y de la cacofonía de la expresión sin trabas que protege la Primera Enmienda. Por estas razones, sin dudarlo, considero que la Ley de Decencia en las Comunicaciones es prima facie inconstitucional..."*

A pesar de ese triunfo de la sociedad cibernética, la libertad en la red mundial está muriendo: En el 2001, Estados Unidos aprobó la *Patriot Act* –reforzada en el año 2004 con la ley S2845- que admite la censura y vigilancia en Internet; Francia decretó la *Ley de Seguridad Cotidiana* (LSQ), y muchos países han legislado irreflexivamente -en el mismo sentido- por instrucciones de Washington.

El Congreso yanqui legisló en el 2006 a favor de *AT&T, Comcast* y *Verizon* con la expresa intención de anular la libertad en la Web y segmentarla en un servicio para ricos –costoso y veloz- y otro para pobres, pero ambos con contenidos censurados por las grandes compañías proveedoras del servicio. Lo anterior significa que en el futuro todo el acceso a los contenidos de Internet estará controlado por el gobierno yanqui –a través de unas cuantas transnacionales de las telecomunicaciones- que gravará el comercio en la Web, y decidirá qué pueden y no pueden ver los cibernautas.

Estados Unidos se escuda en la lucha contra el terrorismo para aumentar la opresión sobre nuestros pueblos, y le teme a la Internet porque cada cibernauta es un revolucionario virtual, por eso ha creado un *Ejército del Ciberespacio* –subordinado al *U.S. Department of State* e integrado principalmente con cibermercenarios- que se encarga de observar y sabotear permanentemente a los países, organizaciones e individuos que considera sus enemigos.

El *U.S. Department of State* instituyó –el 14 de febrero del año 2006- el *Grupo de Tareas Contra la Internet Global,* para espiar y sabotear las actividades ciberespaciales de Cuba, Irán y China. El *Federal Bureau of Investigation* –FBI- admite que cuenta con un grupo de mercenarios informáticos que han creado un temible instrumento de *administración remota* para manipular a distancia el contenido de las computadoras personales.

Nuestros pueblos están en riesgo de ser derrotados cuando consideramos la independencia en Internet como un tema primordial sin discutir el control político y comercial sobre los otros medios de comunicación, sobre todo de la televisión, que es planetariamente la primera fuente de desinformación.

Los medios de comunicación -propiedad en su mayoría de los ambiciosos imperialistas estadounidenses o de sus lacayos en otros países- promueven, justifican e idolatran la expoliación yanqui, porque los reportajes e investigaciones que transmiten son diseñados para apoyar exclusivamente los privilegios del podrido sistema establecido, y limitar o anular el debate y las opiniones alternas.

Los megamedios –enormes corporaciones formadas a fines del siglo XX que invirtieron en radio, televisión, cable, computación, prensa y servicios satelitales- manipulan los procesos políticos para mantener sus beneficios y premeditadamente envilecen a la sociedad. La misión de esas compañías es evitar que la multitud se organice y se alce, haciendo que se quede en casa viendo partidos arreglados de fútbol, novelas insípidas o películas violentas. En la actualidad, la multitud no ve, no escucha, ni lee nada que no convenga a los dueños de esas empresas. Esos consorcios han materializado el triste augurio de Eduardo Galeano cuando anuncia: *"Fin de siglo, fin de milenio, tiempo del desprecio. Pocos propietarios, muchos poseídos; pocos opinadores, muchos opinados; pocos consumidores, muchos consumidos; pocos desarrollados, muchos arrollados..."*

Albert Einstein –en mayo del año 1949- advirtió clarividentemente que *"la anarquía económica de la sociedad capitalista, tal cómo existe hoy, es en mi opinión la verdadera fuente del mal... Con las condiciones existentes, los capitalistas privados inevitablemente controlan -directa o indirectamente- las fuentes principales de información –prensa, radio, educación-... Es así extremadamente difícil, y de hecho en la mayoría de los casos absolutamente imposible para el ciudadano obtener conclusiones objetivas y hacer un uso inteligente de sus derechos políticos... El verdadero propósito del socialismo es precisamente, superar y avanzar más allá de la fase depredadora del desarrollo humano..."*

John Hess -un veterano reportero del *New York Times*- denunció perspicazmente que *"nunca he sabido de alguna agresión militar estadounidense que el New York Times no apoyara... Nunca he sabido de incrementos al transporte, a las rentas o a los servicios públicos que el New York Times no respaldara... Nunca he visto que el New York Times se ponga del lado de los trabajadores durante alguna huelga o paro laboral, ni he visto que abogara por un aumento de salario para los trabajadores, y ni que decir sobre su postura acerca del descompuesto sistema de salud o sobre el Seguro Social... Así que, ¿Por qué la gente piensa que el New York Times es un periódico liberal y progresista?"*

Los medios de comunicación adulteran los hechos históricos, y los eventos que exhiben nada tienen que ver con la realidad porque la verdad sobre cada suceso queda sepultada por toneladas de mentiras.

Estados Unidos ha intentado persistentemente –desde su derrota en la invasión de Vietnam- redelinear la historia, y es por eso que hasta la *Radio Nacional Pública* y las televisoras comunitarias, además del complaciente *New York Times,* se treparon al carro de la propaganda para apoyar la agresión contra Iraq y preconizar las mentiras sobre las armas de destrucción masiva.

Un ejemplo reciente que demuestra inmejorablemente la habilidad y la perfidia de la propaganda gringa fue la manipulación mediática del magistral discurso que el Presidente Hugo Chávez pronunció al participar en el LXI período de sesiones de la Asamblea General de la ONU.

Recordemos que todos los políticos, periodistas, analistas, y los medios de comunicación prosternados indecentemente ante la ambición imperialista yanqui, sepultaron la vibrante alocución del mandatario Hugo Chávez -ante el pleno de la Organización de Naciones Unidas, el 20 de septiembre del año 2006- y lo redujeron al *leitmotiv* de que el Presidente de la República Bolivariana de Venezuela había insultado a Bush llamándolo diablo.

Charles Rangel -un representante demócrata cuyo distrito abarca el área de Harlem en Nueva York- envió una nota al director de *The Daily News* para expresar su *"total desagrado con las declaraciones del Presidente de Venezuela en que atacó al presidente Bush de una manera tan personal y despectiva... En el pasado, he simpatizado con parte de sus críticas a la política exterior de este gobierno... He sido ciertamente un crítico de la fracasada invasión de Bush a Iraq, pero no puedo permitir que un líder de otro país venga a mi nación y a mi comunidad para insultar personalmente a mi presidente..."*

Nancy Pelossi –la coordinadora de la mayoría demócrata en el Congreso estadounidense- señaló alocadamente -casi en estado de síncope al ser entrevistada por el *New York Post* el 22 de septiembre del 2006- que Hugo Chávez *"se hace la ilusión de ser un Simón Bolívar contemporáneo, cuando en realidad, es un matón moderno..."*

William Brownfield –en aquél momento el embajador yanqui en Venezuela- afirmó en declaraciones transmitidas por la televisora proyanqui *Globovision* que *"no estoy de acuerdo con el calificativo de diablo dado por Chávez a su homólogo estadounidense... Creo que es también la posición de mi gobierno y del pueblo de Estados Unidos. La decisión de calificar a un diablo es más cuestión para la Iglesia y menos para gobiernos..."*

El infame John Bolton –temporalmente el representante gringo ante la ONU- dijo que *"no voy a comentar al respecto, porque sus afirmaciones simplemente no merecen una respuesta... La gente seria puede escuchar lo que él tiene que decir, y si lo hacen lo rechazarán..."*

Era un tristísimo espectáculo observar al día siguiente –21 de septiembre del 2006- a las víctimas del lavado cerebral deambulando casi por cualquier parte, y repitiendo como loros el sonsonete que la maquinaria propagandística les recetó la noche anterior, acerca de que el Presidente de Venezuela era un criminal que debería ser linchado por haber llamado diablo al homúnculo que usurpó con dos fraudes electorales la presidencia en Estados Unidos –ojalá todos hubieran reaccionado con el mismo coraje cuando Pat Robertson, un influyente conspirador yanqui disfrazado de cristiano, clamó impunemente por el asesinato de Hugo Chávez en una transmisión televisiva nacional-.

La desdichada gente cree que piensa lúcidamente, pero la realidad es que no razona porque vive con su conciencia adormecida a causa del veneno propagandístico yanqui, por eso ignora rotundamente lo que el Presidente Hugo Chávez expresó en aquella soberbia pieza oratoria -de veintitrés minutos y 49 segundos de duración- y nunca se interrogó sobre el contenido total del mencionado discurso.

Ante el pleno de la ONU, el mandatario venezolano comparó el discurso que George Bush pronunció -un día antes- con una película de Hollywood, a la cual se podría dar el título de *Las Recetas del Diablo*; alertó que su homólogo estadounidense se presentó ante las Naciones Unidas para tratar de mantener el actual esquema de dominación, explotación y saqueo de los pueblos del mundo; advirtió que Bush tiene gran facilidad para mentir y en particular se refirió a las personas que murieron presuntamente por *fuego cruzado* durante la agresión yanqui en el Líbano; condenó las amenazas de Washington contra su país e Irán; insistió que ha llegado el momento de aceptar que el sistema de la ONU ha colapsado porque el uso del veto por parte de Estados Unidos fue lo que permitió a las fuerzas israelíes destrozar al Líbano; reiteró las propuestas de su país para reformar la ONU, expandir el Consejo de Seguridad con miembros permanentes y no permanentes en representación del Tercer Mundo, eliminar el derecho de veto y el hegemonismo; criticó al gobierno yanqui por su campaña agresiva e inmoral para impedir que Venezuela fuera elegida libremente como miembro no permanente del Consejo de Seguridad; denunció a Estados Unidos por su doble rasero ante el terrorismo y por proteger a connotados terroristas como Luis Posada Carriles; recordó que se acercaba el 30 aniversario de la voladura del avión de *Cubana de Aviación* que costó la vida a 73 personas y que Posada Carriles -responsable de ese atentado y prófugo de la justicia venezolana- vive en Estados Unidos protegido por el Gobierno de George Bush; subrayó que otros terroristas que han cometido crímenes en Venezuela también viven en la Unión Americana, amparados por el gobierno estadounidense; habló de su participación en la *Cumbre del Movimiento de Países No Alineados,* celebrada una semana antes en La Habana, y pidió a sus integrantes respaldar su fortalecimiento.

Pero nunca faltan los incrédulos y prefiero -por esta única vez- reproducir la versión estenográfica –disponible en el Website de la ONU- de la excelente arenga que el Presidente de la República Bolivariana de Venezuela pronunció en aquella memorable ocasión, para que aquél que quiera enterarse de qué es lo que ocultó la propaganda yanqui pueda hacerlo y formar su juicio libremente:

Presidenta de la LXI Asamblea General de las Naciones Unidas, Sheika Haya Rashed Al-Khalifa: En nombre de la Asamblea General tengo el honor de dar la bienvenida a las Naciones Unidas a Su Excelencia el señor Hugo Chávez Frías, presidente de la República Bolivariana de Venezuela, e invitarle a dirigirse a la Asamblea.

Asistentes (Aplausos).

Presidente de la República Bolivariana de Venezuela, Hugo Chávez:
Señora Presidenta, excelencias, jefes de Estado, jefes de Gobierno y altos representantes de los Gobiernos del mundo: muy buenos días a todos y a todas. En primer lugar quiero invitarles con mucho respeto a quienes no hayan podido leer este libro, a que lo leamos; Noam Chomsky, uno de los más prestigiosos intelectuales de esta América y del mundo, Chomsky, uno de sus más recientes trabajos: Hegemonía o supervivencia, hegemonía o supervivencia, La estrategia imperialista de Estados Unidos. Excelente trabajo para entender lo que ha pasado en el mundo en el siglo XX, lo que hoy está pasando, y la más grande amenaza que se cierne sobre nuestro planeta: la pretensión hegemónica del imperialismo norteamericano pone en riesgo la supervivencia misma de la especie humana.

Seguimos alertando sobre ese peligro y haciendo un llamado al propio pueblo de los Estados Unidos y al mundo para detener esta amenaza que es como la propia espada de Damocles. Yo pensaba leer algún capítulo, pero, por respetar el tiempo, más bien lo dejo como una recomendación. Se lee rápido. Es muy bueno, señora Presidenta. Seguramente usted lo conoce. Está publicado en inglés, en alemán, en ruso, en árabe, seguramente...

Asistentes (aplausos).

Presidente Chávez: Miren, yo creo que los primeros ciudadanos que deberían leer este libro son los ciudadanos hermanos y hermanas de los Estados Unidos, porque la amenaza la tienen en su propia casa; el diablo está en casa, pues. El diablo, el propio diablo está en casa. Ayer vino el diablo aquí.

Asistentes (Aplausos).

Presidente Chávez: Ayer estuvo el diablo aquí, en este mismo lugar. ¡Huele a azufre todavía esta mesa donde me ha tocado hablar! Ayer, señoras, señores, desde esta misma tribuna el señor Presidente de los Estados Unidos, a quien yo llamo «el diablo», vino aquí hablando como dueño del mundo, como dueño del mundo. Un psiquiatra no estaría demás para analizar el discurso de ayer del Presidente de los Estados Unidos. Como vocero del imperialismo vino a dar sus recetas para tratar de mantener el actual esquema de dominación, de explotación y de saqueo a los pueblos del mundo. Para una película de Alfred Hitchcock estaría buena; incluso yo propondría un título: «La receta del diablo».

Es decir, el imperialismo norteamericano —y aquí lo dice Chomsky con una claridad meridiana y profunda— está haciendo desesperados esfuerzos por consolidar su sistema hegemónico de dominación. Nosotros no podemos permitir que eso ocurra, no podemos permitir que se instale la dictadura mundial; que se consolide, pues, que se consolide la dictadura mundial.

El discurso del Presidente-tirano mundial, lleno de cinismo, lleno de hipocresía, es la hipocresía imperial, el intento de controlar todo. Ellos quieren imponernos el modelo democrático como lo conciben: la falsa democracia de las élites. Y además un modelo democrático muy original: ¡Impuesto a bombazos, a bombardeos y a punta de invasiones y de cañonazos! ¡Vaya qué democracia! Habría que revisar las tesis de Aristóteles, ¿no? Y de los primeros que hablaron por allá en Grecia, de la democracia, a ver qué modelo de democracia es ése, el que se impone a punta de marines, de invasiones, de agresiones y de bombas.

Dice el Presidente de los Estados Unidos ayer, en esta misma sala, lo siguiente: «Hacia dondequiera que usted mira, oye a extremistas que le dicen que puede escapar de la miseria y recuperar su dignidad a través de la violencia, el terror y el martirio». ¡Dondequiera que él mira ve a extremistas! Yo estoy seguro de que te ve a ti, hermano, con ese color, y cree que eres un extremista. Con este color, Evo Morales —que vino ayer, el digno presidente de Bolivia— es un extremista. Por todos lados ven extremistas los imperialistas.

No, no es que somos extremistas; lo que pasa es que el mundo está despertando y por todos lados insurgimos los pueblos. Yo tengo la impresión, señor dictador imperialista, de que usted va a vivir el resto de sus días con una pesadilla, porque por dondequiera que vea, vamos a surgir nosotros, los que insurgimos contra el imperialismo norteamericano, los que clamamos por la libertad plena del mundo, por la igualdad de los pueblos, por el respeto a la soberanía de las naciones.

Sí, nos llaman extremistas, insurgimos contra el imperio, insurgimos contra el modelo de dominación.

Luego, el señor Presidente vino a hablarles, así lo dijo: «Hoy quiero hablarles directamente a las poblaciones del Oriente Medio, mi país desea la paz...». Esto es cierto. Si nosotros nos vamos por la calles del Bronx, si nosotros nos vamos por las calles de Nueva York, de Washington, de San Diego, de California, de cualquier ciudad, de San Antonio, de San Francisco y le preguntamos a la gente en las calles, a los ciudadanos estadounidenses. Este país quiere la paz. La diferencia está en que el Gobierno de este país, de Estados Unidos, no quiere la paz, quiere imponernos su modelo de explotación y de saqueo, y su hegemonía a punta de guerras. Ésa es la pequeña diferencia, quiere la paz, ¿y qué está pasando en Irak?, ¿y qué ha pasado en el Líbano y en Palestina?, ¿y qué ha pasado en 100 años, pues, en América Latina y en el mundo? Y ahora las amenazas contra Venezuela, nuevas amenazas contra Venezuela, nuevas amenazas contra Irán... Le habló al pueblo del Líbano: «Muchos de ustedes han visto cómo sus hogares y sus comunidades quedaron atrapadas en el fuego cruzado». ¡Vaya qué cinismo!, ¡vaya qué capacidad para mentir descaradamente ante el mundo! Las bombas en Beirut, lanzadas con precisión milimétrica, ¿son fuego cruzado? Creo que el Presidente está pensando en las películas del Oeste, cuando se disparaba desde la cintura y alguien quedaba atravesado en el fuego cruzado. ¡Fuego imperialista, fuego fascista, fuego asesino y fuego genocida, el del imperio y el de Israel contra el pueblo inocente de Palestina y el pueblo del Líbano! ¡Ésa es la verdad!, ahora dicen que sufren, que estamos sufriendo porque vemos sus hogares destruidos.

En fin, el Presidente de los Estados Unidos vino a hablarles a los pueblos, vino a decir, además —yo traje, señora Presidenta, unos documentos, porque estuve esta madrugada viendo algunos discursos y actualizando mis palabras—, le habló al pueblo de Afganistán, al pueblo del Líbano: "Al pueblo de Irán le digo..., al pueblo del Líbano le digo..., al pueblo de Afganistán le digo...". Bueno, uno se pregunta: así como el Presidente de los Estados Unidos le dice "le digo..." a esos pueblos, ¿qué le dirían esos pueblos a él, si esos pueblos pudieran hablar?, ¿Qué le dirían? Yo se los voy a recoger porque conozco a la mayor parte del alma de esos pueblos, los pueblos del Sur, los pueblos atropellados. Dirían: "Imperio yankee go home", ése sería el grito que brotaría por todas partes si los pueblos del mundo pudieran hablarle a una sola voz al imperio de los Estados Unidos.

Por eso, señora Presidenta, colegas, amigas y amigos, nosotros el año pasado vinimos aquí a este mismo salón, como todos los años en los últimos ocho, y decíamos algo que hoy está confirmado plenamente y yo creo que aquí casi nadie en esta sala pudiera pararse a defender: el sistema de Naciones Unidas, nacido después de la Segunda Guerra Mundial —aceptémoslo con honestidad—, colapsó, se desplomó, ¡no sirve! Sirve para venir aquí a dar discursos, a vernos una vez al año, sí, para eso sí sirve; y para hacer documentos muy largos y hacer buenas reflexiones y oír buenos discursos como el de Evo ayer, como el de Lula, y muchos discursos, el que estábamos oyendo ahora mismo, del Presidente de Sri Lanka y el de la Presidenta de Chile. Sí, para eso sirve. Pero nos han convertido a esta Asamblea en un órgano meramente deliberativo, meramente deliberativo sin ningún tipo de poder para impactar de la más mínima manera la realidad terrible que vive el mundo.

Por eso nosotros volvemos a proponer, Venezuela vuelve a proponer aquí hoy, este día 20 de septiembre, que refundemos las Naciones Unidas. Nosotros hicimos el año pasado, señora Presidenta, cuatro modestas propuestas que consideramos de necesidad impostergable *para que las asumamos los jefes de Estado, los jefes de Gobierno, nuestros embajadores, nuestros representantes, y las discutamos.*

Primero, la expansión —ayer lo decía Lula aquí mismo— del Consejo de Seguridad, tanto en sus categorías permanentes como en las no permanentes, dando entrada a nuevos países desarrollados y a países subdesarrollados, el tercer mundo, como nuevos miembros permanentes. Eso en primer lugar.

En segundo lugar, la aplicación de métodos eficaces de atención y resolución de los conflictos mundiales, métodos transparentes de debate, de decisiones.

Tercero, nos parece fundamental la supresión inmediata —y eso es un clamor de todos— de ese mecanismo antidemocrático del veto, el veto en las decisiones del Consejo de Seguridad. Vaya un ejemplo reciente: El veto inmoral del Gobierno de los Estados Unidos permitió libremente a las fuerzas israelíes destrozar el Líbano, en el rostro, delante de todos nosotros, evitando una resolución en el Consejo de Seguridad de Naciones Unidas.

Y en cuarto lugar, necesario fortalecer —decimos siempre— el papel, las atribuciones del secretario general de Naciones Unidas. Ayer nos daba un discurso el secretario general, prácticamente de despedida, y reconocía que en estos diez años el mundo lo que ha hecho es complicarse, y que los graves problemas del mundo, el hambre, la miseria, la violencia, la violación a los derechos humanos lo que ha hecho es agravarse. Esto es consecuencia terrible del colapso del sistema de Naciones Unidas y de la pretensión imperialista norteamericana.

Por otra parte, señora Presidenta, Venezuela decidió hace varios años dar esta batalla por dentro de Naciones Unidas, reconociendo Naciones Unidas como miembros que somos, con nuestra voz, con nuestras modestas reflexiones; una voz independiente somos para representar la dignidad y la búsqueda de la paz, la reformulación del sistema internacional; para denunciar la persecución y las agresiones del hegemonismo contra los pueblos del planeta. Venezuela de esa manera ha presentado su nombre, esta Patria de Bolívar ha presentado su nombre y se ha postulado para un puesto como miembro no permanente del Consejo de Seguridad. Vaya usted a saber: el Gobierno de los Estados Unidos ha iniciado una agresión abierta, una agresión inmoral en el mundo entero para tratar de impedir que Venezuela sea elegida libremente para ocupar una silla en el Consejo de Seguridad; le tiene miedo a la verdad, el imperio tiene miedo a la verdad, a las voces independientes, acusándonos de extremistas. Ellos son los extremistas.

Yo quiero agradecer aquí a todos aquellos países que han anunciado su apoyo a Venezuela, aun cuando la votación es secreta y no es necesario que nadie lo anuncie. Pero creo que dada la agresión abierta del imperio norteamericano, eso aceleró el apoyo de muchos países, lo cual fortalece mucho moralmente a Venezuela, a nuestro pueblo, a nuestro Gobierno. El Mercosur, por ejemplo, en bloque ha anunciado su apoyo a Venezuela, nuestros hermanos del Mercosur — Venezuela ahora es miembro pleno del Mercosur con Brasil, Argentina, Uruguay, Paraguay— y muchos otros países de América Latina, como Bolivia; el Caricom en pleno anunció su apoyo a Venezuela; la Liga Árabe en pleno anunció su apoyo a Venezuela. Agradezco muchísimo al mundo árabe, a nuestros hermanos de Arabia, esa Arabia profunda. A nuestros hermanos del Caribe, de la Unión Africana: casi toda África anunció su apoyo a Venezuela. Y países como Rusia, como China y muchos otros países del planeta. Muchísimas gracias, a nombre de Venezuela, a nombre de nuestro pueblo y a nombre de la verdad. Porque Venezuela, al ocupar un puesto en el Consejo de Seguridad va a traer la voz no sólo de Venezuela, la voz del tercer mundo, la voz de los pueblos del planeta, ahí estaremos defendiendo la dignidad y la verdad.

Más allá de todo esto, señora Presidenta, creo que hay razones para que seamos optimistas, irrenunciablemente optimistas, diría un poeta, porque más allá de las amenazas, de las bombas, de las guerras, de las agresiones, de la guerra preventiva, de la destrucción de pueblos enteros, uno puede apreciar que se está levantando una nueva era, como canta Silvio Rodríguez: «La era está pariendo un corazón». Se levantan corrientes alternativas, pensamientos alternativos, movimientos alternativos, juventudes con pensamiento distinto; se demostró ya en apenas una década que era totalmente falsa la tesis del fin de la historia, totalmente falsa la tesis de la instauración del imperio americano, de la pax americana, la instauración del modelo capitalista, neoliberal que lo que genera es miseria y pobreza, es totalmente falsa la tesis, se vino abajo, ahora hay que definir el futuro del mundo. Hay un amanecer en el planeta y se ve por todas partes, por América Latina, por Asia, por África, por Europa, por Oceanía.

Quiero resaltar esa visión de optimismo para que fortalezcamos nuestra conciencia y nuestra voluntad de batalla por salvar al mundo y construir un mundo nuevo, un mundo mejor. Venezuela se suma a esa lucha y por eso somos amenazados.

Ya Estados Unidos planificó, financió e impulsó un golpe de Estado en Venezuela y Estados Unidos sigue apoyando movimientos golpistas en Venezuela y contra Venezuela, sigue apoyando el terrorismo. Ya la presidenta Michelle Bachelet recordaba hace unos días —perdón, hace unos minutos— el horrible asesinato del ex canciller chileno Orlando Letelier; yo sólo agregaría lo siguiente: los culpables están libres y los culpables de aquel hecho donde murió también una ciudadana estadounidense, son norteamericanos, de la CIA, terroristas de la CIA. Pero además hay que recordar en esta sala que dentro de pocos días también se cumplirán 30 años igualmente de aquel hecho terrorista horripilante de la voladura del avión cubano, donde murieron 73 inocentes, un avión de Cubana de Aviación, ¿y dónde está el más grande terrorista de este continente y quien asumió la voladura del avión cubano, como autor intelectual? Estuvo preso en Venezuela unos años, se fugó, allá por complicidad de funcionarios de la CIA y del Gobierno venezolano de entonces. Está aquí viviendo en Estados Unidos, protegido por este gobierno, y fue convicto y confeso. El gobierno de Estados Unidos tiene un doble rasero y protege el terrorismo.

Estas reflexiones, para decir que Venezuela está comprometida en la lucha contra el terrorismo, contra la violencia, y se une a todos los pueblos que luchamos por la paz, y por un mundo de iguales.

He hablado del avión cubano, Luis Posada Carriles se llama el terrorista, está protegido aquí. Como protegidos están aquí grandes corruptos que se fugaron de Venezuela; un grupo de terroristas que allá pusieron bombas contra embajadas de varios países, que allá asesinaron gente durante el golpe de Estado, secuestran a este humilde servidor y lo iban a fusilar, sólo que Dios metió su mano, y un grupo de buenos soldados y un pueblo que se fue a las calles; y de milagro estoy aquí. Están aquí, protegidos por el Gobierno de Estados Unidos los líderes de aquel golpe de Estado y de aquellos actos terroristas. Yo acuso al Gobierno de Estados Unidos de proteger al terrorismo, y de tener un discurso totalmente cínico.

Hablamos de Cuba, venimos de La Habana, venimos felices de La Habana, estuvimos allá varios días; y allí se puede ver el nacimiento de una nueva era: la Cumbre del G-15, la Cumbre del Movimiento de los No Alineados, con una resolución histórica: documento final —no se asusten, no lo voy a leer todo—, pero aquí hay un conjunto de resoluciones tomadas en discusión abierta y con transparencia por más de 50 jefes de Estado. La Habana fue capital del Sur durante una semana. Hemos relanzado el Movimiento de los No Alineados; y si algo puedo pedir aquí a todos ustedes, compañeros y hermanos y hermanas, es que le pongamos mucha voluntad para fortalecer el Grupo de los No Alineados, importantísimo para el nacimiento de la nueva era, para evitar la hegemonía y el imperialismo.

Y además, ustedes saben que hemos designado a Fidel Castro presidente del Grupo de No Alineados para los próximos tres años, y estamos seguros de que el compañero presidente Fidel Castro va a *llevar la batuta con mucha eficiencia. Para los que querían que Fidel se muriera, pues, frustrados quedaron, y frustrados quedarán; porque Fidel ya está uniformado de nuevo de verde oliva, y ahora no sólo es el Presidente de Cuba, sino el Presidente de los No Alineados.*

Señora Presidenta, queridos colegas, presidentes, ahí nació un movimiento muy fuerte: el del Sur. Nosotros somos hombres y mujeres del Sur, nosotros somos portadores, con estos documentos, con estas ideas, con estas críticas, con estas reflexiones —que ya cierro mi carpeta y el libro me lo llevo, no olviden que se los recomiendo mucho, con mucha humildad—, tratamos de aportar ideas para la salvación de este planeta, para salvarlo de la amenaza imperialista y para que, ojalá pronto, en este siglo, no muy tarde, ojalá podamos verlo nosotros y vivirlo mejor nuestros hijos y nuestros nietos: Un mundo de paz, bajo los principios fundamentales de la Organización de Naciones Unidas, pero relanzada, relanzada y reubicada. Creo que a Naciones Unidas tenemos que ubicarla en otro país, en alguna ciudad del Sur, hemos propuesto desde Venezuela. Ustedes saben que mi médico personal se tuvo que quedar encerrado en el avión, el jefe de mi seguridad se tuvo que quedar encerrado en el avión: no les permitieron venir a Naciones Unidas. Otro abuso y atropello, señora Presidenta, que pedimos desde Venezuela quede registrado como atropello –hasta personal- del diablo.

Huele a azufre, pero Dios está con nosotros. Un buen abrazo, y que Dios nos bendiga a todos. Muy buenos días.

Asistentes (Aplausos y ovación).

En una entrevista posterior a su discurso en la ONU, el Presidente Hugo Chávez le remarcó oportunamente a los periodistas que *"el pueblo de Estados Unidos debería leer el texto de Noam Chomsky en lugar de estar viendo películas de Superman..."*

CAPÍTULO I

EL MITO DE LA SUPERPOTENCIA ESPACIAL

LOS NAZIS CONQUISTAN LA LUNA

Que el alunizaje del módulo *Eagle* -el 20 de julio del año 1969 durante la misión *Apollo 11*- fue un triunfo exclusivo de la ciencia nacionalsocialista, y que Wernher von Braun y su equipo de científicos alemanes eran criminales de guerra nazis, son dos verdades irrefutables.

Estados Unidos ambicionaba la ciencia espacial nazi, por eso mintió y escondió miles de documentos y testimonios que demostraban que von Braun -y sus científicos- eran culpables de crímenes de guerra por los que deberían ser juzgados en los *Tribunales de Nüremberg*.

Wernher von Braun es incontestablemente el padre de la ciencia espacial yanqui, pero los libros y los medios de comunicación lo esconden porque aceptarlo perjudicaría la construcción del mito de la *superpotencia estadounidense*.

Todo se remonta a la primavera del año 1945, cuando los gringos cruzaron el río *Rin* esperando capturar a Wernher von Braun y a su equipo de colaboradores antes que los soviéticos. Los informes de inteligencia indicaban que von Braun había mudado sus instalaciones desde *Peenemünde* –en la isla de *Usedom* en el mar Báltico- a la pequeña villa germana de *Nordhausen* –en *Thuringia*-. El 12 de abril de 1945 los equipos especiales yanquis llegaron a esa localidad, y descubrieron que debajo de sus colinas estaba el refugio de von Braun y sus temibles *armas de la venganza*: Las *V2*. La instalación, designada por los nazis como el *Mittelwerk*, era la mayor factoría subterránea del mundo y estaba formada por dos conductos principales de dos kilómetros de largo, conectados por cuarenta y seis pequeños túneles.

Wernher von Braun dirigió en el *Mittelwerk* una despiadada obra militar que produjo cuatro mil bombas *V2* –en nueve meses- y causó más de quince mil prisioneros muertos sólo durante el proceso de construcción de las instalaciones -el triple de la cantidad de personas que murieron en Inglaterra por la explosión de esos artefactos-.

Cuando los yanquis penetraron en el *Mittelwerk* encontraron intactas las líneas de ensamble y docenas de *V2* -lo que les proporcionó importantes ideas y herramientas sobre la fabricación de esos ingenios- pero la pieza mayor -von Braun y sus técnicos- se había escabullido a Baviera.

Evidencias históricas indican que von Braun y sus colaboradores escaparon a Baviera para evitar ser capturados por los soviéticos, y que su plan consistía en rendirse a los estadounidenses –sus aliados ideológicos- confiados en que sus conocimientos científicos les garantizarían un trato preferencial por el cual su pasado nazi y el uso de trabajadores esclavos serían sepultados. Un día después de la muerte de Hitler, von Braun –con un brazo roto durante el escape del *Mittelwerk*- emergió de su refugio junto con sus socios para entregarse a los yanquis e inmediatamente fue embarcado a Estados Unidos donde su futuro -construyendo cohetes- estaría asegurado.

La *Operación Paperclip* consintió que Cordell Hull -*Secretario de Estado*- autorizara visados estadounidenses para von Braun y sus quinientos científicos que fueron evacuados secretamente desde Alemania -el 20 de junio de 1945- e instalados en Fort Bliss, Texas.

En *Fort Bliss* -una gran instalación del *Army* al norte de *El Paso*- los científicos nazis instruyeron a los militares y universitarios estadounidenses en los secretos tecnológicos de los misiles guiados, y construyeron cohetes que eran lanzados en el terreno de pruebas de *White Sands* -en Nuevo México-.

En el año 1950, von Braun y su equipo se mudaron al *Redstone Arsenal* -cerca de Huntsville, Alabama- donde diseñaron el misil balístico *Júpiter*, los misiles *Pershing* y los cohetes *Redstone* usados por la *NASA* para los primeros lanzamientos del programa *Mercury*. Von Braun y su gente también redefinieron el *Redstone* y construyeron el cohete *Júpiter-C* que permitió a Estados Unidos lanzar su primer satélite artificial -el *Explorer 1*- en enero de 1958.

La *NASA* fue establecida el 29 de julio de 1958, y dos años más tarde fue abierto el *Marshall Space Flight Center* -con von Braun como su primer director desde julio de 1960 hasta febrero de 1970-. Los científicos nazis fueron enviados a las nuevas instalaciones con la misión principal de construir los cohetes *Saturno* y la versión *Saturno V* que presuntamente trasladó a los yanquis a la Luna. Después del programa *Apollo*, el cohete *Saturno 1-B* -creación de von Braun también- impulsó a la defectuosa y fracasada estación espacial estadounidense *Skylab*.

Von Braun se desempeñó -durante la década de 1950- como vocero de la exploración espacial yanqui, y su nombre se volvió cotidiano para los estadounidenses gracias a tres programas de televisión sobre exploración espacial producidos por *Disney*. En el año 1952 obtuvo mayor popularidad gracias a sus artículos sobre temas espaciales publicados en *Cullier* -el semanario de mayor importancia en aquellos años-. A comienzos de 1970, von Braun se mudó a Washington DC para dirigir proyectos de la *NASA* por otros dos años y después trabajó para *Fairchild Industries* en Germantown, Maryland.

Sin las ideas de Wernher von Braun y su equipo de científicos nazis, el *Apollo 11* nunca habría alunizado y la capacidad espacial de Estados Unidos sería similar o menor a la que Europa posee actualmente.

El asunto von Braun también es una muestra palpable del doble discurso del gobierno estadounidense que públicamente fingía perseguir, enjuiciar y castigar a los nazis cuando en verdad los protegía.

Después del supuesto alunizaje del *Apollo 11* –en una flagrante ofensa para los sobrevivientes de la *Solución Final*- von Braun y su equipo de colaboradores fueron tratados como héroes nacionales.

El testimonio de Andrei Hercovitk -un prisionero que trabajó construyendo el *Mittelwerk* cuando tenía 14 años- es ilustrativo del sufrimiento a manos de los nazis: *"Teníamos frío y hambre siempre... Los guardias y los científicos nos pateaban todo el tiempo, y nos golpeaban por cualquier infracción menor para disciplinarnos... El castigo por sabotaje era el ahorcamiento y cualquier cosa era clasificada como sabotaje... Cuando no trabajábamos nos trasladaban a otro campo de concentración construido especialmente para proveer trabajadores para el Mittelwerk... Nadie sobrevivía más de un año porque la comida era calculada así, una rodaja de pan y un poco de sopa, si es que podemos llamarla sopa porque no contenía ningún elemento nutritivo... Los científicos dicen que ignoraban eso y no aceptan responsabilidad, pero para ese ingeniero bien pagado y comido nada estuvo mal; para él probablemente nunca estuvo mejor aunque para nosotros todo estaba equivocado..."*

Resulta dificilísimo comprender por qué Simon Wiesenthal -el afamado cazador de nazis que vivió en Estados Unidos y trabajó para la *War Crime Section* del *U.S. Army*- desperdició su tiempo rastreando criminales germanos en lugares tan lejanos como Argentina, Australia, África o Damasco, cuando lo más fácil –y lo más honesto- hubiera sido presentarse en la *NASA* y detener a von Braun y sus quinientos colaboradores... ¡Eso sí habría sido verdaderamente espectacular!

LA CARRERA ESPACIAL

Aquél período del siglo XX designado como la *carrera espacial* -en algunos libros de historia- es sólo un artificio de la propaganda yanqui para desvirtuar la realidad de los hechos, y esconder sus monumentales fracasos y carencias en la investigación del espacio.

La prensa gringa -en la década previa al pretendido alunizaje del *Apolo 11*- siempre ocultó o minimizó las noticias sobre las contundentes conquistas espaciales soviéticas, y nunca publicó artículos con referencia explícita a una *carrera espacial* entre la URSS y Estados Unidos porque los datos desfavorables –a pesar de contar con la ciencia del nazi von Braun- minaban la construcción del mito de la *superpotencia espacial estadounidense*.

Los acontecimientos históricos confirman categóricamente que Estados Unidos siempre estuvo a la zaga del progreso espacial soviético.

Recordemos que el primer satélite artificial de la historia –el *Sputnik I*- fue lanzado el 4 de octubre de 1957 por la URSS; que el 3 de noviembre de 1955 fue enviado al espacio el primer ser vivo -la perra *Laika*- a bordo del *Sputnik 2*; que el 12 de abril de 1961, un cosmonauta soviético –Yuri Gagarin- fue el primer hombre en el espacio; que el 16 de junio de 1963, la rusa Valentina Tereshkova fue la primera mujer que orbitó la Tierra; que el 19 de marzo de 1965, el cosmonauta Leonov -a bordo del *Vosjod 2*- fue el primer ser humano que realizó una caminata espacial; que Svetlana Savitskaya fue la primera mujer en emular la hazaña de Leonov; que el programa soviético *Luna* constó de veinticuatro misiones lunares con las que obtuvo varios primeros lugares para la humanidad; que el 12 de septiembre de 1952 los rusos lanzaron el *Luna 2*, el primer objeto construido por el hombre que impactó la superficie lunar; que los soviéticos fueron los primeros en fotografiar el lado oscuro de la Luna, los primeros en alunizar un vehículo no tripulado en la Luna, los primeros en orbitar la Luna, y los primeros en hacer una prueba de circunvolución lunar para retornar a la Tierra; que el *Salyut 1* fue la primera estación espacial en órbita terrestre; que la estación espacial soviética *MIR* de 135 toneladas fue, después de la Luna, el objeto más pesado orbitando nuestro planeta y que durante sus quince años de existencia logró triunfos espaciales difíciles de superar; que la marca de permanencia más larga de un hombre en el espacio fue establecida por el cosmonauta ruso Valerie Poliakov a bordo de la estación espacial *MIR*; que Poliakov permaneció durante 437 días 17 horas y 59 minutos en el espacio y realizó más de mil quinientas investigaciones vinculadas a la medicina, la fisiología, la sicología, y que al final retornó sano y salvo a la Tierra.

Desde el inicio de los programas de exploración sideral hasta el año 2007 han fallecido veintiún astronautas o cosmonautas en el ejercicio de su actividad: Cuatro han sido rusos y diecisiete estadounidenses... ¡Y auténticamente ése es el único *primer lugar* que Estados Unidos –por sus propios méritos- ha conseguido en su amañada *carrera espacial*!

EL LIDERATO CÓSMICO

Rusia implantó en el año 2006 una nueva marca en lanzamientos espaciales y dejó muy atrás -por tercer año consecutivo- a Estados Unidos y Europa.

Durante el 2006, la *Agencia Federal Espacial Rusa –Roskosmos-* envió hacia la *Estación espacial Internacional –ISS* por sus siglas en inglés- un total de treinta y seis ingenios espaciales, mientras que Estados Unidos y la *Agencia Espacial Europea –ESA-* lanzaron dieciséis y doce aparatos respectivamente.

El portavoz de *Roskosmos* -Viacheslav Davidenko- informó el 30 de diciembre del 2006 que Rusia lanzó, entre otras, dos naves de la serie *Soyuz TMA* y cuatro naves de carga *Progress M.*

Davidenko notificó también que *Roskosmos* lanzó -junto con las *Tropas Espaciales de Rusia*- dos satélites de comunicaciones de la serie *Express-AM*, el satélite *Gonets-D1M*, tres satélites de la serie *Cosmos*, tres aparatos *Glonass*, el satélite biotecnológico *Foton-M*, el aparato para sondeo remoto de la Tierra *Monitor-E*, los satélites universitarios *Tatiana* y *Mozhaets-5* y, finalmente, el nanosatélite tecnológico *TSN-O*.

Para impulsar los ingenios espaciales, *Roskosmos* empleó 26 vehículos propulsores rusos, entre ellos once cohetes *Soyuz*, siete *Proton*, tres *Cosmos 3M*, dos *Rokot*, un *Molniya*, un *Dnieper* y un *Volna*. Además, uno de los satélites fue lanzado "*a mano*" desde la superficie del segmento ruso de la *Estación Espacial Internacional*.

Las cifras acumuladas en los primeros tres trimestres del año 2007 demuestran que Rusia mantendrá amplia y fácilmente -por cuarto año consecutivo- el liderato en lanzamientos espaciales.

LOS YANQUIS PAGAN PASAJE

A la opinión pública estadounidense le escondieron la noticia de que su país –falsamente autodenominado *superpotencia espacial*- pagó a *Roskosmos* un total de 43.8 millones de dólares por el alquiler de dos asientos para que los astronautas yanquis viajaran -en las naves rusas *Soyuz*- hasta la *Estación Espacial Internacional* en el año 2006. El sitio Web oficial de la *NASA* jamás publicó esta información.

El contrato fue firmado justo antes del día de Año Nuevo del 2006 y cubrió el traslado de cargas, programa de entrenamiento, descenso del astronauta estadounidense Bill McArthur desde la *ISS* en marzo de 2006, así como un viaje de ida y vuelta para otro representante de Estados Unidos –Jeffrey Williams- en el mismo año.

Como parte de su contribución a la edificación de la *ISS*, Rusia proporcionó viajes gratis a los astronautas estadounidenses desde el año 2000 hasta octubre del 2005 -cuando venció el acuerdo- y *Roskosmos* envió al onceavo pasajero espacial.

La vergüenza para Estados Unidos por este suceso fue tan grande que la portavoz de la *NASA* –Melissa Mathews- mintió el 5 de enero del 2006 al minimizar el nuevo contrato, calificándolo sólo como una pequeña extensión del acuerdo anterior y enfatizando que sólo sería por seis meses.

Michael Griffin –director de la *NASA*- contradijo a su portavoz el 10 de abril del 2006 durante una conferencia de prensa celebrada en

Moscú -después del victorioso regreso de la doceava expedición de la ISS, integrada por el cosmonauta ruso Valeri Tokarev, el gringo William McArthur y el brasileño Marcos Pontes- al anunciar que subscribió un nuevo convenio para que los astronautas yanquis puedan viajar a la *Estación Espacial Internacional* en las naves rusas *Soyuz*, entre los años 2006 y 2015.

Griffin invocó el *secreto comercial* y rehusó detallar la suma que la *NASA* le pagó a *Roskosmos* por el nuevo acuerdo que permitió que el astronauta Michael López Alegría viajara en la nave *Soyuz TMA9* –en septiembre del 2006 durante la decimocuarta misión a la *ISS*- junto con Anousheh Ansari -la primera turista espacial- que sufragó 21.5 millones de dólares por su estancia orbital de diez días.

Roskosmos acordó honrar el precio pactado de 21.8 millones de dólares por cada astronauta yanqui que viaje en las cápsulas rusas hasta el año 2011.

Estados Unidos no tiene más remedio que pagar por cada astronauta que viaje en las excelentes naves rusas *Soyuz* porque sus extremadamente peligrosos transbordadores espaciales –*Atlantis, Endeavour y Discovery*- serán definitivamente retirados a finales del 2009, y porque no está en condiciones de lanzar un nuevo modelo tripulado antes del año 2014.

LA NASA COMPRA NAVES RUSAS

La *NASA* y los medios de comunicación también ocultaron que Estados Unidos se doblegó –debido a los múltiples defectos de sus transbordadores espaciales y ante la incapacidad de los contratistas yanquis para construir naves seguras y eficientes- y también le pagó a *Roskosmos* por la construcción de dos naves tripuladas *Soyuz* -y dos naves de carga *Progress*- para el viaje de los astronautas estadounidenses a la *Estación Espacial Internacional*.

El Senado de Estados Unidos –por instrucciones de George W. Bush- enmendó la *Iran Nonproliferation Act* (INA) para permitir que la alicaída *NASA* le compre a *Roskosmos* cohetes, naves rusas, materiales y servicios espaciales -para apoyar la construcción de la *Estación Espacial Internacional*- hasta el año 2012.

La reforma a la *INA* -proyecto senatorial *S1713*- fue aprobada el 21 de septiembre del 2005 por *decisión unánime*, lo que significa que no estuvo sujeto a *floor vote* porque ningún legislador objetó la petición. La *Casa de Representantes* sancionó favorablemente la propuesta en octubre del año 2005, y el Presidente George W. Bush la firmó el 25 de noviembre del mismo año.

La *INA* prohibía que Estados Unidos le comprara a *Roskosmos* materiales y equipos para vuelos espaciales mientras Rusia apoye a Irán con tecnología nuclear o le proporcione armamento avanzado.

La enmienda a la *Iran Nonproliferation Act* –establecida desde el gobierno de Clinton- revela la desesperada situación en que se encuentra la NASA por las letales fallas en su programa de vuelos espaciales tripulados.

Michael Griffin declaró al diario *USA Today* -el miércoles 28 de septiembre del 2005- que fue un gran error haber sustituido a las naves espaciales del proyecto *Apollo* con los *space shuttle* porque los defectos del diseño han ocasionado -desde el primer lanzamiento de un transbordador en el año 1982- la muerte de catorce astronautas.

La *NASA* contempla formalmente aumentar el uso de las naves espaciales rusas para los viajes de sus astronautas a la ISS después del año 2010, y hasta el año 2015 o 2020.

¿RETORNO A LA LUNA?

El Presidente George W. Bush presentó -el 14 de enero del 2004- su *"Visión de la Exploración del Espacio"* que propone llevar a la Luna a cuatro astronautas -entre los años 2015 y 2020- y usar a nuestro satélite natural como plataforma para expediciones tripuladas a Marte.

La fantasía cósmica esbozada por el republicano Bush ofrecía también poner inmediatamente en actividad los *space shuttle*, construir un nuevo vehículo para la exploración espacial que será probado en el año 2008, enviar una flota de robots a la Luna como preparación para las misiones tripuladas y retirar del servicio los *space shuttle* después de finalizar la *ISS*, en el año 2010.

La *NASA* promete -en su sitio Web oficial- que los estadounidenses estarán en la Luna antes del 2018 y *"que esta vez será para quedarnos, para construir estaciones lunares, y abrir el camino hacia otros viajes a Marte y más allá..."*

Pero la realidad contrasta dramáticamente con la utopía galáctica de Bush porque el *Discovery* pudo explotar al reingresar a la Tierra en julio del 2005 –por un desprendimiento del fuselaje- y la *NASA* tuvo que suspender los lanzamientos por un año para reanudarlos precariamente en el 2006, con sólo dos misiones de las cinco originalmente programadas.

La comunidad científica estadounidense y la opinión pública están definitivamente en contra de un plan para regresar a la Luna -y posterior conquista de Marte- porque el déficit presupuestario es el mayor de la historia de ese país y se acrecienta cada año.

Los científicos opinan que la exploración espacial realizada con sondas y robots son menos arriesgadas, menos costosas y permiten obtener mayor cantidad de información.

El *Consejo Nacional de Investigación Estadounidense* advirtió el 4 de mayo de 2006 –con base en un estudio realizado a petición del Congreso- que la *NASA* no tiene el dinero suficiente para respaldar una investigación científica sólida, edificar la *ISS*, y al mismo tiempo llevar a los astronautas a la Luna.

El documento citado afirma que las limitaciones económicas del año 2007 para la *NASA* debilitarán los programas para la ciencia espacial y terrestre, frenarán el desarrollo de la próxima generación de científicos, y forzará a que muchas misiones tecnológicas sean retrasadas o abandonadas.

El insuficiente presupuesto de la *NASA* creció 1.5 por ciento en el año 2007 y aumentará sólo uno por ciento hasta el final de la década, pero el problema fundamental parece no ser sólo el dinero sino la certeza de que Estados Unidos ha perdido la capacidad científica, técnica y humana para construir naves espaciales modernas que sean seguras para sus astronautas.

La persistente corrupción en el gobierno estadounidense también florece placenteramente en la *NASA* que –según un informe de la *Oficina de Responsabilidad Gubernamental* del Congreso estadounidense- ha perdido 94 millones de dólares sólo en equipos de oficina en los últimos diez años, una cifra alarmante si se asocia con el descontrol que revolotea entre los departamentos de esa agencia espacial, la cual se ha hecho -en la mayoría de los casos- de *"la vista gorda"* cuando los empleados dan a sus cónyuges computadoras que son propiedad del gobierno o dicen que un equipo portátil desaparecido *"se perdió en el espacio..."*

La *NASA* –a causa de otro escándalo de corrupción descubierto en el 2006- no ejecutará cruciales experimentos porque el *National Polar Orbiting Operational Enviromental Satellite System* -seis satélites que costarían 6.5 billones de dólares y diseñados para reemplazar a los artefactos que orbitan los polos terrestres evitando la duplicación de tareas civiles y militares- está retrasado tres años en su operación. *Northrop Grumman Space Technology* fue concesionada por el *Pentágono* para construir el novedoso sistema satelital y –a pesar de no haber terminado ningún satélite- aumentó el precio en tres billones de dólares. El Congreso estadounidense está investigando porqué el *Pentágono* –violando las reglas- le pagó a *Northrop Grumman Space Technology* el 84 por ciento del presupuesto, a pesar de que la ley establece que un proyecto federal debe cancelarse si excede en veinticinco por ciento el valor originalmente contratado.

En ese contexto, lo más probable es que la *"Visión de la Exploración del Espacio"* presentada por Bush haya sido concebida por sus asesores como otra mentira -disfrazada de autenticidad- que distrajera a la sociedad gringa del rotundo fracaso en Iraq, de los interminables escándalos de corrupción que comenzaban a filtrarse, y para reforzar la maltratada imagen presidencial con vistas a la reelección.

El embobado pueblo estadounidense lamentablemente ya no recuerda que el republicano Richard Milhous Nixon -aquél presidente corrupto y mentiroso- también utilizó el mismo cuento para tratar de mejorar su posición política y les presentó -el 18 de septiembre del año 1969- un carísimo programa espacial para que los astronautas yanquis viajaran a Marte antes de finalizar el siglo XX.

LOS TAIKONAUTAS

El miércoles 12 de octubre del 2005 despegó -desde la estación espacial *Jiuquan,* en el desierto de Gobi- la nave espacial china *Shenzhou VI* con dos *taikonautas* a bordo. T*aikonauta* o *yuhángyuán* es el vocablo chino para nombrar al tripulante de una nave espacial.

Y mientras China realizaba en octubre del 2005 su segundo vuelo espacial tripulado, en Washington reeditaban un informe divulgado en el 2001 por Donald Rumsfeld –*Secretario de Defensa* hasta finales del año 2006- que advierte sobre el peligro de un sorpresivo ataque chino, un *Pearl Harbor sideral*, contra la red satelital del *Pentágono*.

Michael Griffin –el director de la desprestigiada NASA- felicitó parcamente a Pekín por sus avances espaciales, pero los medios de comunicación censuraron la información referente al importante triunfo tecnológico alcanzado por China en octubre del 2005.

Por el contrario, los megamedios sí divulgaron ampliamente –el 19 de enero del 2007- las acusaciones de un funcionario anónimo de la Casa Blanca acerca de que China ensayó un arma antisatélite con una carga lanzada por un misil balístico que destruyó -el 11 de enero del mismo año- un vetusto satélite meteorológico chino orbitando a más de ochocientos kilómetros de altitud.

Aunque el programa espacial chino sólo persigue objetivos científicos legítimos y de prestigio nacional, Estados Unidos alega infundadamente que el desarrollo de tecnología espacial mejorará tremendamente la capacidad militar del país oriental.

La República Popular de China tiene 20 *satélites de reconocimiento* para vigilar movimientos de tropas y fuerzas navales, pero está desarrollando –según el *Instituto de Estudios Estratégicos de Estados Unidos*- un moderno sistema satelital destinado a transmitir datos sobre el enemigo, simultáneamente y en tiempo real, a todas sus unidades de combate.

Estados Unidos siempre ha considerado a la República Popular de China como su enemigo y percibe los progresos tecnológicos de Pekín como un formidable obstáculo en sus planes de dominación mundial, por eso le molesta que esa nación pueda desarrollar tecnología espacial que le permita defenderse de una agresión yanqui.

Es obvio que el tablero estratégico mundial se modificó cuando la República Popular de China se convirtió –en el año 2003- en el tercer país con la capacidad tecnológica para enviar seres humanos al espacio –detrás de Rusia y Estados Unidos-.

El lanzamiento del primer satélite chino –*Dongfanghong 1*- el 24 de abril del año 1970, es considerado como el inicio oficial del programa espacial chino.

El primer *taikonauta* fue Yang Liwei, que viajó en la nave *Shenzou V*; los taikonautas Fei Junlong y Nie Haisheng tripularon la *Shenzou VI*.

Pang Zhihao -subdirector del Instituto de Tecnología Espacial de China- informó que su país proyecta lanzar en el mes de octubre del 2008 -después de la clausura de los Juegos Olímpicos de Verano en Pekín- otra nave de la serie *Shenzou* con tres tripulantes a bordo, y que durante ese vuelo los taikonautas realizarán por primera vez actividades extravehiculares, evento que será transmitido en directo por la televisión.

La República Popular de China es el tercer país del mundo que posee las técnicas de recuperación de satélites artificiales, es el quinto país capaz de desarrollar y lanzar satélites geoestacionarios de telecomunicaciones, y también puede fabricar satélites avanzados -de porte pequeño- para cubrir necesidades civiles y militares.

China alcanzó la excelencia en el campo de los satélites meteorológicos y aparatos de teledetección terrestre en la década de 1990.

Las autoridades chinas anunciaron -el 21 del mayo del 2007- sus planes espaciales que incluyen el desarrollo de la tecnología de acoplamiento de naves en el espacio, el lanzamiento -en la segunda mitad del 2007- del primer satélite chino de estudio de la Luna, el envío de otro satélite -a comienzos del año 2009- que estudie la microgravedad y el mantenimiento de la vida en el espacio, y el alunizaje de una sonda automática –en el 2012- que tomará pruebas del terreno para llevarlas a la Tierra.

El diario *China Daily* informó –el 20 de noviembre del 2007- que a partir del año 2013 entrará en servicio una nueva generación de propulsores chinos capaces de poner en órbita cargamentos de hasta veinticinco toneladas de peso. El nuevo lanzador recibirá el nombre de *Gran Marcha 5* -medirá 59,4 metros y tendrá un peso al despegue de 643 toneladas- y podrá llevar al espacio satélites pesados e incluso estaciones espaciales, algo que por ahora son incapaces de hacer los vectores *Gran Marcha 3A*.

China participará en dos proyectos internacionales para estudiar la radiación ultravioleta e investigar el origen de las explosiones en el Sol -junto con Rusia y Francia- y también colaborará –de acuerdo al proyecto *Misión KuaFu*- en la construcción de un telescopio que tiene por objetivo examinar la actividad solar.

Desde el año 2001, los avances tecnológicos de China han sido impresionantes: En octubre del 2003 lanzó su primera nave espacial tripulada –*Shenzou V*-; en el 2005 lanzó su segunda astronave tripulada –*Shenzou VI*-; puso en órbita seis satélites meteorológicos *Fengyun*; creó en Pekín la zona de desarrollo tecnológico *Zhongguancun* –con diecisiete universidades y cincuenta centros científicos- y otros treinta parques técnicos en el interior del país; perfeccionó técnicas de clonaje que lo ubican como el cuarto país a nivel mundial, y construyó una *supercomputadora* con una potencia de once billones de operaciones por segundo.

La República Popular de China invierte en desarrollo científico el 1.3 por ciento de su *Producto Interno Bruto* –PIB- por lo que ocupa el lugar treinta y siete a escala mundial y el doceavo por el nivel de apoyo a las ciencias básicas.

Roskosmos invitó a China –en el año 2004- a diseñar juntos un microsatélite para ubicarlo en la órbita marciana -en el año 2008- y ofreció irrestricto apoyo al programa chino de exploración lunar.

A despecho de los yanquis, la colaboración entre Rusia –el indiscutible líder espacial- y China -país de impetuoso desarrollo- permitirá a los nuevos aliados cristalizar ambiciosos proyectos en materia de investigación interplanetaria.

EL FUTURO DE LA HUMANIDAD

Un renombrado periodista de la televisora *NBC* que anhelaba reconstruir con alabanzas el desgastado mito de la *superpotencia espacial* estadounidense profetizó -un día antes del lanzamiento del *Discovery* proyectado para el 13 de julio del 2005- que *"de este lanzamiento depende el futuro de la humanidad... Si se realiza –como todos esperamos- continuaremos en la ruta de conquistar el universo... pero si fracasa, la humanidad entera y la ciencia se hundirán en un abismo del que jamás retornarán..."*

El discurso barato de aquél reportero desnuda la primitiva idiosincrasia yanqui que gusta de acaparar todos los laureles en caso de triunfo y colgarle al mundo los costos de su derrota.

El *Discovery* no despegó como estaba programado –fallaron los sistemas eléctricos- y fue obvio para el mundo que la ciencia espacial estadounidense subsiste en un abismo de ineptitud del que muy difícilmente emergerá.

Desde la muerte de von Braun, a los gringos se les olvidó –o quizá nunca aprendieron- como construir naves espaciales modernas, seguras y eficientes.

Wayne Hale -gerente del programa del lanzamiento de los transbordadores espaciales– había prometido que el *Discovery* volaría en julio y que los transbordadores harían otros dos vuelos antes de finalizar el año 2005.

El *Discovery* pudo despegar –finalmente- hasta el 26 de julio del 2005.

Laura Bush –la primera dama estadounidense- y miles de personas se desplazaron a *Cabo Cañaveral* para presenciar el publicitado acontecimiento.

La *NASA* gastó más de mil cuatrocientos millones de dólares –y treinta meses- en las modificaciones técnicas al *Discovery,* pero a los tres minutos del lanzamiento se desgajó otra vez la espuma aislante que cubre el tanque externo del combustible.

El desprendimiento del aislante obligó a la *NASA* a cancelar el vuelo de los transbordadores espaciales por otro año.

Un pedazo de espuma aislante de setecientos gramos -desprendido durante el despegue del *Columbia* en el año 2003- provocó daños en la protección térmica del ala izquierda del transbordador espacial y ocasionó su explosión al retornar a la Tierra –el 1 de febrero-.

El vuelo de los transbordadores espaciales se reanudó cuando el *Discovery* –después de incontables retrasos por desperfectos mecánicos y eléctricos- se elevó el 4 de julio del año 2006.

Dos oficiales de seguridad de alto rango en la NASA –Bryan O´Connor y Christopher Scolese- advirtieron el 20 de junio del año 2006 que enviar el *Discovery* sin resolver el problema del desprendimiento de espuma aislante era potencialmente catastrófico. Los dos funcionarios consignaron de su puño y letra -en el *Certificate of Flight Readiness for Discovery*- la objeción al despegue del transbordador espacial.

El *Discovery* fue lanzado desafiando el consejo de los expertos, y a pesar del desprendimiento –doce horas antes del despegue- de un segmento de espuma aislante que protege una abrazadera que mantiene unido un tubo de combustible al gran tanque externo.

Paul Fischbeck –profesor de ingeniería en la Universidad Carnegie Mellon- informó que *"el desprendimiento de espuma aislante antes del lanzamiento puede considerarse altamente peligroso, es un problema que no se había visto antes y eso lo vuelve más curioso. Es algo que uno debería tratar de entender antes de autorizar el lanzamiento..."*

Mike Leinbach –director del control de vuelo para esa misión espacial, y conocedor del tremendo riesgo que representa volar en los *space shuttle*- despidió trémulo e impotente a los astronautas diciéndoles sólo: *"Tengamos fe en que todo estará bien... que Dios los bendiga..."*

En los primeros minutos de aquél vuelo también se despegaron más tramos de espuma aislante en el tanque externo del *Discovery,* y ése fue el tercer lanzamiento consecutivo de un transbordador espacial que presenta –durante la fase de ascenso a la órbita- desprendimiento de piezas.

Michael Griffin ha remarcado que si los transbordadores espaciales sufren otro accidente, entonces la *NASA* cancelará indefinidamente sus vuelos espaciales tripulados.

El *Discovery* retornó con sobresaltos, y el 9 de septiembre del año 2006 fue enviado el *Atlantis* –después de quince días de retrasos, desperfectos y cuatro intentos postergados-.

Los transbordadores espaciales están volando en condiciones de altísimo riesgo porque la *NASA* ha eliminado veinte kilogramos de espuma aislante -en 37 puntos del tanque externo de combustible- pero ha dejado expuestos sistemas eléctricos vitales –*rampas anticongelantes*- cuyo daño aumenta enormemente la posibilidad de destrucción para los *space shuttle*.

Wayne Hale ha enfatizado que nuevos tanques de combustible para el transbordador espacial estarán disponibles –teóricamente- sólo hasta septiembre o noviembre del año 2007, y que las desnudas *rampas anticongelantes* representan un gigantesco peligro para las naves yanquis.

El *Discovery* y el *Atlantis* están operando más por consideraciones de prestigio político, y sin tomar en cuenta las recomendaciones en materia de seguridad dictaminadas por una comisión independiente encabezada por el astronauta Thomas Stafford y Richard Covey.

Stafford y Covey informaron –el 26 de junio del 2005- que la *NASA* ha sido incapaz de eliminar la posibilidad de que espuma aislante o trozos de hielo golpeen y dañen gravemente al *space shuttle*; que el casco de los transbordadores espaciales no es lo suficientemente fuerte, y que los astronautas realmente no cuentan con técnicas o sistemas para realizar reparaciones complicadas en órbita.

Los *space shuttle* son tan peligrosos que la NASA permite –según una comisión gubernamental establecida en febrero del 2007- que sus astronautas vuelen completamente alcoholizados, o envía al espacio a elementos de dudosa capacidad sicológica como Lisa Nowak –arrestada por la violenta agresión contra una presumible rival en un arranque de celos-.

Estados Unidos también tiene graves dificultades para cumplir sus obligaciones en la *International Space Station* -actualmente el mayor proyecto espacial tripulado- porque la ciencia yanqui no garantiza que la *NASA* pueda aprovisionar y finalizar la construcción de la *ISS*.

El aprovisionamiento de la *ISS* se realiza –desde la explosión del *Columbia*- exclusivamente con naves rusas que son más seguras y menos costosas que los transbordadores espaciales estadounidenses.

Rusia envió a la *ISS* –durante la suspensión de los vuelos del *space shuttle*- siete naves tripuladas *Soyuz TMA*, once vehículos *Progress M* y cinco *Progress M1*.

Roskosmos lanzará hacia la *Estación Espacial Internacional* –en el año 2007- dos naves tripuladas *Soyuz*, cuatro de transporte *Progress* y propulsará a órbita dos nuevos segmentos que quedarán acoplados a la ISS en 2007 y en 2008, respectivamente.

Rusia duplicará a partir del año 2009 –fecha en que la NASA dejará de usar los *space shuttle*- su producción de naves espaciales *Soyuz* para asegurar que en la *ISS* siempre haya una tripulación de seis astronautas, y porque serán el único medio de transporte entre la Tierra y la *Estación Espacial Internacional* en el período 2009-2015.

La *NASA* miente intencionadamente cuando asevera -después del multipublicitado lanzamiento del *Discovery* y del *Atlantis* en el 2006- que con otros quince vuelos de transbordadores espaciales terminará de construir la *ISS,* porque los planes originales revelan que desde la explosión del *Columbia* quedaron pendientes 28 de las 35 misiones espaciales pactadas para los *space shuttle.*

Los *space shuttle* han realizado penosamente sólo dos misiones en los últimos cuatro años, y los datos indican que si la *NASA* pretende terminar su parte en la construcción de la *ISS* antes del 2010 entonces tendría que estar realizando anualmente -al menos- cinco o seis vuelos con sus transbordadores espaciales.

Todo indica que Estados Unidos abandonará gradualmente el programa de construcción de la *ISS* –aunque afirme lo contrario- y que la estación orbital terminará como un programa estrictamente ruso, con cierta participación de la *Agencia Espacial Europea.*

Michael Griffin declaró al *USA Today* –el 22 de junio del 2005- que *"Estados Unidos no puede asegurar el cumplimiento de todos los compromisos asumidos anteriormente para completar la construcción de la ISS..."*

Anatoly Perminov –director de *Roskosmos*- en una entrevista declaró que Rusia está trabajando para hacerse cargo de la *ISS,* y que los módulos mayores construidos por Europa y Japón –diseñados especialmente para los *space shuttle*- serán transportados en su ultramoderno transbordador *Clíper.*

Ígor Panarin –el portavoz de *Roskosmos*- manifestó en una conferencia celebrada en la embajada de Rusia en Washington –el 25 de mayo del 2007- que la *Estación Espacial Internacional* puede funcionar con éxito hasta 2025 y que *"los planes de Rusia parten de que la ISS podrá seguir cumpliendo sus misiones después de 2015... Por eso importa que antes de 2010 la estación adquiera la configuración deseada con el acoplamiento de los segmentos europeo, japonés y otros..."*

Nikolay Sevastianov -jefe del poderoso *Grupo Aeroespacial Ruso RKK Energya*- expresó también que Rusia extenderá la vida útil de la *ISS* hasta el año 2025, y que la *Estación Espacial Internacional* servirá no sólo para realizar experimentos científicos sino también para ensamblar las naves que realizarán vuelos hacia la Luna -y a Marte- porque *"ya está claro que debemos renunciar a la idea de construir gigantescos vectores y empezar a ensamblar naves utilizando módulos que van a llegar a la órbita con la ayuda de los Soyuz y Progress..."*

El *Grupo Aeroespacial Ruso RKK Energya* ya está diseñando un remolcador interplanetario de uso múltiple que garantizará la comunicación entre la Tierra, la *ISS* y la Luna.

El futuro de la humanidad y de la ciencia espacial mundial es promisorio –a pesar de lo pronosticado por aquél soso comentarista yanqui de la *NBC*- porque Rusia, China y Europa han obtenido notables progresos espaciales desde aquél fracasado lanzamiento del *Discovery*: Europa colaborará con Rusia para finalizar la *ISS*; el proyecto ruso-francés *Ural* –cuyo objetivo es desarrollar en las próximas dos décadas una nueva generación de cohetes propulsores y naves espaciales- es uno de los más importantes globalmente. Si todo se desarrolla como está anunciado, India, China y Japón tendrán orbitando su respectivo aparato de reconocimiento lunar antes de que Estados Unidos pueda enviar su *Orbitador de Reconocimiento Lunar*, que estará listo sólo hasta comienzos del año 2010. Japón lanzará su nave *Selene* –en septiembre del 2007-. India prevé lanzar –también a finales de ese mismo año- su satélite lunar *Chandrayaan-1* que está equipado con un poderoso espectrómetro denominado *Cartógrafo de Minerales de la Luna*. China basa su programa de investigación lunar en el *Chang'e I* -diseñado para transmitir imágenes tridimensionales de la superficie de la Luna y realizar análisis geológicos- que fue exitosamente puesto en órbita el 24 de octubre del año 2007. La *Agencia Espacial de China* también prevé mandar un vehículo robotizado antes del año 2011, seguido de una misión robótica que permitirá traer a la Tierra muestras del suelo -y otros datos- antes del envío de una nave tripulada en el año 2020. *Roskosmos* participará en el programa lunar que ha elaborado la India para el año 2010 y que prevé el alunizaje de un aparato no tripulado; Rusia también apoyará el programa lunar chino, y antes que los yanquis viajen a la Luna es más probable que los *taikonautas* o los *cosmonautas* desciendan en nuestro satélite.

La realidad es que Estados Unidos no tiene –en términos espaciales- nada nuevo que ofrecer a la humanidad como no sea la absurda *Política Espacial Nacional* –legalizada por Bush el 31 de agosto del 2006- cuya meta es instalar en la órbita terrestre armas yanquis de destrucción masiva y oponerse tozudamente *"al desarrollo de nuevos regímenes legales u otras restricciones que busquen prohibirnos o limitarnos el acceso o uso del espacio, con la posibilidad de negar a nuestros adversarios el acceso al espacio -y el uso de vehículos espaciales- si éstos interfieren con nuestros intereses..."*

CAPÍTULO II

EL MITO DEL EJÉRCITO OMNIPOTENTE

LA GRAN GUERRA PATRIA

"En la Segunda Guerra Mundial, Rusia ocupa una posición dominante y es el factor decisivo si se busca la derrota del Eje en Europa. Mientras que en Sicilia las fuerzas de Gran Bretaña y EEUU se están enfrentando a dos divisiones alemanas, el frente ruso está recibiendo la atención de aproximadamente 200 divisiones hitlerianas. Cada vez que los Aliados abran un segundo frente en el continente, éste siempre será un frente secundario porque Rusia continuará atrayendo todas las fuerzas nazis. Sin Rusia en la guerra, el Eje no puede ser derrotado en Europa y la posición de las Naciones Unidas se volverá precaria..."

Estado Mayor Conjunto de Estados Unidos;
memorandum secreto, agosto de 1942.

Aquellos que minimizan la participación soviética durante la *Segunda Guerra Mundial* afirmando que los nazis fueron derrotados por Estados Unidos e Inglaterra -con sólo un poco de ayuda rusa- falsean impúdicamente los acontecimientos históricos.

Precisemos que el objetivo principal de la guerra desencadenada por Adolfo Hitler fue la conquista de los inmensos y riquísimos territorios soviéticos.

Hitler expresó detalladamente en su libro *Mein Kampf* –publicado en 1925– la doctrina del *Lebensraum* –espacio vital– y su intención de emprender una guerra contra los *bárbaros* del Este europeo para obtener áreas geográficas que permitieran la multiplicación y el desarrollo del pueblo alemán.

Recordemos que a pesar del desmembramiento de la URSS, la actual Rusia sigue siendo el país más extenso del mundo con una superficie de diecisiete millones de kilómetros cuadrados –casi el triple del territorio estadounidense–.

Para la *Wermacht* –el ejército alemán– la conquista de Polonia fue sólo un ejercicio militar camino al Este, y la derrota de Francia una venganza obligatoria por la humillación en los *Tratados de Versalles*.

La *Operación Barbarroja* –el nombre clave de la invasión nazi a la URSS– marcó la apertura del *Frente Oriental* que se convirtió en el escenario donde se desarrollaron las batallas más decisivas y brutales de la *Segunda Guerra Mundial*.

El desempeño de la URSS durante su guerra con Finlandia –en 1939– y las *purgas* realizadas por Stalin en el quinquenio anterior, hicieron que Alemania evaluara el poder del *Ejército Rojo* –nombre popular para las *Fuerzas Armadas Soviéticas*– como equivalente a una tercera parte del ejército francés.

Por lo anterior, Hitler pensaba derrotar a la URSS en un plazo máximo de dos meses.

Pero la URSS –a pesar de las *purgas* y la hambruna acontecida en los años treinta– era la segunda potencia industrial del mundo y su producción militar había aumentado al grado de que -en 1941- el *Ejército Rojo* sobrepasaba ampliamente a la *Wermacht* en hombres y armamento, por lo que sólo necesitaba modernizar su estrategia de combate.

La invasión nazi a la URSS con cinco millones de soldados -el domingo 22 de junio de 1941- sigue siendo la mayor operación militar terrestre de la historia.

La *blitzkrieg* –guerra relámpago– le funcionó por última vez a los nazis que -en menos de dos meses- se apoderaron de Bielorrusia, el Báltico y alcanzaron el río Dnieper; en Kiev capturaron a ochocientos mil prisioneros –la mayor detención de la historia- y el mando alemán estimaba haber destruido al setenta por ciento del *Ejército Rojo*.

Las pérdidas rusas eran tan grandes -cualquier otro país habría capitulado- pero Stalin exhortó a su pueblo a librar la *Gran Guerra Patria* –así llaman los rusos a la *Segunda Guerra Mundial*- y a vencer inspirados por el recuerdo del triunfo ante la *invasión napoleónica*.

Moscú también solicitó infructuosamente a sus aliados angloestadounidenses la apertura de un *Segundo Frente* de guerra contra Alemania.

El llamado de auxilio soviético fue desechado porque los gobernantes anglonorteamericanos anhelaban que Alemania derrotara a la URSS, y que en éste proceso los nazis quedaran tan débiles –o hartos- para deglutir su conquista que olvidarían cualquier pretensión hacia el oeste europeo.

Acordémonos que Estados Unidos e Inglaterra financiaron y equiparon al régimen de Adolfo Hitler -con la secreta promesa del dictador nazi de que exterminaría al pueblo ruso- y que sin la ayuda angloestadounidense el rearme alemán hubiera sido exageradamente difícil porque todas las notas de los bancos extranjeros –giradas por Alemania- pasaban forzosamente por la Bolsa de Londres.

Alemania obtuvo regularmente de la *Standard Oil* -en plena guerra- trescientos mil barriles de petróleo vía Italia –neutral en los primeros nueve meses del conflicto- y algodón gringo vía Suiza.

Allen Dulles –abogado e íntimo amigo de la familia Bush- recibió en 1942 la misión de ocultar que las compañías de Samuel y Prescott Bush –bisabuelo y abuelo respectivamente de George W. Bush- violaron la *Trading with the Enemy Act* y mantuvieron en pleno conflicto bélico multimillonarios negocios con la Alemania nazi.

Laurence A. Steinhardt –embajador estadounidense en Moscú- decía que la URSS sería derrotada por los nazis en una semana; el *Ministro de Guerra* de Estados Unidos informó al Presidente Roosevelt que Rusia sería aniquilada en un plazo de cuatro semanas a tres meses.

Adolfo Hitler mandó a su *Ejército del Norte* que sitiara Leningrado –hoy San Petersburgo- para aniquilar por hambre y frío a sus tres millones de habitantes; el sitio duró novecientos días –de 1941 a 1944- y murieron dos millones doscientos cincuenta mil personas, pero los nazis no pudieron conquistar la ciudad.

La *Wermacht* trató de tomar Moscú –*Operación Tifón*- con su *Ejército del Centro* y comenzó el asedio el 2 de octubre de 1941; las fuerzas nazis estuvieron a 42 kilómetros del borde externo de la capital rusa, pero la resistencia popular, el invierno y una contraofensiva soviética comandada por Zhukov –el 5 de diciembre de 1941- los hizo retroceder 250 kilómetros para el 7 de enero de 1942.

La victoria germana en Sebastopol alentó a Hitler para ordenar que el *Sexto Ejército* del Mariscal von Paulus persiguiera al General ruso Timoschenko hasta Stalingrado. El *Sitio de Stalingrado* duró ocho meses, y los alemanes se empantanaron en una *guerra de guerrillas* que al final también perdieron. Se afirma -aunque no existen cifras exactas- que la mitad de los seiscientos mil hombres del *Sexto Ejército* murieron en combate, de frío, de hambre o por enfermedad; 35 mil consiguieron escapar, y de los noventa mil que se rindieron sólo seis mil retornaron vivos a Alemania.

Alemania perdió -desde el comienzo de la *Operación Barbarroja* hasta la derrota en Stalingrado- un millón 250 mil hombres, cinco mil aviones, nueve mil tanques y veinte mil piezas de artillería.

Winston Churchill tuvo que admitir que el *Ejército Rojo* había *"desgarrado los intestinos de Alemania en Stalingrado..."*

Ahora el curso de la guerra sería apuntalado por la contraofensiva soviética de 1942, reforzado en la *Batalla de Stalingrado,* y consolidado después con la aún más decisiva *Batalla del Kursk.*

Martín Gilbert –historiador militar- escribió que *"en las primeras semanas de 1943, el renacido Ejército Rojo parecía estar al ataque en todas partes... La Operación Estrella fue un masivo avance soviético hacia el oeste del río Don... El 14 de febrero los rusos capturaron Jarkov y más al sur ya se estaban aproximando hacia el Dnieper..."*

La *Batalla del Kursk* acontecida en julio de 1943 -y no el *Desembarco del Día D* como afirma fantochemente la propaganda yanqui- fue el combate más importante de la *Segunda Guerra Mundial.*

La ofensiva teutona en el Kursk -con dos mil setecientos tanques, dos mil aviones, diez mil piezas de artillería y novecientos mil soldados- fue el mayor combate de blindados de la historia, y la mayor concentración del ejército nazi jamás reunida en la guerra para el combate en un solo punto.

El arrollador triunfo del *Ejército Rojo* en la *Batalla del Kursk* demostró que la URSS tenía la capacidad para derrotar por completo -y sin ayuda- al Tercer Reich.

Con la derrota en el Kursk, los nazis perdieron la iniciativa en la guerra, y desde entonces todo sería movimientos defensivos contra el impetuoso avance del *Ejército Rojo* que los empujaba sin descanso hasta Berlín.

Los pronósticos angloestadounidenses fallaron y fue la URSS el país que obtuvo las victorias importantes en el *Frente Oriental.*

El categórico éxito soviético espantó a Churchill y a Roosevelt quienes comprendieron lo errado de sus apreciaciones, y previeron que perderían el control de Europa si se demoraban en la apertura del *Segundo Frente* porque el *Ejército Rojo* ya estaba en condiciones de llegar fácilmente hasta el Canal de la Mancha.

Mucho se ha escrito sobre las disputas de Churchill y Roosevelt acerca de la apertura del *Segundo Frente* en Europa, pero debemos destacar que aquellas discusiones eran motivadas más por las diferencias de intereses entre el imperialismo británico y el estadounidense que por cuestiones militares.

Churchill esperaba abrir el *Segundo Frente* en el Mediterráneo para cuidar el Canal de Suez –la ruta hacia la India británica- y porque fantaseaba con invadir los Balcanes; Roosevelt promovía el *Segundo Frente* en Francia para debilitar el imperio colonial inglés y controlar a Europa; ambos coincidían que si querían materializar sus planes deberían detener al *Ejército Rojo*.

Mientras la URSS luchaba contra el nazismo -confiada en las promesas angloestadounidenses acerca de la apertura del *Segundo Frente*- se realizó la *Conferencia de Québec* en 1943 -entre Churchill, Roosevelt y sus *Estados Mayores*- para analizar el plan de invasión a Europa y para examinar las posibilidades angloestadounidenses de confabularse con los nazis, y aplastar definitivamente a los *bárbaros rusos*.

Documentos desclasificados demuestran que durante la *Segunda Guerra Mundial* los círculos dominantes en Londres y Washington siempre proyectaron traicionar y atacar a la URSS -incluso antes de que se perfilara la derrota de Hitler- pero abandonaron transitoriamente sus planes cuando documentaron que el triunfo era imposible.

El *U.S. Department of State* circuló secretamente en la *Conferencia de Malta* un documento reconociendo que *"el hecho excepcional a destacar es el reciente fenómeno, en otro tiempo latente, de la fuerza militar y económica rusa, un acontecimiento que marcará época en nuestras futuras relaciones políticas y militares... La fuerza militar e industrial de la URSS es ahora mayor que la de Gran Bretaña... En las condiciones actuales, aunque Estados Unidos uniera sus fuerzas a las de Inglaterra no podríamos derrotar a Rusia... Si Estados Unidos apoya las intenciones de Gran Bretaña contra la URSS se encontraría en medio de una guerra que no podría ganar..."*

Por eso Eisenhower no aceptó la propuesta condicionada que le hizo el Almirante nazi von Friedeburg –en la primavera de 1945- acerca de que los alemanes seguirían luchando en el Este europeo si Estados Unidos estaba dispuesto a conceder una paz moderada.

Heinrich Himmler –el jefe de los *SS*- también propuso a los estadounidenses la rendición de Alemania si mantenían a los soviéticos fuera del acuerdo.

A pesar de lo anterior, el insidioso Churchill preparó –en marzo de 1945- la *Operación Incredible* para atacar a la URSS con 112 divisiones nazis -incluida una docena de las de la *Werhmacht* que habían capitulado ante los ingleses, y fueron trasladadas intactas a Schleswig-Holstein y a Dinamarca donde las mantuvieron en alerta de combate hasta la primavera de 1946-. La fecha del ataque fue fijada para el 1 de julio de 1945.

El *Ejército Rojo* presionó fatalmente –a mediados de abril de 1945- a las fuerzas alemanas, el 25 de abril cercó Berlín y se encontró con los estadounidenses en Torgau –sobre el Elba-.

El *Führer* permaneció atrincherado en su *bunker* debajo de la *Reichskanzlei* –la cancillería- esperando que un milagro motivara en Londres y en Washington una alianza con Alemania, para aniquilar por fin a la *amenaza oriental*.

Hitler se suicidó –el 30 de abril de 1945- y los últimos defensores de Berlín comenzaron a abandonar sus refugios con las manos en alto y sus rostros llenos de pánico porque estaban conscientes que después de las atrocidades cometidas contra la URSS -por la *Wermacht* y los *SS*- los soldados rusos tomarían represalias.

El *Ejército Rojo* fue el primero en capturar Berlín, y sus soldados clavaron emblemáticamente la bandera roja de la URSS sobre el edifico del *Reichstag* –el parlamento alemán-.

La *Gran Guerra Patria* finalizó con un rotundo triunfo militar para la URSS aunque el costo humano y material fue exorbitante.

Cincuenta y cinco millones de personas murieron durante la *Segunda Guerra Mundial*: Veintisiete millones de soviéticos –cuarenta y nueve por ciento del total-, trescientos setenta mil ingleses –0.67 por ciento- y trescientos mil yanquis –el 0.54 por ciento-.

Antes del *Desembarco en Normandía* ya había muerto en la Unión Soviética el noventa por ciento de todos los hombres entre 18 y 21 años de edad.

Si la población de la URSS sucumbió en cantidades tan grandes durante la *Segunda Guerra Mundial* es porque el principal frente y objetivo de combate se localizó en el oriente de Europa; las cifras son contundentes.

Algunos historiadores también exageran sobre la *ayuda* militar que los angloestadounidenses prestaron a la URSS, con el objetivo de empequeñecer la aportación soviética en la *Segunda Guerra Mundial*.

Los datos históricos prueban que el *Ejército Rojo* frenó el avance alemán y comenzó su contraataque a finales de 1941 -en la *Batalla de Moscú*- mucho antes de que llegase a la URSS cualquier bastimento procedente de Estados Unidos, Gran Bretaña o Canadá.

Los suministros anglonorteamericanos fueron exportados entre 1943 y 1945 –cuando la URSS ya fabricaba más armamento que Alemania- y sólo representaron una fracción de la producción militar soviética -el dos por ciento de la artillería, el diez por ciento de los tanques y el doce por ciento de la aviación- por lo que es tendencioso afirmar que esos abastecimientos fueron decisivos para el triunfo del *Ejército Rojo.*

Hopkins –emisario del Presidente Roosevelt- le aclaró a Stalin el 31 de julio de 1941 que *"Estados Unidos e Inglaterra no le proporcionarán a Rusia aviones, carros de combate o sistemas de defensa antiaérea hasta que las tres potencias pacten una alianza firme en todos los ámbitos, y se pongan de acuerdo sobre los objetivos de la guerra y el orden mundial posbélico... La conferencia para acordar esa nueva estrategia no se celebrará antes de finales de 1941..."*

La propaganda yanqui distorsiona los eventos para esconder que los angloestadounidenses permanecieron como simples espectadores durante la mayor parte de la *Segunda Guerra Mundial.*

En la *Segunda Guerra Mundial,* el fascismo europeo –Alemania, Italia y sus satélites- utilizó el ochenta por ciento de sus soldados para tratar de destruir a la URSS.

Alemania destinó doscientas setenta divisiones armadas selectas únicamente para invadir a Rusia, mientras que para conquistar a Francia empleó no más de cincuenta.

El Tercer Reich disponía de 256 divisiones en noviembre de 1942, envió 172 al *Frente Oriental* y el resto las utilizó para mantener el control de las zonas conquistadas, para combatir a los partisanos comunistas o las mantuvo en recuperación.

Ingleses y estadounidenses fueron vergonzosamente apaleados durante año y medio en el norte de África por sólo cuatro divisiones del *Afrika Korps* -conducidas brillantemente por el mariscal Erwin Rommel-.

Cuando se realizó el *Desembarco en Normandía* –el 6 de junio de 1944- los anglonorteamericanos se enfrentaron sólo a tres divisiones alemanas porque otras cien habían sido trasladadas urgentemente al *Frente Oriental* -a Bielorrusia y al sur de Ucrania- donde el *Ejército Rojo* estaba descuartizando a la *Wermacht.*

El General Alfred Jodl –*Consejero Estratégico del Führer*- declaró durante los *Juicios de Nürnberg* que *"la Wermacht no se desplomó durante la campaña contra Polonia porque las 110 divisiones francesas y británicas no hicieron absolutamente nada contra las 29 divisiones alemanas apostadas en la frontera occidental, quizás con la idea de que aplastaríamos sólo a la URSS..."*

George Marshall –asesor militar de Roosevelt- se refirió a los sucesos de 1941 en el *Frente Oriental* opinando que *"en aquellas fechas, Alemania y Japón estaban a punto de conquistar el dominio mundial y todavía no acabamos de entender cuán frágil era el hilo del que dependía la suerte de las Naciones Unidas... Debemos admitir, para ser justos, que no nos honra el papel desempeñado en esos días para prevenir la catástrofe..."*

Cordell Hull –*Secretario de Estado*- al hacer un balance de la *Segunda Guerra Mundial* aceptó que *"el heroísmo del pueblo soviético previno la firma por separado de un vergonzoso tratado de paz entre Estados Unidos, Gran Bretaña y Alemania, el cual habría derivado en una reedición de la Guerra de los Treinta Años..."*

Si Estados Unidos e Inglaterra hubieran honrado a cabalidad su deber de aliados con la URSS, la *Segunda Guerra Mundial* –la *Gran Guerra Patria*- pudo fácilmente terminar en 1942 o en 1943, y se habrían evitado millones de muertes y destrucción.

Está muy claro que la participación angloestadounidense en la *Segunda Guerra Mundial* estuvo alentada no por el amor a la libertad y la democracia sino por intereses estrictamente imperialistas, y que si Hitler se hubiera dedicado exclusivamente a combatir a los soviéticos entonces los gobiernos de Inglaterra y Estados Unidos nunca le habrían molestado.

EL GARROTE NUCLEAR

La propaganda imperialista yanqui adultera los acontecimientos y nos alecciona desde hace sesenta años que fue la explosión de las bombas atómicas estadounidenses -en Hiroshima y Nagasaki- lo que puso fin a la *Segunda Guerra Mundial.*

Winston Churchill reconoció en privado que*"sería erróneo suponer que el destino de Japón fuese determinado por la bomba atómica..."*

Las bombas atómicas no fueron lanzadas sobre objetivos militares importantes -por eso Hiroshima y Nagasaki nunca habían sido bombardeadas en el transcurso de la guerra- y hasta el General McArthur aceptó –en el año 1960- que *"no había ninguna necesidad militar de lanzar bombas atómicas sobre Japón..."*

Henry L. Stimson –el *Secretario de Defensa de Estados Unidos*- reconoce en sus memorias que no se hizo ni se consideró hacer ningún esfuerzo diplomático serio para obtener la rendición de Japón porque se estaba buscando el pretexto para utilizar la bomba atómica.

El Presidente Truman favoreció la propuesta de *"arrojar una bomba atómica contra Japón lo más rápido posible, preferentemente a una zona industrial rodeada de barriadas en que vivan obreros, y sin previo aviso..."*

La *Orden Número 13* -fechada el 2 de agosto de 1945- decía: *"Fecha de ataque: 6 de agosto. Objetivo del ataque: La parte histórica y la zona industrial de Hiroshima. Segundo objetivo de reserva: Los arsenales y la parte céntrica de la ciudad de Kokura. Tercer objetivo de reserva: La parte céntrica de la ciudad de Nagasaki..."*

Los bombardeos atómicos obviamente aterrorizaron a la población que vivía alrededor de Hiroshima y Nagasaki, pero no hicieron capitular a Japón.

El *Alto Mando* japonés ocultó al resto de la nación la noticia de las explosiones atómicas, y continuó preparando la batalla decisiva en su territorio porque sabía que el *Ejército y la Marina Imperial* eran capaces de causar graves daños a los estadounidenses.

Los ataques nucleares ni siquiera fueron analizados en la reunión del *Consejo Supremo del Mando de la Guerra*, y la amenaza de más embates atómicos –radiodifundida el 7 de agosto de 1945 por Truman- fue valorada acertadamente por los nipones como propaganda yanqui.

Stimson –el *Secretario de Defensa de Estados Unidos*- admitió una década más tarde que *"las bombas atómicas que arrojamos en Hiroshima y Nagasaki eran las únicas de que disponíamos, y el ritmo de fabricación era muy lento en aquel entonces..."*

La participación militar soviética contra Japón fue el verdadero evento que determinó la capitulación nipona, y así lo demuestran innumerables documentos desclasificados.

El *Joint Intelligence Committee* –por ejemplo- le informó al presidente yanqui –el 29 de abril de 1945- que *"la absoluta derrota de Japón está próxima... Los efectos de nuestro bloqueo marítimo, la progresiva devastación causada por nuestros bombardeos estratégicos, y el colapso de Alemania precipitarán nuestra victoria antes de que finalize este año... La entrada de la URSS en la guerra contra Japón, junto con los factores ya mencionados, convencerá de una vez por todas a los japoneses sobre su inminente e inevitable derrota..."*

Un mensaje del Embajador Sato al Ministro Togo –enviado desde Moscú e interceptado el 8 de junio de 1945 por el espionaje yanqui– revelaba las preocupaciones niponas al enfatizar que *"si Rusia decide tomar ventaja de nuestra debilidad e intervenir contra nosotros por la vía militar, entonces nos encontraremos en una situación desesperada que precipitará nuestra derrota... Es tan claro como el día que nuestro Ejército Imperial en Manchuria será completamente incapaz de resistir el embate del Ejército Rojo, que es superior al nuestro en todos los aspectos..."*

El *British Combined Intelligence Committee* aconsejó también a las autoridades angloestadounidenses –el 8 de julio del año 1945– que *"es necesario facilitar la participación de la URSS en la guerra contra Japón porque esto finalmente convencerá a los japoneses de lo inevitable de su completa derrota, y lo absurdo de seguir oponiendo una resistencia carente de objetivos..."*

El *Primer Ministro* Suzuki manifestó al *Consejo Supremo del Mando de la Guerra* –el 9 de agosto de 1945– que *"el ingreso ésta mañana de la URSS al conflicto nos pone definitivamente en una situación sin salida y nos hace imposible continuar la guerra..."*

El Emperador Hirohito –*Comandante en Jefe del Ejército Imperial Japonés*– también reconoció el mismo día ante sus mandos militares que *"ahora que la URSS ha entrado en guerra contra nosotros, seguir oponiendo resistencia significaría peligrar las bases mismas de la existencia de nuestro imperio..."*

Estados Unidos detonó las bombas atómicas en Hiroshima y Nagasaki con el propósito de intimidar a la URSS -y al resto de las naciones- para favorecer la imposición de su dominio en el mundo posbélico.

El Presidente Truman concibió valerse del holocausto nuclear japonés para domar a la insurrecta URSS, por eso declaró que *"si la bomba atómica explota, en lo que confío, tendré sin lugar a dudas, un gran garrote para esos muchachos..."*

James Bymes –*Secretario de Estado*– le comentó a Truman que *"Rusia sería más manejable si quedase impresionada por el ejército estadounidense, y una demostración del poder de la bomba atómica puede indudablemente impresionar a los rusos..."*

El mismo General Leslie Groves –director del *Proyecto Manhattan* que permitió la construcción del arma atómica estadounidense- es categórico sobre el verdadero objetivo del bombardeo nuclear japonés cuando testificó –en el año 1954- que *"nunca a partir de que tomé a mi cargo este proyecto me hice ilusiones... Rusia es nuestro enemigo y el proyecto fue conducido sobre esa base..."*

Truman -al enterarse que Hiroshima había sido arrasada por la explosión atómica- exclamó jubiloso ante sus allegados que *"éste es el suceso más grandioso de la historia..."*

El intrigante Churchill le ratificó declarando que *"ahora tenemos algo en nuestras manos que reenderezará el equilibrio estratégico con los rusos..."*

El bombardeo atómico contra Japón fue un acto de advertencia contra la URSS porque esta nación -aunque debilitada por la guerra- representaba sin proponérselo el principal obstáculo al imperialismo yanqui y su ambición de dominar el mundo.

Los informes de inteligencia estadounidenses enfatizaban en el año 1946 que *"la URSS no representa ninguna amenaza directa contra la seguridad de Estados Unidos... Su economía y potencia laboral están agotadas por la guerra... Durante los próximos años la URSS se concentrará en reconstruirse y va a plantearse objetivos diplomáticos limitados..."*

Estados Unidos decidió aprovechar la postración soviética y elaboró –desde 1945- el plan *Dropshot*, que establecía la colaboración entre Estados Unidos e Inglaterra para rearmar a Alemania, incorporarla en un bloque militar anticomunista y atacar a la URSS, China y Vietnam en 1952, 1954 y 1957, respectivamente.

El plan *Dropshot* fue aprobado por Truman -en diciembre de 1949- y se convirtió en el documento básico que determinaría la política estadounidense hacia la URSS en los años posteriores.

Estados Unidos confeccionó alternativas del plan *Dropshot* –entre los años 1945 y 1949- para atacar a la indefensa URSS y arrasar de quince a doscientas ciudades rusas con hasta trescientas bombas atómicas.

Dropshot no se materializó únicamente porque la locura de Truman superaba la capacidad atómica estadounidense -en junio de 1946 tenían nueve bombas atómicas y en abril del año 1947 sólo once- y porque el espionaje yanqui sabía que los rusos estaban construyendo su bomba nuclear; por lo anterior, Truman juzgó muy arriesgado atacar a la URSS sin aniquilarla completamente para luego exponerse a un posible contragolpe atómico.

La URSS detonó en 1949 su primera bomba atómica y liberó a la humanidad del holocausto nuclear proyectado por Estados Unidos, pero sólo provisionalmente porque los bárbaros yanquis ahora han violado el *Antibalistic Missile Treaty*, han torpedeado la *Conferencia para Revisar el Tratado de No Proliferación Nuclear* –realizada en mayo del 2005-, y están fabricando una nueva generación de armas nucleares para amenazar y destruir a nuestros pueblos.

EL TRIÁNGULO DE ACERO

"Un elemento vital para mantener la paz mundial será nuestra estructura militar. Nuestro ejército deberá ser tan poderoso, listo para la acción, que ningún potencial agresor sienta la tentación de arriesgarse y ser destruido. La conjunción de una enorme estructura militar y una gigantesca industria de armamentos es algo nuevo en Estados Unidos. La influencia total –económica, política y aún espiritual- de esta nueva alianza se sentirá en cada ciudad, en cada Estado, en cada oficina del gobierno federal..."

Presidente Dwight D. Eisenhower, 17 de enero de 1961.

La industria de armamentos, el *Pentágono* y el gobierno estadounidense –legisladores y presidente- consolidaron desde mediados del siglo pasado *El Triángulo de Acero* –el *Military Industrial Congressional Complex-*, una alianza que promueve una infinita agenda de agresiones militares cuya meta es el triunfo absoluto del imperialismo yanqui, posicionándolo simultáneamente como el mayor consumidor y exportador de equipos militares.

El pueblo yanqui vive forzadamente en una eterna *Economía de Guerra* -concepto acuñado por Charles E. Wilson que define una economía basada en la industria militar- dirigida por los ejecutivos de las corporaciones armamentistas y subsidiada abundantemente por el gobierno federal.

Wilson –un mediano ejecutivo de *General Motors* impresionado por el crecimiento económico yanqui durante la *Segunda Guerra Mundial-* especuló que Estados Unidos debería mantener, aunque finalizará la conflagración mundial, una *Economía de Guerra* si deseaba asegurar su preeminencia global. Charles E. Wilson sería *Secretario de Defensa* con el Presidente Eisenhower, y entretejió las sólidas relaciones entre el *Pentágono* y la industria de armamentos.

La idea de Wilson fue fortificada ulteriormente con un disparatado *keynesianismo* militarista –una variación del *keynesianismo* económico- en el que Estados Unidos realiza excesivos gastos militares y fomenta constantes guerras para conseguir un crecimiento económico constante, pero que lo ha hundido, paradójicamente, en un perpetuo déficit descomunal que se incrementa cada año.

Desde el año 1940 hasta la actualidad, Estados Unidos siempre ha sido el país con el mayor presupuesto militar anual.

El *Stockholm International Peace Research Institute* –SIPRI- informó que Estados Unidos realizó –en el año 2003- el cuarenta y siete por ciento de los gastos militares mundiales.

El *Pentágono* fue –en el año 2005- el primer consumidor de armamento con cuarenta y ocho por ciento del gasto mundial realizado en ese rubro.

El ochenta por ciento de todos los gastos militares adicionales registrados en el 2005 también fue hecho por Estados Unidos; China y Japón se excedieron cinco por ciento; el Reino Unido y Francia se sobrepasaron cuatro por ciento.

En el año 2006, el presupuesto del *Departamento de Defensa* yanqui -441.6 billones de dólares- superó los gastos combinados de los veinte países con mayor presupuesto militar, y sextuplicó los desembolsos de la República Popular de China -que ocupa el segundo lugar en la estadística-.

El Congreso estadounidense aprobó –el 29 de septiembre del 2006- la cifra histórica de 448 mil millones de dólares para el presupuesto militar del año 2007, e incluye setenta mil millones como *fondo de emergencia* para las operaciones militares en Iraq.

Estados Unidos es mundialmente el mayor exportador de armamento, y sus ventas superan los ingresos combinados de los catorce países que más cercanamente le disputan el negocio.

La comercialización de armamentos representa el dieciocho por ciento del PIB estadounidense, y es la mayor proporción que cualquier otra nación.

La exportación de armamento yanqui aumentó de cinco mil cuatrocientos millones de dólares -en el año 1990- a dieciocho mil quinientos millones de dólares en el 2004.

Los principales fabricantes estadounidenses de armamento son *AAI Corporation, BAE Systems, Boeing, Carlyle Group, Colt´s Manufacturing Company, General Atomics, General Electric, General Dynamics, Honeywell, Lockheed-Martin, Northrop Grumman Corporation, BAE Systems Land and Armaments y Raytheon Corporation.*

Estas compañías acaparan la mayoría del presupuesto de compras del *Pentágono: Lockheed Martin* construye el *F-16,* el *F-22 Raptor,* el *AC-130* y el prototipo *Joint Strike Fighter F-35; General Dynamics* fabrica sistemas de dirección para misiles; *Boeing* provee *bombas inteligentes* o *Joint Direct Attack Munition; Raytheon Corporation* vende los misiles *Tomahaw, Maverick, Javelin* y las bombas antibunker *GBU28; Northrop Grumman* comercializa el bombardero *B-2,* el *F-14* y el *Global Hawk.*

Lockheed Martin, Raytheon Corporation, Boeing y Northrop Grumman también son las constructoras del *Ballistic Missile Defense System* –BMDS-.

Se estima que treinta importantes funcionarios en el gobierno de George W. Bush son miembros de consejos de administración, asesores o accionistas de las principales empresas de armamento, y diecisiete de ellos -pertenecientes al círculo íntimo del presidente- tienen lazos con las industrias promotoras del *Ballistic Missile Defense System*.

La industria armamentista yanqui no tiene necesidad de constituir grupos de presión –*lobby*- para promover sus negocios ante el gobierno federal porque ellos son realmente -junto con las empresas petroleras- los que determinan la orientación y la administración de la política estadounidense.

Dick Cheney –el vicepresidente gringo- participa como director del *Center for Security Policy* –organismo muy influyente en cuestiones militares- y Lynne Cheney –su esposa- formó parte del consejo de administración de *Lockheed Martin* con un sueldo de ciento veinte mil dólares por cuatro reuniones anuales, y actualmente dirige una red de organizaciones que adoctrina a los universitarios estadounidenses para que promuevan las agresiones militares gringas, la estupidez del ataque nuclear preventivo, y que realiza una permanente *cacería de brujas* contra los profesores y estudiantes que se oponen a la barbarie yanqui.

Donald Rumsfeld –*exsecretario de Defensa*- es asesor del *Center for Security Policy*, miembro de comisiones encargadas de la implementación del *Ballistic Missile Defense System* y de la militarización espacial, a través de la *Hoover Institution* –una dependencia de la Stanford University-.

Stephen Hadley –asesor del *Consejo de Seguridad Nacional*- trabaja en la firma legal que representa a *Lockheed Martin*; Robert Joseph –asistente especial de George W. Bush- participó en la Administración Reagan, en el gobierno de Bush padre y tiene gran influencia en la *National Defense University*; el corrupto Paul Wolfowitz –exdirector *del Banco Mundial*- es consultor de *Northrop Grumman;* Edward C. Aldrige –Subsecretario de Defensa para Adquisiciones de Tecnología y Logística- laboró de 1988 a 1992 con *McDonnel Douglas Electronics Systems,* y luego en la *Aerospace Corporation* –proveedor del *Pentágono*-; Richard Perle tutela el *Defense Policy Board* –influyente organismo de enlace entre el gobernante estadounidense y el *Pentágono*- y enseña en el *American Enterprise Institute*; Peter B. Teets –subsecretario responsable de la *U.S. Air Force*- fue presidente de la omnipresente *Lockheed Martin* entre los años 1997 y 1999; Gordon England –Secretario de la *U.S. Navy*- fue vicepresidente de *General Dynamics* desde 1997 hasta el 2001.

Un informe del Congreso estadounidense señala que el valor global de la venta de armamentos entre 1989 y 1996 fue de 257 billones de dólares, que Estados Unidos facturó el sesenta por ciento, y que realizó el cincuenta y ocho por ciento de sus ventas a países del *Tercer Mundo*.

Documentos recientemente desclasificados descubren que Estados Unidos superó en el año 1997 –durante la *Administración Clinton*- su propio récord al exportar armamento e instructores militares para regímenes dictatoriales.

El *Washington Research Center Demilitarization for Democracy* ha denunciado que Estados Unidos exporta anualmente casi diez billones de dólares en armamento a cincuenta y dos países clasificados por el *U.S. Department of State* como regímenes autocráticos o dictatoriales.

Las dictaduras consentidas de la industria armamentista yanqui son: Arabia Saudita –que compra anualmente cinco mil millones de dólares en armas-, Kuwait –con mil 500 millones de dólares-, Egipto –que consume mil 300 millones de dólares-, Tailandia –con 217 millones de dólares- y Pakistán –que eroga 205 millones de dólares-. Los datos indican que cuarenta y siete países con regímenes dictatoriales reciben entrenamiento, cursos y ejercicios tácticos por intermedio de cuatro mil oficiales del ejército estadounidense.

El genocida régimen israelí es el mayor consumidor de armamento estadounidense, y a partir del año 2008 triplicará el presupuesto militar para atacar al pueblo árabe -gracias a la generosa *ayuda* de Washington que le otorgó en el año 2007 un crédito por treinta mil cuatrocientos millones de dólares-.

Estados Unidos ocupó –en el año 2005- el primer lugar en la exportación de armamento con veinte mil millones de dólares anuales, Reino Unido le secundó con ventas por catorce mil millones de dólares, y Rusia ocupó el tercer lugar -con seis mil ciento veintiséis millones de dólares- porque las facturaciones francesas cayeron hasta tres mil ochocientos millones de dólares.

Mijaíl Dmítriev -jefe de la *Agencia Federal de Cooperación Técnico Militar de Rusia*- reveló que su país pertenece al grupo de los cuatro principales exportadores mundiales de armamento, que en el año 2006 las exportaciones de armas rusas sumaron seis mil cuatrocientos sesenta millones de dólares –un máximo histórico- y que en 2007 aumentarán en mil quinientos millones.

El cincuenta por ciento de las exportaciones totales de armamento ruso corresponden al material aeronáutico –especialmente el caza *Sukhoi-30*, los suministros de medios aéreos de ataque, aviones cisterna, aviones *AWACS* de advertencia temprana y los cazas ligeros

MiG-29-; el veinticinco por ciento al armamento para las fuerzas navales –principalmente los submarinos de la clase *Kilo-*; y el quince por ciento a sistemas de defensa antiaérea del tipo *S-300*.

Entre los años 2007 y 2015 –por ejemplo- se venderán en el mercado internacional más de un millón 850 mil lanzagranadas -por una suma de cinco mil 250 millones de dólares- y los de fabricación rusa ya ocupan el sesenta y nueve por ciento del mercado mundial de armas antitanques portátiles –51.5 por ciento en términos de valor- y los expertos predicen que estas proporciones se mantendrán como mínimo hasta el año 2015.

La mayor parte de las ventas rusas de lanzagranadas recae en los modelos *Agleñ* y *Tavolga* –cincuenta y cinco por ciento de la cantidad total de lanzagranadas y 31.6 por ciento de las ventas- y en el afamado *RPG-7* -creado hace más de cuarenta años- al que le corresponde el ocho por ciento de la cantidad total y el cinco por ciento de las ventas en valores. El *M72 LAW* –como dato comparativo- es el lanzagranadas yanqui más comercializado, pero únicamente obtiene el 5.45 por ciento de la cantidad total y el 5.43 por ciento del valor de las armas vendidas.

El imperialismo yanqui pretende monopolizar la venta de armamentos porque es un lucrativo negocio –superado sólo por el tráfico de drogas- y por eso trata desesperadamente de imponer sus productos en todo el planeta.

Eso explica por qué los medios de comunicación –cotidianamente-tratan de asustarnos con boletines sobre la *carrera armamentista* promovida por *malévolos* países que no compran material bélico yanqui -China, Irán, India, Corea del Norte o Venezuela- ni se arrodillan ante las órdenes de Washington.

Rosoboronexport –empresa estatal que regula la exportación de armas rusas- facturó el treinta por ciento de las armas mercantilizadas mundialmente en el año 2005, y mantuvo entre sus principales compradores a India y a la República Popular de China.

Aunque los presupuestos militares de la República Popular de China y de la India aumentan constantemente desde hace varios años, realmente esas alzas son intrascendentes e inofensivas si se comparan con los gastos estadounidenses en el sector.

La propaganda de los ambiciosos imperialistas yanquis también quiere hacernos creer que la República Bolivariana de Venezuela ha iniciado una carrera armamentista que pone en peligro al continente americano -y al mundo entero- e insiste tercamente en la *irresponsabilidad rusa* por venderle material bélico al país sudamericano.

La República Bolivariana de Venezuela compró -en julio del 2006- armamento ruso por valor de tres mil millones de dólares; la operación equivale al cuarenta y nueve por ciento de las ventas totales realizadas en el 2005 por *Rosoboronexport,* y al treinta y siete por ciento de las ventas totales previstas para el año 2007.

Las estadísticas demuestran efectivamente que en América Latina y el Caribe –en el 2005- los gastos de armamento aumentaron 7.2 por ciento con respecto al año anterior, pero son los gobiernos de Chile, Colombia y Brasil los que realizaron tres cuartas partes del gasto militar en la región.

Venezuela –a pesar de la publicitada compra de armas rusas- no gasta en armamento más del 1.4 por ciento de su PIB, mientras que Chile dedica el 3.54 por ciento de su PIB a la compra de armas y casi triplica el promedio de gasto militar -1.4 por ciento del PIB- para los países de América Latina.

Argentina es el país que menos gasta en armamento con relación a sus ingresos porque sólo destina el 1.3 por ciento de su PIB a ese rubro; Perú utiliza el 1.54 por ciento de su PIB; Brasil –la potencia regional- aplica el 1.84 por ciento de su PIB y Colombia –nación con intensa actividad guerrillera y paramilitar- gasta el 3.28 por ciento de su PIB.

El endeble gobierno de la Presidenta Michel Bachelet argumenta que no tiene dinero para mitigar el hambre y la pobreza de su martirizado pueblo, ni para incrementar el miserable salario de los trabajadores, ni para subsidiar el transporte de los estudiantes chilenos, ni para aumentar el raquítico presupuesto de educación, pero sí está modernizando el ejército chileno –quién sabe con qué aviesas intenciones- para convertirlo antes del 2010 en el único y el primero en Iberoamérica con fuerzas armadas comparables a las de la *Organización del Tratado del Atlántico Norte* –OTAN-.

El *Pentágono* se encuentra detrás del supuesto programa de *modernización* del ejército chileno -las compañias yanquis serán las beneficiadas con los contratos- y aprobó en el 2006 la venta de diez cazas *F-16*, misiles, repuestos y un programa de entrenamiento para los pilotos chilenos con valor de seiscientos ochenta millones de dólares. Chile también compró otros dieciocho cazas usados *F-16* por trescientos millones de dólares, cien tanques *Leopard* en ciento veinticinco millones, dos submarinos *SS Scorpene* a quinientos millones, ocho fragatas y cuatro buques con sistemas antiaéreos valuados en cuatrocientos millones.

Es evidente que si algún país conduce una carrera armamentista en América Latina, que si algún país representa una amenaza para la seguridad hemisférica y para el mundo, ése es indudablemente Chile y no la República Bolivariana de Venezuela.

Finalmente, la *modernización militar* efectuada por algunos gobernantes con sobrevaluado armamento gringo constituye una estafa deliberada porque Washington –el principal agresor mundial- no vende armas ni repuestos a naciones soberanas, lo que significa que el equipo militar se adquiere exclusivamente para adornar los desfiles nacionales -o para reprimir al pueblo- pero nunca para defender a la patria de un muy probable ataque imperialista yanqui.

LA HUMILLACIÓN EN BAHÍA DE COCHINOS

"Perdimos porque Fidel está con ellos..."

José M. Gutiérrez, mercenario participante en el desembarco de Bahía de Cochinos.

Desde el descubrimiento de Cuba –en el año 1492 por el Almirante Cristóbal Colón- el pueblo cubano nunca fue verdaderamente libre e independiente sino hasta el triunfo de la revolución popular encabezada por Fidel Castro, el 1 de enero de 1959.

Los cubanos siempre lucharon por liberarse del dominio español. Pelearon en 1868 y fueron vencidos, lo intentaron nuevamente en 1895 y lograron importantes éxitos.

Cuba estaba muy cerca de conquistar la independencia de España por sí misma, hasta que se entrometieron los gringos -sin que nadie se los solicitara- con el pretexto de *ayudar a la liberación* del pueblo caribeño.

La mentira utilizada por el gobierno de Estados Unidos para justificar la intervención militar en Cuba fue la protección de los ciudadanos estadounidenses y la explosión del acorazado *Maine*, fondeado en La Habana.

Nunca hubo prueba de que los españoles fueran los autores del daño –una investigación estadounidense el día del hundimiento y otra a fines del siglo XX concluyó que la detonación fue un accidente en el cuarto de máquinas del buque-, pero el Presidente Mc Kinley precipitadamente declaró -el 21 de mayo de 1898- la guerra a España. El conflicto duró poco, la flota española fue derrotada en Santiago de Cuba y los yanquis desembarcaron en la isla. Con el

Tratado de París, España cedió Filipinas, Cuba y Puerto Rico a Estados Unidos.

Leonard Wood -jefe de las tropas de ocupación- *eligió* una *Asamblea Constituyente* cubana para que ratificara una enmienda escrita por Orville Platt -Senador de Connecticut-. Algunos constituyentes se opusieron a la violación de la soberanía cubana, hubo disturbios y Wood amenazó: *"Estados Unidos continuará ocupando la isla hasta que sea creado un gobierno cubano, cuya constitución lleve todos y cada uno de los preceptos de la Enmienda Platt..."*

La *Enmienda Platt* -incorporada a la Constitución el 23 de mayo de 1903- desnuda rotundamente el yugo impuesto a Cuba.

El *Artículo 3* de aquella *Constitución Cubana* era realmente vergonzoso: *"El gobierno de Cuba consiente que los Estados Unidos puedan ejercer el derecho de intervenir para preservar la independencia cubana..."* El *Artículo 7* otorgaba a Estados Unidos el derecho de instalar bases militares en territorio cubano. Hoy, Guantánamo es prueba vigente del hurto yanqui. Invocando la Enmienda Platt, Estados Unidos invadió la isla en 1906, 1912 y 1917.

Estados Unidos explotó al pueblo cubano con saña mayor que los españoles. Todas las tierras y los medios de producción pasaron inmediatamente a manos de gringos o de sus prestanombres. La isla caribeña se convirtió en el cuartel de la mafia yanqui que –con el beneplácito de Washington- controlaba mundialmente el tráfico de drogas, el juego y la prostitución.

Pero todo el negocio se le acabó a los yanquis con el triunfo de la verdadera *Revolución Cubana*.

Fidel Castro nacionalizó las empresas que habían sido propiedad del Estado, promovió una reforma agraria, educativa y de salud, exterminó la corrupción, destruyó la industria del juego y las drogas, e incluso encarceló a algunos mafiosos estadounidenses.

Es por eso que Estados Unidos gruñe rabiosamente cada vez que mira hacia Cuba, porque no comprende cómo un pequeño pero decidido pueblo logró romper las cadenas con las que lo ataron por casi sesenta años.

La victoriosa *Revolución Cubana* de 1959 provocó una hecatombe política en Estados Unidos y se convirtió en la pesadilla personal de diez presidentes estadounidenses que siempre han negado –aunque siempre han sido desenmascarados- sus intentos de destruir al pueblo y al régimen cubano por todos los medios posibles.

Raúl Roa –*Ministro de Relaciones Exteriores de Cuba*- denunció el 31 de octubre de 1960, ante la Asamblea General de la ONU, que Estados Unidos estaba reclutando y entrenando mercenarios cubanos para invadir la isla.

La acusación del ministro cubano era verídica porque el Presidente Eisenhower había autorizado -nueve meses antes de terminar las relaciones diplomáticas con Cuba- un plan secreto que proponía formar en Estados Unidos un *movimiento de oposición cubana* contra Fidel Castro, manipular al pueblo cubano mediante una ofensiva propagandística, establecer una red de sabotaje dentro de Cuba, y entrenar una fuerza paramilitar con la capacidad de invadir la isla caribeña para derrocar al régimen revolucionario.

El *Programa de Acción Encubierta Contra el Régimen de Fidel Castro* –el plan de Eisenhower- contó con un presupuesto inicial de cuatro millones 400 mil dólares, distribuidos de la siguiente manera: 950 mil dólares para *acciones políticas,* un millón 700 mil dólares para propaganda, un millón 500 mil dólares para entrenamiento de los mercenarios y 250 mil dólares para espionaje.

Con esos fondos, la *Central Intelligence Agency* –CIA- se dedicó a enganchar esbirros cubanos pagándoles cuatrocientos dólares mensuales durante el entrenamiento y 175 dólares adicionales para sus esposas, y estímulos diversos para los que tuvieran hijos.

La *CIA* estaba muy confiada en derrocar a Fidel Castro porque antes ya había eliminado al Presidente iraní Mohammed Mossadegh y al Presidente guatemalteco Jacobo Arbenz Guzmán –en el año 1953 y 1954 respectivamente-.

Allen Dulles –*Director de la CIA*- emocionó al Presidente Kennedy asegurándole que con la ayuda de los mercenarios el ataque yanqui motivaría una sublevación total contra Fidel Castro.

John F. Kennedy decretó la invasión a Cuba mediante un desembarco en Bahía de Cochinos.

El nombre clave para la invasión era *Operación Zapata.* Como dato interesante, *Zapata Petroleum Corporation* –una compañía de exploración petrolera fundada por George H. W. Bush en 1953- proporcionó, a través de su subsidiaria *Zapata Off-Shore*, dos de los barcos utilizados en la invasión a Cuba: El *Barbara J* y el *Houston*.

En una reunión con funcionarios de la CIA -el 3 de enero de 1961- Eisenhower subrayó que estaba decidido a actuar contra Fidel Castro antes de la toma de posesión de Kennedy si se presentaba un buen pretexto, y que en caso contrario deberían de fabricar algún incidente que pareciera aceptable para realizar la invasión.

El 12 de abril –cinco días antes de la agresión a Cuba- un reportero le preguntó a Kennedy que tanto estaba dispuesto a hacer para derrocar a Fidel Castro, y él declaró falsamente que *"en ninguna circunstancia las Fuerzas Armadas estadounidenses intervendrán en Cuba... El gobierno estadounidense cumplirá con su responsabilidad y evitará que algún estadounidense participe en acciones contra el régimen cubano... El asunto principal en la isla no es entre Estados Unidos y Cuba, sino entre los propios cubanos..."*

La *CIA* bautizó a sus mercenarios cubanos como *Brigada 2506* y los concentró en la aldea de Retalhuleu –en Guatemala- para luego desplazarlos hasta Nicaragua.

José San Román –jefe de la brigada mercenaria- cuenta que antes del desembarco los analistas de la CIA le proporcionaron informes de inteligencia –evidentemente falsos- acerca del estado político y militar en Cuba, y le aseguraron que la invasión sería un paseo, que *"la situación dentro de la isla es ideal pues el pueblo ansia un brote rebelde para unírseles... El ejército de Fidel está desmoralizado y muchas guarniciones se alzarán para unírseles... Los milicianos no desean pelear ni quieren a Castro... No hay medios de comunicación en toda la zona del desembarco y la población civil es casi salvaje y muy reducida, por lo que no merece atención... El enemigo no podrá presentar combate por lo menos hasta pasadas las primeras 72 horas del desembarco..."*

Los incautos traidores cubanos zarparon de Puerto Cabezas –el 14 de abril de 1961- y fueron despedidos optimistamente por Anastasio Somoza -el sanguinario dictador consentido de los yanquis- quien le pidió a los asaltantes que le trajeran de recuerdo algunos pelos de la barba de Fidel Castro.

El 15 de abril de 1961 comenzó la primera fase de la invasión a Cuba con la *Operación Puma* –una ofensiva aérea de 48 horas cuyo objetivo era destruir a la *Fuerza Aérea Cubana* para facilitar el desembarco de la *Brigada 2506* en Bahía de Cochinos-.

Casi al mismo tiempo que aviones yanquis *B-26* -disfrazados con los emblemas de la *Fuerza Aérea Revolucionaria de Cuba*- atacaban salvajemente los aeródromos de *San Antonio de los Baños, Ciudad Libertad* y el Aeropuerto Internacional *Antonio Maceo,* los medios de comunicación repetían al unísono el guión que les prescribieron sobre un grupo de pilotos cubanos que estaban bombardeando las instalaciones militares en la isla; la *CIA* incluso presentó a Mario Zúñiga -mercenario cubano- como un desertor de la *Fuerza Aérea Cubana* y facilitó fotografías de éste con su avión; Adlai Ewing Stevenson –embajador gringo ante la *ONU*- rechazó tajantemente las denuncias cubanas sobre la invasión y recalcó que todo era falso, que eran aviones cubanos, piloteados con desertores cubanos, los que estaban realizando el bombardeo, y mostró como prueba las fotos que la *CIA* filtró a los periódicos.

Las mentiras de la Administración Kennedy -y de su representante ante la ONU- se descubrieron rápidamente.

El *desertor* Mario Zúñiga no respondió convincentemente los cuestionamientos de los reporteros, y las fotos proporcionadas por la *CIA* mostraban un avión *B-26* con la nariz opaca, oscura, mientras los *B-26* de la *Fuerza Aérea Cubana* tenían una nariz fabricada con *plexiglás*, es decir, transparente.

Antes de la medianoche del domingo 16 de abril, un grupo de marinos yanquis buceó hasta Playa Girón y Playa Larga para instalar las señales luminosas que indicaran el mejor lugar para el desembarco.

En la madrugada del 17 de abril, los cuatro cargueros –*Houston, Caribe, Río Escondido y Atlántico*- y los dos LCI –*Barbara J y Baglar*-ingresaron hasta la Bahía de Cochinos –al sureste de Cuba- y comenzaron el desembarque de mil quinientos once traidores cubanos perfectamente armados y pertrechados. Un grupo trató de ocupar Playa Girón y otro Playa Larga.

En Playa Girón –ubicada en el lado derecho de la Bahía de Cochinos- los mercenarios fueron descubiertos rápidamente por un bote que tripulaba el miliciano Mariano Mustelier y el alfabetizador Valerio Rodríguez; ellos divisaron al *Baglar* haciendo señales y colocaron su embarcación frente al barco, pero fueron recibidos con disparos. El alfabetizador fue herido, Mustelier lo llevó al cuartel y regresó con cinco hombres. El *Baglar* los atacó a cañonazos y los hombres ranas que llegaron al principio, los rodearon y los conminaron a rendirse.

¡Patria o Muerte! -fue la heroica respuesta de aquellos valerosos hombres-.

La metralla hirió a dos de los defensores. Uno regresó al *Central Covadonga* para alertar sobre la situación, otro acudió a la estación de radio para informar a Santa Clara del desembarco.

En Playa Larga –localizada en el extremo interior central de la Bahía de Cochinos, aproximadamente a 31 kilómetros de Playa Girón- una escuadra del batallón 339 de las *Milicias Nacionales Revolucionarias de Cienfuegos*, que había sido apostada para proteger el lugar, observó los destellos del ataque en Playa Girón. A las dos de la mañana una lancha invasora se acercó tratando de ametrallar a los defensores. La pelea se inició y Ramón González Suco –jefe de la escuadra- avisó por microondas al *Central Australia*.

El capitán Cordero –jefe del batallón 339- recibió el parte en el *Central Australia* y lo comunicó a La Habana. El Comandante en Jefe envió el batallón inmediatamente hacia Playa Larga, en un viaje de seis a ocho horas.

Al amanecer, los invasores ya habían tomado posiciones en tres puntos de la Bahía -Playa Girón, Playa Larga y Hornos- y habían desembarcado, además de los batallones de infantería, batallones de cañones pesados y una compañía de tanques.

El batallón cubano de las *Milicias de Cienfuegos* –con armas ligeras- chocó al clarear el día con los invasores.

Fidel Castro analizó los movimientos y ordenó al batallón 117 trasladarse desde Las Villas hasta Yaguaramas y Covadonga. Los invasores lanzaron un batallón de paracaidistas en la retaguardia del batallón de Cienfuegos y en la retaguardia del batallón de Las Villas.

El Comandante Fidel Castro ordenó a la menguada aviación revolucionaria contraatacar.

¡Tienen que hundirme esos barcos! –cuentan que fue la orden de Fidel-.

En ese momento -como consecuencia de la *Operación Puma*- a la *Fuerza Aérea Revolucionaria* sólo le quedaban siete aviones en la zona: Tres cazas *Sea Fury*, dos bombarderos *B-26* y tres jets *T-33A*.

El capitán Enrique Carreras despegó en un *Sea Fury* y detalló que desde el aire percibió 7 u 8 barcos, un número indeterminado de lanchas de desembarco y que uno de los buques –repleto de soldados y armamento- navegaba hacia el interior de la bahía, escoltado por una fragata de guerra. Bourzac y Silva tripularon los *B-26*.

Enrique Carreras impactó el *Houston* con sus cohetes; Bourzac y Silva también lo tocaron. El *Houston* quedó fuera de combate y la fragata de guerra huyó al verlo perdido. En un segundo ataque, Carreras impactó al *Río Escondido* en el centro, haciéndolo estallar con gran cantidad de suministros y mercenarios.

Al final del día, la *Fuerza Aérea Revolucionaria* –con pocos aviones, sin relevos ni reemplazos, ni piezas de repuesto- había hundido cuatro barcos y derribado doce aviones enemigos, además de proteger a la infantería para mantener la cabeza de playa del lado oeste de la Ciénaga.

En La Habana y en el interior del país, las fuerzas de la *Seguridad del Estado* –apoyadas por los *Comités de Defensa de la Revolución*- detuvieron a personas culpables de sabotaje y de colaborar con el enemigo. En Pinar del Río capturaron una banda dirigida por el gringo Howard Frederick Anderson -propietario del parque de diversiones *Coney Island,* localizado en la playa de Marianao- con ocho toneladas de armamento -rifles, fusiles automáticos, ametralladoras *Thompson,* ametralladoras calibre 30, bazucas, morteros, dinamita plástica y municiones- que habían sido enviadas desde Estados Unidos el 22 de febrero de 1961.

El 18 de abril se inició el contragolpe cubano. Fidel Castro envió compañías de tanques –respaldadas por fuego antiaéreo- a Playa Larga y Yaguarama; cuatro baterías de una fuerza de artillería a Covadonga, y una columna especial de combate a Playa Girón.

Los invasores fueron derrotados totalmente el 21 de abril del año 1961. El pueblo cubano capturó, enjuició y condenó a treinta años de prisión a mil 209 mercenarios –doscientos eran colaboradores del dictador Fulgencio Batista y catorce eran buscados por asesinato- pero Estados Unidos insistió en rescatar a sus bandidos y Cuba aceptó liberarlos –después de veinte meses de negociaciones- a cambio de 53 millones de dólares en medicinas y alimentos.

El mundo debe tener muy presente que el Presidente de Estados Unidos aprobó la invasión de Cuba mediante un desembarco en Bahía de Cochinos; que la operación militar fue planeada y diseñada por el gobierno de Estados Unidos; que los mercenarios fueron reclutados, entrenados y pagados por el gobierno de Estados Unidos; que los aviones, tanques, barcos, armas, bombas, municiones y equipo militar en general fueron manufacturados y comprados por el gobierno de Estados Unidos; que los primeros invasores en Bahía de Cochinos fueron marinos estadounidenses que llegaron a la playa para instalar señalizaciones luminosas que indicaran la mejor zona de desembarco; y que cuatro pilotos yanquis murieron al ser derribados por la defensa antiaérea cubana.

A pesar de las contundentes evidencias, el Presidente Kennedy persistió cínicamente en negar su participación en la invasión a Cuba, y en una reunión con la *American Society of Newspaper Editors* afirmó que *"lo de Cuba fue una revuelta de patriotas cubanos contra un dictador cubano... A pesar de que no podemos esconder nuestras simpatías, he evitado que estadounidenses o elementos de nuestras fuerzas armadas intervengan en ese país..."*

Arthur M. Schlesinger -asesor del Presidente Kennedy- tuvo el valor de escribir que la causa del fracaso yanqui en invadir a Cuba residió en que *"Fidel Castro resultó ser un enemigo mucho más formidable y estar al mando de un régimen mucho mejor organizado que lo que nadie había supuesto. Sus patrullas localizaron la invasión casi en el primer momento. Su policía eliminó cualquier posibilidad de rebelión o sabotaje detrás de las líneas. Sus soldados permanecieron leales y combatieron bravamente..."*

Kennedy ocultó su verdadera responsabilidad en los planes de invasión a Cuba, y culpó y despidió a Allen Dulles -*Director de la CIA*- a Charles Cabell -*Subdirector de la CIA*- y a Richard Bissell -*Director de Operaciones de la CIA*-.

El fracaso de la invasión a Cuba mediante un desembarco en Bahía de Cochinos fue la mayor humillación en la historia militar yanqui –muy por encima de las estupideces del General George Armstrong Custer- y la deshonra para el Presidente Kennedy cuando el mundo entero descubrió su farsa.

Fidel Castro declaró apropiadamente –el 23 de abril de 1961- que *"el poder del imperio no puede llegar a donde llega la dignidad de un pueblo, y su arte de destruir no puede llegar más allá de la muerte porque se estrellará contra un pueblo que está dispuesto a afrontar todas las vicisitudes, todos los riesgos, todo lo que sea... Y lo afrontaremos con toda tranquilidad porque el intento de destruirnos a nosotros será la destrucción de ellos... Esta ha sido la primera gran derrota del imperialismo yanqui en América..."*

La fallida invasión en Bahía de Cochinos costó 120 millones de dólares a los contribuyentes estadounidenses, Kennedy no aprendió la lección –como veremos más adelante siguió conspirando para derrocar y asesinar a Fidel Castro- y cuarenta y cinco años después es evidente que Washington sigue subestimando los factores políticos y militares que convierten a la gallarda Cuba en un bastión de la libertad en América.

LA DERROTA EN VIETNAM

"Nuestro pueblo está acostumbrado a luchar por 10, 20 o 30 años... Así fue en el pasado y así será en el futuro -esa es una de las cosas de la que pueden estar seguros- porque lo más elemental en la ciencia militar vietnamita es que nosotros tenemos que triunfar, absolutamente tenemos que triunfar... Habrá muerte y sacrificio en nuestro pueblo, pero al final Estados Unidos será desangrado y derrotado por completo..."

General Vo Nguyen Giap.

La mayoría de las personas desconocen los eventos que originaron la erróneamente denominada *Guerra de Vietnam* y piensan equivocadamente –porque así lo ha propagado Hollywood- que Estados Unidos ganó esa guerra y que lo hizo gracias al apoyo de sus sobrehumanos *green berets* –boinas verdes- cuyas inexistentes aventuras serían perpetuadas en la pantalla cinematográfica.

Los cinéfilos del orbe entero conocen al ficticio boina verde *John Rambo* que -sin ninguna ayuda y escaso armamento- era capaz de aniquilar villas vietnamitas completa y rápidamente –la película *Rambo III* ostenta un récord *Guinness* como la producción más violenta con 271 actos criminales y 108 muertos-.

Pero la realidad es devastadoramente contraria a la fantasía hollywoodense porque la *Guerra de Vietnam* finalizó con la absoluta derrota política y militar de Estados Unidos, y causó la muerte de 58 mil 226 soldados yanquis –incluidos todos sus afamados *green berets*- y 153 mil 303 heridos para totalizar –entre heridos, muertos y desaparecidos en acción- 211 mil 529 bajas.

Estados Unidos invadió y atacó a Vietnam con su mejor tecnología, su mejor estrategia, sus mejores soldados, con la ayuda de cinco países, y al final tuvo que huir con la misma confusión y vergüenza que experimentó al fracasar la invasión de Cuba mediante un desembarco en Bahía de Cochinos.

Corea, Australia, Nueva Zelanda, Filipinas y Tailandia fueron las naciones que enviaron soldados para apoyar la agresión yanqui contra Vietnam. Corea sufrió cinco mil muertos y once mil heridos, Australia 520 muertos y tres mil 113 heridos, y las cifras son similares para los demás países agresores.

Los medios de comunicación al servicio de la ambición imperialista yanqui omiten convenientemente que Estados Unidos provocó la *Guerra de Vietnam* al violar los *Acuerdos de Génova* y que agredió, aniquiló y trató de tiranizar al pueblo vietnamita durante treinta años –al inicio disfrazadamente y después en forma franca- en una guerra no declarada.

El pueblo mártir de Vietnam ha peleado durante casi dos mil años –primero contra los chinos, luego contra los franceses y finalmente contra los gringos- por mantener su independencia.

Los imperialistas franceses –por ejemplo- ocuparon la ciudad de *Saigón* en 1860 y dos décadas después –en 1885- crearon la Indochina francesa a costa de los territorios de Laos, Camboya y Vietnam.

Los franceses esclavizaron a los vietnamitas con trabajos forzados y altísimos impuestos; el pueblo trabajaba de sol a sol y se moría de hambre.

El trabajo forzado enriqueció inmensamente a las empresas galas; la empresa de plásticos *Michelín* hizo billones con sus plantaciones y fábricas ubicadas en Vietnam.

Francia capituló ante los nazis –en el año 1940- y perdió el control de sus colonias ultramarinas; al mismo tiempo, los japoneses invadieron China y Vietnam.

En 1941 se formó el *Viet Minh* –liderado por Ho Chi Minh- con el objetivo de independizarse de Francia y expulsar a los ocupantes nipones que robaban casi toda la producción alimenticia de Vietnam –dos millones de vietnamitas murieron de hambre y los seis millones restantes comieron ratas o cadáveres para sobrevivir-.

El *Viet Minh* organizó al pueblo vietnamita y proporcionó valiosa información a los aliados para derrotar a los japoneses.

Japón perdió la guerra y Ho Chi Minh proclamó la creación -el 2 de septiembre de 1945- de la República Democrática de Vietnam, pero el naciente Estado no era verdaderamente soberano porque 150 mil soldados del *Kuomingtan* que ocuparon Vietnam -para supervisar la rendición japonesa- amenazaban con quedarse indefinidamente, y el 27 de septiembre los franceses comenzaron a desembarcar en el sur de Vietnam, expulsando al *Viet Minh* de Saigón.

Ante los acontecimientos, Ho Chi Minh tuvo que pactar los *Acuerdos de Marzo de 1946* -que permitían a Francia permanecer limitadamente en el sur de Vietnam a cambio de que los galos reconocieran la nueva república- para dedicarse a presionar por la salida del ejército chino de su país.

Estados Unidos necesitaba –en el año 1946- un régimen dócil que le sirviera de pantalla para implementar sus planes imperialistas en el sureste asiático, pensó en Francia -que anhelaba recuperarse del trauma por la derrota ante los nazis- y comenzó a proporcionarle lo necesario para vigorizarla.

Francia –respaldada por los yanquis- traicionó los *Acuerdos de Marzo* mientras el camarada Ho Chi Minh viajaba a Europa para las negociaciones, ocupó casi la mitad del territorio vietnamita, lo separó del norte del país, y fundó Vietnam del Sur con un gobierno títere presidido por el *emperador* Bao Dai.

Los galos iniciaron la guerra contra Vietnam confiados en arrollar a las fuerzas del General Nguyen Gyap, arrasaron Haiphong -en noviembre de 1946- y expulsaron a Ho Chi Minh de Hanoi, pero se estancaron en una guerra de guerrillas en la que Francia controlaba el día y el *Viet Minh* la noche.

La República Popular de China –fundada en octubre de 1949- reconoció en febrero de 1950 al gobierno de Ho Chi Minh, y Estados Unidos otorgó su beneplácito –en marzo- al emperador Bao Dai, pero la estrategia francesa del gobierno títere ya había fracasado.

El Presidente Truman autorizó -en mayo de 1950- diez millones de dólares en *ayuda militar* -tanques, municiones, combustible y *napalm*- para que Francia continuara la guerra contra Vietnam, y en diciembre del mismo año la aumentó a 150 millones de dólares.

El *Military Assistance Advisory Group* –MAAG- fue establecido por el gobierno estadounidense -en septiembre de 1950- para ayudar a los francos a aniquilar el movimiento independentista vietnamita que era conducido por el *Viet Minh.*

La batalla final y decisiva contra los invasores franceses -y sus socios yanquis- se libró en *Dien Bien Phu* –una aldea a doscientos kilómetros de Hanoi- entre marzo y mayo del año 1954.

Doce mil soldados aerotransportados -al mando de Cristian de Castrie- establecieron en noviembre de 1953 la base militar de *Dien Bien Phu.*

El *Viet Minh* había escapado a Laos durante una ofensiva gala, y el General Henri de Navarre –el quinto comandante francés en cinco años- pensó que *Dien Bien Phu* era excelente lugar para emboscarlo cuando regresara a territorio vietnamita.

La batalla en *Dien Bien Phu* era muy importante porque el 26 de abril de 1954 las potencias mundiales deliberarían acerca del futuro de Indochina.

El *Alto Mando Francés* consideraba inexpugnable a *Dien Bien Phu* –la mayor base aérea del mundo en aquella época- y dudaban que el *Viet Minh* pudiera atacarla.

Pero el General Vo Nguyen Giap logró atravesar con cincuenta mil soldados y su artillería –en un viaje de cuarenta y cinco días- las montañas que resguardaban a *Dien Bien Phu.*

Nguyen Giap atacó *Dien Bien Phu* con masivas oleadas humanas, y *blanqueó* a la artillería enemiga desde posiciones perfectamente enmascaradas que los galos nunca pudieron localizarlas.

El primer puesto de mando francés fue capturado a las ocho horas de combate, y al día siguiente la pista principal de la base estaba destruida; el comandante galo estaba asustado y su jefe de artillería se suicidó por el *deshonor* de la inminente derrota.

El *Viet Minh* conquistó en cuatro días de combate el perímetro completo; Nguyen Giap cambió su táctica de *oleadas humanas* a combate de trincheras y zanjó la pista de aterrizaje en *Dien Bien Phu.*

La aviación francesa intentó abastecer con paracaídas a *Dien Bien Phu,* pero la artillería *Viet Minh* la obligaba a volar demasiado alto para que los suministros cayeran en terreno vietnamita.

La estrategia de Vo Nguyen Giap había funcionado.

Dien Bien Phu fue el infierno para los franceses, y la desesperación era tal que los soldados heridos -sin medicinas, alimentos ni agua potable y sin posibilidad de ser evacuados- preferían terminar su sufrimiento emergiendo de los refugios para morir ametrallados por el *Viet Minh.*

El saldo de la derrota francesa fue de mil quinientos muertos, cuatro mil heridos y diez mil prisioneros que murieron en los campos de trabajos forzados.

Estados Unidos –el verdadero instigador de la agresión gala contra Vietnam- gastó dos billones de dólares durante ocho años, y al final los resultados fueron la humillante derrota del ejército francés y de la logística yanqui.

El gobierno franco dimitió en junio del año 1954, y Pierre Mendès France -el nuevo Primer Ministro- prometió renunciar si antes de un mes no solucionaba el conflicto con Vietnam.

Los *Acuerdos de Génova* establecieron –el 21 de julio de 1954- el cese de las hostilidades y la independencia de Indochina. Vietnam fue dividido provisionalmente en dos zonas –norte y sur- con la posibilidad de unificarse bajo un gobierno elegido democráticamente en comicios programados para julio del año 1956.

Estados Unidos, la República Democrática de Vietnam, Francia, Camboya, Laos, la República Popular de China, la República de Vietnam, la URSS y el Reino Unido prometieron respetar las cláusulas de los *Acuerdos de Génova.*

Pero Estados Unidos -el falso *campeón mundial de la democracia*- y Ngo Dinh Diem –el mequetrefe impuesto como presidente de Vietnam del Sur- desconocieron los *Acuerdos de Génova* y rehusaron organizar las elecciones pactadas para la unificación de Vietnam, porque sabían que el resultado sería el triunfo abrumador de Ho Chi Minh y el ascenso de un gobierno nacionalista que no se plegaría a las órdenes yanquis.

Allen Dulles –el siniestro jefe de la CIA- le confesó al Presidente Eisenhower que *"yo no creo que Dinh Diem tenga ganas de realizar las elecciones y debemos apoyarlo..."*

Ngo Dinh Diem visitó Estados Unidos en mayo de 1957 y fue recibido por Eisenhower que le expresó: *"Tú has ejemplificado en la esquina del mundo el patriotismo y el más alto honor, has traído a tu país organización y progreso, tienes la grandeza del hombre de Estado, tú eres un estadista y eres bienvenido señor Presidente de la República de Vietnam del Sur..."*

La prensa estadounidense –fiel a su servil costumbre- enalteció al dictador Ngo Dinh Diem como el anticomunista modelo -el hombre milagroso de Asia- y la revista *Time* se desvivió en elogios para el déspota asiático.

En el año 1960 se formó el *Frente de Liberación Nacional* –el *Viet Cong*- con el objetivo de derrocar a Dinh Diem, expulsar a los yanquis y reunificar a Vietnam.

La República de Cuba fue el primer país en reconocer al *Frente de Liberación Nacional* de Vietnam del Sur, y fundó el *Primer Comité de Solidaridad* con Vietnam del Sur, que luego se extendería a Laos y a Camboya.

El *Frente de Liberación Nacional* eliminó a quinientos policías y a mil quinientos soldados -en el primer semestre del año 1961- y Dinh Diem ordenó la construcción de villas fortificadas –hamlets- para recluir a los campesinos y aislarlos del apoyo *Viet Cong*.

El tozudo Kennedy no aprendió nada de la vergonzosa derrota en Bahía de Cochinos, y embarcó insensatamente a su pueblo en otra guerra *"para ayudar a Vietnam a mantener su independencia porque si nos retiramos de la Guerra de Vietnam pronto los comunistas controlarán Vietnam y tomarán Tailandia, Laos, Camboya y Malasia..."*

Kennedy –en mayo de 1961- incrementó a millón y medio de dólares diarios la ayuda militar al tirano Dihn Diem, envió soldados disfrazados como *personal de ayuda humanitaria,* y favoreció un plan contrainsurgente enviando cuatrocientos *green berets* para *entrenar* al ejército de Vietnam del Sur.

Robert McNamara –*Secretario de Defensa* con John F. Kennedy- recomendó que era necesario enviar a Vietnam seis divisiones –200 mil soldados- para frenar los exitosos ataques del *Viet Cong*; Kennedy autorizó dieciséis mil elementos.

El Presidente Kennedy declaró en 1961 que *"hay una gran dificultad en pelear una guerra de guerrillas en Vietnam y necesitamos estar 10 a 1 cuando menos para poder ganar la batalla, nosotros no vemos el final del túnel, pero no pienso que esté oscuro como hace un año, al contrario está más iluminado..."*

Mil cuatrocientos soldados yanquis -equipados con blindados, artillería y helicópteros- sufrieron su primera derrota importante ante un puñado de guerrilleros del *Viet Cong* durante la *Batalla de Ap Bac* –el 3 de junio de 1963-. El *Viet Cong* sufrió dieciocho bajas y treinta y nueve heridos, contra ochenta muertos y cien heridos del lado estadounidense; cinco helicópteros fueron derribados.

La *Batalla de Ap Bac* reveló que el *Viet Cong* había desarrollado novedosas tácticas de combate –la *guerra asimétrica*- que le permitían contrarrestar la superioridad tecnológica del armamento yanqui, y destruyó el mito de la invencibilidad militar estadounidense.

El católico Dihn Diem ordenó -en la primavera de 1963- asesinar a algunos monjes budistas y provocó una amplia revuelta que aumentó cuando el monje Chin Quan Duk se inmoló -prendiéndose fuego a sí mismo- como protesta.

Los consejeros de Dihn Diem pensaron en reemplazarlo, comenzaron a conspirar en el verano de 1963, y le preguntaron a Henry Cabot Lodge -el Embajador yanqui- si contaban con el apoyo de Estados Unidos.

John F. Kennedy traicionó a Dihn Diem –un fiel aliado de los yanquis durante nueve años- y autorizó su asesinato.

Dihn Diem fue capturado y ejecutado el 2 de noviembre de 1963, pero John F. Kennedy murió asesinado veinte días después -el 22 de noviembre- por un complot ejecutado casi seguramente desde las más altas esferas del gobierno y el espionaje estadounidense.

El General Minh gobernó -después del fusilamiento de Dihn Diem- por tres meses hasta que el General Kahn –con la bendición yanqui- tomó el poder en otro Golpe de Estado.

Lyndon B. Johnson sucedió a Kennedy en la presidencia y declaró -el 24 de noviembre de 1963- que Estados Unidos continuaría apoyando a Vietnam del Sur porque *"si esta pequeña nación cae y no podemos mantener su independencia debemos pensar lo que pasará con la libertad y la independencia de las otras pequeñas naciones..."*

Robert McNamara viajó a Vietnam en 1964 y declaró que *"el General Taylor y yo conocemos al General Khan desde hace tiempo y tiene nuestra admiración, nuestro apoyo y nuestro respeto... Estamos aquí para garantizarle que Estados Unidos mantendrá el interés y la presencia en su país... No hay preguntas acerca de eso... Nosotros le daremos toda la ayuda que necesita para vencer a los comunistas..."*

El republicano Barry Goldwater –un fanático extremista ligado al Ku Klux Klan y nominado por su partido para competir por la presidencia contra Lyndon Johnson- dijo que Estados Unidos tenía que ganar la guerra en Vietnam a como diera lugar, y propuso lanzar bombas atómicas sobre el indefenso país asiático. El Senador Prescott S. Bush y su hijo George H.W. Bush –candidato al Senado en Texas- financiaron generosamente la campaña del terrorista Goldwater, que sería posteriormente derrotado.

Johnson aumentó –el 27 de julio de 1964- a veintiún mil el número de soldados desplazados a Vietnam.

Estados Unidos inventó el incidente del *Golfo de Tonkin* para justificar el incremento de su agresión contra el inerme pueblo de Vietnam, y denunció que lanchas torpederas norvietnamitas atacaron a dos de sus destructores –el *USS Maddox* y el *USS C. Turner Joy*– entre el 2 y el 4 de agosto de 1964.

La *Gulf of Tonkin Resolution* fue impulsada inmediatamente por el Senador Fullbright –que se encargó de convencer a todos de que el ataque era verdadero y de manipular los procedimientos para que se aprobara en 48 horas- y fue votada unánimemente el 7 de agosto del año 1964 -con excepción de los Senadores Wayne Morse y Ernest Gruening-.

Wayne Morse declaró en un histórico discurso televisado que *"cuando votamos contra la resolución yo entiendo que estoy del lado del pueblo porque esta resolución busca darle poder al presidente estadounidense para hacer la guerra sin declarar la guerra... La historia demostrará que el Senador Gruening y yo estamos sirviendo a los mejores intereses del pueblo estadounidense porque ser la minoría no significa que estemos equivocados..."*

La nueva ley le otorgó al Presidente de Estados Unidos la facultad legal para atacar a cualquier país sin declararle formalmente la guerra, y aunque fue derogada en mayo del año 1970 fue luego reemplazada por la *War Powers Resolution* –en 1973- que permanece vigente.

Robert Hanyok –un historiador de la *National Security Agency* (NSA)- concluyó en el año 2000 que la NSA alteró deliberadamente los informes de inteligencia que entregó a los legisladores sobre el incidente del *Golfo de Tonkin*.

El escrito de Hanyok fue impreso exclusivamente para uso interno en la NSA, y altos funcionarios del régimen Bush impidieron que se divulgara porque temían que se hicieran comparaciones incómodas con el manejo de los datos de inteligencia utilizados para justificar la invasión a Iraq, en el año 2003. El *New York Times* publicó las opiniones de Hanyok en octubre del 2005.

Todos los documentos relacionados con el incidente del *Golfo de Tonkin* fueron desclasificados completamente por la NSA el 30 de noviembre del 2005, y exponen contundentemente que el ataque del *Golfo de Tonkin* no fue verdadero, o que al menos no sucedió como el gobierno de Johnson le hizo creer a la opinión pública.

Robert McNamara admitió ante el Congreso –en 1968- que la CIA había organizado desde 1961 un programa de ataques marítimos encubiertos contra Vietnam del Norte; que el programa fue transferido al *U.S. Department of Defense* bajo el control de una organización denominada *Studies and Observations Group;* que aunque los tripulantes de las embarcaciones agresoras eran sudvietnamitas ninguna acción era realizada sin la aprobación personal de William C. Westmoreland -Comandante General de las fuerzas yanquis en Vietnam- y que la naval estadounidense había brindado apoyo total para realizar los ataques.

La evidencia confirma que el *Studies and Observations Group* atacó -en la mañana del 31 de julio de 1964- dos islas de Vietnam del Norte, que a la siguiente noche el *USS Maddox* se acercó provocadoramente a cinco millas de una de las islas, y que luego se retiró para retornar el 2 de agosto y acercarse a diez millas, hasta que los torpederos norvietnamitas le dispararon.

Lyndon Johnson ganó ampliamente la elección presidencial, pero la tarde misma de la votación el *Viet Cong* atacó la base aérea de *Bien Hoa* -cerca de Saigón- instalada después del incidente en el Golfo de Tonkin.

El *Viet Cong* asaltó a finales de noviembre el hotel Bring -donde se hospedaban los militares yanquis de alto rango- y el 24 de diciembre lanzó otro ataque espectacular contra el *Alto Mando* estadounidense.

El Mayor Bundi —*Consejero de Seguridad Nacional*- llegó a Saigón para extender las felicitaciones estadounidenses por el Año Nuevo vietnamita, pero mientras daba su discurso —el 7 de febrero de 1965- el *Viet Cong* atacó la base militar de Pleiku -en las planicies centrales-. Ese fue el tercer ataque de envergadura realizado por el Viet Cong, con veinte yanquis muertos y 156 heridos.

El Presidente Johnson autorizó -el 2 de marzo de 1965- la *Operación Rolling Thunder* -el nombre clave para la campaña de bombardeos contra Vietnam del Norte- con el propósito de destruir la voluntad de lucha del pueblo vietnamita, demoler los centros industriales, arrasar las defensas antiaéreas equipadas con misiles *SAM,* y cortar los suministros que se transportaban a través de la ruta *Ho Chi Minh.*

Rolling Thunder fracasó estrepitosamente porque los bombardeos unificaron al pueblo de Vietnam y aumentaron su determinación para expulsar a los ocupantes yanquis.

El General William C. Westmoreland adujo que las bases yanquis en Vietnam peligraban ante el *Viet Cong* y que Vietnam del Sur era incapaz de defenderlas, por lo que necesitaba más soldados.

Johnson envió apresuradamente —el 8 de marzo de 1965- tres mil quinientos marines para proteger la base de Da Nang, y aumentó la cantidad de soldados yanquis de 75 mil a 125 mil.

El *Viet Cong* ya dominaba vastas zonas de Vietnam del Sur y también atacó —a mediados de 1965- la embajada gringa en Saigón.

Por enésima ocasión, Lyndon Johnson declaró el 28 de julio de 1965 que *"no nos rendiremos y no nos retiraremos, les demostraremos a los comunistas que no pueden derrotarnos..."*

El gobierno yanqui había enviado –a finales del año 1965- doscientos mil soldados a Vietnam, e incrementaría la cantidad a cuatrocientos veintinueve mil elementos para agosto de 1966.

Medio millón de soldados gringos habían sido desplazados a Vietnam –en noviembre de 1967- y los jefes militares siempre solicitaban más porque no eran suficientes para detener las persistentes embestidas del *Viet Cong.*

Estados Unidos ya estaba empantanado en Vietnam.

El Presidente Johnson comenzó a soñar con reelegirse, y orquestó una campaña de *buenas noticias* para suavizar el punto débil en la política exterior yanqui: La *Guerra de Vietnam.*

Lyndon Johnson se puso a repartir condecoraciones y dijo –el 17 de noviembre de 1967- que *"por fin el Viet Cong sabe quién es el amo en el campo de batalla... Nosotros estamos haciendo grandes progresos y derrotando al enemigo en todas partes..."*

El Vicepresidente Humphrey aseguró seguidamente que *"en contra de las encuestas que no han sido muy buenas con nosotros y en contra del pesimismo, nosotros seguiremos hasta que esta agresión termine y que nuestro trabajo esté hecho, ésa es la posición del gobierno estadounidense y quiero que la gente lo entienda muy bien..."*

Westmoreland declaró el 21 de noviembre de 1967 que *"si en 1965 parecía que el enemigo estaba ganando algunas batallas, ahora, en 1967, estamos absolutamente seguros de que nosotros obtendremos la victoria..."* Y en la navidad de 1967 enfatizó que *"hemos llegado a un punto donde el comienzo del final del túnel ya está apareciendo... hemos pacificado el país y en menos de dos años las tropas estadounidenses podrán retirarse de Vietnam y dejar el control al pueblo de Vietnam del Sur..."*

Los cablegramas de Bunker –el nuevo embajador estadounidense en Vietnam- afirmaban que el *Viet Cong* ya estaba casi derrotado, y que todo acabaría muy pronto.

La farsa de la *Administración Johnson* se derrumbaría escandalosamente con la *Ofensiva Tet* –el *Año Nuevo* lunar en Vietnam- lanzada por las fuerzas del *Viet Cong* el 30 de enero de 1968.

Una semana antes –el 21 de enero- el *Viet Cong* atacó la base militar en *Khe Sanh,* con el objetivo de atraer la mayor cantidad de fuerzas yanquis para iniciar la *Ofensiva Tet* con amplia ventaja.

El *Viet Cong* ocupó durante la *Ofensiva Tet* todas las ciudades y posiciones que se había propuesto, pero no pudo sostenerlas, y después de 24 días de combate fue expulsado y obligado a replegarse.

La *Ofensiva Tet* no logró totalmente su cometido militar, pero se transformó en una tremenda victoria política porque minó el escaso apoyó del pueblo estadounidense hacia la *Guerra en Vietnam*.

El General William Westmoreland clamó –equivocadamente- que la *Ofensiva Tet* había sido para el *Viet Cong* un completo fracaso del que nunca se repondría, y dejó que las fuerzas de Vietnam del Sur se encargaran de aniquilar los últimos bolsones de resistencia.

Nguyen Giap señaló adecuadamente que *"la Ofensiva Tet tenía un objetivo mixto –militar y político- y aunque aparentemente fue una derrota militar tremenda para el Viet Cong al final se convirtió en una brillante victoria política que repercutió al interior de Estados Unidos..."*

Después de la *Ofensiva Tet* quedó muy claro para el ciudadano común -y para la mayoría de los medios de comunicación- que todo lo que Lyndon Johnson y su equipo de colaboradores habían dicho sobre Vietnam era mentira, y que Estados Unidos no estaba ganando la guerra sino siendo humillado y derrotado.

El comentarista Walter Cronkite –calificado en el ambiente televisivo como *el hombre más confiable de Estados Unidos*- expresó en su noticiero vespertino que el ejército yanqui debería abandonar inmediatamente Vietnam, para no exponerse a otra *Ofensiva Tet*.

Todos los gringos siguieron la *Ofensiva Tet* en vivo a través de la televisión nacional, y vieron pasmados el ataque del *Viet Cong* contra aeropuertos, estaciones de radio e instalaciones vitales para el orgullo yanqui -como el cuartel del General Westmoreland o la embajada estadounidense en Saigón-.

El General Westmoreland requirió 206 mil soldados adicionales para detener otra posible ofensiva del *Viet Cong,* y prometió que con estos refuerzos invadiría totalmente a Vietnam -y que ganaría la guerra- pero fue reemplazado por el General Creighton W. Abrams.

Estados Unidos ya no tenía soldados disponibles y a Lyndon Johnson se le ocurrió enviar la *Guardia Nacional* a combatir a Vietnam, pero antes solicitó a Clark Clifford –el nuevo *Secretario de Defensa*- una evaluación objetiva de la situación y de los costos sociopolíticos que la medida ocasionaría.

Clifford determinó que Estados Unidos no podría ganar la guerra aunque enviara los 206 mil soldados solicitados por Westmoreland, que lo mejor era tratar de recortar las pérdidas, y retirarse bajo las mejores condiciones que pudieran pactar aunque fueran humillantes.

Al Presidente Johnson no le agradaron las conclusiones de Clifford y arremetió furioso en televisión nacional, diciendo que *"nosotros no planeamos rendirnos, no planeamos salirnos de ahí ni dejaremos que la gente nos influya, nos presione o nos divida... En estos tiempos de peligro nacional, la hora es aquí..."*

El Senado estadounidense se enteró –el 10 de marzo- del plan presidencial para enviar la *Reserva* a pelear en Vietnam, y el escándalo fue tal que demócratas y republicanos censuraron combinadamente a Lyndon Johnson, le exigieron soluciones concretas y definitivas –victoria o retiro- y le recortaron el abultado presupuesto militar.

Lyndon Johnson se reunió obligadamente -el 25 de marzo- con los *wise men* –políticos influyentes- y todos concluyeron que lo mejor era detener los bombardeos en Vietnam, ya no enviar más soldados, y tratar de retirarse aunque fuera en condiciones deshonrosas porque Estados Unidos no podría ganar la guerra.

La carrera política de Johnson fue truncada por la *Ofensiva Tet*, y el 31 de marzo de 1968 anunció desconsolado que *"esta noche yo quiero hablarles acerca de la paz en Vietnam y el sureste de Asia... He ordenando a nuestra fuerza aérea y naval detener cualquier ataque sobre Vietnam del Norte... Yo no gastaré mi tiempo mas que en las tareas presidenciales, y acorde a eso no buscaré ni aceptaré la nominación de mi partido para otro período como Presidente de Estados Unidos..."*

El 16 de marzo de 1968, los soldados yanquis asesinaron a quinientos cuatro personas desarmadas –de entre seis meses y ochenta y dos años de edad- en una incursión en la aldea de My Lai.

La *Masacre de My Lai* fue sólo uno de los miles de *crímenes de guerra* que cometieron los gringos contra la población vietnamita, y fue en su momento cuidadosamente escondida por el *Alto Mando* estadounidense.

Colin Powell –en ese entonces un joven Mayor del *U.S. Army*- investigó la *Masacre de My Lai* y escribió increíblemente que *"es necesario hacer una refutación directa de los hechos denunciados, porque la realidad es que las relaciones entre los soldados estadounidenses y el pueblo vietnamita son excelentes..."*

La verdad sobre la *Masacre de My Lai* –a pesar de las fantásticas recomendaciones de Colin Powell- fue descubierta al público por el periodista Seymour Hersh –el 12 de noviembre del año 1969- y ampliamente difundida por los medios *Time, Life, Newsweek y CBS*; el *Cleveland Plain Dealer* publicó las fotos secretas de la matanza.

El Presidente Johnson legó a su sucesor el funesto *Programa Phoenix* –una campaña de asesinatos organizada por la CIA y ejecutada por los *green berets* en franca violación de la *Convención de Génova*- que *neutralizó* a 19 mil 534 simpatizantes del *Viet Cong* y liquidó a casi siete mil individuos, sólo durante el año 1969.

Documentos del Congreso estadounidense exponen que 67 mil 282 personas fueron torturadas entre el año 1968 y 1971, y que más de un tercio fueron asesinadas inmediatamente después de su captura bajo el inhumano *Programa Phoenix*.

Richard Nixon ganó la presidencia yanqui –en 1968- y recalcó que *"si Estados Unidos tira la toalla y regresa a casa, entonces los comunistas tomarán el sur de Vietnam, y todos los Estados de Asia, del Pacífico y del mundo entero sufrirán una gran derrota porque nosotros somos los garantes de la paz mundial, y porque nuestro poder sufrirá un fracaso del que será difícil recuperarse..."*

Los medios de comunicación zalameramente se pusieron ahora a las órdenes de Nixon, y difundieron falsamente que Estados Unidos estaba ganando –ahora sí- la guerra en Vietnam, pero nueve mil soldados murieron en el primer semestre de 1969.

La *Doctrina Nixon* –presentada el 25 de julio de 1969- establecía que los aliados de Estados Unidos seguirían recibiendo la ayuda militar yanqui, pero deberían responsabilizarse de la defensa de sus propios territorios, y fue forjada como la solución para detener la muerte de soldados estadounidenses en Vietnam.

Vietnamizar la guerra era permitir que los indefensos norvietnamitas y los sudvietnamitas –armados generosamente por los gringos- se destruyeran mutuamente mientras los verdaderos causantes de la guerra brindaban en la Casa Blanca.

En el año 1970 comenzó el retiro de los soldados yanquis estacionados en Vietnam, y las bajas disminuyeron 1.5 por ciento.

La moral en el ejército estadounidense declinaba, los nuevos reclutas enviados como reemplazo demostraban públicamente su rechazo a la guerra, y se incrementaron los incidentes en los que soldados trataban de asesinar a sus superiores con granadas de fragmentación.

La defección de militares gringos alcanzó cifras alarmantes, y en el año 1971 –por ejemplo- desertaron 33 mil 094 soldados.

La *Guerra de Vietnam* exhibió el despiadado racismo que impera en la sociedad yanqui. En Vietnam, el ejército estadounidense también segregaba a negros y blancos. Los negros pensaban que no tenía caso arriesgar la vida en primera línea si no eran libres.

En dos años las fuerzas yanquis de ocupación en Vietnam se redujeron en trescientos mil soldados.

El *Viet Cong* aprovechó el repliegue yanqui y fraguó una ofensiva blindada -en marzo de 1972- contra Vietnam del Sur; los gringos salieron huyendo y los sudvietnamitas resistieron, pero fueron empujados hacia el mar y derrotados fácilmente.

El gobierno de Vietnam del Sur -un monigote financiado por Estados Unidos durante quince años con cien billones de dólares- se rindió el 1 de mayo de 1972. Nixon ordenó minar Haiphong y extender el bombardeo de Vietnam.

Estados Unidos reforzó a Vietnam del Sur para un contraataque anfibio, apoyado por la *U.S. Navy* y bombardeos aéreos.

Los combates del año 1972 fueron los más intensos en la *Guerra de Vietnam*: Cuarenta mil sudvietnamitas murieron; la conscripción al ejército títere de Vietnam del Sur aumentó a un millón de hombres, pero cada semana dos mil desertaban y cuatro mil eran asesinados; y el *Viet Cong* fue derrotado.

Richard Nixon enloqueció de alegría porque se había *vietnamizado* completamente la guerra y porque por primera vez -en siete años de combates- no hubieron muertos gringos.

Estados Unidos y Vietnam del Norte –representados por Henri Kissinger y Le Duc Tho, respectivamente- lograron un *Acuerdo de Paz* en París -en octubre de 1972- pero este fue rechazado por Nguyen Van Thieu –Presidente de Vietnam del Sur- quien demandó docenas de correcciones al documento para sabotearlo.

A pesar de las *Pláticas de Paz* que se celebraban en París, Richard Nixon autorizó el bombardeo de Vietnam del Norte durante doce días –*Operación Linebacker II*- con 725 bombarderos *B-52* –dotados con 42 bombas de 350 kilogramos- que lanzaron quince mil toneladas de explosivos sobre el indefenso país, en diciembre del año 1972.

Los pueblos del mundo repudiaron el genocidio de *Linebacker II,* pero la mayoría de los gobiernos permanecieron sumisos ante la bestialidad yanqui, y los medios de comunicación al servicio de los ambiciosos imperialistas –como siempre sucede- ocultaron o tergiversaron la información.

Estados Unidos –a comienzos del año 1973- ya no bombardeaba sólo a Vietnam del Norte sino que asesinaba indiscriminadamente con *napalm* a la población civil de Vietnam del Sur.

La *U.S. Air Force* lanzó sobre sus *aliados* -en Vietnam del Sur- seis veces la cantidad de bombas arrojadas en Vietnam del Norte, y asesinó a cientos de miles de personas con el pretexto de privar al *Viet Cong* del apoyo civil.

Los bombardeos yanquis sobre Vietnam del Sur generaron más de tres millones de personas mutiladas y desamparadas.

Los *Acuerdos de Paz de París* fueron firmados el 27 de enero de 1973 y finalizaron –oficialmente- la participación de Estados Unidos en la invasión a Vietnam, ocasionada por la negativa yanqui a realizar las elecciones libres pactadas en los *Acuerdos de Génova.*

Los gringos que permanecían en Vietnam del Norte -como prisioneros- fueron liberados el 11 de febrero de 1973, y todos los soldados yanquis abandonaron Vietnam el 29 de marzo del mismo año, pero el pueblo estadounidense no recibió a los soldados como héroes sino como lo que verdaderamente han sido, son y siempre serán: Terroristas, asesinos, criminales de guerra.

El Presidente Nixon le prometió a Van Thieu –secretamente- que le seguiría proporcionando ayuda militar y financiera, pero el Congreso estadounidense aprobó la *Foreign Assistance Act of 1974* que cortaba definitivamente cualquier tipo de ayuda a Vietnam del Sur.

Richard Nixon enfrentó la posibilidad del *impeachment* por el escándalo *Watergate* –en 1974- y prefirió renunciar a la Presidencia de Estados Unidos el 9 de agosto del mismo año; su sucesor fue el Vicepresidente Gerald Ford.

Vietnam del Norte lanzó –el 11 de marzo de 1975- una poderosa ofensiva militar para unificar de una vez por todas a Vietnam, y restañar la herida que los ambiciosos imperialistas yanquis habían provocado.

Las fuerzas militares de Van Thieu fueron barridas fácilmente por la intensa acometida de Vietnam del Norte, y en la primera semana de abril -del año 1975- el ejército de Vietnam del Sur ya se había desplomado en todos sus frentes.

Estados Unidos activó el 29 de abril la *Operación Option IV* –citada ocasionalmente como *Frequent Wind*- para evacuar a mil 373 de sus ciudadanos -y a cinco mil 595 vietnamitas colaboradores de Van Thieu- pero abandonaron a casi tres mil sudvietnamitas leales al moribundo régimen.

Las televisoras transmitieron –el 30 de abril del año 1975- un espectáculo sin precedentes, y los pueblos del mundo pudieron ver cuando los *bárbaros* yanquis y los colaboracionistas corrían despavoridos, saltando como gatos asustados entre las azoteas de Saigón para alcanzar los helicópteros, peleando entre ellos para colgarse de los patines de las aeronaves y huir de Vietnam del Sur... Fue una estampida en la que no hubo orden posible para la retirada.

El mismo 30 de abril -del año 1975- la ciudad de Saigón fue capturada por el ejército de Vietnam del Norte y bautizada como *Ho Chi Minh,* en honor del legendario e infatigable revolucionario que combatió durante toda su vida por la independencia y la unificación de Vietnam, y por la expulsión de los invasores.

El Tío Ho Chi Minh nunca dudó de que su pueblo conseguiría la victoria contra los yanquis y antes de morir –en Hanoi, el 2 de septiembre del año 1969- escribió: *"Nuestro país tendrá el señalado honor de ser una pequeña nación que, a través de la lucha heroica, ha derrotado a dos grandes imperialismos –el francés y el yanqui- y ha hecho una digna contribución al movimiento de liberación nacional..."*

Vietnam del Norte se unificó con Vietnam del Sur –el 2 de julio del año 1976- y formó la República Socialista de Vietnam.

EL FRACASO EN IRAQ

"No me retiraré de Iraq ni siquiera en el caso de que sólo me apoyen mi esposa Laura y mi perro Barney..."

George W. Bush.

El disléxico George W. Bush intenta en vano que el pueblo estadounidense siga apoyando la guerra de rapiña emprendida contra Iraq, y desesperadamente pretende ocultar que *Operation Iraqi Freedom* –el nombre clave de la invasión- es un rotundo fracaso para todos, con excepción de los políticos y las corporaciones yanquis.

El incompetente Bush falsificó los datos de sus espías, y los presentó ante el mundo como prueba de que era urgente invadir a Iraq porque Sadam Hussein tenía armas químicas, bacteriológicas y hasta atómicas; porque tenía misiles intercontinentales para lanzarlas e impactar a Estados Unidos en cuarenta y cinco minutos; y porque el régimen iraquí era el responsable del derrumbe de las *Torres Gemelas* y el patrocinador de *Al-Quaeda.*

Después de la invasión a Iraq -cuando no se hallaron las temibles *armas de destrucción masiva-* Bush modificó su justificación diciendo que la guerra había sido necesaria para liberar a los iraquíes de un dictador brutal; cuando capturaron a Sadam Hussein -en diciembre del 2003- la excusa fue que la guerra se realizó para obsequiar la paz y la democracia a todo el Medio Oriente; luego se transformó en el pretexto de que era necesario combatir a los terroristas en Iraq para *"que no tengamos que enfrentarlos en casa y hacer a Estados Unidos un lugar más seguro";* la coartada evolucionó –en octubre del 2006- y Bush pregona ahora que la agresión contra Iraq es *"una lucha entre el bien y el mal... Estamos librando la lucha ideológica del siglo XXI y las esperanzas del mundo civilizado están depositadas en nosotros..."*

El dramaturgo británico Harold Pinter –Premio Nobel de Literatura 2005- expresó en *Arte, Verdad y Política* -su discurso de aceptación del galardón noruego- que *"la invasión a Iraq fue un acto de bandidos, un acto descarado de terrorismo de Estado que demostró el desprecio absoluto por el derecho internacional... Fue un acto arbitrario inspirado por una sarta de mentiras y más mentiras acrecentadas por la manipulación ejercida por los medios de comunicación... Fue una agresión fraguada para reforzar el poder militar y económico estadounidense en el Medio Oriente que disfrazamos –después de que todas las justificaciones se desmoronaron- de liberación... Hemos llevado torturas, bombas mortíferas, balas de uranio empobrecido, asesinatos indiscriminados, degradación y muerte para los ciudadanos iraquíes, y lo hemos llamado libertad y democracia para el Medio Oriente..."*

La opinión de Harold Pinter fue reforzada cuando el expresidente Jimmy Carter reveló –en entrevista con Larry King difundida el 1 de febrero del 2006 en la cadena CNN- los objetivos de Bush al invadir Iraq: *"No creo que nos pase por la cabeza devolverle al pueblo iraquí la responsabilidad del suministro petrolero y dejarlos decidir quien administra su petróleo, por ejemplo Francia o Rusia... los altos dirigentes en Washington no tienen ninguna intención de retirar nuestras fuerzas de Iraq y proyectan los 10, 20 o 50 años venideros con esta fuerte presencia militar... La razón por la que fuimos a Iraq fue por el establecimiento de una base militar permanente en la región del Golfo... Nunca hemos escuchado a nuestros funcionarios comprometerse ante el pueblo iraquí acerca de que en diez años no habrá bases militares estadounidenses en Iraq..."*

La estrategia militar del inepto Bush se parece cada día más a la del General George Custer -cuya torpeza ocasionó la humillante derrota del ejército yanqui ante el jefe Sioux *Caballo Loco*- pero varios Generales retirados que exigieron furiosamente la renuncia de Donald Rumsfeld no quisieron acordarse de las torpezas del mediocre Comandante en Jefe.

El General retirado Anthony Zinni –exjefe del Mando Central- manifestó en el 2006 ante la cadena *CNN* que *"Rumsfeld es un loco que desechó diez años de planificación militar para la ocupación de Iraq y luego envió a nuestras fuerzas sin un plan para la ocupación... Rumsfeld tiene un estilo prepotente y una falta de disposición a escuchar a los mandos militares..."*

El General John Batiste –jefe de la *Primera División de Infantería* trasladada a Iraq en el 2003 y 2004- rehusó regresar a Iraq y ser promovido a Teniente General de 3 Estrellas porque no quería servir a las órdenes de Rumsfeld, y declaró al *Washington Post* que *"la dirección en el Pentágono necesita respetar a los militares tal como espera que los militares los respeten..."*

El Teniente General Greg Newbold –*exdirector de Operaciones del Estado Mayor Conjunto* del 2000 al 2002- expuso en la revista *Time* que *"lo que vemos ahora en Iraq es la consecuencia de sucesivos errores políticos de la Casa Blanca y el Pentágono..."*

Los Generales yanquis indudablemente están en la mejor posición para criticar la conducción de la invasión a Iraq porque son personas que saben de lo que hablan y –desde el punto de vista táctico- entienden cómo se conduce una guerra, pero Bush acusa a todos los que lo critican de ser *"pusilánimes influidos por la propaganda del enemigo..."*

George *"Custer"* Bush pretende seguir engañando al pueblo estadounidense describiéndole la guerra de Iraq como una fantasía color de rosa –como un paseo campestre- y su discurso sobre la *victoria total* –una *copia pirata* de las furibundas arengas hitlerianas- revela que se halla en un enfermizo estado de negación sobre lo que sucede realmente en el terreno de combate iraquí.

El periodista Bob Woodward –uno de los dos reporteros que al denunciar el escándalo *Watergate* provocó la renuncia de Nixon en 1974- manifiesta en su libro *State of Denial* que la violencia en Iraq es mayor de lo admitido por la Casa Blanca, pronostica que la situación para las fuerzas invasoras empeorará en el año 2007, y dice que *"cada quince minutos se comete un ataque contra las tropas estadounidenses... Hay ochocientos o novecientos ataques a la semana –más de cien al día- lo que significa que son cuatro ataques cada hora contra nuestras fuerzas..."*

Martin Van Creveld –Profesor de la Universidad Hebrea en Jerusalén, reconocido como uno de los historiadores militares más destacados del mundo y el único autor extranjero cuya obra es lectura obligatoria para los oficiales del ejército yanqui- escribió en el semanario *Forward* que *"George W. Bush debería ser destituido y enjuiciado por engañar al pueblo estadounidense y lanzar la guerra más tonta desde que el emperador Augusto en el año 9 AC envió a sus legiones a Alemania y las perdió..."*

El General Richard Dannatt –Jefe del *Ejército Británico*- declaró el 13 de octubre del 2006 que las fuerzas inglesas deben retirarse de Iraq porque su permanencia en suelo iraquí sólo exacerba los problemas de seguridad del Reino Unido.

El inexperto Bush proyectó antes de la invasión a Iraq que la campaña militar costaría menos de cien mil millones de dólares, e insistió que la guerra beneficiaría a la economía estadounidense porque los costos de la agresión serían pagados con el petróleo iraquí.

Un complaciente informe de la *Oficina de Investigaciones del Congreso* –fechado en el 2006- calculó que el costo de mantener la invasión a Iraq asciende a dos mil millones de dólares por semana, lo que significa el doble del gasto del primer año de guerra y veinte por ciento más que el año anterior.

El *Wall Street Journal* subraya que el presupuesto militar para el 2007 superó la mayor erogación anual realizada durante la *Guerra de Vietnam* -470 mil millones de dólares en cifras actualizadas-.

El Premio Nobel Joseph Stiglitz y Linda Bilmes –experta en presupuestos de la Universidad de Harvard- han computado que el costo total de la invasión a Iraq alcanzará los dos trillones de dólares, una cifra diez veces mayor que el cálculo oficial más alto realizado antes de la guerra.

Los cálculos de Stiglitz y Bilmes incluyen variables como el impacto de la guerra sobre el precio del petróleo, los costos del tratamiento médico para los casi treinta mil heridos –26 por ciento con lesiones cerebrales- y los altos costos para reclutar soldados.

Los Angeles Times reportó -en julio del año 2006- que ya desapareció el *Plan Marshall* ideado presuntamente para reconstruir Iraq porque los 18.6 mil millones de dólares aprobados por el Congreso –en el 2003- se agotaron o terminaron en los bolsillos de los corruptos funcionarios estadounidenses acantonados en la nación árabe.

Estados Unidos nunca cumplirá su promesa de reconstruir a Iraq, por eso promueve que el letal *Fondo Monetario Internacional* succione la riqueza del pueblo iraquí y que lo subyugue con ajustes estructurales, privatizaciones, reducción de programas sociales y subsidios.

Walter Cronkite –el conductor del noticiero nacional más influyente de *CBS* en los años sesenta- también ha dicho que *"deberíamos abandonar Iraq inmediatamente..."*

Henri Kissinger –un decrépito funcionario cuya pesadilla sigue siendo la derrota yanqui en Vietnam- es asesor político del novicio Bush y le ha aconsejado que *"Afganistán e Iraq no son suficientes porque el Islam desea humillarnos y nosotros necesitamos humillarlos a ellos..."*

Pero los *intelectuales* yanquis que firmaron el *Proyecto Para Un Nuevo Siglo Estadounidense* –PNAC por sus siglas en inglés- y fabricaron la agresiva doctrina política del insulso Bush, ya han comenzado a saltar del barco y han abandonado a su timorato capitán.

Francis Fukuyama –autor de *Fin de la Historia*- publicó recientemente *America at the Crossroads*, una de las críticas más detalladas y feroces de las aventuras bélicas de Bush.

Fukuyama –profesor de la Universidad John Hopkins- escribe que *"los costos de esta aventura bélica serán desacreditar la agenda neoconservadora porque el neoconservadurismo, como símbolo político y como cuerpo de pensamiento, ha evolucionado en algo que yo ya no puedo apoyar... Es necesaria una desmilitarización dramática de la política exterior estadounidense... Reparar la credibilidad estadounidense no será un asunto de mejores relaciones públicas, requiere de un nuevo equipo y nuevas políticas..."*

El *New York Times* reseñó que la crítica de Fukuyama –al ser realizada por una de las figuras prominentes del bando *neoconservador*- tendrá un efecto devastador entre los políticos que favorecen la guerra en Iraq.

Pero Fukuyama es sólo uno de los *pundonorosos* defensores del régimen de Bush que han comenzado a cambiar de opinión ante el manejo de la guerra en Iraq.

George Will –columnista del *Washington Post*- hace poco tiempo no escatimaba elogios a la guerra inventada por Bush y ahora publica que *"Iraq es más peligroso que antes..."*

William F. Buckley –editor del *National Rewiew*- manifiesta que *"uno no puede dudar que el objetivo en Iraq ha fracasado... Se necesitan planes diferentes y hacer concesiones estratégicas que impliquen revertir nuestra política exterior... La médula del asunto es un reconocimiento absoluto de la derrota..."*

El respetado analista conservador Andrew Sullivan –exdirector de *The New Republic*- ha declarado que *"con esta guerra hemos aprendido una dura lección y la solución correcta al conflicto es abandonar la propaganda, y asumir un sentido de vergüenza y tristeza..."*

Richard Perle –fervoroso promotor de la invasión a Iraq- insiste que *"la política bélica de Estados Unidos fue correcta, pero equivocada en sus secuelas... Deberíamos haber entendido que necesitábamos socios iraquíes..."*

Zalmay Khalilzad –exembajador estadounidense en Iraq y firmante del PNAC- admitió en marzo del 2006 que *"la invasión de Iraq ha abierto una caja de Pandora, por lo que el conflicto puede contagiar a toda la región..."*

El exvicepresidente Al Gore afirmó –en una entrevista publicada por *The Guardian* en junio del 2006- que *"el actual gobierno de Estados Unidos, encabezado por George W. Bush, es una banda de renegados de extrema derecha..."*

El Senador republicano John Warner –presidente del *Comité de las Fuerzas Armadas del Senado*- declaró a CBS después de visitar Bagdad en septiembre del 2006 que *"los estadounidenses en Iraq están a la deriva... Existe un aumento exponencial en los asesinatos y el salvajismo... Debemos repensar todas las opciones para salirnos de ahí..."*

Chuck Hagel –otro Senador republicano- también se quejó en la cadena de televisión CNN y expresó que *"ha llegado el momento de cambiar de rumbo en Iraq pero nuestras opciones son limitadas... Necesitamos encontrar una nueva estrategia, una forma de salir de Iraq porque todo el Medio Oriente es más inflamable, más peligroso de lo que ha sido desde 1948, cuando se creó el Estado de Israel, y nosotros estamos en medio de eso..."*

Todos los candidatos demócratas al Congreso estadounidense para las elecciones de noviembre del 2006 impugnaron la guerra en Iraq.

Thomas H. Kean Jr. –candidato republicano al Senado por Nueva Jersey- también se opuso al manejo de la guerra en Iraq, a muchas políticas de Bush y solicitó la dimisión de Rumsfeld pensando en mantener su curul legislativa. Esa fue una posición compartida por decenas de derrotados candidatos republicanos como Stephen Laffey -de Rhode Island- y Christopher Shays –de Connecticut-.

El influyente *New York Times* calificó –el 24 de octubre del 2006- como un verdadero desastre el escenario planteado por los yanquis en Iraq, exigió la renuncia de Donald Rumsfeld y enfatizó que *"no importa lo que argumente la Casa Blanca... Todo parece indicar que George W. Bush intenta alargar por dos años la complicada situación bélica en la nación árabe y dejar ese problema como herencia al próximo gobierno estadounidense... Si alguna vez nuestra intervención militar tuvo oportunidad de lograr su objetivo, ese chance ya se fue... Es claro que al margen de los esfuerzos de la Oficina Oval, Iraq permanecerá en guerra por muchos años, con un gobierno débil y dividido... Bush debería comenzar a arreglar el dislate con el despido de Donald Rumsfeld, porque no hay ninguna oportunidad de cambiar la estrategia en Iraq mientras él continúe al mando del Pentágono..."*

La opinión pública estadounidense coincide –mayoritariamente- en que Bush sostuvo hasta el último minuto al chambón de Donald Rumsfeld por obra de relaciones políticas inconfesables -que datan desde el gobierno de Bush padre- pero la renuncia del jefe del

Pentágono después de la catástrofe legislativa republicana es sólo un cambio cosmético, una cortina de humo para desviar la atención y continuar con el saqueo y el genocidio iraquí, porque la nominación de Robert Gates –involucrado en el escándalo *Irán-Contras* durante la presidencia de tata Bush- revalida que Estados Unidos no se retirará de Iraq a menos que sea obligado a hacerlo.

La periodista Mauren Dowd escribió –al conocerse que Robert Gates fue nominado como el sucesor de Donald Rumsfeld y que políticos veteranos del gobierno de Bush El Viejo se integrarían al gabinete para asesorar al pequeño George- que *"Papi Bush y James Baker le dieron a hijito la presidencia para que jugara con ella, pero la rompió. Entonces ahora se la están quitando..."*

Zalmay Khalilzad remarcó al siguiente día de las elecciones legislativas en Estados Unidos que no habrá cambio de rumbo en la ocupación yanqui de Iraq, y dijo que *"el presidente Bush es el arquitecto de la política exterior de nuestro país. Él es el Comandante en Jefe de nuestras fuerzas armadas. Él entiende lo que está en juego en Iraq y Estados Unidos está listo para seguir apoyando a Iraq mientras los iraquíes den los pasos necesarios..."*

El Partido Demócrata –una comparsa que simula el bipartidismo porque la realidad es que en Estados Unidos existe un solo partido con dos secciones controladas por las mismas rancias familias que integran la oligarquía yanqui- anunció, después de recuperar la mayoría legislativa en las elecciones del año 2006, que su prioridad no es la retirada de Iraq sino el financiamiento de la guerra y el restablecimiento del servicio militar obligatorio para reclutar soldados entre 18 millones de hombres disponibles, porque según ellos *"si vamos a retar a Irán y a Norcorea y, como algunos piden, enviar más soldados a Iraq, no podemos hacerlo sin conscripción obligatoria..."*

El desprestigiado *Régimen Bush* declina –aún después de la paliza electoral en noviembre del 2006- fijar una fecha para el retiro de los soldados apostados en Iraq, garantiza que las fuerzas yanquis permanecerán en ese país cuando menos hasta que el próximo presidente asuma el cargo, e insiste –con su ilógica perorata del miedo- que en caso de retirarse *"prevalecería el extremismo en el Medio Oriente, Israel sería rodeado por fuerzas hostiles, Irán obtendría el arma nuclear, Iraq enfrentaría una pesadilla humanitaria, los movimientos democráticos serían revertidos violentamente, nuestros hijos tendrían que enfrentarse a un mundo mucho más peligroso, y los gobiernos estarían bajo el control de extremistas que cortarían los suministros de petróleo a occidente..."*

Dominique de Villepin –el Primer Ministro de Francia- declaró el 15 de noviembre del 2006 que *"la invasión yanqui a Iraq está condenada al fracaso... Iraq está hundido en la guerra y el caos... la guerra ha aumentado el miedo, las divisiones, la inestabilidad, así como las enemistades frente a occidente. En cualquier caso, no ha surgido el Gran Medio Oriente democrático que quiso erigir Washington allí..."*

Miles de crédulos soldados desplegados en Iraq firmaron –a mediados de noviembre del año 2006- una urgente petición de retirada y reparación de la guerra en Iraq -con la intención de entregarla al *U.S. Congress* en el Día de Martin Luther King- y cuyo breve texto dice: *"En mi calidad de estadounidense patriota que sirve a su nación en uniforme, urjo respetuosamente a mis líderes políticos en el Congreso a que apoyen la pronta retirada de todas las tropas y bases estadounidenses de Iraq. Permanecer en Iraq no servirá de nada y no vale la pena el precio que tenemos que pagar. Es hora de que las tropas regresen a casa..."*

El propio Henri Kissinger tuvo que descender de su nube y aceptar en una entrevista transmitida por la *British Broadcasting Corporation* –el domingo 19 de noviembre del 2006- que *"la victoria militar estadounidense es imposible de lograr en Iraq... Si por victoria militar entendemos el establecimiento de un gobierno iraquí que controle verdaderamente el país, que termine la violencia sectaria y la guerra civil, y que pueda sostener un régimen democrático, entonces yo no creo que la victoria es posible... Estados Unidos debe sentarse a platicar con los vecinos de Iraq, incluido Irán, si realmente quiere resolver los problemas de la región..."*

Tony Blair –el Primer Ministro Británico- admitió en una entrevista con la televisora *Al-Jazeera* a comienzos del mes de noviembre del año 2006 –aunque después se retractó- que *"la guerra en Iraq ha sido un desastre considerable..."*

El torpe Bush –que se escondió cobardemente cuando le tocó el turno de combatir en *Vietnam* para morir por su patria- exige puntualmente la sangre de otros para continuar con su guerra de beneficio personal, pero las tropas ya no confían en el *valiente Comandante en Jefe*, están desertando en números alarmantes, y buscando refugio en Canadá y Europa.

Desde el comienzo de la invasión a Iraq y hasta mediados del 2006 han desertado cuatro mil 387 soldados del *U.S. Army*, tres mil 454 elementos de la *U.S. Navy*, 82 efectivos de la *U.S. Air Force* y las cifras siguen aumentando en el año 2007.

Los militares yanquis muertos en Iraq aumentan cada mes -a finales de mayo del año 2007 sumaban tres mil 471- y los heridos por diversas causas totalizaban –en octubre del 2006- 44 mil 779 elementos repartidos de la siguiente forma: *U.S. Army*, 33 mil 838 soldados; *U.S. Navy*, un mil 099; *U.S. Marines*, ocho mil 589 y *U.S. Air Force*, un mil 253 elementos.

Un estudio de la Universidad John Hopkins –publicado el 12 de octubre del año 2006 en la prestigiosa revista médica *The Lancet*- establece que 654 mil 965 iraquíes fueron asesinados por los invasores yanquis durante los primeros 39 meses de la *Operation Iraqi Freedom* -eso significa que un promedio de quince mil iraquíes fueron brutalmente ejecutados cada mes- y la cifra total representa más del doble de las personas que Sadam Hussein liquidó durante los veinticinco años que duró su régimen.

Estados Unidos ha subestimado al pueblo iraquí y ha sido apaleado –igual que en Vietnam- por la perseverancia y la capacidad de una rebelión nacionalista que –a pesar de sus tremendas pérdidas humanas- intenta expulsar de su territorio al bárbaro invasor yanqui.

El *Centro para el Progreso de Estados Unidos* –una institución ligada al *Partido Republicano*- comparó a la *Administración Bush* con un avestruz que esconde la cabeza en la arena y se niega a mirar la realidad.

Los sondeos de opinión realizados a fines del 2007 demuestran que la mayoría de los estadounidenses sigue oponiéndose a la guerra en Iraq, que quieren que sus soldados abandonen la nación árabe inmediatamente, que ya no apoyan a Bush en su política exterior, y que cada día que pasa le creen menos a su presidente.

Una encuesta del *Pew Research Institute* encontró que la palabra *honesto* era la más empleada -en el 2005- para describir a Bush, y que fue sustituida en el año 2006 por la palabra *inepto*; los términos *idiota* y *mentiroso* son también utilizados –en el 2007- con mayor frecuencia que en el año 2005 y 2006 para referirse a George W. Bush.

Otro sondeo del *Pentágono* con muestras representativas de la población iraquí -y publicado por el *Washington Post*- demostró que los iraquíes de todos los grupos religiosos y étnicos creen unánimemente que la invasión yanqui es la causa principal de los problemas, las desgracias y las diferencias violentas entre ellos.

Aquellos embaucados que siguen repitiendo la pueril copla *bushista* acerca de que la invasión a Iraq fue para promover la libertad, la democracia y la prosperidad iraquí, también deberían leer detenidamente *The Age of Turbulence: Adventures in a New World*, el libro del republicano Alan Greenspan –expresidente de la *U.S. Federal Reserve*- en el que afirma: *"Me entristece que sea políticamente inconveniente reconocer lo que todos saben, que la guerra en Iraq es principalmente por el petróleo..."*

LA VIOLACIÓN DEL TRATADO ANTIMISILES

La construcción del *Ballistic Missile Defense System* -notificada el martes 1 de mayo del 2001 por el Presidente George W. Bush- es una flagrante violación del *Tratado de Misiles Antibalísticos* cuyo texto limita claramente sobre la investigación y el despliegue de sistemas de defensa antimisiles.

Liquidar el *Antiballistic Missile Treaty* –suscrito el 26 de mayo del año 1972 por el Presidente Richard Nixon y el Secretario General del Partido Comunista de la URSS, Leonid Brezhnev- siempre fue una prioridad de la extrema derecha yanqui que intentó boicotearlo cuando se negociaba en Moscú.

El *Antiballistic Missile Treaty* se basó en la doctrina de la disuasión nuclear, según la cual un país se abstendrá de usar sus armas nucleares si sabe que el Estado blanco de su ataque responderá letalmente con las propias. Rusia y China sostienen que la doctrina de la *Destrucción Mutua Asegurada* fue la que salvó al mundo del holocausto nuclear en el que no habría vencedor posible.

Rusia siempre consideró el *Tratado de Misiles Antibalísticos* –ABM- como la piedra angular de la seguridad mundial y lo respetó durante treinta años -hasta el 13 de junio del 2002- cuando Estados Unidos repudió el acuerdo. El Kremlin opina que la treta de Washington tiene como objetivo ganar terreno en el dominio militar a escala mundial.

Igor Sergeiev -asesor del Presidente de Rusia en materia de Seguridad Estratégica y exministro de Defensa- expuso el 22 de agosto del año 2001 que el sabotaje estadounidense del *Tratado de Misiles Antibalísticos* obligará a Rusia a instalar ojivas múltiples en sus misiles. Sergeiev destacó que Rusia no comprende cuál es el criterio que utiliza Estados Unidos para establecer un escudo antimisil porque países como Irán o Corea del Norte -*Estados granuja* según Washington- no tienen la capacidad tecnológica para lanzar misiles contra Estados Unidos, por lo que Rusia necesitará construir una moderna fuerza nuclear móvil y flexible.

El Presidente Vladimir Putin reiteró -el 17 de diciembre del 2001- su rechazo al abandono por parte de Estados Unidos del *Tratado de Misiles Antibalísticos,* lo consideró un paso erróneo, y se mostró dispuesto a aceptar algunas modificaciones para mantener vigente el instrumento jurídico.

Las declaraciones del Presidente de Rusia -divulgadas por el diario *The Financial Times*- ponderaban que el rechazo estadounidense del *ABM* no pondría en peligro la seguridad de Rusia, que ya contaba en esa fecha con la capacidad de burlar cualquier defensa antimisiles.

Vladimir Putin recalcó que la desaparición del *Antiballistic Missile Treaty* liberaba a Rusia de cualquier prohibición sobre otros aspectos del desarme, como por ejemplo las obligaciones del *Acuerdo de Armas Estratégicas* (*START 2*) -ratificado sólo por la *Duma Estatal*- lo que permitirá colocar cabezas nucleares múltiples en sus cohetes intercontinentales.

Un informe de los servicios de inteligencia yanqui -divulgado en el año 2000- señala que la violación estadounidense del *ABM* para desplegar un sistema nacional antimisiles estimulará la expansión del arsenal estratégico de China -con veinticuatro misiles intercontinentales- a cantidades que superarán la capacidad de cualquier sistema antimisiles que Washington construya con la tecnología existente o futura.

Las proyecciones de los analistas militares indican que un programa de modernización nuclear de la República Popular de China también estimulará la carrera armamentista en Asia sudoriental, e inclusive en Medio Oriente y en Rusia.

El Senador demócrata Carl Levin –Presidente del *Senate Armed Services Committee*- ha declarado insistentemente que el abandono unilateral del *Tratado de Misiles Antibalísticos* sólo conducirá a un ciclo de acción y reacción en técnicas ofensivas y defensivas; que existe el riesgo de una *Segunda Guerra Fría*; que Rusia se sentirá tentada a conservar las armas nucleares que estaba a punto de desmantelar; que China modernizará y aumentará sus misiles nucleares, y que ese tipo de carreras sólo conseguirá que Estados Unidos sea una nación más vulnerable e insegura.

El Secretario General de la *ONU* –Koffi Annan- señaló antes de abandonar su cargo que el *Ballistic Missile Defense System* representa la mayor amenaza nuclear de la historia humana.

El *Ballistic Missile Defense System* –BMDS- de la desacreditada Administración Bush es la continuación de aquél frustrado proyecto aclamado popularmente como *Guerra de las Galaxias* -*Star Wars*- y presentado el 23 de marzo de 1983 por el extinto Presidente Ronald Reagan con el aparente objetivo de *"formar un escudo defensivo para que nuestro pueblo libre pueda vivir seguro en la certeza de que su seguridad no descansa sobre la amenaza de la venganza nuclear de Estados Unidos para disuadir a Rusia de un ataque, y que podamos interceptar y destruir los misiles balísticos estratégicos antes de que alcancen nuestro propio suelo o el de nuestros aliados... Y liberar al mundo de la amenaza de la guerra nuclear..."*

Pero el propósito secreto para el *Ballistic Missile Defense System*, considerando que las naciones emergentes y los supuestos *grupos terroristas* no tienen la tecnología ni los recursos para construir misiles intercontinentales, es utilizarlo para inmovilizar a Rusia y a China mientras Washington invade, arrodilla y roba los recursos naturales de otros países, amparado en la impunidad nuclear que el *BMDS* le proporcionaría.

Así lo confirman los exagerados alardes de *Foreign Affairs* –revista conservadora yanqui- acerca de que Estados Unidos es actualmente invulnerable a un eventual ataque de Rusia o China, y que posee la capacidad de destruir de un solo golpe el potencial nuclear de esos países.

En vísperas de una visita oficial del Presidente Vladimir Putin a Beijing, *Foreign Affairs* publicó un rimbombante artículo -*Aumento De La Superioridad Nuclear Americana*- que expresa: *"La época de la Destrucción Mutua Asegurada ha finalizado... Rusia, China y todo el mundo tendrán que conformarse con el predominio nuclear estadounidense..."*

El comentario anterior se asemeja a aquella versión -que circuló al final de la *Guerra Fría*- de que el programa *Star Wars* aceleró el colapso del *Bloque Oriental* por el pánico que causó en el pueblo soviético, y es sólo otra invención propagandística de los chiflados halcones yanquis.

El propio Presidente Soviético Mijail Gorbachov y los servicios de inteligencia estadounidenses minimizaron los delirios del fallecido Reagan al señalar –concluyentemente- que la URSS hubiese podido construir misiles ofensivos de una forma más rápida y económica de la que Estados Unidos pudiera construir su onerosa *Guerra de las Galaxias*.

La *Guerra de las Galaxias* es eficaz sólo para los contratistas militares estadounidenses, que se han embolsado decenas de miles de millones de dólares por un proyecto operacional sólo en el papel porque tecnológicamente es imposible de construirlo -y seguirá siéndolo al menos por veinte años según los expertos-.

El irrealista programa *Star Wars* fue cancelado por el Presidente Bill Clinton al divulgarse las conclusiones de una comisión de connotados científicos que determinaron –fehacientemente- la imposibilidad tecnológica y operativa para construir en el presente y en el porvenir ese pomposo sistema defensivo.

EL OBSOLETO ESCUDO ANTIMISILES

"Ningún país del mundo cuenta con los sistemas nucleares de disuasión que posee Rusia... Estos ingenios muy sofisticados no son, hablando suavemente, una respuesta al sistema de defensa antimisiles estadounidense, pero nos importa un bledo si existe o no tal sistema porque, como ya he dicho, funcionan basándose en tecnología hipersónica, cambiando de trayectoria según el rumbo y la altura. El sistema de defensa antimisiles yanqui está destinado a batir exclusivamente misiles balísticos que atacan, mejor dicho, que pueden atacar, siguiendo sólo una trayectoria balística..."

Vladimir Putin, Presidente de la República de Rusia; rueda de prensa celebrada en el Kremlin, el martes 31 de enero del 2006.

Estados Unidos todavía no termina de construir su *Ballistic Missile Defense System –BMDS–* cuando Rusia, con sus nuevos y poderosos misiles *Topol-M* y *Bulava*, ya lo ha vuelto obsoleto.

El Presidente de Rusia -Vladimir Putin- se jactó el martes 31 de enero del año 2006 de que su país posee misiles capaces de atravesar cualquier escudo antimisiles y que había mostrado los principios básicos del sistema a Jacques Chirac –el Presidente de Francia– durante una visita a una instalación militar rusa. *"Él sabe a lo que me refiero"* -reiteró Putin durante la conferencia de prensa-.

Jacques Chirac fue el primer gobernante occidental que visitó –en el mes de abril del año 2004- el *Centro de Control Titov de Las Fuerzas Militares Espaciales Rusas*, una instalación ultrasecreta desde la cual se controlan los satélites y también los lanzamientos de mísiles balísticos intercontinentales –ICBM-.

El mandatario ruso se refería durante aquella sesión periodística a los misiles estratégicos *Topol-M* -basados en silos o sobre plataformas móviles- y al misil naval *Bulava* -reservado para los submarinos nucleares del *Proyecto 955 Borei*- y que según los expertos son vectores realmente únicos en el mundo e imposibles de derribar por el defectuoso *BMDS* yanqui.

Los especialistas en asuntos militares subrayan –como ejemplo– que el misil *Topol-M* es inmune a la influencia de factores destructores -incluidas las armas nucleares- y que la presencia de tres motores sustentadores de propelente sólido le permiten ganar velocidad mucho más rápido que las versiones anteriores de misiles balísticos, lo que disminuye considerablemente su vulnerabilidad.

Además, decenas de motores auxiliares y un sistema moderno de control digital permiten que el *Topol-M* pueda maniobrar vertical u horizontalmente, de modo que su trayectoria se vuelve impredecible desde su lanzamiento.

El *Topol-M* posee un *módulo nuclear hipersónico de maniobra* que lo acelera hasta velocidades hipersónicas, impulsándolo durante todo el vuelo a una velocidad que supera 4 ó 5 veces la del sonido.

Estados Unidos estimó muy costoso e innecesario -después de *la caída de la URSS*- la creación de estos misiles y se limitó a fabricar aparatos subsónicos. En Rusia las investigaciones para construir misiles supersónicos se cancelaron en el año 1992 pero -ante los resultados- podemos deducir que la suspensión no duró demasiado tiempo.

La prensa especializada en temas militares publicó -en julio del año 2001- que durante el lanzamiento de un misil *Topol* se registró un comportamiento de la ojiva considerado imposible en balística.

Durante los ejercicios militares rusos *Seguridad 2004* fue lanzado el misil balístico intercontinental *RS-18*, a bordo del cual estaba montado cierto dispositivo experimental que indistintamente salía al espacio y reingresaba a la atmósfera terrestre con velocidades de cinco mil metros por segundo sin quedar destruido, maniobrando de una forma inconcebible para la técnica coheteril moderna.

El General Coronel Yuri Baluievski -Jefe del *Estado Mayor General de Rusia*- ha ponderado que el *Topol-M* puede superar cualquier sistema de defensa antimisiles -incluidos los futuros- y a diferencia de las ojivas balísticas ordinarias, en el último instante puede cambiar de trayectoria sobre territorio enemigo.

La *ojiva monobloque* del misil *Topol-M* puede sustituirse con *ojiva de reentrada múltiple* -que porta hasta tres cargas de guiado individual- capaces de zigzaguear y batir objetivos situados a cien kilómetros del lugar de separación. La separación de las cargas individuales acontece con el cambio de dirección de la ojiva -en intervalos de 30 a 40 segundos- y durante ese breve lapso ningún sistema de defensa antimisiles podrá detectar ni el momento de la separación ni las cargas individuales, y mucho menos destruirlas.

A eso se debe que Estados Unidos esté tratando de emplazar sus radares y medios de interceptación en Polonia y en la República Checa -lo más cerca de las fronteras rusas- no para atajar a los inexistentes misiles de Irán sino para registrar los lanzamientos del *Topol-M* y destruirlo antes de que se separe el *bloque de combate*.

El publicitado *escudo antimisiles –Ballistic Missile Defense System-* supuestamente protegerá a Estados Unidos –en forma total- de un ataque atómico, al detectar e interceptar misiles enemigos y destruirlos en pleno vuelo.

George W. Bush prometió que el escudo antimisiles estaría operando plenamente para el año 2005 –un ofrecimiento que no cumplió ni se cumplirá hasta antes del año 2025- y por eso solicitó desde el año 2001 un presupuesto anual de más de diez mil millones de dólares.

La *Missile Defense Agency* ha despilfarrado –desde el año 1985- más de 85 mil millones de dólares en el *BMDS* y -a pesar de que no ha logrado construir un sistema antimisiles eficaz- desperdiciará entre el año 2006 y 2010 otros sesenta mil millones de dólares para continuar con el obtuso proyecto yanqui.

El defectuoso escudo antimisiles yanqui contaba –a mediados del año 2007- sólo con algunos interceptores en silos subterráneos en Fort Greely –Alaska- y en la base aérea Vandenburg -en California- coordinados por radares de alta resolución y sistemas de satélites.

Durante la presidencia de Bill Clinton se realizaron tres pruebas para conocer las posibilidades del escudo antimisiles, y aunque el experimento realizado en octubre de 1999 tuvo éxito, los lanzamientos ejecutados en enero y julio del año 2000 fracasaron indiscutiblemente porque los misiles interceptores despegaron, pero fallaron al destruir el blanco.

Otra prueba del escudo antimisiles -en diciembre del 2002- falló completamente porque el proyectil interceptor no se separó del cohete propulsor, pero el aparato atacante sí consiguió completar su vuelo y -en caso de ser real- hubiera hecho blanco sobre Estados Unidos.

El 15 de diciembre del año 2004 -después de aplazarse cuatro veces por mal tiempo y desperfectos en la transmisión de radio- se ejecutó otra prueba del escudo antimisiles que también concluyó en otro escandaloso chasco porque el misil interceptor –el que protegería a Estados Unidos en caso de un ataque verdadero- no fue capaz ni de despegar para destruir al supuesto *vector agresor* que fue lanzado con una cabeza nuclear simulada desde la isla de Kodiak, en Alaska. El *Pentágono* –en el año 2006- todavía estaba *investigando* porqué el proyectil que debería elevarse desde la base de *Kwajalein Atoll* -en las islas Marshall del Pacífico- nunca lo hizo.

El *New York Times* tituló uno de sus editoriales, del 16 de diciembre del año 2004, como *"El escudo desnudo"* y consignó que *"sin contar el despilfarro gigantesco del dinero de los contribuyentes, el último fracaso del obstinado proyecto de Bush para desplegar un sistema de defensa antimisiles cuya eficacia todavía no ha sido probada podría llamarse: Guerra de las Galaxias, la farsa..."*

El fiasco más reciente –que seguramente no será el último- se produjo en mayo del 2007, cuando el *Pentágono* lanzó otro vector desde la isla Kodiak, pero éste no llegó a la zona donde debían haberlo derribado los interceptores -pese a que como en los lanzamientos anteriores se conocía de antemano su trayectoria y velocidad- y la *Missile Defense Agency* decidió –convenientemente- que ese ensayo no sería registrado como otra prueba del sistema antimisiles.

Jeremy Shapiro -un experto de la *Brookings Institution*- comentó sobre el fallo de ésa prueba que *"el escudo antimisiles obviamente no funciona y me sorprendería mucho si lo hiciera alguna vez... Este tipo de sistema refleja la ingenua creencia de los estadounidenses en una solución tecnológica para crear invulnerabilidad contra un ataque nuclear porque se trata de un gran desafío técnico -es como acertar a una bala en su recorrido por el aire- que se enfrentará a una amenaza que se adapta, y que seguramente encontrará formas eficaces de burlarlo..."*

El gobierno estadounidense ha efectuado realmente once pruebas del escudo antimisiles y siete han fracasado; las cuatro experiencias triunfales de interceptación han sido cuestionadas –irrefutablemente- por los científicos independientes que aducen que no se parecen en nada a las condiciones de combate real, y que fueron arregladas con la intención de impactar a la opinión pública para conseguir más fondos para el frívolo programa militar.

Estados Unidos vociferaba antes de la invasión al Líbano -en julio del 2006- que su aliado Israel era el único país del Medio Oriente completamente protegido con un escudo antimisiles -el sistema *Arrow* desarrollado con dinero y tecnología yanqui- pero los tres mil sencillos cohetes de mediano alcance con los que *Hezbollah* impactó el suelo israelí nos enseñaron que la afirmación era sólo propaganda.

El diario japonés *Yomiuri* publicó -el 25 de septiembre del año 2005- que Estados Unidos le comunicó a Japón que el costo de un escudo antimisiles para *blindar* los cielos de ese país será de más de tres mil millones de dólares -el triple del presupuesto inicialmente programado-.

El *Pentágono* aprobó –el 6 de junio del 2006- venderle a Japón nueve misiles *SM3* por un valor de 458 millones de dólares. Los misiles *SM3* –construidos por *Raytheon* y *Lockheed Martin*- son parte del sistema *Aegis* que se convertirá en el escudo antimisiles nipón.

Polonia y la República Checa están apoyando -más que cualquier otro país de la región- el plan de Washington de construir un *BMDS* europeo subordinado al *BMDS* yanqui, y han aceptado la instalación de una cadena de radares en Jince -a setenta kilómetros al sudoeste de Praga- y el despliegue de diez interceptores de misiles en la frontera polaca.

Alexei Zolotujin -el portavoz de las *Fuerzas Militares Espaciales Rusas*- anunció que el 29 de mayo del año 2007 fue triunfalmente lanzado desde el cosmódromo *Plesetsk* el nuevo misil balístico intercontinental *RS-24* -provisto del vehículo de reentrada múltiple- y que las pruebas del nuevo misil táctico para el sistema antiaéreo *Iskander-M* –realizadas en el polígono de *Kapustin Yar*- también culminaron con éxito.

La Casa Blanca se negó a comentar los lanzamientos victoriosos del ICBM *RS-24* y del misil crucero *Iskander-M* –capaces ambos de burlar cómodamente al sistema de defensa antimisiles que desarrolla Estados Unidos- y Tom Casey -portavoz adjunto del *U.S. Department of State*- sólo balbuceó a la prensa en Washington que *"hemos visto las imágenes sobre los recientes lanzamientos de misiles rusos, pero de momento no puedo confirmar nada... Seguro que el Pentágono y otras instituciones van a analizarlas..."*

Vladimir Putin declaró el 31 de mayo del 2007 –al término de su reunión con el Presidente de Grecia- que *"el martes pasado Rusia realizó el lanzamiento de prueba de un nuevo misil balístico intercontinental, provisto del vehículo de reentrada múltiple, así como pruebas de nuevos misiles crucero, y seguirá perfeccionando su armamento... Nosotros no somos los iniciadores de una nueva ronda de la carrera armamentista... Rusia firmó y ratificó el Tratado de las Fuerzas Armadas Convencionales en Europa (FACE), y lo está cumpliendo de lleno... Hemos retirado de la parte europea del país todo el armamento pesado y lo colocamos tras los Urales... Durante los últimos años hemos reducido en 300 mil efectivos nuestras Fuerzas Armadas. ¿Y qué está haciendo la contraparte? Está llenando de nuevas armas a Europa del Este... Las pruebas de nuevos misiles realizadas en Rusia y nuestra declaración sobre un posible abandono del Tratado FACE constituyen una respuesta al infundado proceder unilateral de la contraparte, incluidos el abandono por ésta del Tratado ABM y el emplazamiento de elementos de este sistema en Europa... No se debe tener miedo a tales acciones de Rusia, las que no son manifestación de la agresión sino respuesta al proceder infundado y bastante rígido de la contraparte... Cuanto hace Rusia está dirigido a mantener el equilibrio en el mundo, lo que es muy importante para conservar la paz y la seguridad universales..."*

El sistema antimisiles que Estados Unidos pretende desplegar en Europa del Este fue uno de los temas que dominaron la *Cumbre G8*, realizada en junio del año 2007.

El pequeño Bush y los pregoneros al servicio del imperialismo yanqui niegan –testarudamente- que el despliegue del *BMDS* europeo tenga la intención de agredir o de neutralizar las capacidades militares de Rusia, y dicen que no supone ninguna amenaza contra ese país sino que tiene como única misión proteger a Europa de un sorpresivo ataque con misiles desde Irán.

Alí Lariyani -*Secretario del Consejo Supremo de la Seguridad Nacional de Irán*- respondió el 4 de junio del año 2007 que *"la versión yanqui de que es necesario construir un sistema antimisiles en Europa del Este, para defenderla de los misiles iraníes, deben ser interpretadas como el chiste del año... La declaración estadounidense pretende enmascarar el verdadero objetivo del despliegue de misiles y radares en la frontera rusa... Cualquiera sabe que Irán no posee misiles de largo alcance... ¿Y por qué haríamos algo así? Europa es el mayor socio comercial de Irán por lo que no existe motivo alguno para que Irán ataque a Europa..."*

Stephen Hadley -el Consejero de Seguridad Nacional del obtuso Bush- señaló en vísperas del viaje del presidente gringo a la *Cumbre G8* que *"el despliegue del que hablamos en Europa no tiene nada que ver con Rusia... No está dirigido contra Rusia..."*

Pero seis destacados científicos estadounidenses -que realizaron una evaluación sobre el *BMDS* a petición de la *Missile Defense Agency*- contradijeron a fines de junio del 2007 la posición oficial de Washington, al explicar que es objetivamente justa la preocupación rusa por el despliegue del escudo antimisiles yanqui -en Polonia y en la República Checa- porque sí supone una amenaza directa para el potencial nuclear ruso de disuasión; porque los cohetes disparados desde el territorio polaco se desplazarán una velocidad de nueve kilómetros por segundo, lo que es suficiente para interceptar y destruir a los vectores rusos; y porque si la auténtica intención fuera neutralizar un dudoso ataque con misiles procedentes de Irán, entonces lo mejor sería emplazar los elementos antimisiles más cerca de las fronteras iraníes.

Jan Carnogursky –exprimer ministro eslovaco- dijo el 6 de junio del año 2007 que los planes yanquis de instalar un escudo antimisiles en Europa amenazan efectivamente a Rusia, que el gobierno de Eslovaquia se opone a la instalación del escudo antimisiles en Europa, y que *"los intentos estadounidenses de desplegar en Europa del Este el escudo antimisiles violan el acuerdo, lamentable verbal, alcanzado por Mijaíl Gorbachov y Ronald Reagan, y también por George Bush padre, sobre la no expansión de la estructura militar de la OTAN en esa región..."*

Mijaíl Gorbachov expresó en una entrevista a la *CNN* –el 7 de junio del 2007- que Europa no debe permitir que Estados Unidos la use como un *conejillo de Indias* para experimentos de la defensa antimisiles, que las objeciones que Rusia pone al plan gringo del escudo antimisiles son totalmente justificadas, y que Washington comete un gravísimo error en materia de política exterior porque *"es muy probable que la presunción y la arrogancia yanqui sobre el sistema antimisiles conduzcan a una situación similar a la que pasó en la guerra contra Iraq... Estados Unidos está arrinconado, ha perdido credibilidad en el mundo y ahora quiere arrastrarnos hacia una nueva carrera de armamentos, a una reedición de la Guerra Fría..."*

Yuri Baluievski -Jefe del Estado Mayor General del Ejército Ruso-confirmó el 13 de noviembre del 2007 –en el programa televisivo *Russia Today*- que *"los elementos del escudo antimisiles que Estados Unidos pretende instalar en el territorio polaco y checo apuntan, sin duda alguna, contra Rusia... Supongo que algunos yanquis todavía quieren intentar una solución, por ponerlo en términos suaves, con las armas que obran en su disposición, y para cumplir estas tareas necesitan asegurarse de que el uso de tales armas no dará lugar a un golpe de represalia... La gente que propone al Presidente Bush crear un sistema global de defensa antimisil actúa por el deseo de usar las armas propias de manera impune, sin exponerse a una respuesta, y es obvio que la instalación de este sistema en Europa no apunta contra Irán, porque a corto plazo -por lo menos hasta el año 2020- seguramente Irán no representará una amenaza para Estados Unidos, es decir, no estará en condiciones de crear misiles balísticos intercontinentales capaces de alcanzar el territorio estadounidense..."*

El Presidente Putin le propuso al anodino Bush –el 7 de junio del 2007- utilizar conjuntamente el radar ruso en *Gabala* –doscientos kilómetros al norte de Bakú, en Azerbaiyán- como una alternativa más efectiva al escudo antimisiles que Washington se propone instalar en Europa del Este porque *"desde dicha estación, las fuerzas estratégicas del ejército ruso pueden detectar cualquier lanzamiento de misiles en una vasta zona que cubre los territorios de Irán, Iraq, Turquía, India, Pakistán, China, Corea del Norte, Australia, buena parte de los países de África, y las islas de los océanos Índico y Pacífico... Hemos examinado las ideas de Estados Unidos sobre el escudo antimisiles, pero en Rusia también tenemos algunas ideas al respecto y las he dado a conocer al presidente estadounidense... Hemos acordado con George que los expertos de uno y otro país se pongan a trabajar cuanto antes, porque si resolvemos ese problema ya será innecesario instalar misiles rusos cerca de las fronteras europeas ni habrá necesidad de desplegar un escudo antimisiles yanqui en el espacio, y espero que esas conversaciones no sirvan de cortina para acciones unilaterales..."*

Vladimir Putin recalcó en una conferencia de prensa al final de la *Cumbre G8* –el 8 de junio del año 2007- que Rusia puede modernizar el radar de Gabala para transferir los datos en *régimen online*, y que las iniciativas que Rusia está dispuesta a promover en materia de defensa antimisiles son mucho más amplias que el uso conjunto del radar ubicado en Gabala porque *"no necesitamos crear ningún radar, lo construyeron ya en la época soviética y no creo que ello lleve al empeoramiento de relaciones con Irán, porque el radar en cuestión ya está funcionando desde hace mucho... Si usamos conjuntamente el radar de Gabala, Rusia no emplazará sus misiles en la provincia de Kaliningrado, ni los acercará a las fronteras occidentales del país porque la necesidad de ello desaparecería por completo... Le dije a George que apenas un país, por ejemplo Irán, realice un ensayo de un cohete de mayor alcance, nuestros servicios de espionaje -tanto rusos como estadounidenses- lo detectarán, y entonces podríamos crear un sistema de interceptores que protejan no sólo una parte de Europa, sino todo el continente sin excepción..."*

El sagaz Vladimir Putin ha puesto contra las cuerdas al infame *Régimen Bush* porque la hora de la verdad ha llegado: Si Washington acepta la propuesta del radar de Gabala, entonces ya no tendrá argumentos válidos para desplegar radares e interceptores de misiles cerca del territorio ruso; y si la rechaza, será evidente que el temor de un ataque iraní sólo es un pretexto para cercar a Rusia con radares que detecten a sus vectores hipersónicos -en el momento más vulnerable- y rodearla con misiles cuyas ojivas no pueden ser verificadas, pero que podrían llegar a Moscú en pocos minutos –lo que indica que el plan *Dropshot* ha sido desempolvado-.

El *Ballistic Missile Defense System* –al final de cuentas- es sólo una descomunal farsa con la que los halcones del *Pentágono* han estafado al pueblo estadounidense y con la que ahora pretenden timar a Europa y a Japón -ofertándoles la edificación de sus propios *BMDS*- porque el mismo Donald Rumsfeld reconoció en un memorándum secreto recientemente desclasificado -del 28 de agosto del 2006- que *"es imposible de garantizar que el BMDS estadounidense esté en condiciones de detener -por lo menos- a los rudimentarios misiles balísticos norcoreanos..."*

LOS MEJORES CAZAS DE COMBATE

Esta anécdota se remonta al mes de abril del año 1945 cuando los ingleses sustrajeron de un aeródromo alemán un *M-262* –el primer jet de combate operacional del mundo- que superaba en casi doscientos kilómetros por hora al avión más moderno que poseyeran los *Aliados*.

La marca de velocidad para el *M-262* fue de novecientos catorce kilómetros por hora, contra los setecientos diecisiete kilómetros por hora alcanzados por el avión *Aliado* más rápido.

Una docena de *M-262* derribó -en el transcurso de un mes- a ochenta bombarderos anglonorteamericanos, con sólo cinco pérdidas.

Tal vez el *M-262* pudo inclinar la balanza de la guerra en favor de la *Alemania nazi,* pero su producción comenzó muy tarde; sin embargo, su radical concepto influyó notablemente la guerra aérea en los futuros conflictos.

Los yanquis también capturaron algunos *M-262* que fueron entregados a los consorcios militares estadounidenses.

North American Aircraft Corporation –contratada por el gobierno gringo para construir un nuevo caza de combate- basó su nuevo producto en la ingeniería del *M-262* e incluso ordenó a sus ingenieros aprender alemán para que pudieran examinar las instrucciones de fabricación originales.

La historia de ese nuevo avión reactor es muy graciosa.

North American Aircraft Corporation construyó el *F86A* -designado como *Sabre* y reputado como el más poderoso jet de combate de la época- y Estados Unidos así lo presumía y lo vendía, pero ignoraba que los rusos poseían el mismo juego de planos e instrucciones acerca del *M-262* y que los usaron para construir el *Mikoyan Gurevich* –popularmente conocido como *MiG15*-.

Las dos aeronaves se enfrentaron por primera vez en el mes de diciembre del año 1950 -durante la *Guerra de Corea*- y cuando aparecieron los *MIG15* provocaron enorme asombro entre los pilotos yanquis que, al evaluar la superior capacidad tecnológica de sus adversarios, optaron por retirarse.

Los cazas rusos triunfaron categóricamente sobre la aviación gringa en la *Guerra de Vietnam,* y fueron extremadamente mortíferos en la región del delta del Río Rojo –por la endeble cobertura del radar y porque los aviones de advertencia temprana no detectaban a los *MiGs* volando a baja altitud-. En el segundo año de la *Operación Rolling Thunder* los estadounidenses perdieron 362 aviones sobre Vietnam –208 de la *U.S. Air Force*, 142 de la *U.S. Navy*, y 12 de los *Marine Corps*-. Los *MiGs* norvietnamitas también combatieron efectivamente en masa para proteger a Hanoi cuando esta urbe fue bombardeada –en 1968- y ocasionaron gravísimas pérdidas a los invasores al derribarles 184 aviones –75 de la *U.S. Air Force*, 59 de la *U.S. Navy*, y 5 de los *Marine Corps*- contra sólo 43 pérdidas por parte de los defensores.

Los innovadores cazas rusos *MiG29* igualmente vencieron a los aviones franceses *Mirage-2000* en maniobras de combate aéreo que se realizaron –a mediados de los años noventa- en Sudáfrica.

Estados Unidos efectuó -en febrero del 2004- un entrenamiento de combate en la base de *Elmendorf* -en Alaska- en el que cazas hindúes *SU-30MKI* –de fabricación rusa- se enfrentaron a los *F-15C/D Eagles* con resultado de tres victorias contra una a favor de las aeronaves orientales.

El diario *USA Today* divulgó -en junio del 2004- una entrevista en la que el General estadounidense Hal Hornburg aceptó que los aviones caza multifunciones *SU-30MKI* superaron terminantemente a sus *F-15C/D Eagle* en noventa por ciento de los simulacros de combate aéreo realizados con la India.

Hornburg –que en esa fecha tutelaba el *Air Combat Command*- aceptó que la aviación militar de Estados Unidos no es tan superior como ellos pensaban, y que las frecuentes victorias de los aviones hindúes sobre sus *F-15* –uno de los *cazas* más avanzados que poseen- deben ser consideradas como una urgente llamada de atención dentro de la *U.S. Air Force*.

El General Hornburg no fue el único atemorizado por la derrota en *Elmendorf*, y las publicaciones internas de la *U.S. Air Force* revelaron que los *F-15* lucharon contra los *SU-30MKI*, contra los *MiG27*, contra los *MiG29,* e incluso contra los anacrónicos *MiG21*; que los aparatos rusos derrotaron contundentemente a los *F-15 Eagles,* y que los resultados perturbaron profundamente a los pilotos gringos.

El *Alto Mando* del *U.S. Air Force* veda –sistemáticamente- la participación de sus pilotos en maniobras con contrincantes rusos porque cualquier derrota derrumbaría el mito de la invencibilidad estadounidense en el combate aéreo; por el contrario, las derrotas yanquis contra pilotos hindúes –aunque usen aviones rusos- pueden justificarse invocando un descuido o entrenamiento inadecuado.

El *Pentágono* admite calladamente el tremendo potencial de los cazas rusos y por eso adquirió -en dudosas circunstancias al desintegrarse la URSS- un escuadrón de *MiGs* estacionados en Moldavia y reparados por Alemania –que también consiguió varios *MiG-29* durante la unificación del país-.

Alemania y Estados Unidos emplean esos *MiGs* para instruir a sus pilotos en el combate contra los aviones rusos.

Los analistas militares coinciden en que el simulacro aéreo es el único método para que los aviadores yanquis adquieran experiencia similar al combate real porque –verdaderamente- hace más de veinte años que no pelean con rivales poderosos.

La *U.S. Air Force* controló cómodamente el cielo yugoslavo -en 1999- y el iraquí -en los años 1991 y 2003- porque nunca existió aviación enemiga.

Pilotos expertos con aeronaves únicas son indiscutiblemente las claves del éxito en el combate aéreo –aseveran al unísono los expertos- y es por eso que los aviadores hindúes -a pesar de los programas de entrenamiento intensivo que realiza la *U.S. Air Force*- son capaces de derrotar fácilmente a sus contrincantes yanquis.

Actualmente no existe ningún avión en el mundo –excepto el *MiG*- que pueda superar al extraordinario caza ruso *SU-34* -denominado *SU-30MKI* en la India- con sus treinta récords mundiales y la capacidad de ejecutar maniobras tan escalofriantes como la aclamada *Cobra Pugachov* –consistente en que el avión vuele en un ángulo de ataque de 120 grados-.

Los cronistas especializados que han presenciado la *Cobra Pugachov* en las ferias internacionales de armamento describen que el *Sukhoi* –un potente aparato de veinticinco toneladas de peso- tiene la capacidad de sostenerse en su cola e inclinar su nariz levemente hacia atrás para volar acunándose velozmente hacia delante -con oscilaciones similares a las de una cobra-. El objetivo de ése fantástico movimiento es conseguir que el *Sukhoi* aparentemente se detenga en el aire –aunque en realidad continúe moviéndose- lo que le permite desaparecer de los radares enemigos; ésa estratagema también le permite desvanecerse ante un misil *aire-aire*, dándole tiempo para evitar el ataque y asestar un mortal contragolpe.

Los aviones yanquis *F-15*, los *F-16* y los *F-18* necesitan un amplio radio de maniobra, pero los cazas rusos pueden ejecutar vueltas muy cerradas y son capaces de girar casi *nariz con cola*, facilitando la persecución del enemigo para dar el golpe de gracia.

Arkady Slovodovsky –*supervisor* del programa *Mig29*- asegura que una vez que el piloto de un caza ruso visualiza a su adversario, sólo hacen falta cinco o seis disparos de ametralladora para derribar al enemigo.

Las publicaciones militares afirman que la India posee al menos quinientos cazas rusos, y que existen más de siete mil unidades operando en distintos países.

La *Indian Air Force* compró inicialmente 40 aviones *SU-30MK* y luego obtuvo la licencia para manufacturar 140 cazas *SU-30MKI* -una versión diseñada conjuntamente por rusos e hindúes, y considerada como un jet de combate *generación 4.5*-. *Hindustan Aeronautics Limited* -empresa estatal hindú- es el mayor productor de los cazas *SU-30* en el mundo.

Las distintas versiones del *Sukhoi-30* constituyen actualmente la espina dorsal de las fuerzas aéreas de la República Popular de China, India, Indonesia, Malasia, Vietnam y Argelia.

Malasia firmó un contrato con *Sukhoi Aviation Corporation* –en mayo del 2003- para comprar dieciocho aviones *SU-30MKM* que fueron entregados en el 2007; la transacción fue de casi mil millones de dólares, e incluyó el envío del primer astronauta malayo de la historia al segmento ruso de la *ISS*.

La República Bolivariana de Venezuela formalizó –en julio del 2006- el acuerdo para comprar veinticuatro cazas *SU-30MK*, y recibió los primeros aviones a finales del año 2006.

Rusia comercializó en la feria de armamento *MILEX 2007* su flamante cazabombardero *Sukhoi-32*, pondrá a la venta en el año 2009 el novísimo caza *MiG-35* de cuarta generación, y reservará para su *Fuerza Aérea* el modernísimo avión de combate de quinta generación que estará volando a finales del año 2010.

¿SUPERIORIDAD MILITAR?

"El presupuesto militar estadounidense es 25 veces mayor que el de Rusia... Por eso necesitamos fortalecer nuestro hogar y protegerlo... Después de todo, qué es lo que está pasando en el mundo... El lobo sabe a quién comerse y no escucha a nadie, y a juzgar por todo, no tiene intención de escuchar a nadie... Así, hablar del final de la carrera armamentista es prematuro..."

Vladimir Putin, Presidente de Rusia;
Informe Anual a la Asamblea Federal, 10 de mayo del 2006.

El imperialismo yanqui es el único empeñado en privar a Rusia, a China –y a todo el mundo- de los desarrollos tecnológicos y militares que les permitan mantener su seguridad y defensa.

El rencor estadounidense contra Rusia data desde mucho antes de la fundación de la URSS, y se evidenció durante la *Segunda Guerra Mundial* con el deliberado retraso en la apertura del *Segundo Frente* europeo –que alargó el conflicto por dos años- y los planes de apropiarse de la victoria obtenida con la colaboración rusa.

Estados Unidos –después del fracaso del plan *Dropshot*- promovió ferozmente el desmembramiento y la aniquilación de la URSS, y cuando lo consiguió trató también de liquidar al *Ejército Rojo*.

Desde la disolución de la URSS y hasta el año 2000, Rusia no construyó ningún buque para su naval y sólo compró 40 equipos nuevos para sus fuerzas militares; la situación era tan difícil que el Ejército Ruso por carecer de combustible -a pesar de que el país es uno de los primeros productores mundiales- realizaba sus ejercicios militares únicamente en mapas; la *Marina Rusa* nunca zarpó de sus puertos y la *Fuerza Aérea Rusa* nunca surcó los cielos de su patria.

Pero las *Fuerzas Armadas de la Federación Rusa* han mejorado extraordinaria y decisivamente bajo la conducción del patriota Vladimir Putin: La Marina Rusa –inmóvil durante diez años- efectúa importantes misiones desde agosto del 2004, y los bombarderos estratégicos patrullan ahora permanentemente el cielo ruso.

El Presidente Vladimir Putin ha reformado y equipado a las *Fuerzas Armadas de la Federación Rusa* con innovador armamento que será la base defensiva en el primer tercio del siglo XXI, e incrementará en los próximos cinco años el número de bombarderos, cazas, submarinos, buques y sistemas de misiles.

El programa de modernización militar ruso -período 2007 al 2015- dotará al *Ejército de Aire* con al menos cincuenta portamisiles estratégicos *Tupolev-160* y *Tupolev-95MS*; rearmará completamente a cuarenta batallones blindados, a noventa y siete batallones de infantería motorizada y a cincuenta batallones de desembarco aéreo dentro del *Ejército de Tierra*; entregará a cinco brigadas coheteriles el flamante sistema de misiles *Iskander-M* –capacitado también para burlar la defensa antimisiles yanqui- y dos regimientos tendrán una versión modernizada del lanzamisiles múltiple *Uragan-1M y Pantsir*; el Ejército comprará más de cien mil vehículos, y la Marina recibirá treinta y un buques –incluidos los submarinos estratégicos del *Proyecto 955 Borei*-.

Las *Fuerzas Armadas de la Federación Rusa* están intensificando su entrenamiento en combate y el adiestramiento de los soldados. Rusia ha organizado –desde el año 2000- docenas de ejercicios militares de gran envergadura.

La Federación Rusa está fabricando innovadores navíos de todo tipo, y muy pronto la *Marina Rusa* estará orgullosamente reforzada con seis grupos de portaaviones nucleares y con una poderosa flota de avanzados submarinos –los primeros en producirse desde el año 1990- que transportarán armas estratégicas y que la convertirán en la segunda fuerza naval del mundo.

Rusia construye actualmente ocho sumergibles estratégicos de propulsión nuclear: Siete son submarinos denominados de *Cuarta Generación -Proyecto 955 Borei*- que serán usados por la *Flota Rusa del Norte*, y el octavo -que será botado en el año 2017- es una nave cuyas características permanecen en secreto como parte de un nuevo programa naval ruso.

En la corporación rusa *Sevmashpredpriatie* –equipada con los mayores astilleros militares de Europa- han empezado también las pruebas de las turbinas de vapor, y los trabajos de ajuste y recepción de los sistemas acústicos -y de navegación- en el submarino atómico multifuncional *Pantera*.

El 15 de abril del año 2007 se efectuó en la empresa *Sevmashpredpriatie* –la principal base rusa de submarinos nucleares que está ubicada en Severodvinsk- la ceremonia de botadura del *Yuri Dolgoruki* –el primero de los siete sumergibles del *Proyecto 955 Borei*- y se estima que dentro de dos años estará listo el segundo de la serie –denominado *Alexander Nevski*- y en 2011, el tercero, bautizado como *Vladimir Monomakh*.

Los sumergibles del *Proyecto 955 Borei* –de 170 metros de largo, 13.9 metros de manga, desplazamiento de veinticuatro mil toneladas, profundidad de inmersión de 450 metros, velocidad de quince nudos en superficie y veintinueve nudos bajo el agua- reemplazarán paulatinamente a las naves *Akula* y *Delfín –Typhoon* y *Delta IV* según la clasificación de la *OTAN*- y estarán dotados con dieciséis misiles balísticos *R-30 Bulava,* y seis tubos lanzatorpedos de 533 y 633 milímetros.

El *Topol-M* y el misil *Bulava* –provisto de diez ojivas de guiado individual y capaz de abatir objetivos a una distancia de hasta ocho mil kilómetros- son armas de nueva generación que superan ampliamente a cualquier misil occidental, y que formarán la columna vertebral de las *Fuerzas Estratégicas de Disuasión de Rusia*.

Las *Fuerzas Estratégicas de Rusia* se están reduciendo, pero es muy aventurado e irresponsable pregonar que Estados Unidos es capaz de destruir de un solo golpe –y completamente- la capacidad nuclear rusa.

Rusia tiene oficialmente dieciséis mil cabezas nucleares almacenadas, cinco mil 830 emplazadas para defender su territorio, 549 misiles intercontinentales basados en tierra con mil 549 cargas atómicas instaladas, 192 misiles intercontinentales con 672 cabezas en catorce submarinos, y setenta y ocho bombarderos estratégicos con 872 bombas nucleares a bordo; ese arsenal atómico –el mayor del mundo- es más que suficiente para causarle pérdidas irreparables a cualquier país agresor.

Cinco regimientos de las *Tropas Coheteriles Estratégicas de Rusia* están equipados –actualmente- con misiles *Topol-M* ensilados, y uno de los regimientos estacionado en la ciudad de Teikovo recibió -el 26 de octubre del año 2006- la versión móvil de ese misil.

Serguei Ivanov –el Ministro de Defensa de Rusia- ha reiterado que cada año las *Tropas Coheteriles Estratégicas de Rusia* recibirán nueve lanzadores móviles del *Topol-M* -hasta completar sesenta y nueve instalaciones- y que paralelamente instalarán nuevas ojivas de reentrada múltiple –prohibidas por el Tratado *START-1* que expira el 1 de enero del 2009- en todos los misiles *Topol-M* ensilados.

Recordemos que el alcance del *Topol-M* es de once mil kilómetros y que porta un monobloque de 550 kilotones, pero que en caso de necesidad puede transportar tres o cuatro cabezas nucleares de guiado individual con una potencia de doscientos kilotones cada una.

Las *Fuerzas Estratégicas Nucleares de Rusia* dispondrán -durante la próxima década- de dos mil cabezas nucleares cuando menos.

Víctor Yesin –exjefe *del Estado Mayor de las Tropas Coheteriles Estratégicas de Rusia*- opina que *"aunque Estados Unidos diseñe un sistema antimisiles capaz de interceptar hasta trescientas ojivas, de todos modos no podrá protegerse contra un golpe de represalia asestado con el empleo de mil doscientas o mil quinientas cabezas nucleares... Al sistema antibalístico yanqui le será imposible calcular la trayectoria de vuelo de las modernas ojivas con amplio margen de maniobra que posee Rusia..."*

El *U.S. Department of State* publicó –el 23 de mayo del 2006- su documento anual *Poderío Militar Chino* en el que acusa a la República Popular de China de ser una amenaza para los países asiáticos.

Washington armó un escándalo por el crecimiento y la presunta falta de transparencia en los gastos militares de la República Popular de China y exigió –jactanciosamente- que las autoridades de ese país le rindan cuentas acerca del propósito de su expansión militar.

El *Pentágono* expone que China aumentó en veinticinco mil soldados el número de militares desplegados en las regiones costeras frente a Taiwán, que los ha dotado con el equipo más moderno y que, además, mantiene entre 710 y 790 misiles balísticos contra los 650 que se calculaba estaban emplazados el año anterior.

El informe apunta que *"la tendencia a largo plazo en la modernización estratégica de China en lo que respecta a sus fuerzas nucleares, acceso terrestre y marino, y armas de precisión, tiene el potencial de representar una amenaza creíble contra otras fuerzas armadas que operan en la región..."*

La República Popular de China –nación verdaderamente soberana- no se dignó responder a las necedades yanquis y presentó -el 25 de mayo del año 2006- su nuevo plan para desarrollar armamento de alta tecnología, instalaciones para fabricarlo, y fundar industrias avanzadas de uso civil y militar en los próximos quince años.

China espera que su *Ejército de Liberación Popular* –el mayor del mundo con dos millones de efectivos- se convierta en una fuerza militar totalmente mecanizada e informatizada, capaz de librar conflictos cortos pero de alta intensidad, preparándose para contingencias mayores en el Estrecho de Taiwán y la muy posible intervención de Estados Unidos.

El *Ejército de Liberación Popular* almacena al menos doscientas cabezas nucleares, mantiene emplazadas otras ciento cincuenta cargas atómicas en submarinos clase *Xia* y en veinte misiles intercontinentales *DF-5A* ensilados que pueden golpear cualquier objetivo en el planeta; posee al menos setecientos modernos cazas de combate; está construyendo nuevos portaaviones y cinco sumergibles clase *Jin* provistos con una docena de misiles nucleares intercontinentales; produce cien misiles de corto alcance anualmente, tiene setecientos noventa apostados en sus costas, y está desarrollando novedosas fuerzas submarinas, terrestres y aéreas.

Rusia y China son –afortunadamente- garantes de la seguridad nuclear y muralla contra la ambición imperialista yanqui en el mundo del siglo XXI.

La realidad contradice tajantemente a los enajenados *halcones* estadounidenses porque es imposible atacar a Rusia -o a China- con la absoluta confianza de haber reducido a cero por ciento la posibilidad de un contragolpe nuclear.

Estados Unidos es el campeón mundial por su presupuesto militar anual, por su poder de movilización y de aniquilación, y ostenta planetariamente el segundo lugar por su capacidad nuclear, pero los ambiciosos imperialistas yanquis siempre han fracasado al convertir esa supremacía en una auténtica influencia política que les permita subyugar completamente a las naciones que invaden, porque subestiman la determinación y el coraje de los pueblos a la hora de defender sus derechos, y porque olvidan que, al final de cuentas, lo que vale no es el poder de las armas, sino la fe en la justeza de las ideas por las que se combate: Vietnam, Cuba, Iraq, Nicaragua, Venezuela, Irán, Palestina, el Líbano y Corea del Norte son prueba incontestable de lo anterior.

En definitiva, tomando en cuenta de que en todas partes en lugar de desarme hay rearme, todos los países tienen –además del legítimo derecho- la imperiosa necesidad de modernizar y potenciar sus ejércitos ante el peligro innegable que representa la rapacería estadounidense.

CAPÍTULO III

EL MITO DEL PODER ECONÓMICO Y ENERGÉTICO

LA CRISIS PERMANENTE

El pueblo estadounidense ha padecido durante la mayor parte de sus doscientos treinta años de existencia -cuatro quintas partes de su historia- persistentes crisis económicas enraizadas en las fallas inherentes al sistema capitalista y su devastadora *economía de mercado,* pero amplificadas por la especulación, el fraude, la corrupción y la avaricia de la élite yanqui.

Los problemas económicos ya eran cotidianos desde 1790 para los gringos, pero nunca alcanzaron la magnitud de lo que ocurrió en el año 1819.

El *Pánico de 1819* fue la primera gran *depresión económica* en la historia estadounidense –con desempleo, cierre de bancos, embargos, destrucción de la economía nacional, hambre y miseria- y sucedió cuatro años después del final de la *Guerra de 1812,* entre Estados Unidos y Gran Bretaña.

La economía yanqui se recuperó del *Pánico de 1819* sólo hasta finales del año 1830.

El pueblo yanqui apenas comenzaba a reconquistar su sustento cuando comenzó otra depresión económica –el *Pánico de 1837*- causada por una tremenda fiebre especulativa que ocasionó la quiebra de 343 bancos y el cierre parcial de sesenta y dos –de un total de 850- y que todas las instituciones financieras suspendieran los pagos en monedas de oro y plata.

El *Pánico de 1837* dio paso a una profunda depresión económica de seis años –quizás diez- con millones de personas sufriendo y muriendo de hambre.

El sistema financiero estadounidense fue dañado mortalmente durante el *Pánico de 1837* y sólo se recuperaría en forma plena hasta 1947 –después de ciento diez años- con la instauración de los dolosos *Acuerdos de Bretton Woods*.

Los economistas afirman que los perjuicios económicos y sociales ocasionados por el *Pánico de 1837* –inexplicablemente pocas veces mencionado- duplican cómodamente los daños acaecidos durante la *Gran Depresión de 1929*.

El 24 de agosto del año 1857 sobrevino otra *depresión económica* en Estados Unidos, porque se descubrió que el *Ohio Life insurance & Trust Company* había defraudado a sus inversionistas europeos robándoles el oro y los bienes depositados en custodia. La confianza de los acreedores se terminó en septiembre del 1857, cuando se hundió el *SS Central America* con treinta mil libras de oro destinadas al rescate de los bancos de la Costa Este en Estados Unidos. El *Pánico de 1857* duró hasta el comienzo de la *Guerra Civil* en 1861.

El *Pánico de 1873* fue otra colosal *depresión económica* originada por la bancarrota de la *Jay Cooke & Company* –el 18 de septiembre del año 1873-.

Jay Cooke -un poderoso especulador que costeó la *Guerra Civil*- defraudó a cientos de miles de personas con la construcción del *Northern Pacific Railway,* y participó en escándalos financieros que produjeron la caída política del *Primer Ministro* canadiense.

La bancarrota de la *Jay Cooke & Company* promovió un *efecto dominó* en Estados Unidos. El *New York Stock Exchange* cerró por diez días; ochenta y cuatro empresas ferroviarias –de un total de 364- cayeron en bancarrota; dieciocho mil compañías cerraron y el desempleo alcanzó el veintidós por ciento.

El hambre y la difícil situación económica motivó que los trabajadores paralizaran –en el año 1877- las instalaciones ferroviarias para exigir empleo y mejores condiciones laborales, pero el Presidente Rutherford Hayes utilizó al ejército para reprimir y asesinar a doscientos huelguistas.

El *Pánico de 1884* ocurrió porque los banqueros yanquis –fieles a su criminal costumbre- malversaron el oro depositado por sus inversionistas, y porque en lugar de ser castigados ejemplarmente paralizaron –con la aprobación del *Departamento del Tesoro*- todas las operaciones de retiro y préstamos. La crisis se amplificó cuando el *New York Clearing Housing Association* exigió fianzas a los bancos en peligro de quiebra. *Grant & Ward, Marine Bank of New York, Penn Bank of Pittsburgh* y diez mil empresas ligadas al mundo financiero quebraron. Por enésima ocasión, los crímenes financieros de la élite yanqui influyeron en el desplome de la economía estadounidense.

El *Pánico de 1890* fue una ligera *depresión económica* causada también por la insolvencia y las estafas del banco *Baring Brothers*.

El *Pánico de 1893* comenzó porque el gobierno yanqui timó a los poseedores de *Bonos del Tesoro* negándose a cumplir su obligación de convertir los títulos en oro. El 5 de mayo del año 1893 –dos meses después de que el Presidente Grover Cleveland asumiera su segundo mandato- comenzó el sobresalto financiero en la Bolsa de Valores de Nueva York. Quince mil compañías y quinientos bancos quebraron. El *Philadelphia and Reading Railroad*, el *Northern Pacific Railway*, el *Union Pacific Railroad, Atchinson Topeka & Santa Fe Railroad* se declararon en bancarrota. El desempleo alcanzó el veinticuatro por ciento. El *Departamento del Tesoro* emitió un estatuto en el que fijaba una fecha límite para convertir los bonos en oro, pero no lo cumplió y millones de personas se quedaron sin el oro que el tramposo gobierno de Estados Unidos les adeudaba.

La economía yanqui se fortaleció completamente hasta el año 1900 sólo para volver a caer en otro profundo agujero económico.

El *Pánico de 1901* -una caída del mercado accionario de Nueva York- fue engendrado igualmente por las estafas de E. H. Harriman, Jacob Shiff y J. P. Morgan, con el objetivo de adueñarse del *Northern Pacific Railroad*. El complicado fraude fue financiado con dinero de la *Standard Oil Company* -prestado a través del *First National City Bank* de William Rockefeller- y después de desfalcar a cientos de miles de inversionistas que perdieron todos sus ahorros, los respetables ladrones de *cuello blanco* formarían la *Northern Securities Company*.

El *Pánico de 1907* –la sexta depresión económica en los últimos 34 años- sobrevino también por las estafas y la ambición monopolista de Augustus Heinz con su empresa *Knickerbocker Trust*. En marzo de 1907 se desplomó la *Bolsa de Valores*. La crisis se amplificó en octubre del mismo año cuando los hermanos de Heinz intentaron comprar *United Copper* -con dinero prestado por *Knickerbocker Trust*- pero el *National Bank of Commerce* cesó de pagar los cheques girados por las empresas de Augustus Heinz. La desconfianza se extendió a muchos bancos y empresas relacionadas con el imperio comercial de Heinz por lo que el gobierno federal tuvo que respaldarlo con 350 millones de dólares. La crisis fue tan severa que el Congreso estadounidense legisló para establecer el *Federal Reserve System.*

En el año 1910 se produjo otra leve *depresión económica* por la implementación de la *Sherman Anti-Trust Act.* La crisis terminó oficialmente en 1912.

Al finalizar la *Primera Guerra Mundial* aconteció otra *depresión económica* porque el gobierno yanqui canceló los contratos con las industrias de armamento. Los empresarios que lucraban con la guerra tendrían ahora que reconvertir sus plantas para producir otros bienes de consumo, y encontrar clientes por sí mismos. Los granjeros también perdieron los cautivos mercados europeos. El saco de trigo costaba 2.26 dólares en plena guerra y el precio disminuyó a 99 centavos en el año 1922. Medio millón de rancheros perdieron sus fincas. Casi 5 millones de soldados retornaron del frente europeo y no encontraron trabajo. La inflación creció setenta y siete por ciento –en el año 1919- y otro veintiocho por ciento en 1920. Cuatro millones de personas estaban en huelga en 1919, y tres eran los movimientos sindicales más importantes: La huelga de policías en Boston, la huelga de los mineros del carbón y la huelga de los acereros.

La historia oficial dogmatiza que Estados Unidos comenzó a recuperarse de la'crisis de la posguerra a partir del año 1922, pero la realidad es que nunca salió de la postración económica porque los *dorados años veinte* fueron sólo una alucinación de prosperidad cimentada en los desfalcos y en la especulación financiera.

El mismo Presidente Herbert Hoover alentó la especulación bursátil declarando después de su elección que *"el gobierno de Estados Unidos está más cerca del triunfo definitivo sobre la pobreza de lo que ninguna administración en la historia de este país lo estuvo antes..."*

Pero la *Gran Depresión* -que comenzó en el año 1929- refutaría el petulante discurso presidencial y se encargaría de abofetear a todos los estadounidenses ambiciosamente crédulos porque todo indicaba que el mercado accionario estaba sobrevaluado, pero la gente seguía invirtiendo febrilmente en la *Bolsa de Valores* ilusionados de que con la presidencia de Hoover se ingresaba a cuatro años de ganancias espectaculares.

El índice de cotización en el *Mercado de Valores* de Nueva York alcanzó niveles históricos en el primer semestre del año 1929, pero una sorpresiva venta de pánico –el 24 de octubre- provocó finalmente la explosión de la abultada *burbuja económica.* Las causas del pánico fueron la superproducción y la especulación porque se manufacturaban bienes de consumo que no tenían mercado de venta, y porque el precio accionario de muchas compañías estaba sobrevaluado. Cientos de miles de personas fueron engañadas con acciones bursátiles de compañías que existían sólo en el papel. El valor promedio de los títulos empresariales se redujo en sesenta por ciento a mediados de noviembre, y los accionistas perdieron treinta billones de dólares de aquella época.

Con el hundimiento del *Mercado de Valores* de Nueva York comenzó la denominada *Gran Depresión* del año 1929. Los bancos cerraron a comienzos de diciembre. Fábricas y minas pararon. Ferrocarriles vacíos se amontaban en las estaciones. Siete millones de personas estaban desempleadas en febrero de 1930, y se desató una reacción en cadena porque desempleo significa menos clientes, menos clientes representan mayores recortes a la plantilla laboral, y los recortes laborales causan más desempleo.

Los granjeros estadounidenses nunca participaron de la bonanza de los *dorados años veinte,* y su situación empeoró con la *Gran Depresión* porque los precios de los productos agrícolas cayeron todavía más, y decenas de miles de campesinos perdieron sus ranchos. Algunos murieron al enfrentarse a los policías que intentaban embargar sus propiedades.

Estados Unidos tenía catorce millones de desempleados en marzo del año 1932.

La *Gran Depresión* -como siempre sucede en Estados Unidos- agobió ferozmente a la gran masa de gente pobre y a las minorías étnicas. Los ricos perdieron sus inmensas fortunas amasadas con la especulación, pero recuperaron propiedades y algunos valores. El pueblo perdió absolutamente todo.

Las bodegas de los avorazados empresarios yanquis rebosaban de ropa y alimentos procesados mientras que millones de personas -en toda la nación- mendigaban en las calles o se apiñaban en los albergues, tratando de conseguir un pedazo de pan o un poco de sopa.

Decenas de miles de estadounidenses murieron de hambre y frío, y otros miles se suicidaron por la desesperación.

El Presidente Hoover –a pesar de la gravísima situación- rehusó imperturbablemente proporcionar ayuda gubernamental directa -en efectivo o en especie- a los millones de estadounidenses hambrientos y desamparados porque hacerlo era –según él- ofender y minar el autorrespeto de las personas.

Pero al soso Herbert Hoover no le importó herir el autorrespeto de los millonarios y de la viciada clase política yanqui instituyendo el

Reconstruction Finance Corporation –en febrero del año 1932- para obsequiarle billones de dólares a los dueños de bancos, compañías de seguros, ferrocarriles, asociaciones hipotecarias o de cualquier gran empresa.

Hoover justificó su filantrópica decisión con la vetusta *fábula capitalista* de que ese dinero fortalecería a los empobrecidos empresarios que después –magnánimamente- derramarían su riqueza sobre la masa de indigentes.

La realidad demostró la torpeza ideológica del *caritativo* Hoover porque el desempleo aumentó, y sólo los ricos se hicieron más ricos.

Al juicioso Hoover se le ocurrió entonces –a finales del año 1932- promulgar otra ley –la *Home Loan Bank*- que ordenaba a los bancos de ahorro, a las asociaciones de préstamo hipotecario, a las empresas constructoras y a las compañías aseguradoras, a otorgar préstamos baratos para que la gente comprara casas y granjas.

Los avispados millonarios no obedecieron al iluso Hoover, la ley obviamente fracasó y el desempleo aumentó.

¡Tan fácil que hubiera sido si el genial Hoover hubiera entregado directamente los apoyos monetarios a las familias necesitadas!

La *Gran Depresión de 1929* provocó que los gobiernos abandonaran la tesis económica liberal, que adoptaran la teoría económica *keynesiana* -remplazada en la década de los setenta por el letal *neoliberalismo*- y legó secuelas ideológicas que modificaron el panorama socioeconómico del siglo XX, y que repercuten todavía a comienzos del siglo XXI.

EL MAYOR DEFAULT DE LA HISTORIA

Los medios de comunicación al servicio de los ambiciosos imperialistas yanquis embusteramente han propagado que el *default* argentino de ochenta y ocho mil millones de dólares –en diciembre del año 2001- es el mayor de la historia.

La mentira ha penetrado tan hondo que hasta los propios argentinos la permiten.

El anglicismo *default* –en términos financieros- se refiere al hecho de que un deudor no cumple con las obligaciones financieras derivadas de un contrato o acuerdo, y es un concepto amplio que incluye no sólo el pago de deudas financieras sino también la omisión de entregar una cosa o propiedad.

Existe *default*, por ejemplo, cuando el deudor no realiza sus pagos a tiempo, o cuando viola cláusulas de un contrato o acuerdo, y la definición aplica absolutamente para todas las obligaciones de deuda.

El *default* significa esencialmente que un deudor no paga una deuda y se distingue claramente de la *insolvencia* –término que significa que un deudor es incapaz de pagar una deuda- y de la *bancarrota* -un recurso legal que impone supervisión judicial sobre las finanzas de aquellos que se declaran insolventes o que cometen *default*-.

Estados Unidos –y no Argentina- es el país que ha cometido el mayor *default* de la historia porque violó -el 15 de agosto del año 1971- los *Acuerdos Bretton Woods* que lo obligaban a entregarle a los *Bancos Centrales* de los países signatarios una onza troy de oro por cada treinta y cinco *dólares billetes*.

Richard Nixon cerró la *ventanilla del oro* el 15 de agosto del año 1971 –sin consultar con los países miembros del *Sistema Monetario Internacional*- e incumplió compromisos por sesenta mil millones de dólares que actualizados al valor que hoy tiene el oro representan más de un trillón de dólares -ocho veces más que el default argentino-.

Estados Unidos planeó el mayor timo de la historia promoviendo en julio de 1944 la *United Nations Monetary and Financial Conference* –la *Conferencia de Bretton Woods*- con delegados de cuarenta y cinco naciones que firmaron los *Acuerdos Bretton Woods* para establecer el *Banco Internacional para la Reconstrucción y el Desarrollo* –BIRD-, el *Acuerdo general de Tarifas y Aranceles* –GATT por sus siglas en inglés-, el *Fondo Monetario Internacional* –FMI-, el *Patrón Oro* y la adopción del dólar como única divisa de pago internacional, con el compromiso de que Estados Unidos le cambiaría a los países, en cualquier momento que lo solicitaran, sus *dólares billetes* por oro.

Los países –también como parte de los *Acuerdos Bretton Woods*- trasladaron ingenuamente casi la totalidad de sus reservas de oro a Estados Unidos. Mediante ésta fullera operación las bóvedas yanquis atesoraron el 75 por ciento de las reservas de oro del mundo.

La garantía de conversión automática del *dólar billete* en oro era fundamental para proteger a los países socios en *Bretton Woods* del riesgo de un eventual *emisionismo estadounidense*. Si cualquier país miembro advertía un riesgo de inflación del dólar tenía la opción de cambiar los *dólares billetes* por lingotes de oro a la paridad prefijada.

Los niños que juegan *Monopolio* saben que no se puede ser jugador y banquero a la vez -porque el jugador siempre roba dinero del banco para sostener sus compras y ganar el juego- pero a los perspicaces delegados en *Bretton Woods* inexplicablemente se les olvidó que Estados Unidos tiene la *maquinita* de estampar billetes, y nunca propusieron mecanismos para limitar la cantidad de *papel moneda* que los yanquis podían imprimir.

Desde entonces Estados Unidos se dedicó alegremente a *comprar el mundo* y -amparado en su impunidad para emitir billetes sin supervisión- estableció una desenfrenada política de gastos e *inversiones* sin preocuparse por aumentar la reserva de oro.

Estados Unidos realizó –entre los años 1960 y 1964- *inversiones y compras* de empresas extranjeras por veintinueve mil millones de dólares, despilfarró en turismo y viajes al exterior dieciocho mil millones, y gastó en su ejército de mercenarios once mil millones, para acumular finalmente un abultadísimo *déficit* en su balanza comercial por ochenta mil millones de dólares.

Y mientras aumentaba el déficit estadounidense, las reservas de oro disminuían. En el año 1969 la reserva de oro se redujo a la mitad con respecto a 1949 –doce mil millones- y las obligaciones en el exterior se triplicaron –treinta y tres mil millones-.

El Presidente Charles De Gaulle exigió públicamente -el 20 de octubre del año 1967- la repatriación del oro francés y Jacques Rueff -Consejero del General De Gaulle- advirtió que *"Estados Unidos ha agotado su capacidad de pagar en oro a sus acreedores... Es como decirle a un calvo que se peine porque allí ya no queda nada..."*

La *Guerra de Vietnam* aumentó la inflación y el déficit de Estados Unidos.

El año 1970 fue el punto crítico cuando la reserva de oro disminuyo hasta veintidós por ciento de la cantidad establecida en *Bretton Woods,* lo que provocó que los poseedores de *dólares billetes* perdieran la fe en la capacidad del gobierno estadounidense para detener y recortar su descomunal déficit.

Inglaterra –la *pérfida Albión-* aunque con menos escándalo también exigió su oro. Un representante británico acudió al *Departamento del Tesoro* -el 9 de agosto del año 1971- y vanamente reclamó la entrega de las dos mil quinientos ochenta y ocho toneladas de oro inglés. La solicitud británica representaba un tercio del oro depositado en las bóvedas estadounidenses: Ocho mil seiscientos treinta y cinco toneladas.

Acorralado por los acreedores mundiales, Richard Nixon se escondió con su gabinete en *Camp David* -el viernes 13 de agosto del año 1971- y decidió desconocer los rimbombantes *Acuerdos de Bretton Woods,* incurrir desfachatadamente en *default* y congelar los precios por noventa días.

Los estadounidenses se enteraron de la decisión del malicioso Nixon por medio de una transmisión televisiva en cadena nacional -la tarde del domingo 15 de agosto del año 1971-.

El pícaro Nixon le ocultó a sus ciudadanos que decenas de países demandaban el oro que Estados Unidos legalmente les debía -según los *Acuerdos Bretton Woods*- e inventó que *"en las últimas semanas los especuladores han lanzado una guerra de exterminio contra nuestro dólar, y por eso he instruido al Secretario del Tesoro para que efectúe las acciones necesarias para defender a nuestra moneda de los especuladores y que suspenda la convertibilidad del dólar en oro..."*

La realidad era que los intangibles chivos expiatorios del bribón Nixon –los especuladores- no eran los causantes del hundimiento del dólar sino el enorme *déficit* estadounidense, acelerado por su propio gobierno federal con el bárbaro *emisionismo* de billones de *dólares billetes* sin el respaldo del oro respectivo.

El perverso Nixon recalcó en aquél discurso del 15 de agosto del año 1971 que *"las principales economías de Europa y Asia -al final de la Segunda Guerra Mundial- estaban destruidas, y para ayudarlas a levantarse y proteger su libertad, Estados Unidos gastó 143 billones de dólares en los últimos 25 años... Nosotros hicimos lo correcto... Esas economías son ahora saludables, fuertes y estamos contentos... Pero ahora que esas naciones son económicamente fuertes ha llegado el momento de compartir conjuntamente los gastos de defender la libertad en todo el mundo..."*

En otras palabras, lo que el marrullero Nixon dijo aquella tarde del domingo 15 de agosto del año 1971 fue que el mantenimiento de bases militares yanquis para defender a Europa y Asia -del hipotético peligro comunista- originó la caída del dólar.

Pero las estadísticas indican que el bellaco Nixon mintió de nuevo porque los gastos militares estadounidenses en el exterior representaban sólo el ocho por ciento del *déficit,* y el noventa y dos por ciento restante fue provocado por excesivas importaciones, el turismo y las *inversiones* yanquis en el exterior.

El día del *default,* los *dólares billetes* almacenados en los *Bancos Centrales* de los países totalizaban más de sesenta mil millones de dólares que correspondían a 51 mil 775 toneladas de oro, o mil 714 millones de onzas troy del valioso metal.

Los sesudos economistas y los medios de comunicación al servicio del imperialismo yanqui han tergiversado tenazmente la verdadera naturaleza de la obligación contraída por Washington en los *Acuerdos de Bretton Woods,* argumentando que Estados Unidos no incurrió en default porque no dejó de pagar en dólares, como ocurrió con Argentina.

Cualquier persona que lea los *Acuerdos de Bretton Woods* fácilmente comprenderá que Estados Unidos no adeudaba *dólares billetes* sino oro físico a la paridad pactada.

El *default* se produjo cuando Estados Unidos anunció a las naciones que no les entregaría las ocho mil seiscientas treinta y cinco toneladas de oro almacenadas en *Fort Knox*.

Estados Unidos se apropió ilícitamente del oro que resguardaba porque no era suyo ni de origen ni por convenio, y forzó a los países que quisieran tener reservas de oro –como era su derecho- a adquirirlas en el *mercado libre*.

El *default* yanqui causó un aumento desenfrenado del precio del oro –dos mil cuatrocientos por ciento- y alcanzó el 21 de enero del año 1980 el precio histórico de 850 dólares la onza troy. Con los nuevos precios del metal áureo, los países sólo recuperaron el 4.1 por ciento de su crédito con una quita del 95.9 por ciento.

El valor actual del *default* gringo –mil 714 millones de onzas de oro por 841.10 dólares la onza al jueves 8 de noviembre del 2007 en el *Mercado de Londres*- es más de un trillón 441 mil 645 millones de dólares y constituye, incuestionablemente, el mayor fraude de la historia orquestado por un gobierno contra la economía de las naciones.

LA CAÍDA DEL DÓLAR

"Una reforma fundamental del sistema monetario internacional ha sido aplazada por largo tiempo, y hoy es más necesaria y urgente que nunca por la inminente caída del alguna vez todopoderoso dólar estadounidense..."

Robert Triffin; Testimonio ante el Congreso
Estadounidense, año 1960.

Estados Unidos logró imponernos el dólar como la moneda de uso mundial –hace sesenta años- esgrimiendo su creciente poderío militar y el garrote nuclear para influir *convenientemente* en los gobernantes que se reunieron en *Bretton Woods*.

Los *Acuerdos de Bretton Woods* sostuvieron el absoluto dominio del dólar por un brevísimo período, hasta que el fraude implícito en el tratado fue descubierto.

Estados Unidos poseía –en el año 1949- veintiséis mil millones de dólares en oro y debía solamente diez mil millones; el respaldo en oro era más del doble de su deuda, y adicionalmente las *reservas internacionales* de oro que resguardaba sumaban otros cuarenta mil millones.

Pero en el año 1958 el balance yanqui de pagos fue negativo porque Estados Unidos imprimió billones de *dólares billete* sin respaldarlos con oro, y en 1959 comenzó otra *depresión económica.*

Otra circunstancia que también favoreció el hundimiento del dólar fue que Europa y Japón -con reservas monetarias, crecimiento, comercio e ingresos *per cápita* superiores a Estados Unidos- se convirtieron en vigorosas economías que disputaron el poder acumulado por los yanquis en la anterior década.

Robert Triffin –economista belga que ayudó al desarrollo del *Sistema Monetario Europeo* y teorizó acerca de lo que sería el *Banco Central Europeo-* alertó en el año 1960 al *Congreso* estadounidense sobre una colosal pifia en el *Sistema Bretton Woods.*

Triffin observó que la *saturación del dólar* -la acumulación de dólares en el exterior por el indisciplinado *emisionismo* yanqui- ocasionó que los dólares circulando fueran más que el oro depositado en las bóvedas del *Tesoro*, lo que obligó a Estados Unidos a incurrir en *déficit* imprimiendo más billetes para mantener la *liquidez* de su riqueza artificialmente acrecentada. Pero mantener el *déficit* por largo tiempo deterioraría la confianza en el dólar, y como consecuencia final –según Triffin- el *Sistema Bretton Woods* se derrumbaría al no poder mantener la liquidez y la confianza simultáneamente.

Desde el año 1960, Estados Unidos ha tratado inútilmente de detener -con todos los medios a su alcance- la caída del dólar y que el país se desplome como potencia mundial.

Una onza de oro se cambiaba –a principios de 1960- por cuarenta dólares en el *Mercado de Londres,* y al mismo tiempo esa onza se vendía por treinta y cinco dólares en Estados Unidos. La diferencia de precios indicaba que los inversionistas sabían que el dólar estaba sobrevaluado y que el derrumbe de la divisa estadounidense era inminente.

El Presidente Kennedy relegó la única solución efectiva a la crisis económica -reducir los dólares en circulación para cortar el *déficit* y aumentar las tasas de interés para atraer los dólares de vuelta a Estados Unidos- e implantó en 1960 un plan de diez años para mantener la paridad del dólar en 35 dólares por cada onza de oro.

Washington también apuntaló el dólar pactando con la *OPEP* -en la década de 1970- para que todas las transacciones petroleras se hicieran exclusivamente en dólares mientras le garantizaba al despótico régimen de Arabia Saudita -y sus vecinos- la protección contra posibles invasiones o revoluciones internas.

La teoría de Robert Triffin –rechazada tercamente por los políticos yanquis- se materializó en el año 1971 y forzó a Estados Unidos a suspender la *convertibilidad* del dólar a oro, a perpetrar el mayor *default* de la historia, y a sepultar sólo parcialmente el perjudicial *Sistema Bretton Woods*.

La ruina del dólar comenzó en el año 1971, y en las primeras décadas del siglo XXI la moneda verde afrontará su declive final, provocando un cataclismo socioeconómico mayor que el acaecido durante el *Pánico de 1837* y la *Gran Depresión* de 1929.

Los economistas afirman que el dólar ha perdido -desde el año 1971- el ochenta por ciento de su poder de compra, y que su valor real actualmente es de menos de veinte centavos.

En el año 2007 el dólar está tan sobrevaluado y se encuentra una vez más al borde de otro desplome brutal que -según los expertos- será del veinticinco al sesenta por ciento.

El valor del *euro* -en junio del año 2002- era de 84 centavos de dólar; en septiembre del 2002 se incrementó a 1.21 dólares; el 17 de noviembre del 2004 alcanzó un máximo histórico de 1.3046 dólares; ha oscilado -desde agosto del 2005 hasta el año 2006- entre 1.24 y 1.28 dólares; batió el martes 20 de noviembre del 2007 el récord anterior -después de que la *U.S. Federal Reserve* anunciara que el crecimiento de Estados Unidos se desacelerará en el 2008 por la crisis inmobiliaria, los altos precios del crudo y el ajuste en las condiciones crediticias- y se cotizó a 1.4822 dólares, lo que significa que la moneda europea se ha apreciado setenta y seis por ciento con respecto al dólar.

Las circunstancias que actualmente están liquidando al dólar tienen fuertes connotaciones geopolíticas.

El Sultán Al Suweidi –*Gobernador del Banco Central de los Ermiratos Árabes Unidos*- anunció el 22 de marzo del año 2006 que convertirán en euros el diez por ciento de sus reservas en dólares.

Suecia recortó sus reservas en dólares a veinte por ciento, y aumentó sus reservas de euros en cincuenta por ciento. Siria también invirtió sus reservas de dólares en euros.

La República Bolivariana de Venezuela traspasó –el 4 de octubre del 2005- veinte mil millones de dólares de sus reservas internacionales -depositadas en Estados Unidos- al *Banco Internacional de Pagos de Basilea*, en Suiza.

Domingo Maza Zavala –*Director del Banco Central de Venezuela* en aquella época- afirmó que la transferencia equivalía al sesenta por ciento de los depósitos venezolanos en el *Tesoro* estadounidense, y se realizó *"porque el dólar estadounidense ha venido depreciándose frente al euro, y se ha considerado conveniente hacer unas colocaciones en euros y menos en dólares..."*

Adicionalmente, la República Bolivariana de Venezuela cambió sus dólares depositados en el *Banco Central del Vaticano* a euros y a yuanes.

El *Asian Developmet Bank* le envió a sus socios -el 28 de marzo del 2006- un documento advirtiéndoles sobre el inminente colapso del dólar, y también está preparando el lanzamiento del *ACU* –una divisa patrocinada por el comercio asiático de ocho trillones de dólares que equivalen al veintitrés por ciento del PIB mundial- para sustituir al fraudulento *billete verde.*

Alexei Koudrini -el *Ministro de Finanzas de Rusia*- expresó en una reunión del *FMI* -en Washington- que Rusia ya no considera al dólar como moneda de reserva confiable, por su inestabilidad. Los datos oficiales indican que Rusia posee una reserva aproximada de 212 mil millones de dólares, de los cuales setenta por ciento son en esa moneda, veinticinco por ciento en euros, y el resto en otras divisas.

Fan Gan –*Director del Instituto Nacional de Investigación Económica de China*- anunció en el Foro Mundial de Davos que *"el dólar ya no es más, según nosotros, una moneda estable... El dólar se devalúa a cada momento y esto ocasiona muchos problemas... La solución es abandonar al dólar como moneda de referencia y adoptar un sistema más manejable, mas diversificado, más estable, quiero decir con monedas como el euro o el yen..."*

La formalización de los contratos petroleros pagados en euros es otro factor que apresurará la caída del dólar.

Si los principales países exportadores de petróleo y de gas celebran sus contratos en euros –total o parcialmente- entonces los países consumidores necesitarán deshacerse de los dólares en sus reservas para comprar euros; si disminuye la demanda mundial del dólar –el principal artículo de exportación yanqui- entonces el valor del billete verde se desplomará, y el imperialismo estadounidense colapsará al perder el control monetario y comercial que ejerció globalmente.

Lo más lógico –por ejemplo- sería que los negocios energéticos eurorrusos fueran en euros o en rublos -Europa le compra a Rusia el veintiuno por ciento del petróleo y el cuarenta y uno por ciento del gas que consume- pero no en dólares como actualmente se realizan.

La corporación japonesa *Nipon Oil* comenzó –en septiembre del año 2007- a pagar en yenes el crudo que le compra a Teherán -en lugar de dólares- y la decisión ha hecho que los demás consorcios asiáticos abandonen el billete verde como la divisa en la que realizan sus transacciones con la República Islámica de Irán. La petrolera nipona *Casmu* y la *Japon Energy* también sufragan -desde octubre del 2007- sus contratos de suministro energético con Irán en yenes.

La República de Irán abrirá en la isla iraní de *Kish* –en el *Golfo Pérsico*- una Bolsa petrolera en euros que ocupará el quinto lugar en importancia –después de Nueva York, Londres, Singapur y Tokio-. La decisión está encaminada a disminuir la influencia yanqui en la economía iraní

Sven Aridl Andersen –*Director de la Bolsa Noruega*- también está evaluando la apertura de una Bolsa petrolera en euros que -tomando en cuenta la disminución de la producción petrolera británica- compita ventajosamente con el exagerado peso económico de la Bolsa londinense.

Estados Unidos tiembla ante la posibilidad de que todos los miembros de la OPEP adopten el euro como la moneda principal para comercializar el petróleo y el gas.

Mahmud Ahmadineyad -Presidente de la Republica Islámica de Irán- propuso en la Tercera Cumbre de la OPEP que los miembros del cartel colaboren en la creación de una nueva bolsa petrolera, y que para evitar los perjuicios procedentes de la desvalorización del dólar sustituyan sus reservas monetarias por otras divisas importantes, ya que la caída del billete verde ha afectado negativamente los ingresos de los países exportadores de petróleo.

El Presidente Rafael Correa expresó en una conferencia de prensa –después del ingreso de Ecuador a la OPEP- que *"si nos preguntan a nosotros, diremos que tenemos que vender nuestro petróleo no en dólares sino en una moneda verdaderamente fuerte, porque de otra forma estamos transfiriendo nuestra riqueza... Que el petróleo se cotice en una moneda fuerte, que no sea el dólar, le conviene a todos los países productores de petróleo, pero a los yanquis les conviene que se siga comercializando en devaluados dólares..."*

El Presidente Hugo Chávez planteó en la Tercera Cumbre de la OPEP que, para proteger a la economía mundial de la estafa del dólar yanqui, las transacciones petroleras internacionales dejen de facturarse en esa moneda –una revolucionaria proposición que fue bloqueada por la servil monarquía saudita, pero que en caso de ser aceptada provocaría la ruina de Estados Unidos en unas cuantas horas- porque *"el alza del precio del petróleo constituye principalmente una forma de compensar la devaluación del dólar... Yo creo que el dólar va a seguir cayendo... La caída del dólar no es la caída del dólar, es la caída del imperialismo yanqui, y hay que prepararse para eso..."*

La pronunciada devaluación del dólar ante el euro -en los dos últimos años- ha hecho que, pese al aumento de los precios del crudo, no se hayan producido cambios palpables en los ingresos de los integrantes de la OPEP. La inflación mundial y el aumento de gastos de producción también han neutralizado la subida de los precios del petróleo. La OPEP abastece más de un tercio de la demanda petrolera mundial, y si estableciera una Bolsa independiente entonces influiría de forma concluyente en la economía internacional. De hecho, la propuesta de Irán para sustituir el dólar por una cesta de divisas fuertes en los intercambios petroleros sería una medida adecuada para escudar a los miembros de la OPEP ante los altibajos de dólar.

La calumniosa Administración Bush esconde que la decisión de Sadam Hussein de reclamar que los ingresos iraquíes -obtenidos con el programa *Petróleo Por Alimentos*- se cubrieran en euros y no en dólares fue uno de los principales motivos para invadir a Iraq.

El *Comité de Sanciones* de la *ONU* autorizó -el 30 de octubre del año 2000- la petición iraquí de realizar sus operaciones petroleras y comerciales en euros. Washington intentó bloquear la decisión, pero fracasó. La nueva regulación comenzó a aplicarse el 6 de noviembre del año 2000, y Sadam Hussein convirtió en euros diez mil millones de dólares que estaban bloqueados en una cuenta de la agencia financiera *BNP-Parisbas* de Nueva York.

La conversión iraquí de sus diez mil millones de devaluados dólares en euros –si se compara con otros movimientos bursátiles- fue una operación pequeña pero con profunda repercusión política; primero, porque nunca algún miembro de la *OPEP* se había atrevido a desobedecer la orden del amo yanqui respecto a comercializar el petróleo exclusivamente en dólares; y segunda, porque el ejemplo iraquí sería imitado por otras naciones en el futuro.

Jordania –el principal socio comercial de Iraq- adoptó casi inmediatamente el euro para sus negocios con esa nación árabe.

La República de Irán comenzó a estipular sus negocios en euros en el año 2002.

Corea del Norte también adoptó -el 1 de diciembre del año 2002- el euro como su única moneda de referencia para intercambios comerciales.

George W. Bush coincidentemente etiquetó a Iraq, Irán y Corea del Norte como integrantes del *Eje del Mal* en su discurso *State of the Union* del año 2002.

La publicitada *Guerra contra el Terrorismo* es sólo un subterfugio yanqui para advertirle al mundo que Estados Unidos tratará de demorar a punta de bombardeos la inexorable muerte del dólar.

Peter Peterson –*Secretario de Comercio* con Richard Nixon- publicó en la revista conservadora *Foreign Affairs* –en septiembre del 2004- un artículo sobre la inminente caída del dólar y el colapso del imperialismo yanqui.

Harold James –autor de *The End of Globalization: Lessons from the Great Depression*- compara la debacle del Imperio Británico –por el derrumbe de la libra esterlina en 1931- con la ruina de Estados Unidos a partir de la actual crisis del dólar.

Robert Samuelson aseveró en *Newsweek* -en el año 2005- que el dólar peligra como moneda de reserva por el actual déficit fiscal yanqui, lo que incapacitará a Estados Unidos para imponer su voluntad absoluta en el mundo.

Warren Buffet, Bill Gates y George Soros –los hombres más ricos de Estados Unidos- han declarado que ya perdieron completamente la confianza en el dólar, y que están comprando minas de oro y de metales preciosos para proteger su abultada riqueza.

La propuesta de Robert Triffin para redimir al mundo de la perniciosa influencia del dólar está más vigente que nunca.

Triffin proponía crear nuevas *unidades de reserva* para dar *liquidez* a la comunidad internacional, destronar al dólar como moneda de reserva para que Estados Unidos reduzca su déficit, y asignarle al dólar su real valor para que la economía mundial –con excepción de la estadounidense- crezca a un ritmo seguro y constante.

Washington no aceptó en el año 1961 las medidas económicas de Triffin –ni las aceptará en el siglo XXI- por lo que es previsible afirmar que muy pronto la confianza en el valor del dólar –sujeta por pequeños alfileres- se desmoronará y ocasionará la ruina estadounidense.

El verdadero peligro para el dólar está localizado en las entrañas del sistema monetario mundial -que se sustenta en el *patrón dólar billete*- y en una estructura piramidal de deudas y compromisos que corresponden en su casi totalidad a Estados Unidos.

Aunque los obsesionados economistas proyanquis nos reciten la letanía aquella de que Estados Unidos jamás permitirá el hundimiento de su maltratada divisa, es evidente que el dólar caerá definitivamente y que nada lo salvará, ni siquiera los símbolos esotéricos que los neófitos diseñadores del *billete verde* dibujaron con el ingenuo propósito de hacerlo eterno.

EL PAÍS MÁS ENDEUDADO

"La única parte de la denominada riqueza nacional
que realmente entra en la propiedad colectiva de los pueblos
modernos es su deuda nacional..."
Karl Marx.

La economía mundial en el siglo XXI está íntimamente ligada a un sistema monetario cimentado en las estafas yanquis realizadas durante los pasados treinta años.

El truco de inundar al mundo con *dólares billetes* sin valor económico real ha convertido a Estados Unidos en la nación más endeudada, con un déficit impagable e insostenible que arrasará –así lo esperamos- las ambiciones imperialistas yanquis.

El *Régimen Bush* ya le debe al extranjero más de lo que cualquier otra nación ha adeudado a lo largo de la historia: 5.04 trillones de dólares -hasta el 17 de octubre del año 2007- que representan el cuarenta y cuatro por ciento de la deuda federal estadounidense.

El atolondrado Bush le ha pedido préstamos al mundo en cantidades superiores a las que Estados Unidos obtuvo desde el año 1776 al 2000, y votó en la primavera del 2006 –por cuarta vez en los últimos cinco años- para aumentar el límite del endeudamiento federal estadounidense a nueve trillones de dólares.

El déficit estadounidense era -en el año 1975- de 452 billones de dólares, y representaba el treinta y cinco por ciento del PIB –1.5 trillones de dólares-.

La deuda yanqui era -en el año 1980- de 909 billones de dólares y significaba el 33 por ciento del PIB –2.7 trillones de dólares-.

Los gringos adeudaban –en el año 1985- 1.8 trillones de dólares, equivalentes al cuarenta y cuatro por ciento de su PIB que totalizaba 4.1 trillones de dólares.

La economía de Estados Unidos registró –en el año 1990- un déficit de 3.2 trillones que absorbió el cincuenta y seis por ciento del PIB -5.7 trillones de dólares-.

La deuda estadounidense -en 1995- ascendió a 4.9 trillones de dólares, que correspondieron al 67 por ciento del PIB de 7.3 trillones.

Los yanquis aumentaron su deuda –en el año 2000- a 5.6 trillones de dólares, es decir, el cincuenta y ocho por ciento del PIB acumulado de 9.6 trillones.

En el año 2005 –durante el segundo mandato del insulso Bush- el déficit yanqui creció a 7.9 trillones de dólares, lo que constituyó el 64 por ciento del PIB recaudado de 12.2 trillones.

La propaganda difunde que la *Administración Bush* es fiscalmente exitosa, pero esconde que la deuda federal era de 5.727 trillones de dólares cuando el usurpador texano ocupó por primera vez la presidencia estadounidense, o sea, durante el gobierno de Bush la deuda federal aumentó en sesenta por ciento, y permanece al alza.

El 6 de septiembre del 2007 la deuda federal yanqui –según datos del *Bureau of the Public Debt del U.S. Treasury Department*- alcanzó los $9,005,648,561,262.70.

Una inmensa deuda económica -como la estadounidense- siempre finalizará con el hundimiento de la moneda del país insolvente.

La moneda yanqui comenzó a devaluarse cuando Richard Nixon defraudó al mundo negándose a pagar el oro que Estados Unidos adeudaba –en el año 1971- y reemplazó el *patrón oro* por el *patrón dólar billete*. Ese fue un gran arreglo para los estadounidenses pero significó la explotación para la humanidad.

El *patrón dólar billete* ya es insostenible y nosotros presenciaremos el inminente cataclismo del sistema monetario actual.

En la época del *patrón oro* el déficit monetario estadounidense tenía que ser respaldado con *oro físico,* pero en la actualidad se sostiene mediante una amplia gama de instrumentos –bonos e hipotecas son los más populares-.

El déficit yanqui se sustenta únicamente en la medida que aumente el rendimiento de los instrumentos financieros, y ahí radica el problema porque los inversores extranjeros –bancos centrales y entidades privadas- que compraron papeles de deuda yanqui agresivamente durante los últimos años, en algún momento querrán obtener la liquidez amparada en esos documentos.

El sistema monetario fundado en el *patrón dólar billete* no restringe la impresión de papel moneda y sólo promueve el déficit, la especulación y las inversiones fraudulentas.

Estados Unidos imprime a su antojo -y sin supervisión- billones de dólares que son usados para comprar y monetizar la *deuda federal estadounidense*; eso permite introducir el dólar en el sistema bancario yanqui y expandirlo para comprar a precios de ganga -con el exceso de billetes circulando- bienes y servicios en el extranjero; los millones de dólares acumulados en el exterior retornarán después en préstamos concedidos por la República Popular de China, Corea del Sur y Japón –principalmente- para comprar la deuda gringa y financiar el colosal déficit del Tío Sam.

Los gringos –en palabras simples- establecen la reserva monetaria del planeta –sin gastar nada más que la tinta y el papel de impresión- y derrochan los *dólares billete* en ultramar para recibir a cambio materias primas, bienes, tecnología o propiedades.

¡Así se apoderaron los yanquis del mundo!

Pero a los yanquis está a punto de terminárseles el *free lunch* porque la engañifa de imprimir billetes, comprar productos en el extranjero y pedirles a los países el dinero de regreso vendiéndoles *Bonos del Tesoro,* reventará cuando los propietarios de los bonos de deuda –preocupados por el valor real de la divisa estadounidense- soliciten el canje de sus documentos.

Estados Unidos registró -en el mes de agosto del 2007- la mayor salida de capitales desde el año 1990. De acuerdo con datos del *U.S. Department of Treasury,* los inversores extranjeros fueron vendedores netos de 69 mil 300 millones de dólares en ese mes, y si se le añaden las *Letras del Tesoro,* entonces los extranjeros vendieron ciento sesenta y tres mil millones de dólares, también una cifra récord.

Las estadísticas del *U.S. Department of Treasury,* además, demuestran en forma rotunda que son las economías asiáticas, y las monarquías del Golfo Pérsico, las que realmente sostienen el *american way of life* y el monstruoso déficit yanqui.

Estados Unidos necesita diariamente tres mil quinientos millones de dólares –en promedio- para financiar su abultado déficit, y para atraer esa suma la *Reserva Federal* comenzó –en junio del 2004- a subir gradualmente las tasas de interés hasta el cinco por ciento.

El constante aumento de las tasas de interés estadounidense -una señal del resquebrajamiento del sistema monetario asentado en el *patrón dólar billete*- es explicado por Washington como un *rebote económico* asociado a la demanda de préstamos, pero la causa real es la disminución de la compra de deuda gringa y la conversión de millones de bonos por parte de algunos propietarios que ya desconfían de la moneda yanqui.

Washington engaña a la opinión pública cuando asegura que la economía estadounidense mejora con el *rebote económico* -el aumento de tasas de interés, de los precios y de la inflación- porque eso sólo refleja un dólar enclenque y una economía frágil.

Los problemas actuales de la economía yanqui están íntimamente relacionados con el exceso monetario fomentado en las últimas tres décadas, y con los esfuerzos de la *Federal Reserve* para controlar -y corregir- las imprevisibles fuerzas del mercado que ahora aplastan a Estados Unidos.

El valor del dólar depende –desde el año 1971– de la confianza que se le otorga a esa moneda, y ya no está respaldado por la economía del país emisor sino por la de la zona que lo utiliza.

Los banqueros podían verificar y ajustar el valor del dólar mediante un índice anual –el *M3*– que establece el número de *billetes verdes* en circulación.

El índice *M3* era -en el año 1971- de 776 billones de dólares, y en el año 2006 superó –oficialmente- los 9.5 trillones de dólares, lo que significó un incremento de casi mil doscientos por ciento.

La suspensión -el 23 de marzo del año 2006- de la publicación del índice *M3* y de todos los subíndices que permiten determinar el valor real del dólar significa que Estados Unidos –a pesar de sus declaraciones sobre el control de la inflación- seguirá imprimiendo furtivamente billones de dólares cuya cantidad exacta es *Top Secret* en Washington.

Estados Unidos pagó cuatrocientos cinco mil millones de dólares en intereses por su deuda federal en el 2006, pero cada año el desembolso aumenta.

La deuda privada estadounidense del sector empresarial es de 7.6 trillones de dólares, la del sector financiero alcanza 11.7 trillones de dólares, la de los hogares –tarjetas de crédito e hipotecas- totaliza 12.6 trillones de dólares, y la deuda de los gobiernos locales y estatales es –combinadamente- de 1.6 trillones de dólares.

Estados Unidos debe en total –sumando su deuda pública y privada, y los pagos de *Medicaid* y *Social Security* a los futuros beneficiarios- 59 trillones de dólares –aproximadamente- que representan casi todo el PIB mundial.

Estados Unidos no aprendió de su derrota en Vietnam, porque ahora que ya se empantanó en Iraq ha descubierto que es incapaz de financiar el conflicto a largo plazo, y esconde el monto económico de la invasión al país árabe.

Joseph Stiglitz -Premio Nobel de Economía- calculó que el costo de la invasión a Iraq ha cuadruplicado las cifras oficiales y es realmente de dos trillones de dólares; que la parte oculta del presupuesto militar estadounidense es de entre quinientos mil millones y 1.5 trillones de dólares, y que estas cifras deberían sumarse al déficit público estadounidense.

El precio del oro es muy importante porque refleja en gran proporción la confianza última en el dólar estadounidense. Los *Bancos Centrales* venden 500 toneladas de oro anualmente -para evitar que el precio del metal se desborde- pero a pesar de esa disposición el metal dorado ha aumentado ciento cincuenta por ciento en los últimos cinco años y alcanzó -en diciembre del año 2005- su máximo histórico de los últimos veinticuatro años.

El pueblo estadounidense pagará muy caro por mantener una forma de vida que por sí mismo nunca ha podido costear, porque una consecuencia predecible de la inflación ocasionada por la saturación del *dólar billete* será el empobrecimiento de la sociedad yanqui.

Los economistas y los políticos gringos, en lugar de resolver los problemas estructurales de la economía nacional, se preocupan por falsear los datos o inventar villanos que paguen los platos rotos por el despilfarro yanqui.

Kenneth L. Fisher -influyente empresario que publica *Portfolio Strategy* en la revista *Forbes*- es un genuino modelo de lo anterior cuando afirma disolutamente en *Learning To Love Debt* que *"la idea de que el endeudamiento estadounidense es bueno puede ser contraria a la razón, pero Estados Unidos debería aumentar su deuda y no reducirla... De hecho, necesitamos de más deuda y de más estúpidos prestamistas... Debemos 55 trillones de dólares en diversos tipos de préstamos, y yo les aseguro que necesitamos triplicar esa deuda para conseguir las máximas ganancias y así incrementar la riqueza de nuestra sociedad... Imagínense lo que podríamos hacer con esa cantidad de dinero fluyendo a nuestro país... Aquellos que aceptan que nuestro endeudamiento es bueno, tal vez están preocupados porque un gran porcentaje de nuestra deuda está en manos de extranjeros –los chinos por ejemplo- y creen que eso pudiera limitar nuestra política exterior y disminuir nuestra influencia en las naciones, pero tomando en cuenta que estamos subendeudados, deberle a los chinos, a los rusos o a los franceses no puede considerarse malo... Además, ¿Por qué los chinos o cualquier otro extranjero dejaría de comprar nuestros bonos de deuda? Los extranjeros invierten voluntariamente aquí porque consideran que obtendrán una mejor ganancia y seguridad que en cualquier otro país... Esa actitud es una pura y simple decisión de inversionista..."*

La astronómica deuda estadounidense podría controlarse si los testarudos gobernantes yanquis redujeran el presupuesto militar para invertirlo en sectores más productivos, si recortaran los créditos, refugios fiscales y subsidios para las grandes sociedades, y si restauraran el impuesto progresivo sobre los ingresos.

Alan Greenspan advirtió –en diciembre del 2005- *"que los déficits que engendran una deuda externa estadounidense cada día mayor no pueden durar indefinidamente... Dirigentes políticos y presidentes de bancos centrales se maravillan ante la despreocupación con que Estados Unidos financia su déficit corriente... Pero llegará un momento en que los inversionistas extranjeros vacilarán antes de financiar estos déficits y aunque las tasas de retorno sobre la inversión en Estados Unidos permanezcan altamente competitivas, comenzarán a eliminar los activos estadounidenses de sus carteras..."*

La necedad yanqui sólo acelerará el colapso del dólar y la monetarización de su descomunal deuda -pública y privada- que jamás será saldada porque el primero que venda sus bonos podrá salvarse, pero la masa de capital que llegue posteriormente sufrirá formidables pérdidas.

LOS TENTÁCULOS DE BRETTON WOODS

"Fuimos entrenados para construir el imperio norteamericano, para crear escenarios en donde tantos recursos como sea posible fluyan a este país, a nuestras corporaciones, a nuestro gobierno... Este imperio, al contrario de cualquier otro en la historia del mundo, se ha construido principalmente a través de la manipulación económica, a través de las estafas, a través del fraude, a través de seducir a los pueblos con nuestro estilo de vida, a través de los Economic Hit Man... Yo fui parte de eso..."

John Perkins; Confession's an Economic Hit Man.

Estados Unidos pospone el uso de la fuerza militar contra algún país del *Tercer Mundo* si éste acepta sujetarse a los dictados de dos organizaciones financieras -el *Fondo Monetario Internacional* (FMI) y el *Banco Mundial* (BM)- cuya misión es imponer el modelo neoliberal en el orbe para consolidar el imperialismo yanqui.

Cuando Nixon cerró la ventanilla del oro –en 1971- sólo repudió la cláusula en los *Acuerdos de Bretton Woods* que no le convenía a Estados Unidos y siguió imponiendo -con la complicidad de gobernantes corruptos o pusilánimes- sus planes de defraudación mundial.

A eso se debe que el FMI y el BM -dos caprichos estadounidenses procreados el 27 de diciembre de 1945, durante los infames *Acuerdos de Bretton Woods*- asfixien con sus mortales tentáculos a la mayoría de las naciones en pleno siglo XXI.

Los presidentes tercermundistas que firmaron el *Acuerdo de Bretton Woods* deliberadamente traicionaron a sus pueblos o de plano eran unos ignorantes.

La URSS no ratificó los *Acuerdos de Bretton Woods* y denunció ante la Asamblea de las Naciones Unidas –en 1947- que el FMI y el BM eran *"filiales de Wall Street subordinadas a los objetivos imperialistas estadounidenses..."*

Los yanquis decretaron que el FMI y el BM trabajaran con un fondo económico –nueve billones de dólares- suministrado por los países firmantes del *Acuerdo de Bretton Woods*, en el entendido de que la contribución no otorgaba a las naciones el derecho a obtener préstamos por parte de las nuevas instituciones.

Para que los signatarios de los *Acuerdos Bretton Woods* tuvieran el *distinguido* honor de afiliarse plenamente al FMI y al BM –y obtener préstamos- tenían que pagar una inscripción igual a la cuota sufragada para el fondo económico.

La aportación al fondo económico y la inscripción deberían pagarse en oro, o en alguna moneda convertible a oro –y la única moneda según *Bretton Woods* era el dólar-.

El excesivo monto de las contribuciones fue determinado arbitrariamente por Estados Unidos, pero nadie miró ni testificó el aporte yanqui.

Los gringos se reservaron el control accionario y el poder de vetar cualquier posibilidad de cambio en las reglas o el funcionamiento del FMI y del BM. Para cambiar la forma de operar de esas instituciones se necesita una mayoría absoluta -85 por ciento- y Estados Unidos posee el 16.4 por ciento de los votos.

Al poco tiempo, Estados unidos promovió –y se aceptó- que el FMI y el BM otorgaran préstamos con dinero procedente de inversionistas privados.

El *Banco Mundial* –constituido por cinco organizaciones creadas con la supuesta tarea de proveer asistencia económica a los países subdesarrollados y ayudarlos a salir de la pobreza- tiene sus oficinas centrales en Washington y representaciones en 124 países miembros. El presidente del *Banco Mundial* siempre ha sido un estadounidense: Paul Wolfowitz –uno de los mentirosos que falsificaron los datos para invadir a Iraq- reemplazó a James Wolfensohn en junio del 2005.

La oficina central del FMI también está localizada en Washington, y los directores han sido mayoritariamente gringos. El Presidente Truman nombró a Harry Dexter White –su *Secretario del Tesoro*- como el primer *Director Ejecutivo* del FMI.

El FMI y el BM se convirtieron inmediatamente en los verdugos del *Tercer Mundo* empleando avorazadas *estrategias económicas* que las naciones debían obedecer -presuntamente para salir de la miseria- y encadenaron las monedas a un sistema que permitió transferir toda la riqueza generada a Estados Unidos y cargar todas las pérdidas a nuestros pueblos. Desde entonces, la aprobación de esas nocivas instituciones es determinante, y obligatoria, si algún país desea variar su tipo de cambio o su política económica.

Es evidente que el afán esencial del FMI y el BM es saquear a los pueblos del mundo para enriquecer a Estados Unidos, y por eso los directivos de esos dos engendros fingen amnesia, y nunca proponen que al país más endeudado del planeta se le apliquen las despiadadas *políticas económicas de choque* o las técnicas de *ajuste estructural* reservadas al *Tercer Mundo*.

Desde su nacimiento, el FMI y el BM financiaron irrestrictamente a todos los dictadores y gobernantes corruptos que aceptaron el tutelaje de Estados Unidos.

Desvergonzados gobernantes prosternados ante el imperialismo yanqui endeudaron al *Tercer Mundo* con la patraña de que los préstamos servirían para fomentar el desarrollo de sus pueblos, pero la realidad es que treinta años después los indicadores sociales aparecen cada vez más depauperados, con cientos de millones de personas hambrientas, desempleadas y analfabetas.

En 1970 -según datos del *BM* y del *FMI*- la deuda total de América Latina ascendía a 29 mil millones de dólares y se incrementó a 159 mil millones de dólares en el año 1979; el interés adeudado era de 15 mil 800 millones de dólares y aumentó -en 1980- a 41 mil millones; la mayoría de los nuevos créditos obtenidos en el período 1979-1982 se utilizaron exclusivamente para sufragar el servicio de la deuda.

Los ciento cincuenta y nueve mil millones de dólares adeudados por los países de América Latina aumentaron –al cierre del año 2004– a setecientos ochenta mil millones de dólares.

Los niveles de riqueza en América Latina se redujeron desde el año 1980 –la fecha que marcó el inicio de la *estabilización* de los planes de *liberalización económica* y *apertura financiera*- cuando el PIB de la región era de 7.2 por ciento mientras que actualmente se ubica en 5.4 puntos porcentuales.

A principios del siglo XXI la deuda externa latinoamericana ascendió a 725 mil 805 millones de dólares –un aumento de 68 por ciento- y que la relación entre los intereses totales devengados por la deuda y lo recuperado por la exportación de bienes y servicios fue del 15.2 por ciento.

Datos comparativos aportados por la *Comisión Económica para América Latina* –CEPAL- revelan que entre los años 1970-2002 los desembolsos crecieron mil ochocientos por ciento, y que la deuda a largo plazo creció mil seiscientos por ciento.

Eric Toussaint -presidente del *Comité para la Anulación de la Deuda del Tercer Mundo*- anunció que los países tercermundistas han pagado a sus acreedores –desde la crisis galopante de los años ochenta del siglo pasado- cincuenta veces la suma que Estados

Unidos encauzó para reconstruir a Europa con el *Plan Marshall*, al finalizar la *Segunda Guerra Mundial*.

El *Comité para la Anulación de la Deuda del Tercer Mundo*, localizado en Bélgica, nos recuerda que por cada dólar prestado por el FMI -en el año 1980- los países tercermundistas han pagado ocho y aún deben cuatro más.

El BM y el FMI sabotearon los gobiernos -democráticamente electos- de Jacobo Arbenz en Guatemala, de los sandinistas en Nicaragua, y de Salvador Allende en Chile.

Acordémonos que la Cuba revolucionaria también previno al *Tercer Mundo* sobre los malévolos planes yanquis para endeudar a nuestros países y promovió numerosas conferencias -con destacados economistas- para advertir que la deuda externa -además de onerosa y abusiva- resultaba impagable.

La estafa yanqui es muy sencilla.

El FMI y el BM facilitan grandes empréstitos a los países del Tercer Mundo y como contrapartida imponen la *liberalización* del país deudor –abrir la economía al control y la adjudicación extranjera con gigantescos recortes al gasto social- y la malversación del préstamo contratando a influyentes compañías gringas con servicios sobrevaluados –*Halliburton* o *Bechtel*- para que construyan caminos, puertos, sistemas potables y eléctricos que servirán sólo para las familias acaudaladas porque el resto del dinero será robado –con la aquiescencia yanqui- por los gobernantes locales que al final de su mandato se refugiarán en Estados Unidos para disfrutar impunemente de la riqueza ilícita.

Así es como los pobres pueblos de la Tierra han sido esclavizados a una inconcebible deuda que nunca contrajeron y que nunca podrán pagar.

Los préstamos del FMI y el BM están diseñados para robustecer al capitalismo yanqui formando una élite de amos gringos fenomenalmente ricos y poderosos, y oligarquías nacionales que administran los planes imperialistas apoyados en una burocracia de lacayos bien remunerados.

América Latina es la región del planeta donde impera la mayor iniquidad en lo que se refiere a la distribución de la riqueza porque el veinte por ciento más rico se apodera del ochenta por ciento del ingreso total, y el veinte por ciento más pobre apenas obtiene un tres por ciento.

Nancy Birdsall -economista estadounidense- ejecutó una *proyección econométrica* de la situación latinoamericana a fines de los años sesenta y la contrastó con las dictaduras de los setenta, y con la aplicación de las políticas neoliberales. El estudio de Birdsall comprobó que las dictaduras y el neoliberalismo duplicaron el nivel de pobreza que hubiera existido con las políticas económicas anteriores.

La CEPAL y la FAO afirman que 227 millones de latinoamericanos y caribeños -el 44.4 por ciento del total- vive bajo la línea de pobreza y un setenta por ciento de ellos –177 millones- son niños, adolescentes o jóvenes menores de veinte años. La mitad de las personas con sesenta años de edad no percibe ingreso alguno.

Latinoamérica tiene más de cien millones de indigentes, y el once por ciento de su población –cincuenta y cinco millones- padece algún grado de desnutrición; los niños menores de cinco años sufren desnutrición aguda -el nueve por ciento- y desnutrición crónica –el 19.4 por ciento-.

El Chile de Bachelet -con todo y su crecimiento de 5.8 por ciento anual en el 2005- ha profundizado la desigualdad social porque el desempleo afecta a 700 mil individuos, y cuatro millones y medio de personas –29 por ciento de la población- viven en extrema pobreza.

La pobreza alcanza niveles alarmantes en Colombia -afecta al 77.3 por ciento de los habitantes-; catorce por ciento de la población económicamente activa está desempleada; el gasto social se encuentra en el nivel más bajo de la última década, y en el año 2006 se recortó aún más porque la prioridad de Álvaro Uribe es el pago de la deuda pública –45.3 por ciento del PIB-, el financiamiento de la guerra, y el subsidio a los exportadores.

México es la nación del *Tercer Mundo* con la mayor deuda externa.

La distribución de la riqueza en México es una de las más desiguales de Iberoamérica porque el diez por ciento de la población más adinerada detenta el cincuenta y uno por ciento del ingreso, y la décima parte más pobre obtiene sólo 1.3 por ciento.

Vicente Fox –el *cachorro del imperio* famoso por sus tonterías cotidianas como cuando afirmó que millones de mexicanos emigran a Estados Unidos no por necesidad sino por *espíritu aventurero,* o por decir que las mujeres mexicanas son *lavadoras de dos patas-* fanfarroneaba que la economía mexicana es significativamente mayor que la española -como si lo que importara fuera sólo el tamaño y no el bienestar de la población- pero en España el diez por ciento más rico concentra sólo 25.2 por ciento del ingreso nacional, y la décima parte más pobre logra el 2.8 por ciento.

El *Banco de México* informó que –del año 2001 al 2004- los mexicanos indocumentados giraron 48 mil 718 millones de dólares a sus familiares en el país, mientras que en el mismo lapso se pagaron

48 mil 116.7 millones de dólares por concepto de intereses generados por la deuda externa. Esto significa que uno de cada veinte hogares aztecas -a falta de empleos- vive con el dinero enviado por alguno de los familiares que decidió emigrar al extranjero en busca de las oportunidades que en México no encontró.

Los pueblos del mundo deben renegociar el convenio sobre la deuda externa, sin olvidar que ese asfixiante compromiso es fraudulento en gran proporción y susceptible de ser repudiado sin ningún quebranto del derecho internacional.

Cuando Argentina declaró el default –en diciembre del año 2001- su deuda era de ciento cuarenta y un mil millones de dólares -57 por ciento del PIB- y se incrementó por la acumulación de intereses hasta los ciento ochenta y un mil millones –en el año 2004- para representar el ciento catorce por ciento del PIB argentino.

La deuda argentina era absolutamente impagable, pero el *Ministro de Economía de Argentina* –Roberto Lavagna- programó un canje de bonos de deuda argentina -con una quita de cincuenta y cinco por ciento a los acreedores- con fecha límite del 25 de febrero del 2005.

El Presidente Kirchner y Lavagna informaron a finales de febrero del año 2005 -con gran satisfacción- que el setenta y seis por ciento de los tenedores de títulos de deuda argentina se habían sumado al canje.

Argentina logró el canje más ventajoso de deudas en default, y obtuvo un éxito sin precedentes porque no sólo consiguió la mayor quita sino que se alargaron los plazos de pago, se redujeron las tasas de interés y se convirtió de dólares a pesos un tercio de la deuda.

Ecuador –como ejemplo- cayó en default en septiembre del año 1999 y obtuvo una quita de treinta y dos por ciento. Rusia declaró default en agosto del año 1998, obtuvo una quita de cincuenta y cinco por ciento, y una adhesión al canje de la deuda de noventa y ocho por ciento, pero sólo prolongo los plazos de pago por cinco años.

Tailandia sufragó todos sus compromisos con el FMI en el año 2003. Rusia canceló definitivamente su deuda con el FMI en el año 2004. El Presidente brasileño Lula Da Silva liquidó -el 14 de diciembre del año 2005- los quince mil millones de dólares que adeudaba al FMI. Néstor Kirchner pagó el 16 de diciembre del 2005 todas las obligaciones con el FMI -nueve mil quinientos millones de dólares- y solicitó el cierre de la oficina de ese organismo financiero en Buenos Aires.

Brasil, Argentina y Uruguay -que adelantó seiscientos treinta millones al FMI en marzo del año 2006- anunciaron que ya no solicitarán préstamos al FMI.

El imperialismo yanqui gimotea por la clientela cautiva que se le ha escapado -el FMI ha perdido desde el año 2002 el 88 por ciento de su cartera de préstamos, y el BM el 42 por ciento desde el año 1996- y teme que estos casos generen precedentes que puedan ser empleados por otros países endeudados para sanear sus cuentas, por eso moviliza su maquinaria propagandística para manipular los acontecimientos.

El *New York Times* criticó –el 3 de enero del año 2006- la cancelación de la deuda argentina con el FMI y dijo que *"esa acción es uno de los varios signos recientes que muestran al Presidente Néstor Kirchner concentrando más poder en sus manos y girando su gobierno hacia la izquierda..."*

Al *New York Times* se le olvidó que los argentinos prefieren la estrategia financiera de Néstor Kirchner –con un crecimiento anual de nueve por ciento- y no el caos político y económico del 2001 -con cinco presidentes en menos de dos semanas- y por eso avalaron en octubre del 2007 la continuidad política con la elección de María Cristina Fernández de Kirchner como Presidenta de la nación.

El Presidente Hugo Chávez Frías anunció el 13 de abril del año 2007 -durante el acto de conmemoración del quinto aniversario de la respuesta cívico militar que derrotó el Golpe de Estado de abril del 2002 en Venezuela- que *"ayer jueves pagamos la última cuota de la deuda con el Banco Mundial... Con este último pago al Banco Mundial, esa deuda que era en 1998 de casi 3 mil millones de dólares, les puedo decir hoy que no tenemos ni un centavo de deuda ni con el Fondo Monetario Internacional, ni con el Banco Mundial... Hemos convertido pues a Venezuela, de un país endeudado y amarrado que éramos, a un modesto pero importante país, y centro financiero de apoyo a otros países y a otros pueblos... Yo me siento muy contento de que Venezuela haya ayudado a Argentina a liberarse del Fondo Monetario Internacional... Argentina ya no le debe nada al FMI, entre otras cosas, gracias al apoyo de Venezuela..."*

El *Comité para la Anulación de la Deuda del Tercer Mundo* también nos asegura que el *Banco Mundial* puede ser demandado ante los tribunales internacionales, porque no goza de inmunidad ni como institución ni como persona moral.

Los estatutos del *Banco Mundial* –Sección 3 y Artículo VII- reconocen que la institución puede ser enjuiciada por una instancia nacional en el país donde tenga una representación y/o en un país en donde haya emitido títulos.

El *Banco Mundial* –con su estrategia de exterminar por hambre a los pueblos del mundo y destruir el medio ambiente en aras de la productividad- debe ser encausado por crímenes contra la humanidad –un delito que nunca prescribe- porque ningún individuo ni institución puede estar por encima de la ley cuando comete o está implicado en abusos contra el género humano.

UN PINGÜE NEGOCIO

"Las estimaciones indican que entre 500 mil millones y un billón de dólares de origen criminal se mueven y depositan anualmente en los bancos. Se estima que más de la mitad de ese dinero viene a dar a los bancos de Estados Unidos..."

Carl Levin, Senador por Michigan.

Si Estados Unidos simula combatir los factores que cimentan la industria del narcotráfico –la demanda, la producción, el tráfico y el lavado del dinero ilícito- sólo nos queda pensar que detrás de la publicitada *guerra contra las drogas* se encuentra la ambición imperialista yanqui por controlar la actividad ilegal más lucrativa del planeta.

Estados Unidos -el país con la mayor cantidad de drogadictos- produce el 70 por ciento de la marihuana y el 100 por ciento de las drogas sintéticas que consume su población, y no pretende destruir el mercado cautivo de toxicómanos sino mantenerlo intacto y en aumento para cuando el negocio pase completamente a sus manos.

El imperialismo yanqui anhela envilecer a la población mundial emulando la experiencia histórica del siglo XVIII, cuando China fue víctima del narcotráfico promovido, protegido y controlado por el imperialismo inglés y sus bisoños socios estadounidenses.

En aquella época, dos empresas fueron concesionadas por la *Corona Británica* para cultivar opio en Bengala y traficarlo hacia China: *La Compañía de las Indias Orientales* y la *Russell & Company.*

La *Russell & Company* fue instituida por la respetable familia Russell –generosos patrocinadores de la Universidad de Yale- y uno de sus socios principales era Warren Delano –abuelo del Presidente Franklin Delano Roosevelt-.

Los angloestadounidenses se enriquecieron envenenando al pueblo chino con 320 toneladas de opio en el año 1792, con 480 toneladas en el año 1817 y con 3 mil 200 toneladas en el año 1837.

El gobierno chino –molesto por el daño a su población- protestó enérgicamente ante la reina Victoria, pero la señora objetó que el narcotráfico era tan fructífero para Inglaterra que no podía permitirse el lujo de abandonar ese negocio.

China ejecutó –en febrero del año 1839- a un narcotraficante frente a los comerciantes ingleses en Cantón. Los británicos abandonaron Cantón y continuaron traficando desde las islas adyacentes, protegidos por la marina imperial. Los roces continuaron y finalmente estalló la guerra el 4 de septiembre de 1839.

Un escritor describió que la batalla naval en la *Primera Guerra del Opio* demostró *"la fragilidad de los juncos de guerra chinos y la sanguinaria determinación de los protestantes angloestadounidenses para que salgan victoriosos los principios del liberalismo económico fundado en el narcotráfico..."*

China perdió la *Primera Guerra del Opio* y fue despojada de Hong Kong por los ingleses. La nueva colonia británica se convirtió en el centro mundial del tráfico de drogas, acrecentando el contrabando del opio desde su puerto. La importación, distribución y el uso del opio fueron prohibidos en Hong Kong hasta el año 1945.

La *Segunda Guerra del Opio* -en 1856- ocurrió porque el gobierno chino se negó a legalizar el consumo del opio en el país y a permitir el acceso de la droga a través de sus puertos en el interior.

China fue otra vez derrotada y por el *Tratado de Tientsing* –firmado en el año 1858- tuvo que legalizar el consumo del opio y abrir once puertos interiores al narcotráfico angloestadounidense.

El pueblo chino –en el año 1880- consumía anualmente más de seis mil quinientas toneladas de opio producido en la India, y tenía quince millones de adictos.

A los angloestadounidenses se les terminó el perverso negocio con el triunfo de la Revolución China –el 1 de octubre del año 1949- que en medio siglo levantó a su pueblo de la miseria para convertirlo en potencia mundial.

Cuando Cuba estuvo esclavizada por los yanquis también se convirtió en sede mundial del narcotráfico, y en la principal base de operaciones de los narcopolíticos estadounidenses.

La *CIA* –además- fomentó y protegió el tráfico de estupefacientes de las tribus montañesas en Laos –después de la expulsión del imperialismo francés- para financiar la lucha anticomunista contra Pathet Lao.

Un informe del Congreso estadounidense –fechado en el año 1971- reveló que cuarenta y dos mil soldados yanquis emplazados en Vietnam eran drogadictos, y que cientos de ellos combinaban su vicio con el narcotráfico.

El periodista Gary Webb denunció en el año 1996 –basándose en documentos desclasificados de la *CIA*- que en los años ochenta el gobierno de Estados Unidos –con Ronald Reagan, Eliot Abrams, John Dimitri Negroponte, Bush El Viejo, Luis Posada Carriles, Oliver North, entre otros- financió a la *Contra* nicaragüense con la venta de toneladas de cocaína, sin preocuparle que su enfermizo ardor anticomunista propagara la epidemia de drogas que ahora desvergonzadamente pretende combatir.

John Dimitri Negroponte presidió –hasta mediados del año 2006- las 42 agencias de inteligencia y seguridad estadounidense -entre cuyas misiones está eliminar el narcotráfico- y Abrams es director de la organización denominada *Estrategia Mundial para la Democracia.*

El Presidente George H. W. Bush invadió Panamá para apresar al Presidente Noriega –que trabajó para la CIA- por su aparente relación con el narcotráfico, pero insólitamente permitió que el sistema bancario panameño –que opera sin grandes regulaciones- mantuviera su actividad principal que es el lavado de dinero proveniente del tráfico de drogas, y que ha sido la base del artificial repunte económico en el país centroamericano.

Lo mismo aconteció en Granada que se convirtió en uno de los mayores centros mundiales de lavado de *narcodólares* después de la invasión estadounidense.

Nicaragua -después de la victoria electoral de los proyanquis en el año 1990- se transformó en una ruta controlada –deduzcamos por quién- para traficar droga hacia Estados Unidos.

Craig Murray –exembajador británico en Uzbekistán- denunció que la producción de opio y la refinación de heroína en Afganistán, después de la invasión yanqui, ha aumentado a niveles nunca antes alcanzados por ese país.

El Afganistán de los talibanes elaboraba muy poca droga, pero en el año 2005 produjo el 75 por ciento de la oferta mundial de opio, y ahora recauda el 60 por ciento de su PIB con la venta de narcóticos.

Rachid Dostum –un poderoso barón de la droga presumiblemente apoyado por Estados Unidos- realiza negocios con Islam Karimov, el sanguinario dictador de Uzbekistán –la ruta principal para exportar la heroína afgana hacia occidente-.

Afganistán elevó su producción de opio en el año 2006.

La UNODC -*Oficina de las Naciones Unidas Contra la Droga y el Delito*- publicó que en el año 2006 el territorio afgano sembrado con adormidera aumentó 59 por ciento -totalizó 166 mil hectáreas contra 100 mil cultivadas en el año 2005- y que la cosecha ascendió a seis mil cien toneladas de opio crudo.

Antonio María Acosta –director ejecutivo de la *UNODC*- expresó en una conferencia sobre el narcotráfico afgano que para transformar una tonelada de opio crudo en heroína se necesita de dos a seis toneladas de *anhídrido de ácido acético* –que no se produce en Afganistán- y que para procesar las cuatro mil toneladas de opio afgano cosechadas en el año 2005 se importó más de diez mil toneladas del compuesto químico señalado -equivalentes a más de quinientos furgones de veinte toneladas cada uno-.

Ahora debemos preguntarnos: ¿Cómo es que caravanas con cantidades colosales de sustancias prohibidas pueden desplazarse impunemente en Afganistán, un territorio invadido y totalmente ocupado por Estados Unidos?

La estrategia antidrogas yanqui está calculada para aniquilar exclusivamente a los mafiosos extranjeros que arrebatan el negocio a los narcopolíticos estadounidenses, y a sus consorcios químicos y farmacéuticos que proveen los precursores para la fabricación de drogas sintéticas.

Los laboratorios y las farmacéuticas estadounidenses controlan mundialmente el flujo y la venta de drogas sintéticas. Asia y el Medio Oriente están cambiando el uso del opio por la heroína intravenosa, las anfetaminas, los barbitúricos y los sedantes.

El Consejo Internacional para el Control de Narcóticos de la ONU ha denunciado que la industria química y farmacéutica estadounidense embarca *anfetaminas y metacualona* hacia Europa -sin reclamar los certificados correspondientes- y que luego esa droga es reempacada como *vitamina C* u otro producto inocuo para enviarla a los narcodistribuidores.

Acerca del *lavado de dinero* procedente del narcotráfico, el propio Congreso estadounidense ha confesado –a puertas cerradas- que los bancos yanquis lavan la mitad del dinero producto del tráfico de estupefacientes mundial.

El *lavado de dinero* del narcotráfico cubre parte del déficit comercial estadounidense, sostiene la balanza de pagos yanqui, demora el hundimiento del dólar, evita la disminución de la inversión y disponibilidad de préstamos, y mantiene el estilo de vida del sector pudiente en Estados Unidos.

Los bancos yanquis lavaron seis billones de dólares de origen criminal –en la década de los noventa- y ese dinero todavía permanece circulando en la economía gringa.

Las instituciones financieras estadounidenses *lavan* anualmente quinientos mil millones de dólares, y ésa cantidad supera todas las transferencias netas de los principales productores de petróleo y la industria militar.

Los mayores bancos gringos *–JP Morgan, Chase Manhattan y el City Bank–* obtienen gran parte de sus ganancias lavando dinero del narcotráfico, y han desarrollado un enmarañado procedimiento para legitimar fondos criminales invirtiéndolos en *Bonos del Tesoro* o en negocios lícitos dentro de Estados Unidos.

City Bank -el principal banco de Estados Unidos- tiene 180 mil empleados operando en cien países, con setecientos mil millones de dólares en fondos conocidos y cien mil millones operando como cuentas secretas.

El *lavado de dinero* en Estados Unidos no es una práctica aislada de ejecutivos ambiciosos sino una conducta estimulada -y protegida- desde los altos niveles de las instituciones bancarias.

Amy Elliot -ejecutivo bancario del *City Bank* detenido por *lavar* 200 millones de dólares de Raúl Salinas de Gortari- testificó que *"esto viene de muy, muy arriba en la corporación... Esto era conocido en la cumbre misma... Nosotros somos sólo peones en todo este asunto..."*

El *City Bank* también estuvo implicado en el *lavado* de 40 millones de dólares de Asif Alif Zardari –esposo de la corrupta Benazir Bhutto que es enaltecida ahora desde Washington-, de 130 millones de Hadj Omar Bongo –dictador de Gabón desde el año 1967- y de 110 millones de los hermanos Abacha –hijos del autócrata de Nigeria-.

Los cuatro distinguidos clientes arriba citados depositaron casi quinientos millones de dólares de origen criminal, pero el famoso *City Bank* –en forma inexplicable- no fue castigado por quebrantar descaradamente las leyes financieras estadounidenses.

El Congreso estadounidense ha investigado, censurado y legislado sobre el lavado de dinero, pero el *City Bank* y los diez principales bancos yanquis desobedecen flagrantemente las leyes contra el lavado de dinero porque cuentan con la aprobación tácita del gobierno federal.

La complicidad del gobierno gringo en el lavado del dinero producto del narcotráfico es innegable, y constituye sólo la punta del *iceberg* de la estrategia yanqui para controlar todos los agentes que componen la industria de los estupefacientes.

Estados Unidos siempre ha evitado revelarnos el auténtico proceso por el que cientos de toneladas de estupefacientes pueden ingresar a Estados Unidos –por tierra, mar y aire- en cantidades mayores cada año y ser consumidas reposadamente por una creciente población de narcodependientes.

Washington pretende convencernos de que sus cargamentos de droga son recibidos, almacenados, movilizados y distribuidos al menudeo en los barrios de absolutamente todas las ciudades estadounidenses por obra de artes mágicas, y no por ejércitos de delincuentes protegidos por policías, jueces y funcionarios corruptos –locales y federales- que pertenecen a una organización criminal tutelada por narcopolíticos de abolengo, instalados en las altas esferas del gobierno y del ambiente empresarial yanqui.

Tony Garza –Embajador yanqui en México- denunció en septiembre del año 2006 que en la frontera norte de la nación azteca *"hay una casi ausencia de la ley además de que las organizaciones de narcotraficantes cuentan con el apoyo de funcionarios corruptos..."*

Tony Snow -vocero de la *Casa Blanca*- declaró el 18 de septiembre del 2006 -en el marco de la ofensiva mediática para desacreditar a gobiernos progresistas- que *"Venezuela aumentó durante los últimos 12 meses su importancia como escala para las drogas con destino a Estados Unidos y Europa, una situación que ha sido permitida y explotada por funcionarios corruptos... Y Bolivia está permitiendo la expansión de los cultivos de coca y dificultando su erradicación..."*

El malintencionado representante Garza y el calumniador Tony Snow encubren –porque no creemos que lo ignoren- que en Estados Unidos existen las respectivas versiones anglosajonas –criminalmente corregidas y aumentadas- de Pablo Escobar, Rachid Dostum, Caro Quintero, Amado Carrillo, el General Noriega, los Arellano Félix y su séquito de funcionarios corruptos.

Los funcionarios gringos se la pasan alarmándonos sobre el peligro que representan los capos mexicanos, colombianos, dominicanos, rusos o asiáticos, pero misteriosamente siempre olvidan informarnos acerca de los barones de la droga estadounidense.

Los peces gordos yanquis –los Smith, Johnson, Williams, Jones, Brown, Davis, Miller, Wilson, Moore, Taylor, White o Anderson- existen y nunca han sido encarcelados en Estados Unidos ni en ninguna parte del mundo.

Que Estados Unidos es el líder en el combate al narcotráfico y el lavado de dinero proveniente de las drogas es sólo otro espejismo producido por los medios de comunicación -al servicio de la ambición imperialista yanqui- que repetidamente silencian las investigaciones que involucran a las agencias gringas en el tráfico de drogas.

En una *Sesión Especial de la Asamblea General* de la *ONU* -en 1998- se acordó que el año 2008 fuera la fecha límite para *"eliminar o reducir significativamente los cultivos ilícitos del arbusto de coca, la planta de cannabis y la adormidera, la manufactura ilegal, mercadeo y tráfico de substancias psicotrópicas, incluidas las drogas sintéticas y los diversos precursores."*

Sin embargo, los actuales indicadores mundiales sobre el cultivo, producción y tráfico de estupefacientes, no dan lugar al optimismo y la promesa de *"un mundo libre de drogas en el año 2008"* -realizada en la UNGASS- resulta infinitamente poco probable.

EL ENANO ENERGÉTICO

"¡Estados Unidos es adicto al petróleo!" -Ésa es la única verdad que Bush ha enunciado en seis años de gobierno y la escuchamos el 31 de enero del año 2006, cuando pronunció su aburridísimo discurso *State of the Union-*.

De la misma manera que una persona toxicómana delinque para satisfacer su vicio, así Estados Unidos invade, viola, estafa, roba y asesina a los pueblos del mundo para saciar su petroadicción.

Los yanquis necesitan el petróleo para mantener su derrochador estilo de vida, harán lo que sea para conseguirlo, y ése es el impulso fundamental que determinó la invasión de Iraq y las reiteradas agresiones a Venezuela e Irán.

Estados Unidos es –entre las naciones- el mayor consumidor de hidrocarburos, y al mismo tiempo un miserable enano energético que sólo produce el dieciséis por ciento del petróleo que utiliza, por lo que su pobreza petrolera lo obliga a ser el importador número uno planetariamente.

La *U.S. Air Force* -por ejemplo- consumió 12 mil 800 millones de litros de combustible para avión en el año 2005, lo que equivale al 52.5 por ciento de todo el combustible usado por el gobierno estadounidense, y que significó un gasto de 4.7 billones de dólares.

Un caza *F-16* consume 115 litros de combustible por minuto y un tanque *Abrams* –de 70 toneladas- gasta 6 litros de carburante por kilómetro recorrido.

En el año 1970, Estados Unidos consiguió su máxima producción petrolera con 4 *gigabarriles* anuales –un *gigabarril* equivale a mil millones de barriles de petróleo- pero el colapso de sus pozos disminuyó la producción a 1.5 *gigabarriles* y el consumo aumentó a 7.8 *gigabarriles* en el 2005. La exigua producción de crudo estadounidense disminuyó ocho por ciento en el año 2006 por la reparación de un oleoducto en *Prudhoe Bay*.

La fragilidad energética yanqui quedó demostrada cuando los países árabes castigaron a Estados Unidos con un eficaz embargo petrolero por financiar y armar a Israel en la *Guerra Árabe-Israelí*. El barril de crudo subió de 4 dólares –en diciembre de 1973- a 12.50 dólares en el año 1974.

Estados Unidos estableció -después de esa crisis- la *U.S. Estrategic Petroleum Reserve* para protegerse contra otra posible escasez de petróleo y comenzó a almacenar hidrocarburos en cavernas subterráneas localizadas a la orilla del Golfo de México –en Texas y Louisiana-.

Es importante notar que la *U.S. Estrategic Petroleum Reserve* no almacena productos refinados –gasolina, diesel, queroseno- y acopia exclusivamente petróleo crudo.

Algunos políticos yanquis proponen insistentemente que el *Department of Energy* –administrador de la *U.S. Estrategic Petroleum Reserve*- también guarde gasolina y combustible de avión para aliviar la vulnerabilidad energética, pero la propuesta ha sido desechada porque los productos refinados tienen una corta vida de almacenamiento, y porque la oxigenación de grandes depósitos de combustible puede provocar pavorosos accidentes.

La *U.S. Estrategic Petroleum Reserve* acumuló –en septiembre del año 2006- 687 millones de barriles de petróleo: 273.6 millones de barriles de *crudo ligero* y 414.3 millones de barriles de *crudo pesado*.

La *CIA* reconoce en su *World Factbook* que Estados Unidos consume veinte millones de barriles de petróleo diariamente, y que la *U.S. Estrategic Petroleum Reserve* –a pesar de sus impresionantes cifras- alcanzaría sólo para treinta y seis días de operación normal.

Otro punto débil en la estructura energética estadounidense es la escasa capacidad de reserva en su red de refinerías, lo que fue evidente cuando el huracán *Katrina* paralizó por varias semanas seis complejos de refinación en el Golfo de México –cuatro de ellos propiedad de la República Bolivariana de Venezuela-.

Estados Unidos no construye nuevas refinerías desde 1976 -hace 30 años-.

Un informe del Senado estadounidense –en junio del año 2006- admite públicamente la vulnerabilidad energética de Estados Unidos y su dependencia de los abastecimientos de petróleo extranjero.

Citemos –como ilustración- el caso de la República Bolivariana de Venezuela que es el quinto exportador mundial de crudo, el tercer productor de la *Organización de Países Exportadores de Petróleo,* y el cuarto abastecedor petrolero de Estados Unidos porque provee diariamente el once por ciento del crudo y de los productos derivados que consumen los yanquis.

La República Bolivariana de Venezuela es propietaria absoluta de cuatro refinerías en Estados Unidos –ubicadas en Lake Charles, Corpus Christis y Lemont- y accionista importante de otras cuatro refinerías en territorio continental y en las islas Vírgenes –provincia estadounidense-. La refinería venezolana de Paraguaná –la mayor del mundo- procesa diariamente 940 mil barriles de petróleo.

Venezuela también posee en territorio estadounidense una red de trece mil quinientas estaciones para la venta de combustible y son administradas por *CITGO* –filial de *Petróleos de Venezuela S. A.-*.

El Presidente Hugo Chávez Frías ha garantizado públicamente el suministro de crudo a Estados Unidos –1.5 millones de barriles diarios- siempre y cuando Washington desista de sus planes de subvertir a la República Bolivariana de Venezuela para instalar un gobierno títere que regale la riqueza del país a los yanquis.

Si la República Bolivariana de Venezuela soberanamente decidiera suspender la venta de petróleo hacia Estados Unidos –como consecuencia de las agresiones imperialistas fomentadas en Washington- podría desplomarse el PIB estadounidense en 23 mil millones de dólares, lo que disminuiría la tasa de crecimiento económico y colocaría a los gringos al borde de una monumental recesión económica.

La *Energy Information Administration* estimó -en marzo del año 2005- que un embargo petrolero de Venezuela contra Estados Unidos elevaría el precio del barril de crudo *West Texas Intermediate* –usado generalmente como referencia- en cuatro o seis dólares.

El *U.S. Department of Energy* también ha analizado un posible escenario de interrupción del flujo petrolero venezolano –como el acontecido en la huelga del 2002 al 2003- y predice que al segundo mes de la suspensión energética los precios mundiales del crudo subirían en once dólares por barril.

Si se adicionan los costos de transportar el crudo desde lugares lejanos –los buquetanques venezolanos tardan cinco días en llegar a las costas yanquis mientras que un tanquero árabe dilata cuarenta días- entonces el aumento en el precio del petróleo podría ser mayor para Estados Unidos.

Otro problema –en caso de un embargo petrolero venezolano- radica en que algunas refinerías están diseñadas para procesar sólo el *crudo pesado* venezolano y demorarían varias semanas en adecuar sus instalaciones para procesar crudos más ligeros como los del Medio Oriente.

En el año 2004 se consumieron 82 millones de barriles de petróleo por día, y se calcula que en el año 2030 se usaran 118 millones de barriles diariamente. Las proyecciones indican que la demanda mundial de hidrocarburos se elevará a 43 por ciento durante los próximos 35 años y que disminuirá la oferta debido al agotamiento de los yacimientos en el mundo.

Los precios del petróleo se han triplicado desde el año 2003 e indudablemente seguirán aumentando. El precio del barril de petróleo crudo podría dispararse hasta doscientos dólares en caso de que Estados Unidos invada a la República de Irán.

El sitio Web de la *Central Intelligence Agency* –con datos actualizados al 13 de noviembre del 2007- reconoce la indigencia petrolera yanqui y ubica globalmente las reservas de hidrocarburos estadounidenses en el lugar número dieciséis -debajo de México, Kazajstán y Angola-. La *CIA* coloca en los primeros lugares -en orden respectivo- a Arabia Saudita, Canadá, Irán, Iraq, Los Emiratos Árabes, Kuwait, Venezuela y Rusia.

LA PRIMERA RESERVA PETROLERA

La *Central Intelligence Agency* –CIA- debe corregir los datos inexactos que propaga en su sitio Web acerca de las reservas petroleras mundiales.

Los legisladores estadounidenses parlamentaron en junio del año 2006 con el señor Fadi Kabboul -*Consejero para Asuntos Petroleros de la Embajada de Venezuela* en Washington- y están perfectamente informados de que la República Bolivariana de Venezuela posee la mayor reserva petrolera del mundo –315 mil millones de barriles- muy por encima de Arabia Saudita, que posee 261 mil millones de barriles.

Venezuela disfruta de 80 mil 582 millones de barriles de reservas probadas, pero ha agregado a sus reservas de hidrocarburos los 235 mil millones de barriles de crudo en la Faja del Orinoco -situada al sureste del país- porque los progresos tecnológicos permitirán su explotación.

La *Agencia Internacional de Energía* –AIE- certificó que los yacimientos petrolíferos de la Faja del Orinoco –clasificados arbitrariamente como *bitumen* por las compañías yanquis para asignarles un precio menor y producir *orimulsión*- son combustible convencional susceptible de ser explotado eficazmente.

La *Organización de Países Exportadores de Petróleo* –OPEP– ya ha incluido el crudo de la Faja del Orinoco en las reservas petroleras venezolanas.

El diario *Wall Streeet Journal* divulgó -en abril del año 2006- que las reservas de *crudo pesado* y *extrapesado* localizadas en la Faja del Orinoco son técnicamente más fáciles de extraer que el petróleo localizado en el desierto o en alta mar.

Así, la República Bolivariana de Venezuela ostenta la mayor reserva petrolera del planeta, que equivale al cincuenta por ciento del petróleo conjunto de todos los países del Medio Oriente.

Las reservas petrolíferas de Arabia Saudita, Iraq, Kuwait, Abu Dabi, Irán y Quatar suman 676 mil millones de barriles, mientras que el país bolivariano tiene por sí mismo un total de 315 mil millones de barriles.

La reserva de hidrocarburos en África es de 75 mil millones de barriles; el continente americano –sin Venezuela- posee 71 mil millones; Rusia tiene 49 mil millones, Asia dispone de 44 mil millones, y Europa cuenta con 19 mil millones.

Estados Unidos posee una mísera reserva de sólo veinte mil millones de barriles.

La importancia de la reserva petrolera en la Faja del Orinoco asciende con los informes de agotamiento de los grandes yacimientos mundiales, y con la cancelación de los arteros *convenios operativos* firmados principalmente con petroleras yanquis en los años noventa del siglo pasado -durante la llamada *Apertura Petrolera*-.

La *Apertura Petrolera* se cimentó cuando Carlos Andrés Pérez traicionó –en el año 1974- la esperanza venezolana de nacionalizar plenamente el petróleo y modificó convenientemente el Artículo 5 de la *Ley Orgánica que Reserva al Estado la Industria y el Comercio de los Hidrocarburos* -para entregarlos al imperialismo comandado por los yanquis-.

El Presidente Jaime Lusinchi resucitó –en el año 1986- el *régimen de concesiones* –la *Apertura Petrolera*- bajo la modalidad de *convenios operativos* y *asociaciones estratégicas,* con la intención primordial de regalarle a los gringos y a sus socios el control del crudo pesado de la Faja del Orinoco y privatizar definitivamente -mediante mecanismos de *tercerización*- la industria petrolera de Venezuela.

Los *convenios operativos* -con una duración de veinte años- eran *atracos petroleros* disfrazados de sencillos *contratos de servicio.*

El propósito de los *convenios operativos* era la reprivatización absoluta de la riqueza petrolera venezolana, obsequiando a los yanquis y a sus compinches la producción de crudo en campos presuntamente inactivos o poco redituables, con la única obligación de entregar uno por ciento de las ganancias.

Carlos Andrés Pérez –en su segundo período presidencial- y Rafael Caldera arrodillaron a Venezuela ante la voracidad yanqui firmando 33 *convenios operativos* -en los años 1992, 1993 y 1997- que eran anticonstitucionales de origen porque cedían a terceros actividades claramente reservadas al Estado, porque socavaban la soberanía venezolana al establecer que cualquier litigio sería resuelto en tribunales internacionales, y porque no establecieron límites a la profundidad en las perforaciones –lo que permitió que en más de uno de los campos concesionados se hayan encontrado y estén en producción nuevos yacimientos-.

La producción de crudo venezolano aumentó 50 por ciento –en el año 1992- pero los *costos operativos* subieron 175 por ciento, de manera que la diferencia entre el costo de producción y el precio de venta de cada barril indicaba que la actividad petrolera ya no sería rentable para Venezuela pero sí para el capitalista extranjero.

La extracción de un barril de crudo venezolano cuesta menos de cuatro dólares, pero el gobierno le pagaba a las transnacionales yanquis –con los *convenios operativos*- veinticinco dólares por barril.

Las exploraciones petroleras en áreas estratégicas de Venezuela eran realizadas –en el año 1996— primordialmente por petroleras yanquis –*Mobil, Neron, Dupont, Conoco, Amoco, LL&E y Benton*- y las codiciosas *Chevron, Texaco, ExxonMobil y ConocoPhillips* comenzaron a extraer 650 mil barriles diarios de petróleo de la Faja del Orinoco.

Las contribuciones de PDVSA al fisco venezolano disminuyeron abruptamente durante la *Apertura Petrolera*. PDVSA contribuyó al Estado venezolano –por cada dólar de ingreso bruto- con 71 céntimos de regalías e impuestos en el año 1981 y sólo 39 centavos en el año 2000.

Los ingresos petroleros venezolanos -en el año 2000- totalizaron 50 mil millones de dólares, pero el Estado recibió sólo 10 mil millones –el 20 por ciento- porque los 40 mil millones restantes se gastaron en los denominados *costos operativos* y en la transferencia de la renta petrolera hacia Estados Unidos.

Pero a los yanquis se les terminó la fiesta con la elección mayoritaria del Presidente Hugo Chávez y la promulgación de dos elementos legales –la *Ley Orgánica de Hidrocarburos Gaseosos* y la *Ley Orgánica de Hidrocarburos*- que derogaron toda la legislación previa y crearon un nuevo marco jurídico para domesticar a las rapaces compañías extranjeras.

La nueva legislación estableció que las transnacionales no pueden registrar a su nombre las reservas de los campos petroleros concesionados, que deben constituir *empresas mixtas* con PDVSA y que tendrán un máximo de participación accionaria de 40 por ciento –medidas con las que Venezuela ganó dos mil millones de dólares adicionales en el año 2006-.

La nueva ley modifica la captura de la renta petrolera incrementando la regalía y equiparando los impuestos sobre la renta –tributo y ganancia- con las restantes actividades económicas del país. La regalía mínima para el gas se estableció en 20 por ciento y para los hidrocarburos líquidos en 30 por ciento.

El Presidente Hugo Chávez garantizó que el objetivo de la *Ley Orgánica de Hidrocarburos Gaseosos* y la *Ley Orgánica de Hidrocarburos* es sepultar –para siempre- los perversos *convenios operativos* firmados durante la *Apertura Petrolera.*

Pero la sanguijuela yanqui que ha succionado la riqueza venezolana durante casi siglo y medio no estaba dispuesta a perder el acceso a petróleo regalado, y diseñó un golpe de Estado para derrocar y asesinar al Presidente Hugo Chávez. El pueblo bolivariano luchó, rescató milagrosamente a Chávez que iba a ser fusilado, y antes de 48 horas expulsó a los golpistas que salieron huyendo para refugiarse con sus amos en Estados Unidos.

Hasta antes del advenimiento de la *Revolución Bolivariana* del Presidente Hugo Chávez, el pueblo venezolano subsistía en la pobreza, la ignorancia y la marginación, a pesar de que su riqueza petrolera ha sido explotada desde hace más de 140 años.

Jorge Surtherland –Presidente del Estado de Zulia- otorgó el 24 de agosto del año 1865, al ciudadano estadounidense Camilo Ferrand, la primera concesión para explotar el petróleo venezolano. En 1833 se entregó otra concesión a Horatio Hamilton y a Jorge Phillips sobre el lago de asfalto de Guanoco, y que fue posteriormente traspasada a la *New York & Bermúdez Company.*

La *New York & Bermúdez Company* financió en el año 1901 –con la secreta intención de monopolizar el asfalto venezolano- una *Revolución Libertadora* contra el gobierno de Cipriano Castro.

A partir del año 1909 la explotación petrolera venezolana quedó casi totalmente en manos de la estadounidense *Standard Oil Company.*

El potencial petrolero venezolano quedó gratamente confirmado en diciembre del año 1922 con el *reventón* del pozo *Barroso 2* –ubicado en el Estado Zulia- que durante una semana arrojó diariamente cien mil barriles de petróleo. Antes de descubrir el pozo *Barroso 2*, la producción petrolera venezolana era de seis mil barriles diarios de petróleo.

Venezuela produjo en el año 1928 más de 290 mil barriles diarios de petróleo –exportaba 275 mil- y se ubicó como el segundo productor mundial de petróleo y el primer exportador.

La producción petrolera venezolana se incrementó con el paso del tiempo hasta alcanzar –en el año 1970- su máximo histórico con tres millones 780 mil barriles de petróleo diariamente.

La gente ignora que Venezuela fue mundialmente durante 42 años -desde 1928 hasta 1970- el primer país exportador de petróleo, y que toda la producción era embarcada hacia Estados Unidos que nunca lo pagaba o lo pagaba a precios ridículos.

Pero Venezuela ha dejado de ser una colonia yanqui, y con la *Revolución Bolivariana* el control del petróleo venezolano fue transferido de PDVSA al *Ministerio de Energía y Petróleo.*

La República Bolivariana de Venezuela desmanteló –el 1 de enero del año 2006- las dañinas concesiones otorgadas durante la *Apertura Petrolera* y recuperó el control de 32 convenios operativos –32 campos petroleros- para continuar avanzando con paso firme hacia su plena soberanía energética.

Venezuela dejó de producir *orimulsión* -una mezcla patentada de crudo extrapesado con agua que era utilizada como combustible para plantas de generación eléctrica en Estados Unidos- el 31 de diciembre del año 2006.

El Presidente Hugo Chávez sabiamente ha impulsado la creación de *Petroamérica* –una liga de empresas estatales petroleras de la región- y de *Petrocaribe* –propuesta suscrita por 14 países caribeños para eliminar la intermediación y abaratar el costo del crudo-.

La República Bolivariana de Venezuela ha enviado –por primera vez en la historia- tanqueros venezolanos cargados de petróleo a las refinerías de Brasil, Uruguay, Argentina, y a las naciones del Caribe y Centroamérica, y promueve el *supergasoducto sudamericano* -de ocho mil kilómetros- construido por Argentina, Brasil y Venezuela.

El mandatario Hugo Chávez declaró –el 22 de septiembre del año 2006- que el *Complejo Industrial Gran Mariscal de Ayacucho* –CIGMA- será el mayor centro industrial de gas en América Latina. Chávez informó que al comenzar a perforar en la *plataforma deltana* -una reserva de gas de 34 trillones de pies cúbicos- *"se encontró que tenemos tres veces más de lo estimado... Si las cosas siguen como van, pasaremos a ser uno de los primeros países en cuanto a reservas de gas en el planeta... el gas que necesite Suramérica está aquí..."*

La nueva PDVSA calcula que alcanzará una producción de cinco millones 847 mil barriles diarios de petróleo para el año 2012.

La *Democracia Bolivariana* ha invertido generosamente la riqueza petrolera con una visión humanista y revolucionaria, y ha conseguido reducir notablemente –en seis años- los terribles agravios causados al pueblo venezolano por la rapiña yanqui.

La *Misión Barrio Adentro* ha ampliado la cobertura gratuita de servicios de salud y la construcción de modernos hospitales; las *Misiones Robinson, Ribas y Sucre* han entregado educación de calidad a todos los venezolanos.

La UNESCO declaró –el 28 de octubre del año 2005- *Territorio Libre de Analfabetismo* a la República Bolivariana de Venezuela que se convirtió en el segundo país –después de Cuba- en conquistar esa condición en América Latina.

La CEPAL destacó en su informe *"Perspectiva Preliminar de la Economía de América Latina y el Caribe 2004"* el crecimiento de la economía venezolana que ha recuperado y superado los niveles previos al paro petrolero de 2002.

En el año 2004 la economía venezolana creció dieciocho por ciento, seguida por la de Uruguay (12%), Argentina (8.2%), Ecuador (6.3%), Panamá (6%), Chile (5.8%) y Brasil (5.2%).

Ricardo Amorín –el Director Ejecutivo del *Banco West LB* para América Latina- admitió el 12 de noviembre del 2006 que Venezuela será el único país de la región que cierre ese año con un significativo crecimiento económico de nueve por ciento.

En ningún país del continente se está construyendo más infraestructura social que en la República Bolivariana de Venezuela, y la última muestra es la inauguración del *Segundo Puente sobre el Río Orinoco* –bautizado como *Orinoquia*- que cruza esa vía fluvial en un punto que tiene cuatro kilómetros de ancho, cuenta con cuatro carreteras y una vía ferroviaria, y es la obra de comunicaciones más importante construida en Latinoamérica durante el año 2006, con un costo de más de mil millones de dólares.

Los positivos indicadores socioeconómicos venezolanos reflejan los progresos que puede alcanzar un pueblo cuando su gobierno administra honesta y patrióticamente la hacienda nacional.

Todo lo anterior explica la constante embestida de la ambiciosa oligarquía yanqui que refugiada en Washington se retuerce de dolor porque no soporta que la tremenda riqueza venezolana –acrecentada por los altos precios del crudo- ya no abulte sus bolsillos, y sigue conspirando para derrocar y asesinar al Presidente Hugo Chávez.

EL GIGANTE AUTOMOTRIZ

La compañía japonesa Toyota cerrará el año 2007 como el líder mundial en la fabricación de automóviles y como el vendedor número uno en Estados Unidos.

La industria automotriz estadounidense terminó el año 2005 y 2006 con su constante tendencia de perder participación en el mercado frente a sus competidores asiáticos.

Hace muchos años que Ford, General Motors y Chrysler sufren por la entrada a Estados Unidos de vehículos asiáticos que han desplazado en las ventas a su modelo más rentable pero con alto consumo de combustible y emisión de bióxido de carbono: El *Sport Utility Vehicle*, popularmente conocido como *SUV* o 4x4.

La eficiencia en el consumo de carburante de los vehículos estadounidenses ha disminuido desde el año 1988, mientras que las emisiones de $CO2$ se incrementan en forma proporcional al aumento en las ventas de *SUV´s*.

A escala mundial, los automóviles son causantes del diez por ciento de las emisiones de gas invernadero, pero los vehículos yanquis son responsables del veinte por ciento del bióxido de carbono producido por Estados Unidos.

La cantidad de $CO2$ emitida por los vehículos en Estados Unidos es similar a la cantidad de carbón usada para generar electricidad.

General Motors es responsable por un tercio de esas emisiones y supera el $CO2$ producido por *American Electric Power* -la mayor compañía de energía en Estados Unidos-.

Las ventas en el mercado estadounidense de *General Motors, Ford Motors y Daimler-Chrysler AG* sumaron 56.9 por ciento -muy abajo del 61.7 por ciento reportados en el año 2002- mientras *Toyota Motor, Honda Motor, Nissan Motor* y otras marcas asiáticas aumentaron su participación del 34.6 por ciento en el 2002, al 36.5 por ciento en el año 2005. *Toyota Motor* acrecentó diez por ciento sus ventas en Estados Unidos en el 2005.

Cada año los fabricantes estadounidenses pierden compradores porque, en lugar de ajustar su estrategia produciendo modelos más económicos y eficientes, neciamente insisten en reactivar el mercado de las *SUV´s* que se encuentra deprimido por los altos precios de la gasolina.

Mientras los japoneses ampliaban su mercado con los modelos híbridos -vehículos que funcionan con gasolina y electricidad- *General Motors* optó en junio del año 2005 por dar a los clientes los precios vigentes para los empleados de la compañía, con lo que aumentó sus ventas de vehículos nuevos en 41 por ciento; al mes siguiente *Ford* y *Chrysler* copiaron el programa.

La fiebre de ventas finalizó pronto porque -aunque la meta era desprenderse de las existencias- al saturarse el mercado los fabricantes estadounidenses experimentaron una caída de ventas de más de veinte por ciento.

En septiembre del año 2005, *Ford* registró otra caída del cincuenta y uno por ciento en la venta de *SUV's* mientras que, paralelamente, los asiáticos reforzaban su presencia en todas las gamas de vehículos y empleaban a plenitud su capacidad de producción.

Como consecuencia, la compañía *Ford* anunció el lunes 23 de enero del 2006 que eliminará entre 25 y 30 mil empleos, y que cerrará catorce plantas de producción -cuatro en Estados Unidos, una en Canadá y las nueve restantes no fueron identificadas- antes del año 2012, con el objetivo de que las actividades en América del Norte vuelvan a ser rentables a más tardar en el 2008.

La reestructuración de *Ford* revela la difícil situación que también aflige a *General Motors* y en cierta medida a *Chrysler*, frente a sus rivales japonesas que se expanden en el mercado estadounidense gracias a modelos más atractivos.

Aunque los despidos de *Ford* significan entre el veinte y veinticinco por ciento de su plantilla laboral en Estados Unidos y Canadá, la medida no es nueva: Desde el año 1979, *General Motors, Ford y Chrysler* han despedido a seiscientas mil personas.

Por si fuera poco, en la última edición del *Salón del Automóvil* en Detroit, *General Motors y Ford* presentaron nuevos modelos sedán y sus primeros vehículos híbridos, pero los premios al mejor automóvil y *SUV* del año fueron adjudicados a dos modelos *Honda*. Ningún vehículo fabricado por las compañías estadounidenses -del modelo 2007- fue clasificado entre los veinte mejores en las pruebas de choque y seguridad por el *Insurance Institute for Highway Safety* -el *Chevrolet Malibu*, el *Mercury Montego*, y el *Ford Five Hundred* ni siquiera están equipados con *control de estabilidad electrónico* por lo que no fueron considerados en las pruebas-.

Pero la clave de la categórica derrota de *General Motors, Ford y Chrysler* reside en la mente de los consumidores, porque si usted le pregunta a cualquier estadounidense cuáles son los mejores vehículos del mundo, éste –invariable, impulsiva e inevitablemente- le contestará: ¡*Toyota o Honda*!

CAPÍTULO IV

EL MITO DEL CAMPEÓN DE LA LIBERTAD

LA ESCLAVITUD Y LA SEGREGACIÓN

"Los hombres pueden retratar la realidad como es o no es, pueden discursar muy bonito sobre los placeres de la vida de un esclavo o lo idílico de su situación, pero pónganlos como nosotros en el campo, durmiendo en las chozas, comiendo bazofia, encadenados o atrapados, y regresarán con otra historia en la boca... Pónganle a ellos el corazón del pobre esclavo para que aprenda los pensamientos secretos que el cree que no existen y que nunca ha escuchado del hombre blanco... Pónganlos a conversar con nosotros en la noche, con plena confianza, acerca de la vida, la libertad y la búsqueda de la felicidad, y encontrará que 99 de cada 100 son lo suficientemente inteligentes para entender su situación y gritar desde el fondo de su corazón el amor a la libertad tan apasionadamente como ellos..."

Solomon Northrop, africano de doce años de edad,
esclavizado en Virginia en el año 1750.

Aunque los gringos anglosajones contemporáneos se desgarren las vestiduras afirmando que la fortuna que detentan es producto del esfuerzo personal y que ninguno de sus antepasados les heredó patrimonio alguno conseguido a costa de la explotación de esclavos, la verdad es que están mintiendo porque la historia demuestra que Estados Unidos se acostumbró, desde su nacimiento, a vivir y disfrutar parasitariamente, apropiando y consumiendo el producto de las facultades de otras razas, y el estilo de vida americano –*american way of life*- no existiría sin la esclavitud que los yanquis ejercieron y ejercen en el mundo actual.

La propaganda gringa glorifica como un milagro el crecimiento agrícola e industrial que Estados Unidos consiguió en su corta existencia, pero esconde astutamente que ese desarrollo nada tiene de prodigioso -y sí mucho de genocidio- porque el trabajo esclavo de millones de africanos, asiáticos e indígenas americanos fue lo que permitió multiplicar escandalosamente la riqueza de los yanquis, quienes explotaron despiadadamente a los cautivos hasta reventarlos.

La esclavitud en Estados Unidos comenzó tan pronto los primeros europeos se asentaron en territorio americano.

Los africanos y sus descendientes fueron legalmente esclavizados en Estados Unidos durante 246 años -desde el año 1619 hasta 1865- y aunque la esclavitud fue legalmente abolida con la *Treceava Enmienda* a la *U.S. Constitution,* lo cierto es que siguió ejerciéndose subrepticiamente hasta el siglo XX, porque casos de esclavitud fueron denunciados ante los tribunales yanquis en fechas tan recientes como el año 1947.

Los anglosajones también esclavizaron –simultáneamente- a los nativos americanos, y el historiador Allan Gallay conjetura cautelosamente que al menos setenta mil indígenas fueron vendidos entre los años 1670 y 1715.

Tres barcos con ciento cinco colonos británicos arribaron a Jamestown -en abril del año 1607- con la intención de establecer la primera colonia permanente en el territorio que William Shakespeare describió equivocadamente como *"una tierra de libertad forjada por hombres libres..."*

Los colonos anglosajones habían sido fanatizados por sus pastores religiosos -con la consabida mentira de que Dios le había prometido a Inglaterra entregarle el mundo entero para regirlo y hacerlo vivir bajo las leyes británicas- y emprendieron el viaje hasta el continente americano confiados en la ambiciosa oferta, pero aprendieron muy pronto que no estaban capacitados para sostenerse por sí mismos en el *Nuevo Mundo.*

Quinientos colonos vivían en la aldea de Jamestown –Virginia- en el año 1609, y en el verano del año 1610 sólo sesenta personas quedaban con vida, pero a fines de agosto ancló en *Point Confort* el capitán Hope –un holandés curtido en el negocio del tráfico de esclavos- que cambió veinte negros por armas y abastecimientos.

Otro barco pirata impulsado por una tormenta apareció en las costas de Virginia en el año 1619 -un año antes de que los peregrinos llegaran a Plymouth- con cientos de esclavos -robados a los españoles- que fueron vendidos en Jamestown.

El trabajo de los africanos –esclavizados sólo por un determinado número de años después de los cuáles se les otorgaría su libertad a condición de volverse cristianos- enriqueció a los colonos que vendían tabaco y embarcaban anualmente treinta mil kilos del producto para venderlo en Inglaterra.

Tres mil colonos arribaron a Virginia en el año 1622 –atraídos por la posibilidad de obtener tierras y dedicarse al lucrativo negocio de las plantaciones tabacaleras- y dos años después nació William Tucker -el primer niño de padres africanos en Estados Unidos-.

Esos colonos eran europeos muy pobres que habían negociado servir como esclavos durante siete años –*indentured servants*- para pagar el precio de su pasaje a América, y al final de su contrato recibirían una muda de ropa, un saco de trigo y cien acres de tierra. Bajo la ley de Virginia, un terrateniente estaba forzado a tener al menos cincuenta acres de tierra por cada esclavo que contratara.

Y es en este período histórico cuando comienza a desarrollarse el sistema esclavista yanqui, porque los ricos agricultores perciben que sus cómodos negocios fracasarán si se permite que alguien –negro o blanco- sea esclavizado sólo por un corto período de tiempo, y comienzan a modelar gradualmente el pretexto expoliador de que un esclavo sería todo aquél que no fuera de raza blanca.

En la Corte de Jamestown existe un antiguo registro que demuestra cómo un magistrado anglosajón juzgó perversamente –a mediados del año 1640- el caso de tres sirvientes que violaron su contrato de servidumbre y escaparon de una plantación en Virginia, porque ordenó a dos de ellos –un holandés y un escocés- cumplir su contrato con cuatro años más de castigo, pero al tercero –un negro llamado John Punch- lo condenó *"a servir como esclavo a su amo, o a los que él designe, por el resto de su vida natural..."*

Nunca antes a ningún anglosajón que había abandonado a su amo por las miserables condiciones de vida se le impuso una sentencia como la aplicada contra John Punch.

Massachussets sería -en el año 1641- la primera colonia yanqui en legalizar la esclavitud y luego seguiría Connecticut –en 1650-, Maryland –en 1663- y Nueva York en el año 1664.

Virginia siempre práctico la esclavitud, pero la legalizó hasta el año 1661, y un año más tarde la Corte de Virginia aprobó que todos los niños nacidos en esa colonia serían libres o esclavos dependiendo de la condición étnica de su madre, es decir, a partir del año 1662 la esclavitud en las colonias yanquis sería determinada por la raza y perpetuada a través de la herencia.

Los colonos yanquis sufrieron –a partir del año 1660- una abrupta escasez de esclavos anglosajones porque -a causa de que llegaron hasta Inglaterra las noticias acerca del trabajo terrible en las plantaciones americanas y de que los patrones gringos explotaban a los inmigrantes pero no cumplían los contratos- la fuerza laboral que se embarcaba por siete años disminuyó drásticamente.

Los rumores en la metrópoli europea eran muy ciertos porque los plantadores yanquis estafaron a miles de sirvientes que trabajaron como esclavos durante siete años, pero nunca recibieron los cien acres de tierra –prometidas con un acuerdo escrito- y esa actitud bandidesca –solapada por los honorables jueces coloniales- provocó una revuelta en York en el año 1661, un complot para robar armas y municiones y marchar contra la sede del gobierno colonial en 1663, y que toda Virginia estuviera envuelta en una guerra civil para el año 1667.

Setecientos hombres -libres después de haber trabajado siete años como esclavos- se rebelaron porque los amos no les entregaron lo prometido en el contrato de servidumbre y quemaron Jamestown.

Ante los violentos acontecimientos, los colonialistas yanquis comenzaron a especular sobre la mejor forma de obtener esclavos –ya no por pocos años sino permanentemente- y concluyeron que esclavizar a los africanos era la mejor opción porque la diferencia racial les permitiría justificar sus actos bajo la afirmación de que los negros eran un pueblo inferior y extranjero –*allien*-.

El monarca de Inglaterra autorizó –en el año 1632- que la *Royal African Company* expandiera el comercio británico de esclavos africanos hasta los puertos yanquis, y los principales socios de esa sociedad mercantil eran quince nobles ingleses, veinticinco sheriffs, el Gobernador de Virginia y John Locke –etiquetado burlonamente por la historia oficial como el *filósofo de la libertad*-.

La *Royal African Company* acarreó hasta las colonias yanquis -en sus primeros dieciséis años- a cerca de noventa mil africanos, y es imposible dejar de comparar que el número de esclavos raptados anualmente desde África -en la última década del siglo XVII- igualaba el total de la población negra que habitaba en las trece colonias.

La Asamblea General de Virginia dictaminó –el 20 de junio del año 1680- que *"todos los sirvientes importados a nuestro país, que no sean cristianos en su tierra nativa, serán considerados y comprados como esclavos... Si algún esclavo se resiste a los castigos de su amo puede ser asesinado por su dueño sin que esto sea considerado un delito...*

Si algún negro se ausenta de la propiedad de su amo y se resiste a ser detenido por su amo o por las personas que lo persiguen entonces puede ser legalmente asesinado por cualquiera sin que eso sea un crimen..."

Un africano que había conseguido su libertad -bajo la antigua ley de los siete años- no podía otorgar tierra o propiedades en herencia por el único delito de ser de raza negra, y fallecía con la angustia de que su familia quedaría esclavizada y pobre.

Muchos africanos libres fueron vendidos como esclavos porque bastaba con que alguien declarara falsamente que ése o aquél negro era de su propiedad para ser subastado.

La población de las colonias yanquis se había incrementado -para finales del siglo XVII- a cincuenta y ocho mil personas, y dieciséis mil estaban enlistadas en el censo como negros.

La Asamblea de Virginia aprobó –en el año 1705- leyes perversas que reducían a los esclavos a la categoría de simple propiedad y definían claramente la diferencia entre un esclavo y un sirviente.

El parlamento inglés finiquitó -en el año 1698- el monopolio de la *Royal African Company* sobre el tráfico de esclavos africanos, y decidió que todo británico nacido libre tendría también el derecho legal de comercializar esclavos negros.

El número de esclavos africanos transportados a las colonias yanquis en barcos británicos aumentó de 5 mil a 45 mil inocentes cada año -durante el medio siglo posterior a la legislación inglesa de 1698- e Inglaterra se convirtió en el mayor traficante de esclavos en el mundo occidental.

En África Occidental más de 20 millones de africanos –mujeres, niños y hombres jóvenes- fueron secuestrados para servir como esclavos y menos de ocho millones sobrevivieron la jornada hasta las costas americanas.

William de la Palma -gerente de la *Dutch West Indian Company*- informó a sus superiores en el año 1710 que *"el negocio en esta costa ha cambiado porque los nativos ya no se ocupan de buscar oro sino de hacer la guerra a otras tribus para conseguirnos esclavos, y la Costa de Oro se ha convertido en una completa Costa de Esclavos..."*

A lo largo de la costa africana -desde Senegal hasta Camerún- los europeos construyeron sesenta fuertes y almacenes –denominados factorías- para que los mercaderes o *factores* negociaran aguardiente, ropa, armamento, seres humanos y oro.

Las crónicas relatan que en las factorías los esclavos eran formados desnudos -en una jaula- para ser examinados minuciosamente por los médicos, y que después de ser aprobados para la compra los marcaban en el pecho -con un hierro candente- que indicaba si pertenecían a la compañía inglesa, holandesa o portuguesa.

Los traficantes de esclavos hicieron más de 54 mil viajes a África Occidental para conseguir su carga humana y -aunque nadie sabe la cifra exacta- los registros existentes indican que al menos once millones de africanos fueron embarcados hacia América del Sur y El Caribe, y que otro medio millón fue vendido a las colonias yanquis.

Los navegantes denominaban a la ruta del tráfico de esclavos africanos como el *Middle Passage,* y ésta comenzaba con los barcos zarpando desde Europa y llegando a África para intercambiar mercancías por esclavos, luego la carga humana era enviada a América y se embarcaban materias primas hacia Inglaterra. El traslado de África a América tomaba noventa días, y el viaje total demoraba aproximadamente seis meses.

La isla de Barbados –por ejemplo- era la más redituable colonia del Imperio Británico y los opresores ingleses calcularon que, en lugar de tratar a los esclavos humanitariamente, era más provechoso hacerlos trabajar hasta la muerte porque era más barato comprar otros negros como reemplazo -uno de cada tres esclavos moría antes de dos años con ese método-.

La población de esclavos africanos se elevó notablemente en las colonias yanquis y a sus avispados legisladores se les ocurrió -para evitar el nacimiento de niños negros- promulgar leyes para extirpar los testículos de los hombres africanos, y arrancarles las orejas y los senos a las mujeres negras.

Los documentos históricos demuestran ampliamente que –a partir del año 1710- los sagaces dirigentes anglosajones se pasaban la vida inventando castigos crueles para someter a los esclavos, y aplicándolos públicamente para intimidarlos.

Dos mil esclavos africanos desembarcaron anualmente en *Port Charleston* a partir del año 1730, y más de doce mil llegaron a esa localidad entre los años 1735 y 1739 –ocho mil eran angoleños-.

Doscientos veinte esclavos angoleños se alzaron en North Carolina para luchar por su libertad -el 9 de septiembre del año 1739- al conocerse que Inglaterra y España estaban en guerra. Los colonialistas yanquis enviaron apresuradamente a todos los soldados disponibles para asesinar a los rebeldes porque la insurrección crecía y su posible triunfo pondría en peligro el sistema esclavista en todas las colonias. El choque fue sangriento con numerosas pérdidas para ambos bandos, hasta que finalmente los insurgentes fueron derrotados.

Después de esta revuelta africana se promulgó la *Negro Act* que canceló definitivamente las escasas libertades de los esclavos y les prohibió transitar sin permiso de su amo, ganar y ahorra dinero, aprender a leer y escribir e incluso vedó el derecho de pensar.

La *Negro Act* también elevó los impuestos a la importación de esclavos, estimuló la inmigración europea para nivelar la proporción de población negra y blanca, y sirvió de modelo para las leyes de esclavitud que se promulgarían en todas las colonias yanquis.

Ninguna localidad yanqui –excepto Charleston- tenía un índice de población esclava tan elevado como el de la ciudad de Nueva York, donde vivían 11 mil personas y más de 2 mil eran africanos esclavos.

El *Consejo de Nueva York* estableció –el 18 de noviembre de 1731- que *"todo esclavo negro, mulato o indio que muera en esta ciudad deberá ser enterrado a plena luz del día, y para prevenir que gran número de esclavos se congreguen y conversen juntos en el funeral, y que tengan oportunidad de complotar contra la Confederación y rebelarse, se ordena que no más de dos esclavos puedan acudir a cualquier funeral..."*

Menos del veinte por ciento de la población anglosajona poseía el noventa y nueve por ciento de toda la riqueza generada en las colonias yanquis y, entre las familias de abolengo, enriquecerse a costillas del trabajo esclavo era una forma de vida muy cómoda que comenzaba en la cuna y finalizaba en la tumba.

Augustine Washington –el padre de George Washington- escribió: *"Yo, Augustine Washington, estando enfermo y débil, pero en perfecto sentido y memoria, hago mi última voluntad y testamento de la manera siguiente... Le doy a mi hijo Lawrence Washington y sus herederos -para siempre- toda la plantación y tierras en Huntington Creek, todos los esclavos, ganado y las cosas que se encuentran dentro de esa propiedad... Le doy a mi hija Betty un niño negro llamado Benny, el hijo de la esclava Judith... Le doy a mi hijo George Washington y a sus herederos –para siempre- la tierra en la que ahora vivo y 10 esclavos negros... En el nombre de Dios que así sea..."*

George Washington era un riquillo yanqui de cuarta generación que tuvo esclavos africanos desde muy niño -su padre era propietario de esclavos, sus abuelos traficaron africanos, sus hermanos también se beneficiaban del trabajo forzado- y creció en la aristocracia esclavista virginiana al modo de un caballero inglés -tomando clases de baile y de conversación- y memorizando un popular manual de autoconfianza -*Rules of Civility and Decent Behavior in Company and Conversation*- escrito por un noble británico.

Centenas de documentos confirman que George Washington no fue el libertador que la propaganda yanqui quiere hacernos creer sino un despiadado racista que apoyó y legalizó la esclavitud.

Las preocupaciones humanistas del piadoso George Washington podemos vislumbrarlas palmariamente cuando escribe que *"yo tomaré seis o más negros, estimado señor, si puedes vendérmelos en los términos que hemos convenido en tu carta... Si tú estás de acuerdo nos reuniremos para cerrar el trato, en la confianza de que mantendrás tu palabra de entregarme negros que no sean adictos a escapar y que sean saludables, porque yo abominaría negros enfermos –niños, mujeres u hombres- que no sirvan para mis propósitos..."*

En las colonias yanquis el derecho de propiedad era muy importante para los anglosajones porque daba poder -e influencia- ya que sólo los hombres con bienes podían votar, ser magistrados o legisladores; las hijas tenían que vivir bajo la autoridad de un varón, y cuando una mujer se casaba estaba obligada a entregar cualquier pertenencia a su esposo.

William Trayon –el Gobernador Real de Virginia- opinaba que *"una plantación de setenta esclavos puede ser perfectamente considerada como una excelente propiedad... Cuando un hombre casa a su hija, él nunca habla de la dote en términos monetarios sino del número de esclavos..."*

Martha Dandridge era considerada la viuda más acaudalada de Virginia cuando se casó con George Washington -el 6 de enero del año 1759- y el matrimonio multiplicó nueve veces la riqueza del ambicioso joven porque -en virtud de las leyes de propiedad- sumó 286 esclavos a los treinta que ya poseía, y obtuvo el control de diecisiete mil acres de sembradíos que lo posicionaron entre los diez hombres más prósperos de esa región.

Los libros contables de George Washington revelan a las claras que el presunto prócer yanqui administraba su nueva fortuna de manera avariciosa, y que gastaba menos de un dólar al año para vestir a sus esclavos porque a los niños los mantenía completamente desnudos hasta una edad avanzada.

El parlamento británico aprobó en el año 1765 la *Stamp Act* -que establecía impuestos directos contra las colonias yanquis- porque la Corona Inglesa razonaba que esos asentamientos habían prosperado gracias a la protección imperial y que ahora deberían compartir los tremendos gastos originados por esa ayuda.

Los colonos se rebelaron, declinaron comprar las *estampillas reales,* y atacaron a las fuerzas británicas en Nueva York bajo la consigna de la lucha por la libertad, pero la libertad que los yanquis reclamaban era el derecho de explotación exclusivo para los anglosajones.

En el año 1768, una flota inglesa ancló en Boston y cuatro mil soldados desembarcaron para hacer cumplir la ley británica.

La Corte Británica declaró –en el año 1772- que era ilegal la esclavitud en Inglaterra, y eso garantizo la libertad de casi veinte mil personas en aquélla nación europea, pero en las colonias yanquis los terratenientes se negaron a independizar a los negros.

Después de varios años de escaramuzas estalló formalmente la guerra entre ingleses y yanquis –el 19 de abril del año 1775- en una localidad situada a veinte millas de Boston. Nueve negros junto con sus amos detuvieron el avance de los ingleses, una banda de milicianos fue asesinada por los anglos cerca de Lexington, y dos mil yanquis emboscaron a las fuerzas británicas en Concorde.

Los líderes coloniales nombraron a George Washington -en junio del año 1775- como comandante del ejército que estaba formándose en Boston, con el objetivo de obtener la independencia y asegurar sus derechos sin abandonar el Imperio Británico, y mucho menos liberar a los esclavos.

George Washington pensaba que la guerra sería corta –cuatro o seis meses como máximo- pero cuando inspeccionó su ejército se sorprendió de encontrar enrolados a cientos de negros por lo que ordenó –en octubre de 1775- prohibir el reclutamiento de africanos, independientemente de si eran libres o esclavos, y en el *Congreso Continental* se trató el asunto de fortificar al ejército yanqui sin la participación de los hombres de color.

Los testimonios indican que George Washington se negó a aceptar el servicio militar de los africanos porque pensó que si estos participaban en la conflagración contra Inglaterra luego reclamarían su libertad, y la simulada *guerra de independencia* estadounidense se convertiría entonces –efectivamente- en una guerra por la libertad de los esclavos.

Lord Dumbort -el Gobernador Real de Virginia- lanzó en noviembre del año 1775 un manifiesto por el que otorgaba la libertad a los seiscientos mil esclavos africanos e indígenas que vivieran en las colonias yanquis -porque esos territorios pertenecían todavía a la *Corona Británica*- y los invitaba a unirse a él para luchar contra los esclavistas gringos.

The Morning Chronicle escribió en noviembre de 1775 –después de conocerse la decisión de Lord Dumbort de invitar a los negros a enrolarse en el ejército británico- que *"el diablo no ha inventado una cosa más maligna que el plan de Dumbort de poner contra nosotros a nuestros esclavos para detener la lucha de las colonias por su libertad, porque no sabemos cuales sean las intenciones de esos negros y que problemas pueden ocasionarnos en el futuro..."*

Cientos de esclavos dejaron a sus amos y se unieron a las fuerzas británicas; los africanos que alcanzaron a Lord Dumbort fueron nombrados ciudadanos reales y bautizados como el *Regimiento Etíope*.

George Washington estaba terriblemente preocupado por el plan de Lord Dumbort y alertó a sus colaboradores que *"si éste hombre y sus negros no son aplastados rápidamente, antes del verano, se convertirán en el más formidable enemigo que las colonias hayan tenido porque su ejemplo crecerá en fuerza como una bola de nieve y más rápido cada vez... Tenemos que hacer algo para convencer a él y a sus esclavos de la impotencia de sus deseos..."*

Los bárbaros yanquis aumentaron la opresión sobre los esclavos y comenzaron -sin motivo- a detenerlos, torturarlos y ejecutarlos diariamente en las plazas públicas, para desalentar al que quisiera escapar o rebelarse.

El *Congreso Continental* suspendió temporalmente -el 6 de abril del año 1776- el comercio de esclavos porque observó que en una guerra librada presuntamente por los derechos del hombre, la existencia del tráfico de esclavos estaba debilitando el principal argumento que sustentaba al conflicto.

Los hipotéticos patriotas gringos –que se la pasaban discursando sobre la libertad y orando a Dios liberarse de Inglaterra mientras redactaban leyes ilegales, crueles e inhumanas, y practicaban la abominable esclavitud- se congregaron en el *Segundo Congreso Continental* para oficializar su separación del Imperio Británico y adoptar –el 4 de julio de 1776- la *U.S. Declaration of Independence,* con la justificación de que *"en el curso de los acontecimientos humanos se hace necesario que un pueblo disuelva los lazos políticos que lo han vinculado a otro y adopte entre los Poderes de la Tierra la posición igual y separada a la que las Leyes de la Naturaleza y de la Naturaleza Divina le dan derecho... Sostenemos que éstas Verdades son evidentes en sí mismas: Que todos los hombres son creados iguales, que el Creador los ha dotado de ciertos derechos inalienables, que entre ellos se encuentran la Vida, la Libertad y la Búsqueda de la Felicidad... Que para asegurar estos Derechos se instituyen Gobiernos entre los Hombres, los cuales derivan sus poderes legítimos del consentimiento de los gobernados; que el pueblo tiene el derecho de cambiar o abolir cualquier otra forma de gobierno que tienda a destruir estos propósitos, y de instituir un nuevo gobierno, fundado en tales principios, y de organizar sus poderes en tal forma que la realización de su Seguridad y Felicidad sean más viables..."*

Los hermosos pero no muy originales conceptos de la *U.S. Declaration of Independence* –porque parecen calcados del *Contrato Social* de Rousseau y según los expertos son una mezcolanza de democracia griega, república romana y doctrinas anglofrancesas contemporáneas- fueron redactadas por el embaucador Thomas Jefferson –que en aquella fecha poseía 202 esclavos- mientras Bob Hemmings –uno de ellos- permanecía al lado de su escritorio para servirle en todo lo que deseara.

El engañabobos Thomas Jefferson escribió -por ejemplo- que *"nosotros vemos la esclavitud como algo autoevidente, algo natural porque la esclavitud es un maravilloso regalo de Dios... Por eso nuestro gobierno legisla con derechos que no aplican para el pueblo negro..."*

Thomas Jefferson era un desalmado esclavista -igual que todos los signatarios de la *U.S. Declaration of Independence-* pero la propaganda se encargó que la idea de que *todos los hombres son creados iguales* cimentara el mito de que Estados Unidos es, incongruentemente, la *tierra de la libertad.*

Jefferson escribió en *Notes on the State of Virginia* que *"la unión sexual de blancos y negros produce una insana degradación que no es buena para nuestro país, para la excelencia de nuestra raza, y que no puede ser consentida inocentemente..."* Pero el puritano Thomas violó sus propios preceptos al vivir muchos años en concubinato con la esclava africana Sally Hemmings –la sirvienta consentida de su difunta esposa, Martha Wayles Skelton- y tener al menos dos hijos con ella.

El valiente periodista James T. Callender denunció en el año 1802 -en un periódico de Richmond- que Thomas Jefferson tenía al menos dos hijos de raza africana con Sally Hemmings y escribió que *"Thomas Jefferson ha mantenido por muchos años y mantiene como concubina a una de sus esclavas... Su nombre es Sally Hemmings..."*

El embustero Thomas Jefferson negó furibundo la acusación, pero un análisis de ADN -realizado en el año 1998- concluyó que sí existe un verdadero e innegable vínculo genético entre los descendientes de Hemmings y la familia Jefferson.

Thomas Jefferson fue -hasta el día de su muerte- un sanguinario esclavista y nunca respondió –o evitó hacerlo de manera convincente- a los escasos anglosajones progresistas que vivieron en su época y que le escribían cuestionándolo sobre su hipócrita conducta, y sobre la contradicción entre el significado de las palabras que escribió en la *U.S. Declaration of Independence* y la esclavitud que practicaba.

George Washington reunió a su ejército -el 9 de julio del año 1776- para leerles la *U.S. Declaration of Independence* porque infantilmente pensaba que el texto estimularía la moral de combate, pero miles de sus hombres habían muerto, enfermado o desertado por las míseras condiciones a las que los sometió y –después de un año y medio- los anglosajones que permanecieron no creían que el conflicto bélico fuera una verdadera revolución sino una lucha para beneficiar únicamente a los yanquis pudientes.

Washington tenía –a finales del año 1777- a veintitrés mil milicianos en su campamento de invierno -en Valley Forge- y en marzo del año 1778 le quedaban menos de diecisiete mil hombres.

Ante la concluyente realidad, George Washington tuvo que tragarse sus palabras y firmó –en la primavera del año 1778- un plan para constituir un regimiento de negros -libres y esclavos- en Rhode Island; el Congreso yanqui lo aprobó, pero para los esclavos no habría pago económico y serían compensados exclusivamente con su libertad.

Cinco mil gallardos africanos combatieron en el débil ejército yanqui –asesorado y protegido en las batallas decisivas por la Armada Francesa- para ayudar a los gringos a independizarse de Inglaterra.

Los considerados legisladores de Pensilvania -para honrar el concepto consignado en la *U.S. Declaration of Independence* acerca de la igualdad de todos los hombres- decretaron en el año 1780 que todos los niños negros nacidos en esa colonia serían libres, pero sólo hasta los 28 años de edad.

La *guerra de independencia* finalizó con la rendición inglesa en Yorktown –el 17 de octubre del año 1781- y los latifundistas inmediatamente comenzaron a importar esclavos en cantidades mayores que antes del conflicto, para recuperarse de las pérdidas.

El Tratado de París –firmado en 1783- consumó la independencia gringa, y cuatro años después se congregaron los representantes de las colonias yanquis para redactar y aprobar la *U.S. Constitution*, pero los delegados –que negociaron durante seis meses- evitaron incluir en el texto definitivo las palabras esclavo y esclavitud, y prefirieron encubrir la realidad utilizando gentiles eufemismos.

La primera mención directa de la esclavitud en la *U.S. Constitution* apareció sólo hasta 1835 –casi sesenta años después de su aprobación- cuando la *Treceava Enmienda* fue ratificada.

La *U.S. Constitution* prohibió al Congreso estadounidense –cuando menos durante veinte años después de su promulgación- legislar para finalizar el tráfico de esclavos, ordenó a las colonias que abolieron la esclavitud que le devolvieran a los terratenientes los prisioneros que hubieran encontrado refugio en esos territorios, y permitió que los Estados esclavistas contaran tres quintas partes de su población cautiva para determinar el número de asientos que obtendrían en la *House of Representatives*.

George Washington –elegido como el primer Presidente de Estados Unidos- rechazó indignado el salario anual de veinticinco mil dólares que le autorizó el *First U.S. Congress* –una fortuna que equivale a entre quince y diecisiete millones de dólares actualmente- argumentando que *"es injusto ser tan generosamente remunerado porque sólo soy un humilde servidor público,"* pero nunca se opuso ni se escandalizó por vivir exquisitamente a costa del trabajo esclavo hasta el último día de su vida.

El primer Presidente de Estados Unidos –que ulteriormente aceptó el abultadísimo salario que le ofrecieron- nunca criticó públicamente la esclavitud, y la alentó con sus actos de gobierno porque al tomar posesión inmediatamente compró -con dinero de los contribuyentes- nueve esclavos africanos para que le sirvieran en la *Mansión Ejecutiva* localizada en Philadelphia.

Las leyes de Pensilvania –en aquél momento- establecían que todos los esclavos que ingresaran a ese Estado serían legalmente libres después de seis meses de trabajo continuo, pero el tramposo Washington rotaba a sus esclavos entre Mount Vernon y Philadelphia para evitar que ellos obtuvieran su libertad, y ocultó cuidadosamente su ilícito comportamiento.

De hecho, dos esclavos que trabajaban en la *Mansión Ejecutiva* escaparon mientras estaban en Philadelphia; uno de ellos -Oney Judge- fue descubierto en New Hampshire, y pudo haber sido capturado y devuelto bajo la *Fugitive Slave Act del año 1793* –un reglamento que el mismo Washington había firmado y convertido en ley- pero se le permitió escapar para evitar la controversia pública y que se comenzará a escarbar en la conducta criminal del primer presidente yanqui.

El *U.S. Census* del año 1800 indicó que cien mil negros libres y ochocientos mil esclavos –hombres, mujeres y niños que cosechaban los campos y mantenían la industria yanqui floreciendo- vivían en esa imberbe nación.

El creciente temor al alzamiento de los cautivos en las colonias yanquis fue reforzado por el triunfo de la revolución de esclavos capitaneada por Toussaint Louverture en St Domingue –la más brutal de las colonias francesas- que abolió la esclavitud en la isla compartida hoy entre la República de Haití y la República Dominicana.

La Revolución Haitiana irritó al vicepresidente Thomas Jefferson quien presionó incesantemente al Congreso estadounidense para que bloqueara los negocios con la isla insurrecta, y trató de asustarlo argumentando que los marineros caribeños que llegaban a los puertos yanquis representaban un peligro para la seguridad nacional, pero los legisladores no le hicieron caso porque el negocio con Haití era muy rentable y no estaban dispuestos a perderlo por un fanático esclavista.

Un delegado de Napoleón Bonaparte visitó a Jefferson -después de que juramentó como el tercer Presidente de Estados Unidos- con la misión de conseguir su apoyo para reinstalar la esclavitud en Haití, y después de la reunión en Washington -la nueva capital yanqui- escribió al emperador que el ejecutivo gringo se había comprometido a tomar todas las medidas necesarias para aniquilar a Toussaint Louverture y apoyar al ejército francés.

Los primeros soldados galos -al mando del cuñado de Napoleón- llegaron al puerto de St Domingue en febrero del año 1802 para comenzar -después de cuatro años de paz con la población caribeña- una cruenta guerra que produciría más de cien mil isleños muertos en sólo una década.

Los haitianos se convirtieron en un eficaz ejemplo para los esclavos de América porque –después de trece años de temerarios combates- derrotaron totalmente a la coalición imperialista francoestadounidense, y a continuación declararon la plena independencia de Haití -el 1 de enero del año 1804-.

Francia perdió la base militar que le representaba Haití, abandonó sus posesiones coloniales en América, y le vendió a Estados Unidos en quince millones de dólares la provincia de Louisiana –un gran negocio para los yanquis porque duplicaron su territorio hacia el oeste del río Mississippi-.

La demanda de esclavos en el sur de Estados Unidos aumentó excepcionalmente con la invención de la pizcadora de algodón –una máquina para separar las fibras y las semillas del vegetal- porque revolucionó la industria textil incrementando la cantidad cosechada diariamente por cincuenta veces.

Los Estados ubicados en la región norte de Estados Unidos abolieron paulatinamente la esclavitud, pero eso no significó la libertad para los cientos de miles de oprimidos porque los terratenientes burlaban la ley transportando a sus siervos a las demarcaciones esclavistas en el sur de la nación.

El Congreso estadounidense prohibió –el 1 de enero del año 1808- la importación de esclavos, pero no con la intención de liberar a los millones de encadenados sino para proteger su industria esclavista porque promovió el tráfico de humanos en el país y la exportación de cautivos.

Trascendentales sublevaciones de esclavos ocurrieron en Estados Unidos en la primera mitad del siglo XIX: La rebelión de Gabriel –en 1800-, la revuelta de los esclavos de Louisiana –en 1811 y conducida por Charles Deslandes-, la asonada de George Boxley –en el año 1815-, la revolución de Fort Blount –en el año 1816-, el alzamiento de Denmark Vesey –a mediados de 1822-, la insurrección de Nat Turner –en 1831-, la toma del navío *Amistad* –en 1839- y los ataques del famoso John Brown –en 1859-.

Wendell Phillips –un defensor de los derechos humanos en aquella desdichada época- expresó en el año 1845 que *"los sucesos de los últimos cincuenta años demuestran que la esclavitud se ha triplicado... Los propietarios de esclavos controlan el gobierno y dictan las leyes en la capital del país, prostituyen la fuerza e influencia de la nación para apoyar la esclavitud aquí y en todas partes, eliminando los derechos fundamentales de los Estados libres y convirtiendo las Cortes Judiciales en sus herramientas... Si perpetuar esta malévola alianza es algo terrible, ¿Entonces por qué continuar con el experimento?"*

William Lloyd Garrison –otro destacado líder abolicionista- quemó públicamente una copia de la *U.S. Constitution* y dijo –en 1854- que ese documento era *"un convenio con la muerte y un pacto con el demonio porque yo soy un creyente del párrafo en la declaración de independencia estadounidense que habla acerca de que todos los hombres son creados iguales y que son bendecidos por el Creador con ciertos derechos inalienables –la vida, la libertad y la búsqueda de la felicidad- pero también soy un abolicionista y no puedo celebrar la opresión de ninguna manera, y menos cuando convierte a un hombre en un objeto..."*

La mayoría de las entidades del medio oeste y del norte de Estados Unidos se declararon territorios libres de la esclavitud para el año 1820, y formaron un conjunto geográfico separado de los Estados esclavistas al sur de la nación por la línea *Mason-Dixon* –entre Maryland y Pennsylvania- y por el río Ohio.

La *Guerra Civil* entre los dos bloques de Estados –*La Unión y los Confederados*- comenzó en el año 1861 y –contrario a lo que la propaganda difunde- fue motivada más por las ambiciones de los políticos, por el expansionismo y el secesionismo que por terminar con la esclavitud, porque los argumentos morales contra la servidumbre existían desde el comienzo de ésta execrable industria, pero las clases dominantes y los partidos políticos –para mantener sus privilegios- siempre fingieron atacar el problema y facilitaron la explotación humana con acuerdos como el *Missouri Compromise* –en 1820- y el *Pacto* del año 1850.

Alexander Stephen –el vicepresidente de los *Confederate States of America*- afirmaba cínicamente que *"los negros no son iguales al hombre blanco por lo que la esclavitud –la subordinación a la raza superior- es su natural y normal condición de vida..."*

Jefferson Davis –el único Presidente de los *Confederate States of America*- tergiversó desvergonzadamente que *"la esclavitud fue establecida por el Todopoderoso, está aprobada por la Biblia en ambos Testamentos, desde el Génesis hasta Revelación... La esclavitud ha existido en todas las edades, entre los pueblos depositarios de la más alta civilización y entre las naciones de mayor avance cultural..."*

La *Emancipation Proclamation* -un decreto de Abraham Lincoln que entró en vigor el 1 de enero del año 1863- declaró la libertad de todos los esclavos que vivieran en el territorio de los *Confederate States of America*, tan pronto como *La Unión* ocupara esos territorios.

El censo del año 1860 reveló que existían cuatro millones de esclavos en Estados Unidos –el doce por ciento de la población-.

El *Ejército de la Unión* triunfó en la *Guerra Civil,* pero cuando se retiró de los territorios sureños -durante la etapa de *reconstrucción nacional*- la esclavitud se reavivó disfrazada como peonaje –*debt bondage*-.

Las disparatadas *Leyes Jim Crow* –aplicadas desde el año 1876 hasta 1967- fueron promulgadas desde Delaware hasta California y desde North Dakota hasta Texas, e impusieron castigos legales a las personas que cohabitaban con miembros de otra raza; prohibieron el matrimonio interracial; obligaron a los propietarios de negocios e instituciones públicas a mantener separada la clientela blanca de la clientela negra; establecieron la completa segregación racial de las minorías asiáticas, negras e hispanas en todo Estados Unidos; y se consolidaron cuando el Presidente Woodrow Wilson estableció –en el año 1913- la absoluta segregación racial en todas las oficinas gubernamentales de Estados Unidos.

Algunos fragmentos de las *Leyes Jim Crow* ilustran excelentemente el siniestro racismo que emponzoña el alma estadounidense y empuja a ese pueblo a la explotación de sus semejantes.

En Alabama, los supremacistas blancos establecieron que *"ninguna persona o corporación requerirá que una enfermera blanca trabaje en hospitales, sean públicos o privados, en los cuales los negros estén alojados... Todas las compañías de transporte deberán tener salas de espera separadas y ventanillas de boletos separadas para los blancos y las razas de color... El conductor de cada tren tiene la obligación de asignar asientos a los pasajeros en función de su raza... Será ilegal que un restaurante o cualquier establecimiento que sirva alimentos atienda a blancos y gente de color en el mismo salón, a menos que los blancos y las otras razas estén efectivamente separados por una pared de al menos dos metros de alto, y que una entrada separada sea provista para cada sección del local... Será ilegal que un negro y un blanco jueguen juntos en los billares... Cada patrón deberá instalar en sus fábricas retretes separados para blancos y negros..."*

En Arizona, determinaron que *"es nulo el matrimonio de una persona de sangre caucásica con un negro, mongol, malayo o hindú..."*

En Florida, las infames *Leyes Jim Crow* sentenciaron que *"está prohibido para siempre en este Estado el matrimonio entre una persona blanca y un negro, o entre una persona blanca y una persona de ascendencia negra aunque sólo lo sea por cuarta generación... Cualquier hombre negro y mujer blanca, y cualquier hombre blanco y mujer negra, que no sean matrimonio y que tengan relaciones íntimas regularmente, serán encarcelados por no más de un año y multados con no más de quinientos dólares... Niños blancos y niños negros deberán estudiar en escuelas separadas... Se construirán correccionales separadas para muchachos blancos y negros porque los jóvenes de raza blanca y los negros no deberán de ser mezclados ni puestos a trabajar juntos..."*

En el Estado de Georgia decretaron que *"los directores de los hospitales para enfermos mentales harán los arreglos para que los pacientes negros y blancos no estén juntos ni se crucen al caminar por dichas instalaciones... Es ilegal que una persona blanca se case con alguien que no sea otra persona blanca y cualquier matrimonio que viole esta sección será invalidado... Ningún peluquero negro atenderá a mujeres o jovencitas blancas... La Oficina de Defunciones no permitirá que se sepulte a alguna persona de color, o de razas extrañas, en el área utilizada para enterrar a personas blancas... Las personas con licencia para manejar un restaurante deberán atender exclusivamente a clientes blancos o negros, y no podrán atender a las dos razas en el mismo local ni en ningún otro edificio bajo la misma licencia... Será ilegal que cualquier equipo amateur de béisbol, integrado por blancos, juegue en algún terreno o diamante de béisbol que esté ubicado a no menos de dos cuadras de algún lugar donde los negros jueguen también béisbol, y será ilegal para cualquier equipo amateur de béisbol, integrado por negros, hacer lo mismo... Es ilegal que los negros, y la gente de razas extrañas, frecuente los parques públicos porque son para uso y disfrute exclusivo de las personas blancas... Las personas con licencia para vender bebidas alcohólicas deberán vender exclusivamente a blancos o a negros, y no podrán atender a las dos razas en el mismo local..."*

En Louisiana, las absurdas *Leyes Jim Crow* impusieron que *"alguna persona que rente algún apartamento a un negro o a una familia negra en un edificio que esté ocupado por al menos una persona blanca, será culpable de una infracción menor y será multado con cien dólares como máximo, o encarcelado entre diez y sesenta días... En todos los circos y espectáculos públicos, en los cuales se espera la asistencia de más de una raza se proveerá entradas separadas y ventanillas de boletos separadas para la raza blanca y las razas extrañas..."*

En Maryland implantaron que *"los matrimonios entre una persona blanca y un negro, o entre una persona blanca y de ascendencia negra aunque sea por tercera generación, o entre una persona blanca y un miembro de la raza malaya, o entre un negro y un miembro de la raza malaya, o entre una persona de ascendencia negra aunque sea por tercera generación y un miembro de la raza malaya, son prohibidos por siempre y serán nulos... Todas las compañías ferroviarias, y todas las empresas transportando pasajeros en éste Estado deberán facilitar vagones o vehículos separados para transportar a personas de la raza blanca y negros..."*

En Mississippi, las irracionales *Leyes Jim Crow* ordenaron que *"deben establecerse escuelas separadas para los niños blancos y los negros... Cualquier persona que imprima, publique o distribuya entre la comunidad materiales gráficos, o textos que sugieran o argumenten en favor de la igualdad social o de los matrimonios interraciales, será culpable de una infracción menor y sujeto a una multa que no será superior a quinientos dólares, o a una encarcelación que no durará más de seis meses... El matrimonio de una persona blanca y un negro, o un mulato, o una persona que tenga un octavo de sangre negra, será ilegal y nulo... Los hospitales del Estado mantendrán entradas separadas para los pacientes y visitantes de raza blanca y los negros, y cada entrada deberá ser usada exclusivamente por la raza para la que fue establecida... Los convictos blancos deberán tener celdas y comedores que estén separados de los convictos negros..."*

En Missouri prescribieron que *"escuelas públicas separadas serán establecidas para la educación de niños negros, y será ilegal que algún niño de raza extraña acuda a las escuelas para blancos, o que algún niño blanco asista a escuelas para negros... Todos los matrimonios entre personas blancas y negros, o entre blancos y mongoles, son prohibidos y declarados absolutamente nulos... A nadie que tenga un octavo de sangre negra se le permitirá casarse con una persona blanca..."*

En Nuevo México dispusieron que *"se proveerán salones separados para la enseñanza de niños blancos y negros, y ningún niño de raza extraña será admitido en los salones de niños de raza caucásica..."*

En North Carolina, los descabellados decretos mandaron que *"en las escuelas o bibliotecas los libros no serán intercambiables entre diferentes razas y deberán ser utilizados por la raza que primero los utilizó... Las bibliotecas deberán establecer áreas separadas para los miembros de razas extrañas que acudan a consultar libros o periódicos... La milicia estatal deberá separar a los reclutas blancos y negros y nunca los pondrá a servir bajo la misma organización... Ningún grupo militar de negros será permitido donde los soldados blancos estén disponibles, y los soldados negros siempre deberán estar bajo el mando de oficiales blancos... El Estado deberá asegurarse de que en todas las compañías de transporte existan salones de espera separados para blancos y negros..."*

En Oklahoma, los disparatados reglamentos señalaron que *"cualquier maestro que enseñe en cualquier escuela, colegio o institución que reciba a alumnos de diferentes razas y los mezcle para su instrucción, será multado con cincuenta dólares... La Comisión de Conservación de la Naturaleza tiene el derecho de prohibir a las razas extrañas la pesca, el canotaje y bañarse en las aguas estatales porque son para el disfrute exclusivo de los blancos... En los parques de diversión, los baños, las instalaciones sanitarias, los guardarropas y casilleros para los negros deberán estar separados de los utilizados por los blancos pero podrán estar en el mismo edificio... Las compañías de comunicaciones deberán instalar casetas telefónicas públicas para personas blancas y negros..."*

En South Carolina, los desatinados estatutos decidieron que *"las compañías de transporte que proporcionan comidas a sus clientes durante el viaje o en las estaciones de abordaje, no deberán servir alimentos a blancos y negros en el mismo salón, en la misma mesa ni en el mismo mostrador... Es ilegal que un padre, pariente u otra persona blanca en este Estado, teniendo el control o custodia de un niño blanco, por derecho o potestad, natural o adquirida, disponga o entregue a un niño blanco en custodia permanente, control, o manutención, a un negro..."*

En Texas, las ilógicas *Leyes Jim Crow* dictaron que *"cualquier persona blanca puede usar las bibliotecas del condado bajo las reglas y regulaciones previstas en la ley. El Estado establecerá bibliotecas públicas para negros y razas extrañas, que serán administradas por un negro, bajo la supervisión estricta del Jefe de Bibliotecas del Estado... La Junta Educativa del Estado proveerá escuelas de dos clases: Para niños blancos y para negros..."*

En Virginia, las incoherentes reglas establecieron que *"cada persona que opere un salón público, teatro, casa de ópera, sala de cine o cualquier lugar de entretenimiento público, deberá separar a las personas blancas de los negros, y designar áreas y asientos especiales para cada raza..."*

En Wyoming, las irracionales normas fijaron que *"todos los matrimonios de personas blancas con negros, mulatos, mongoles o malayos, realizados en este Estado, serán ilegales y nulos..."*

El *Movimiento de Derechos Civiles* –promovido por las minorías en Estados Unidos- comenzó a atacar las *Leyes Jim Crow* en las Cortes estadounidenses hasta lograr que el Presidente Lyndon Johnson firmara la *Civil Rights Act of 1964* que anuló la segregación racial, pero que no terminó con el racismo de los supremacistas blancos estadounidenses.

Aunque la *Suprema Corte* declaró inconstitucional la segregación racial en las escuelas yanquis –en el año 1954- y que la práctica terminó teóricamente hasta bien entrados los años setenta, la realidad es que la segregación racial informal –o velada- sigue practicándose en las escuelas e instituciones de muchas ciudades de Estados Unidos.

ANTISEMITISMO MADE IN USA

La discriminación y el odio racial contra los miembros del pueblo hebreo -el antisemitismo- es un maligno sentimiento que comenzó a desarrollarse en la conciencia de los gringos a finales del siglo XIX, cuando decenas de miles de judíos ashkenazi que lograron escapar de los *pogroms* en Europa Oriental anclaron en la islilla Ellis -en Nueva York- buscando refugio y un nuevo hogar.

Leo Rosten –autor de *The Joys of Yiddish*- narra en su obra que los judíos se enfrentaron al feroz racismo yanqui en cuanto desembarcaron en Estados Unidos, y que las autoridades portuarias de Nueva York los llamaban despectivamente *kike* porque eran analfabetas en su mayoría y firmaban sus papeles migratorios con un círculo -*kikel* en yiddish-.

Los ataques contra la comunidad hebrea se intensificaron notablemente a partir de la década de 1910, cuando cientos de judíos inocentes fueron linchados, después de ser sentenciados a la pena capital por tribunales, jurados y jueces corruptos ligados al *Ku Klux Klan* –una organización terrorista yanqui que promueve el racismo, el antisemitismo, el anticatolicismo, la homofobia, el sentimiento antimigrante, la dudosa superioridad de la raza blanca y que actualmente está activa, según la *Liga de la Antidifamación Judía*, con más de cuatro mil racistas anglosajones que portan máscaras para cometer impunemente sus fechorías, y con militantes destacados como el senador demócrata Robert Byrd y el republicano David Duke –exsenador federal y expresidente del *Ku Klux Klan*-.

El antisemitismo yanqui –durante el período comprendido entre los años 1920 y 1940- fue sólo otro pretexto para manifestar el profundo racismo que envenena a la inculta sociedad estadounidense y cuya mutación se manifiesta en el siglo XXI como un odio bestial contra los árabes y los latinos.

Estados Unidos siempre se negó a proporcionar asilo humanitario a los judíos que empezaron a abandonar forzadamente -desde el año 1933- la Europa convulsionada por las ambiciones de Hitler.

La influencia de los cabilderos judíos era insignificante en la etapa previa a la segunda conflagración mundial, y por eso fracasaron al solicitarle al Presidente Herbert Hoover –en el año 1933- la promulgación de una ley humanitaria que permitiera el ingreso a territorio yanqui de veinte mil niños judíos expuestos al peligro nazi en Europa. La ley de asilo para los niños judíos murió en la *House of Representatives* a causa del antisemitismo imperante entre la oligarquía estadounidense. Laura Roosevelt –prima del presidente que instauró el *New Deal*- expresó su rechazo al asilo de niños judíos opinando que *"no podemos aceptarlos ni ayudarlos porque veinte mil encantadores niños pronto crecerán y serán veinte mil adultos horrorosos..."*

Un año después de la malograda *Ley de Asilo para los Niños Judíos*, el Congreso estadounidense aprobó unánimemente una legislación similar que permitió el ingreso inmediato a territorio gringo de veinte mil niños británicos –blanquitos, de ojos azules y obviamente de habla inglesa- que peligraban por la inminente guerra en Europa.

Al mismo tiempo, en la Alemania nazi se incrementaba la campaña para expulsar a los restantes doscientos mil judíos –por doquier había letreros que decían *¡judíos no los queremos, fuera!* y en los parques germanos había bancas amarillas especiales para los hebreos- mientras que en Estados Unidos el Partido Nazi gozaba de gran notoriedad, tenía una membresía de pudientes, y realizaba impresionantes desfiles de veinticinco mil personas que eran cabalmente protegidos por el gobierno.

El *Silver Ranger* -un periódico yanqui muy popular- y más de cien organizaciones gringas impulsaron nacionalmente -a mediados de los años treinta- una incisiva campaña antisemita que exigía al gobierno la expulsión de todos los judíos radicados en Estados Unidos, culpándolos de todas las enfermedades y calamidades que ocurrían en el país del Tío Sam.

Las iglesias cristianas estadounidenses también practicaban una discriminación atroz contra los judíos. El sacerdote católico Charles Coughlin -el antisemita más influyente entre los cristianos con tres millones de oyentes- denunciaba en sus alocuciones semanales la presunta peligrosidad del judaísmo, advertía que los israelitas estaban presionando para que Estados Unidos ingresara a la guerra contra la Alemania hitleriana, y difundía a través de su periódico *Social Justice* –fundado en el año 1936- acusaciones contra los hebreos basadas en el libro *Los Protocolos de los Sabios de Zión*.

Las instituciones académicas establecieron barreras reglamentarias –la *Alumni Law* que reclutaba primordialmente a estudiantes cuyos padres hubieran cursado sus estudios en Estados Unidos- para dificultar el acceso de los hebreos a la educación superior. Los israelitas eran excluidos firmemente de la vida universitaria estadounidense y se les negaba resueltamente el ingreso a las facultades médicas, por eso la comunidad hebrea comenzó a construir –a partir del año 1930- hospitales que pudieran ofrecer atención a los hebreos necesitados y práctica a los futuros médicos israelíes.

Los judíos yanquis no podían trabajar –en aquélla época- en las industrias importantes y mejor remuneradas porque las compañías de construcción, de comunicaciones, automotrices, financieras o inmobiliarias no contrataban a judíos. La burocracia estadounidense tampoco aceptaba a empleados hebreos.

Una encuesta nacional realizada en Estados Unidos -que data del año 1939- demostró claramente que 53 por ciento de los yanquis estaba absolutamente convencido de que los judíos eran diferentes a las demás personas, que eran muy peligrosos, y que deberían ser restringidos de la vida pública por la seguridad de Estados Unidos.

Esas lerdas opiniones eran apropiadamente avivadas por el mismo gobierno estadounidense en todos sus niveles, y el influyente *U.S. Department of State* era reputado en los círculos gubernamentales como una cueva de funcionarios antisemitas forjados en las obtusas ideas de la superioridad de la raza blanca del noreste europeo sobre los pueblos del mundo.

La posición oficial del gobierno yanqui sobre los judíos que eran asesinados por Hitler era muy simple: El rescate de los hebreos no era una prioridad de Estados Unidos por lo que se debería minimizar el asunto ante la opinión pública, y evitar su difusión en los medios de comunicación.

Mencionemos el caso del barco *SS St Louis* que zarpó de Europa rumbo a La Habana –el 13 de mayo del año 1939- con 950 judíos a bordo porque presuntamente el gobierno cubano les había otorgado asilo, pero el régimen caribeño negó la autenticidad de los documentos presentados por los viajeros y no les permitió desembarcar en su territorio. Los israelíes permanecieron doce días a bordo del buque –esperando que las organizaciones humanitarias convencieran a Roosevelt de permitirles el ingreso a Estados Unidos- pero el inmisericorde mandatario yanqui se hizo el sordo, no contestó los telegramas de los pasajeros que clamaban por el asilo, no ayudo a los 950 desdichados hebreos que estaban a menos de noventa millas de las costas gringas, y los obligó a que retornaran al puerto de Antwerp, donde muchos de los pasajeros fueron capturados y enviados a una muerte segura en los campos de concentración.

Breckinridge Long –funcionario del *U.S. Department of State* que estaba a cargo de conceder asilo a los refugiados- se dedicó a promover políticas antisemitas y antiemigrantes, e incluso inquietó maliciosamente a Roosevelt acerca de la necesidad de detener la inmigración judía porque –según él- los agentes nazis pretendían disfrazarse de expatriados para infiltrarse y perpetrar actos terroristas en Estados Unidos.

El Presidente Roosevelt aprobó limitar decisivamente la inmigración judía y declaró que *"debemos tener cuidado con la quinta columna... Hoy el peligro de nuestra seguridad nacional no proviene sólo de armas militares porque ahora conocemos nuevos métodos de ataque, el caballo de Troya, la quinta columna formada por espías, saboteadores y traidores que nos acechan..."*

Un memorandum secreto dictado por Breckinridge Long –en junio del año 1940- instruye a todos los embajadores y cónsules gringos para que corten de tajo toda inmigración porque *"nosotros podemos retrasar y efectivamente parar por un período temporal o indefinido el número de inmigrantes que ingresan a Estados Unidos, podemos hacerlo simplemente instruyendo a nuestros cónsules para que pongan todos los obstáculos posibles en el camino, y que pospongan y pospongan y pospongan el otorgamiento de visas..."*

Un año después de las instrucciones de Breckinridge Long al cuerpo diplomático yanqui, la inmigración judía hacia Estados Unidos se redujo en sesenta por ciento y -como consecuencia- cientos de miles de hebreos terminaron su vida en las cámaras de gas de los campos de concentración nazis.

Fue en esos años cuando el débil lobby judío comenzó a organizarse para ocupar las influyentes posiciones que le permiten a

Israel –actualmente– gozar de un irrestricto apoyo por parte del gobierno de Estados Unidos.

El rabino Stephen Wise –en un discurso durante la celebración de *Yom Kippur* en el año 1940– denunció que *"nuestros hermanos están siendo asesinados en Europa... El asesinato ya comenzó a practicarse en gran escala... Si como judíos tuviéramos un poco de dignidad, debiésemos al finalizar nuestra reunión subirnos a los automóviles y viajar desde Baltimore –donde vivimos– a Washington y llegar hasta la Casa Blanca y exigirle al presidente que use su influencia sobre los nazis para parar estas matanza... Pero la razón por la que ustedes dudarán en hacer eso será porque tienen a sus hijos e hijas trabajando en las agencias del New Deal que ahora sí están abiertas a los judíos, y tienen miedo de perder sus prebendas..."*

Menos de una hora después de terminar su disertación, Stephen Wise recibió una nota de los jefes de la sinagoga despidiéndolo por su irrespetuoso discurso hacia el presidente de Estados Unidos.

La campaña antisemita fomentada por el gobierno estadounidense durante la *Segunda Guerra Mundial* –maquillada de combate al terrorismo patrocinado por una fantasmal quinta columna– consiguió centralizar todas las decisiones migratorias en Washington a través de un comité que presumiblemente procesaría todas las solicitudes. La realidad fue que la aprobación de peticiones migratorias disminuyó hasta que la inmigración hacia Estados Unidos cesó definitivamente.

Gerhard Riegnert –representante en Ginebra del *Consejo Judío Mundial*– recibió a mediados del año 1942 un alarmante informe que revelaba lo que le pasaba realmente a los judíos en Europa.

Riegnert envió esa información –proporcionada por un importante industrial germano antinazi– al *U.S. Department of State* para que se la entregara al rabino Stephen Wise, pero altos funcionarios yanquis desecharon la petición pretextando que el documento consignaba sólo rumores, y suprimieron la información a pesar de que los servicios de inteligencia angloestadounidenses confirmaron –en agosto del año 1942– el genocidio nazi contra el pueblo hebreo.

El *U.S. Department of State* no sólo destruyó el informe de Reignert sino que cuando se enteró de que el rabino Wise lo había obtenido dos semanas más tarde –por medio de otra fuente independiente en Londres– se dedicó a presionarlo para que se abstuviera de divulgar que cientos de miles de judíos estaban siendo transportados a los campos de exterminio en el corazón de Europa.

Stephen Wise cedió temporalmente ante las amenazas del *U.S. Department of State,* pero luego se armó de valor y en una conferencia de prensa –realizada el 24 de noviembre del año 1942– denunció ante la opinión pública que los nazis habían establecido un plan macabro –*Die Endlösung der Judenfrage* o la *Solución Final*- para aniquilar a todos los judíos que vivieran en Europa.

La preocupante noticia del rabino Wise de que dos millones de judíos ya habían sido asesinados por los nazis fue rotundamente ignorada por los medios de comunicación yanquis, nunca salió en primera plana, y los escasos periódicos que la publicaron la ubicaron sintéticamente en las páginas interiores. Está de más decir que la prensa gringa nunca publicó -en los meses sucesivos- las noticias acerca del genocidio implementado contra los hebreos por las huestes de Hitler.

A finales del año 1942 -con cuatro millones de judíos que trataban de sobrevivir en Europa- Stephen Wise y otros judíos prominentes redactaron un informe de las atrocidades hitlerianas contra los hebreos, y se lo enviaron al Presidente Roosevelt, pero este sólo contestó que cuando terminara la guerra los nazis serían juzgados por los crímenes que cometieran, incluyendo los ejecutados contra los judíos.

Nuevos y numerosos informes del asesinato masivo de judíos en Europa fueron remitidos a los líderes hebreos estadounidenses vía el *U.S. Department of State* -a comienzos del año 1943- pero la oficina gubernamental no los entregó a sus destinatarios y finalmente -en febrero del mismo año- le ordenó a su delegación en Suiza que no aceptara más reportes destinados a las organizaciones judías.

Vital información de las matanzas de judíos perpetradas por los nazis fue silenciada durante once semanas por culpa del virulento antisemitismo atizado desde el *U.S. Department of State* –a cargo de Cordell Hull- que intentó hasta el último momento ocultar al mundo el genocidio contra los hebreos.

Roosevelt siempre se negó a resolver la terrible situación de los judíos en Europa y ni siquiera tomo una decisión positiva cuando Jan Karsky –el mensajero del gobierno polaco en el exilio- le informó en el año 1943 que los judíos en el ghetto de Varsovia estaban siendo enviados a campos de concentración para ser asesinados.

En el año 1943, las iglesias y cultos religiosos estadounidenses -de todas las denominaciones- permanecieron impasibles y en absoluto silencio ante la matanza de judíos, la prensa yanqui persistió en evitar que la opinión pública conociera los terribles acontecimientos, y siguió minimizando y enterrando entre sus páginas interiores las pocas noticias que se filtraban desde Europa.

Peter Bergson -un activista judío miembro de la organización terrorista *Irgun* que presionaba por la creación de un Estado Judío- dijo que *"el día más traumático de mi vida fue cuando leí un artículo*

del rabino Wise sobre la matanza de judíos ejecutada por los nazis,
pero no en la primera plana sino en la página diez..."

Bergson –que arribó a Estados Unidos en el año 1940- organizó un movimiento político cuyo objetivo era que el público conociera la historia del sufrimiento judío en Europa y al mismo tiempo reclutar a políticos, artistas e intelectuales yanquis para formar una poderosa opinión projudía en el país del Tío Sam. El movimiento de Bergson marcó el nacimiento del moderno lobby israelí.

El incansable Bergson comenzó a publicar grandes desplegados favorables a su causa en la primera plana de los principales diarios; consiguió que Ben Hedge –un importante productor de Broadway- pusiera en escena el *Memorial Pageant* –una representación que hablaba sobre el movimiento judío- y que la obra viajara por toda la nación para ser presenciada por más de cien mil personas.

El gobierno de Estados Unidos trató de calmar los lamentos judíos y organizó con Inglaterra una supuesta conferencia de ayuda humanitaria que se realizó en Bermudas –el 19 de abril del año 1943-. La reunión en Bermudas fue en un hotel -a puertas cerradas- y fracasó porque los angloestadounidenses acordaron que hasta que no ganaran la guerra no tomarían posición sobre la situación de los judíos.

Henri Morgenthau –un judío a cargo del *U.S. Department of Treasury* y ligado al presidente Roosevelt con una amistad de treinta años- influyó favorablemente en una solución para la emigración judía a Estados Unidos y descubrió -junto con sus colaboradores que no eran hebreos- que el *U.S. Departament of State* estaba bloqueando premeditadamente el rescate de los israelitas en Europa.

Todo comenzó cuando el rabino Stephen Wise se presentó en Washington con una solicitud de la comunidad judía para enviar el dinero que permitiera rescatar a setenta mil judíos europeos. La legislación estadounidense –para impedir que los fondos económicos cayeran en manos enemigas- exigía una licencia especial aprobada por el *U.S. Department of State* y por el *U.S. Department of Treasury.* La oficina de Cordell Hull retrasó la licencia por once semanas mientras que la oficina de Morgenthau la aprobó en 24 horas.

Simultáneamente, el grupo de Bergson y cuatrocientos rabinos ortodoxos llegaron a la *Casa Blanca* –dos días antes del año nuevo judío en 1943- para solicitarle a Roosevelt que considerara la creación de una oficina gubernamental con el objetivo de salvar al remanente del pueblo israelí en Europa, pero el mandatario yanqui se escondió y su vocero lo disculpó argumentando que estaba muy atareado para recibirlos, a pesar de que la agenda presidencial demostraba que estaba desocupado aquella tarde.

La campaña proisraelí se intensificó, y Bergson logró que el senador Guy Gillette y el representante Will Rogers Jr introdujeran una propuesta legislativa para fundar una agencia humanitaria que ayudara a los judíos europeos a emigrar hacia Estados Unidos.

En el *U.S. Department of Treasury* se enteraron que la licencia que autorizaron cinco meses antes para ayudar a los judíos no había sido transmitida porque nunca llegó a pesar de que ya había sido consignada, y descubrieron que el *U.S. Department of State* y el *British Foreign Office* se confabularon para detener el trámite.

Toda la triquiñuela se descubrió y el *U.S. Department of State* fue acusado formalmente -el 16 enero del año 1944- por haber ocultado y manipulado información importante que hubiera permitido el rescate de los setenta mil judíos europeos.

La presión contra el Presidente Roosevelt por su inexplicable complacencia ante la criminal conducta de sus mañosos subalternos lo obligo a firmar seis días después –en un hábil movimiento político para ocultar el escándalo- la *Orden Ejecutiva 9417* que instauró el *U.S. War Refugee Board*, con el objeto de rescatar a más de doscientos mil judíos europeos que luchaban por sobrevivir en los campos de exterminio del Tercer Reich.

En la primavera del año 1944, los gobiernos angloestadounidenses estaban perfectamente enterados de que las instalaciones localizadas en *Auschwitz-Birkenau* pertenecían a un campo de concentración, cuya tarea principal era gasear y cremar a miles de judíos semanalmente.

Los líderes judíos suplicaron al marrullero Roosevelt y al *U.S. Department of State* que la aviación yanqui bombardeara las cámaras de gaseamiento y las vías ferroviarias que conectaban a *Auschwitz-Birkenau* con el exterior, pero la implacable respuesta fue que no era posible cumplir la petición hebrea porque los cazas que escoltaban a los bombarderos no podían volar tan lejos.

El Presidente Roosevelt y el *U.S. Department of State* mintieron deliberadamente a los representantes judíos porque los documentos y fotografías desclasificadas demuestran que la aviación yanqui bombardeó -del 20 de agosto al 13 de septiembre del año 1944- el complejo industrial de *Auschwit-Monowitz* –ubicado 15 kilómetros adelante del campo de exterminio de *Auschwitz-Birkenau*-; que arrasó una refinería petrolera localizada en Polonia –sesenta kilómetros adelante de los crematorios de *Auschwitz-Birkenau*-; que destruyó las instalaciones de la *IG Farben* localizadas cuatro kilómetros adelante de *Auschwitz-Birkenau*, y que los mil ochocientos bombarderos que participaron en esas incursiones volaron tranquilamente sobre el campo de la muerte de *Auschwitz-Birkenau* mientras 450 mil judíos eran gaseados.

Por décadas la propaganda yanqui nos ha hecho creer que los gobernantes estadounidenses enviaron a su pueblo a luchar contra el nazismo por el amor a la democracia, por la libertad, por la defensa de los derechos humanos, pero la realidad indica que manipularon el sentimiento nacional para proteger sus intereses de clase.

Es mentira que Estados Unidos se opuso denodadamente al fascismo porque los datos demuestran claramente que después de declararse la guerra le prestó dinero a Italia y a España –los mejores aliados europeos de Alemania-, que apoyó al dictador fascista Francisco Franco prohibiendo el transporte de abastecimientos destinados al gobierno republicano español –opuesto a la dictadura franquista- y que permitió que Franco recibiera petróleo gratis de *Texaco*, armamento yanqui y doce mil vehículos obsequiados por la Ford y la *General Motors*.

El gobierno de Estados Unidos es también cómplice y culpable del holocausto porque –desde el ascenso de Hitler al poder- siempre se negó a salvar a los judíos, y no sólo no les autorizó el visado para emigrar a territorio gringo sino que desechó la petición de auxilio humanitario -realizada por las organizaciones judías en los países Aliados- para enviar alimentos y medicinas a los ghettos de Europa.

Desgraciadamente para los millones de judíos muertos en los campos de exterminio, los hechos históricos contradicen a la propaganda gringa y a las idílicas versiones difundidas desde Hollywood porque el capitalismo yanqui –un fascismo enmascarado-se alimenta del racismo y su afán supremo no es salvaguardar la vida sino acumular capital, esclavizar a los pueblos y explotar los recursos naturales.

LAS INTERVENCIONES YANQUIS EN LATINOAMÉRICA

Latinoamérica ha soportado -desde su emancipación de España y Portugal- innumerables intervenciones militares directas por parte de Estados Unidos -Gregorio Selser contabiliza, en su *Enciclopedia de las Agresiones Extranjeras en América Latina*, más de diez mil ocupaciones, ataques y desembarcos de muy diverso tipo desde comienzos del siglo XIX y hasta finales del siglo XX, y destaca que al menos sesenta por ciento fueron realizadas por los yanquis- pero es necesario enfatizar que los atracos a nuestro territorio no han sido realizados exclusivamente por esa vía porque los gringos también han utilizado las operaciones encubiertas, el sabotaje, el asesinato de líderes políticos, y el patrocinio de mercenarios que diseminan el terrorismo en nombre de sus amos.

Si bien algunos historiadores ubican el nacimiento de la ambición imperialista yanqui a fines del siglo XIX –cuando los gringos comienzan a afianzar la dominación de Centroamérica y El Caribe- y los libros de historia oficial aseguran erradamente que Estados Unidos -durante todo el siglo XIX- se aisló para resolver sus problemas internos, debemos disentir esa opinión porque el proyecto expoliador empezó efectivamente con el nacimiento de esa nación.

Thomas Jefferson enunció en 1786 –apenas tres años después de que el Imperio Británico reconociera la independencia de Estados Unidos mediante el *Tratado de París*- que *"nuestra Confederación debe ser considerada como el nido desde el cual toda América, así la del Norte como la del Sur, habrá de ser poblada... Más cuidémonos de creer que interesa a este gran Continente expulsar a los españoles... Por el momento aquellos países se encuentran en las mejores manos, y sólo temo que éstas resulten demasiado débiles para mantenerlos sujetos hasta que nuestra población haya crecido lo suficiente para írselos arrebatando pedazo a pedazo..."*

Alexander Hamilton –famoso signatario de la *U.S. Declaration of Independence*- opinó en el año 1788 que *"podemos esperar que dentro de poco tiempo nos convirtamos en los árbitros de Europa en América, pudiendo inclinar la balanza de las luchas europeas, en esta parte del mundo, de acuerdo con lo que dicten nuestros intereses... Dejad a los trece Estados, ligados por una firme e indisoluble unión, tomar parte en la creación de un Gran Sistema Americano, superior a todas las fuerzas e influencias trasatlánticas y capaz de dictar los términos de las relaciones que se establezcan entre el viejo y el nuevo mundo..."*

El Presidente George Washington realizó la primera agresión directa contra Latinoamérica y El Caribe, cuando apoyó militar y económicamente –en el año 1791- la explotación colonial francesa de la isla de Haití –llamada también *Quisqueya* por los indígenas y bautizada como *La Española* por Cristóbal Colón-.

El déspota Thomas Jefferson inculcó la ambición imperialista yanqui desde su primer mandato presidencial –en el año 1801- al decir que *"aunque nuestros actuales intereses nos restrinjan dentro de nuestros límites, es imposible dejar de prever lo que vendrá cuando nuestra rápida multiplicación se extienda más allá de dichos límites, hasta cubrir por entero el Continente del Norte, si no es que también el del Sur, con gente hablando el mismo idioma, gobernada en forma similar y con leyes similares... Por eso debemos dirigirnos la siguiente pregunta: ¿Deseamos adquirir para nuestra Confederación algunas de las provincias hispanoamericanas? Confieso francamente que he sido siempre de la opinión que Cuba sería la adición más interesante que podría hacerse a nuestro sistema de Estados... El dominio que ésta isla, junto con el promontorio de La Florida, nos daría sobre el golfo y sobre los Estados y el istmo que lo ciñen, así como los territorios sobre cuyos ríos desaguan en él, colmaría nuestro bienestar político..."*

John Adams desvergonzadamente manifestó –en el año 1804- que *"la gente de Kentucky está llena de ansias de empresa y aunque no es pobre, siente la misma avidez de saqueo que dominó a los romanos en sus mejores tiempos... México centellea ante nuestros ojos... Lo único que esperamos es ser dueños del mundo..."*

El embustero Thomas Jefferson también objetó el derecho a la existencia de la República de Haití –la primera nación del mundo gobernada por esclavos negros y mestizos liberados que logró su independencia en 1804- y rechazó al legítimo gobierno de Jean Jacques Dessalines –el sucesor de Toussaint Louverture luego de que éste falleciera en una prisión francesa, el 7 de abril del año 1803-.

A pesar de que Francia reconoció la independencia de la República de Haití en el año 1825, y de que el Imperio Británico hizo lo mismo en 1839, los sucesivos gobiernos yanquis mantuvieron su obcecada conducta con la isla caribeña hasta el año 1862.

James Madison –el Secretario de Estado yanqui- y Charles Talleyrand –el Ministro de Relaciones Exteriores de Francia- se reunieron en el año 1805 y declararon conjuntamente que *"la existencia de un pueblo negro en armas es un espectáculo horrible para todas las naciones blancas..."*

El Presidente Jefferson logró finalmente -en el año 1806- su viejo sueño de prohibir el comercio yanqui con la República de Haití, y se sumó fanáticamente al feroz bloqueo que le aplicaban a esa pequeña nación las potencias europeas.

Thomas Jefferson –un falso defensor de la democracia y de la libertad- negó cualquier tipo de apoyo a la lucha insurgente de Francisco de Miranda -el *Precursor de la Independencia Latinoamericana*- a pesar de que el caraqueño prestó invaluables servicios que ayudaron a la liberación de las Trece Colonias yanquis y que mantuvo amistad personal con algunos de los fundadores de Estados Unidos, cual era el caso del ya desaparecido Alexander Hamilton.

Francisco de Miranda –al ser rechazado por Jefferson- tuvo que recibir la ayuda no muy desinteresada de William Smith -Inspector de la Aduana de Nueva York- y la muy calculada asistencia de Samuel Odgen para adquirir un buque militar –el *Leander*— y alistar la tripulación con la que desembarcó el 3 de agosto del año 1806 en *Vela de Coro* –sobre la costa oeste del actual territorio de Venezuela– para proclamar –por primera vez desde *Tierra Firme*– el inicio de la lucha por la independencia de la *América Colombiana*.

La Administración Jefferson renovó –en el año 1807– el férreo embargo económico contra la República de Haití que –junto con el implacable bloqueo europeo– provocó posteriormente que esa isla caribeña se fragmentara en una república –ubicada en el sur y presidida por el General independentista Henri Christopher– y en una monarquía –localizada en el norte y regida por Alexandre Pétion–.

El Presidente James Madison le garantizó a Fernando VII –que recuperó su trono en el año 1814 y trató de reconquistar los territorios americanos que se independizaron de la Corona Española– el irrestricto apoyo del gobierno estadounidense para contener los movimientos de liberación que se desarrollaban en casi toda América, y dictó una extraterritorial *Ley de Neutralidad* que prohibió a las personas participar en absolutamente ninguna empresa relacionada con las luchas por la independencia que los pueblos de la América Meridional –así llamaban los yanquis a los territorios al sur de su país– libraban contra España.

En el año 1815, el coronel Martín Thompson fue aprehendido por violar la *Ley de Neutralidad* –cuando llegó a Estados Unidos pidiendo apoyo para la lucha independentista que sostenían las Provincias Unidas del Río de La Plata– y el Libertador Simón Bolívar –luego de la derrota de la Segunda República de Venezuela– escribió su prestigiosa *Carta de Jamaica* en la cual –para tormento de los ambiciosos imperialistas yanquis– declaró su propósito de continuar luchando por la independencia de la América Meridional y su propósito de construir en Latinoamérica *"la más grande nación del mundo, menos por su extensión y riquezas que por su libertad y gloria..."*

Simón Bolívar eludió la peligrosa *Ley de Neutralidad* yanqui, y con el magnánimo apoyo del Presidente de Haití –Alexandre Pétion, quien sólo pidió la emancipación de los esclavos en los territorios latinoamericanos que fueran liberados del dominio español– pudo emprender en el año 1816 –desde el territorio haitiano– las dos expediciones con las que iniciaría la última fase de la lucha por la independencia de la región norte de América del Sur. Simultáneamente, las Provincias Unidas del Río de La Plata se emanciparon y el General José de San Martín –jefe del *Ejército de los Andes*– cruzó la cordillera andina en dirección a Chile, venció a los realistas españoles en la *Batalla de Chacabuco*, entró en Santiago de Chile y nombró a Bernardo O'Higgins como *Director Supremo* de la nueva República Chilena.

James Madison –en contra de los significativos triunfos obtenidos por el pueblo mexicano y sudamericano contra el dominio español-ratificó en el año 1817 la hipócrita *Ley de Neutralidad* -que vedaba la provisión de armamentos o la organización de expediciones para apoyar a los insurgentes latinoamericanos- pero mantuvo abiertos los puertos yanquis al comercio con la monarquía española y encarceló arteramente a Manuel Hermenegildo de Aguirre, quien estaba en Estados Unidos gestionando el reconocimiento de la independencia de las Provincias Unidas del Río de La Plata.

El *U.S. Congress* –al enterarse de la invasión napoleónica a España- votó oportunistamente una resolución para apoderarse de Florida, en 1818 el General Jackson ocupó ilegalmente ese territorio, y al año siguiente España fue forzada a vender esa provincia -con dimensiones similares a Inglaterra- por la ridícula suma de cinco millones de dólares.

Luis Onís -el embajador español de la época- alertó a su gobierno respecto a los planes expansionistas gringos e informó que *"este gobierno se ha propuesto nada menos que fijar sus límites en la embocadura del Río Norte y tirar una línea recta hasta el Pacífico, tomando, por consiguiente, las provincias de Texas, Nuevo Santander, Coahuila, Nuevo México y parte de las provincias de Nueva Vizcaya y Sonora... Parecerá este un delirio a toda persona sensata, pero no es menos seguro que el proyecto existe, que se ha levantado expresamente un plano de dichas provincias, incluyendo también en dichos límites la isla de Cuba que es reclamada por los yanquis como parte natural de su territorio..."*

Es en ésta época cuando comienzan a publicarse innumerables textos justificadores de la rapiña yanqui -monsergas baratas atiborradas de seudociencia e interpretaciones bíblicas turbias, convenientemente aderezadas por la prensa para alimentar la mente del insulso pueblo gringo- que reciclaban los pretextos imperialistas de la *Corona Británica* para acreditar ilusoriamente que el Todopoderoso le había dado a la nación yanqui –y no a Inglaterra- una presunta misión civilizadora, un *Manifest Destiny,* convirtiéndolo en el guardián de la libertad y de la democracia, gratificándolo con inmensos territorios que debía dominar y explotar.

James Monroe decretó en 1818 otra *Ley de Neutralidad* -con el propósito de facilitar las negociaciones sobre la compraventa de Florida- que sancionaba severamente cualquier intento realizado en territorio gringo para apoyar las luchas independentistas latinoamericanas. En ese mismo año, los navíos gringos *Tiger* y *Liberty* violaron premeditadamente el bloqueo establecido en el Río Orinoco por las fuerzas patrióticas comandadas por Simón Bolívar, y fueron hundidos cuando trataban de entregarle un cargamento de armas al ejército español acorralado en esa zona; en respuesta, Monroe envió a Angostura –la residencia del mando central de las fuerzas bolivarianas- a Baptis Irvin –un vulgar picapleitos de Baltimore- para reclamar una compensación por la destrucción de los barcos, pero El Libertador rechazó tajantemente esas pretensiones.

Baptis Irvin regresó a Estados Unidos en el año 1819 –luego de asistir como invitado al *Congreso de Angostura* en el que se fundó la Tercera República de Venezuela bajo el liderazgo de Simón Bolívar- y le comentó al Presidente Monroe que El Libertador era *"un General charlatán y político truhán..."*

Después del fracaso de Baptis Irvin, el gobierno yanqui envió a Matthew Calbraith Perry para exigirle al gobierno de la República de Venezuela la indemnización por el hundimiento del *Tiger* y del *Liberty*. En esta ocasión la compensación fue pagada por el vicepresidente venezolano Francisco Antonio Zea, un evento calificado por Simón Bolívar como *"un acto humillante de debilidad..."*

Henry Clay –vocero de la *House of Representatives*- mantuvo la hostilidad hacia los gobiernos herederos de la Revolución Haitiana, pero declaró pragmáticamente en el año 1820 que *"seamos real y verdaderamente americanos; coloquémonos a la cabeza de un nuevo Sistema Americano del que seríamos el centro... Toda América obrará de acuerdo con nosotros... Podemos con toda seguridad confiar en el espíritu de nuestros comerciantes... Los metales preciosos están en América del Sur... Nuestra navegación reportará los beneficios del transporte y nuestro país recibirá los beneficios mercantiles..."*

Aunque en el año 1823 el Presidente James Monroe advirtió unilateralmente que Estados Unidos resguardaría la libertad de los nuevos países latinoamericanos -y que no consentiría que Europa reconquistara territorios en América- el aviso fue sólo una promesa vacía de la política yanqui porque los británicos invadieron las Malvinas en 1833 y los franceses atacaron a México, agredieron a la Argentina de Rosas, al Uruguay que presidía Oribe, y sitiaron el Puerto de Buenos Aires en 1837.

Franceses y británicos organizaron –en el año 1845- una expedición punitiva al Río Paraná porque los gobiernos argentinos habían decidido –soberanamente- cerrarlo a la navegación extranjera.

Silencioso permaneció también el gobierno estadounidense cuando la flota española bombardeó Valparaíso y los puertos peruanos, en el año 1866.

El mutismo yanqui persistió cuando los ingleses, franceses y españoles invadieron México para instaurar un *Imperio Mexicano,* con Maximiliano de Habsburgo como titular.

Desde las primeras guerras de emancipación en América, Estados Unidos siempre se preocupó por fragmentar las grandes provincias españolas, porque prefería un continente dividido por numerosos conflictos fronterizos en lugar de una nación latinoamericana que pudiera ser un formidable adversario en el futuro.

Los barcos yanquis siguieron contrabandeando armamento para el ejército español que trataba de reconquistar la *Gran Colombia,* una nación constituida por los actuales territorios de Venezuela, Colombia, Panamá y Ecuador.

Simón Bolívar convocó desde Lima –el 7 de diciembre del año 1824- al *Primer Congreso Anfictiónico* que se realizó en la ciudad de Panamá –del 22 de junio al 15 de julio de 1826- con el propósito de edificar una *Confederación de Estados Latinoamericanos,* e inscribió en el *Orden del Día* el polémico tema de la liberación de Cuba y Puerto Rico -aún en manos españolas- pero los gringos asistieron para boicotear el evento, y éste finalmente fracasó.

El Presidente Adams había instruido a la delegación yanqui que viajó a Panamá para que impugnara los planes de la Gran Colombia y de México de organizar una expedición militar para liberar a Cuba y a Puerto Rico del dominio colonial español, para que objetara la incorporación de la República de Haití a la *Confederación de Estados Latinoamericanos,* y para que se opusiera invariablemente a cualquier resolución que emanara del *Primer Congreso Anfictiónico.*

Al mismo tiempo, los diplomáticos gringos acreditados en Lima se confabularon para asesinar al Libertador Simón Bolívar.

La Gran Colombia expulsó en el año 1829 al representante yanqui en Bogotá –el General William Henry Harrison- por conspirar para derrocar al legítimo régimen de ese país y -como consecuencia de ése complot- fue asesinado a traición, de un disparo en Berruecos, Antonio José de Sucre -el natural sucesor de Simón Bolívar- cuya juventud y patriotismo podrían asegurar la subsistencia de la visión política del Libertador. La *Gran Colombia* se fragmentó al siguiente año.

Simón Bolívar -capaz de pensar y luchar por una Latinoamérica emancipada y unida- fue el gran estadista de nuestro hemisferio, liberó con su espada la mitad de Sudamérica y garantizó -en la histórica *Batalla de Ayacucho*- la liberación del resto de América del Sur y Centroamérica. El Libertador intuyó el peligro que los yanquis representan para el mundo, y alertó en su célebre *Carta de Guayaquil* que *"Estados Unidos parece elegido por la Providencia para plagar la América de miserias en nombre de la libertad..."*

La historia del descuartizamiento de México por la agresión yanqui es igualmente aleccionadora.

Texas –un territorio mayor que la superficie de Francia- siempre perteneció a la *Corona Española,* luego al México independiente, y la población asentada en esa comarca era mayoritariamente hispana. El problema comenzó cuando el *Congreso Mexicano* le otorgó permiso para establecerse -en tierras asignadas gratuitamente- a trescientas familias anglosajonas que implantaron la esclavitud.

En el año 1826, el aventurero gringo Hayden Edwards proclamó la *República Libre de Fredonia,* pero el intento secesionista fue aplastado por el ejército mexicano y la prensa yanqui difundió falsamente que México se había apoderado de Texas.

El colono gringo Stephan Austin declaró -en el año 1835- la *independencia* de Texas, y Estados Unidos lo apoyó enviando pertrechos militares desde Nueva Orleáns.

México despachó al General Santa Ana para defender su soberanía, los yanquis fueron derrotados en las batallas de *San Patricio, Encinal del Perdido y El Álamo,* pero Santa Ana fue capturado en la *Batalla de San Jacinto* y obligado a firmar la retirada de México hasta la ribera del Río Bravo.

El Presidente John Tyler declaró sobre la secesión texana que *"la sola probabilidad de que pueda abolirse la esclavitud sobre tierras vecinas, ha de ser motivo suficiente para que procedamos a anexarlas..."*

Texas fue anexada a la Unión como Estado esclavista en el año 1845.

El siguiente paso en el plan expansionista yanqui era apoderarse de Nuevo México y California -dos gigantescas provincias mexicanas- exagerando el enfrentamiento entre soldados yanquis y una patrulla del ejército mexicano -acaecido en la aldea mexicana de Carricitos-.

Antes de eso, el Presidente Polk había enviado contingentes militares a la zona, en supuesta misión científica, para provocar a los mexicanos. En el año 1843, un oficial yanqui y sus soldados fueron forzados a retirarse cuando desembarcaron ilegalmente en el puerto mexicano de Monterrey.

Escasos días después del incidente en Carricitos, Polk mintió ante el Congreso estadounidense al señalar que México había invadido a Estados Unidos y derramado sangre yanqui.

La guerra contra México fue declarada y muy pocas voces se alzaron para condenarla, entre ellas la de Abraham Lincoln, representante de Illinois.

Los invasores gringos desembarcaron en Veracruz, y después de las batallas de *Palo Alto, Monterrey, Angostura, Cerro Gordo, Padierna y Chapultepec*, tomaron la Ciudad de México -en septiembre del año 1847- pero las manifestaciones y revueltas los obligaron a evacuar la capital. Cientos de irlandeses -enrolados por hambre para combatir a los *bárbaros mexicanos*- se negaron a masacrar a un pueblo católico, y treinta y dos fueron ahorcados por deserción en la urbe azteca.

La guerra continuó hasta que México firmó –en el año 1848- el voraz *Tratado de Guadalupe-Hidalgo*, por el que fue despojado de dos millones 263 mil 866 kilómetros cuadrados.

En diez años México fue desvalijado de casi el sesenta por ciento de su territorio original para que el oro californiano -y el petróleo texano- contribuyeran incuestionablemente al despegue económico de Estados Unidos.

El resentimiento de los mexicanos ante la expoliación, marcó indeleblemente la relación entre estos dos países y, quizás, de este conflicto también derivó el sentimiento antiyanqui, latente en todo latinoamericano.

Pero los ambiciosos imperialistas yanquis no se saciaron y estimularon la separación de la Península de Yucatán –oriental región mexicana que afrontaba una poderosa sublevación indígena- para anexarla a Estados Unidos. El plan gringo no prosperó porque los terratenientes yucatecos preferían unirse a Inglaterra o Francia, pero el Presidente Polk proclamó un nuevo corolario de la *Doctrina Monroe* al afirmar que *"Estados Unidos no admitirá la transferencia de la Península de Yucatán a ninguna potencia europea..."*

El filibustero yanqui William Walker trató –en el año 1853- de apoderarse de nuevos territorios en México y –aunque fue derrotado- el gobierno estadounidense logró utilizar el asunto como pretexto para que el gobierno mexicano le entregara forzadamente 76 mil 845 kilómetros cuadrados en una operación denominada infundadamente como *La Compra de Gadsen* –porque no hubo tal transacción económica- y que estableció oficialmente las fronteras actuales entre México y Estados Unidos con el *Tratado de la Mesilla* –una violación unilateral del *Tratado de Guadalupe-Hidalgo*-.

El Presidente Franklin Pierce justificó descaradamente el robo a México proclamando que *"las conquistas y la expansión son compatibles con las instituciones de Estados Unidos, y la adquisición de ciertas posesiones en el hemisferio occidental que aún no están bajo la bandera estadounidense es sumamente importante para la seguridad nacional, y quizás, esencial para la preservación del comercio y la paz del mundo..."*

En el año 1866, con el pretexto de asegurar la retirada de los franceses que atacaron a México, el ejército yanqui invadió otra vez a la nación azteca y se apoderó de la región llamada *El Chamizal*.

El gobierno estadounidense designó en el año 1851 a Edwards A. Hopkins -copropietario de la *United States and Paraguay Navigation Company*- como cónsul en Asunción –Paraguay-.

Las agresiones promovidas por el gobierno gringo –que anhelaba controlar el tráfico en el Río Paraná- determinaron que el Presidente Carlos Antonio López se negara a firmar –en el año 1854- un *Tratado de Comercio y Navegación*, que expulsara a Hopkins del país, y que prohibiera las actividades de la *United States and Paraguay Navigation Company*.

A su regreso a Estados Unidos, Hopkins se dedicó a promover entre los consejeros del Presidente Pierce -y luego con los de Buchanan- la embestida militar contra Paraguay.

Hopkins afirmaba en sus escritos que Paraguay era *"un país de berberiscos asiáticos, excrecencia del cuerpo internacional, menos civilizado que el sultanato de Moscato... Hablar con ellos es una pérdida de tiempo, hay que hablarles con nuestros cañones..."*

Para desencadenar la guerra, provechosamente aparecerá el buque militar *Water Witch* -en febrero de 1855- forzando el acceso de un puesto militar en el Paraná; un oficial del *Fuerte de Itapirú* que controlaba la vía lanzó dos salvas de advertencia pero -ante la terquedad del barco yanqui- disparó un cañonazo que mató a un tripulante y destruyó el timón de la embarcación que fue arrastrada por el río.

La propaganda estadounidense comenzó entonces una gran campaña de intimidación para obligar a Paraguay a presentar excusas y ceder a las demandas yanquis. El gobierno gringo aprobó una expedición de veinte buques para conseguir la reparación del daño. En un frenesí de ilusión geopolítica, el guía de la incursión brindó antes de zarpar y dijo: *"Elevo mi copa porque se finiquiten nuestras dificultades con Paraguay y que finalmente anexemos toda la cuenca del Río de la Plata..."*

Los invasores arribaron a costas paraguayas en el año 1859, el Presidente Carlos López debió ceder y Paraguay –por el delito de defender su soberanía- presentó disculpas, indemnizó a la familia del marino muerto en el incidente del *Water Witch*, y aceptó el *Tratado de Comercio y Navegación* propuesto por Estados Unidos.

Inglaterra y Estados Unidos firmaron –en el año 1850- el *Tratado Clayton-Bulwer* que regulaba el proyecto de estos dos países para construir un canal interoceánico en territorio nicaragüense. El documento definía las prerrogativas futuras y afirmaba que *"ambas potencias no tenían el propósito de construir fortificaciones, ni ocupar Nicaragua, ni ejercer su dominación sobre ningún territorio de América*

Central..." No es difícil conjeturar que el acuerdo fue rubricado sin informar a Nicaragua.

La *U.S. Navy* bombardeó y destruyó –en el año 1854- el puerto nicaragüense de *San Juan del Norte,* sólo porque el gobierno de ese país centroamericano intentó cobrarle impuestos al millonario gringo Cornelius Vanderbilt cuando atracó su yate en aquél muelle.

La destrucción del Puerto de *San Juan del Norte* estimuló a William Walker –un bandido con un ejército de mercenarios financiado por los banqueros yanquis Morgan, Garrison y Cornelius Vanderbilt- a invadir en el año 1855 a Nicaragua, El Salvador y Honduras, a proclamarse presidente de esas naciones y a restaurar la esclavitud en los territorios bajo su ocupación. El Presidente Franklin Pierce envió al ejército y a la marina yanqui para apoyar la agresión, pero los centroamericanos se reagruparon, expulsaron al delincuente Walker –que salió huyendo a bordo de una goleta de la U.S. Navy- y derrotaron a su *Falange de los Inmortales* antes de dos años.

A pesar del triunfo centroamericano contra los mercenarios de Walker, el Presidente James Buchanan le impuso al gobierno de Nicaragua –en el año 1857- el *Tratado Cass-Irrisarri* por medio del cual Estados Unidos aseguró su *"derecho de tránsito, sin costo alguno, por cualquier parte del territorio nicaragüense..."*

Un año antes, el gobierno estadounidense protocolizó el *Tratado Dallas-Claredon* –a espaldas de los gobiernos centroamericanos- y aceptó que Inglaterra se apoderara del territorio denominado Honduras Británica –Belice- y que era parte de la República de Guatemala; en Panamá, dos fragatas gringas ocuparon el Istmo de Panamá, y le impusieron al gobierno de la República de Nueva Granada una jugosa indemnización -por la muerte de unos borrachines estadounidenses en una trifulca callejera- que incluyó la cesión a Estados Unidos del ferrocarril *Panamá-Colón* y de las islas de la *Bahía de Panamá*; en Haití, la marina yanqui realizó ejercicios de tiro para influir en las negociaciones que empresarios gringos realizaban al mismo tiempo en la capital de ese país.

William Walker invadió Honduras -en el año 1860- pero fue derrotado y ahorcado por las autoridades hondureñas como castigo por sus constantes delitos contra los pueblos centroamericanos. Al mismo tiempo, los yanquis desembarcaron en Panamá -con la argucia de proteger sus intereses- durante la guerra civil en la República de Nueva Granada, luego de la insurrección de Tomás Cipriano Mosquera contra el Presidente constitucional Mariano Ospina Rodríguez.

El Presidente Ulises Grant realizó *gestiones comerciales* con el dictador Buenaventura Báez -para anexar Santo Domingo a Estados Unidos- y presentó al Senado estadounidense –en el año 1870- un proyecto para comprar la pequeña nación caribeña, atestiguando que el territorio –considerado como valioso en la estrategia expansionista yanqui- era *"de los más ricos que existen bajo el sol, capaz de albergar a diez millones de seres humanos en el lujo... La adquisición de Santo Domingo es una medida de seguridad nacional porque nos permitirá controlar el comercio del Darién y resolver la desgraciada situación en que se encuentra Cuba..."*

El Senado yanqui rechazó –en el año 1871- el acuerdo de anexión firmado entre Buenaventura Báez y Ulises Grant, pero autorizó la fundación de la *Samaná Bay Company* -que permitió el control gringo en la estratégica bahía dominicana- a cambio de ciento cincuenta mil dólares anuales para el dictador Báez.

Estados Unidos impugnó las gestiones de una compañía francesa para construir el Canal de Panamá -en el año 1880- y el Presidente Rutherford Hayes declaró absurdamente que *"nuestro país no puede consentir el dominio del susodicho Canal por ningún Estado europeo o combinación de potencias europeas porque esa vía interoceánica forma parte de la línea costera de Estados Unidos..."*

Estados Unidos impuso a México –en el año 1882- otro convenio que autorizaba al ejército yanqui a incursionar libremente en territorio mexicano para perseguir y exterminar la *"plaga de bandidos que azota la frontera común de nuestros países..."*

El Presidente Grover Cleveland –primer demócrata que ocupó la Casa Blanca después de la *Guerra de Secesión*- saboteó el proyecto del General guatemalteco Justo Rufino Barrios para reestablecer la unidad centroamericana.

El Presidente republicano Benjamin Harrison intentó durante la *Primera Conferencia Internacional de Estados Americanos* -celebrada en Washington en 1890- imponerle a los gobiernos latinoamericanos una *Unión Aduanera* y un plan para el arbitraje obligatorio –tutelado por los Estados Unidos- de todas las disputas territoriales que se presentaran entre las naciones del continente americano.

El malicioso plan de Harrison fracasó, pero sí logró organizar la *Unión Internacional de Estados Americanos* –renombrada luego como la *Unión Panamericana*- cuya *Secretaría Ejecutiva* -bajo el nombre de *Oficina Comercial de las Repúblicas Americanas*- fue asentada en Washington y puesta bajo el control del Departamento de Estado yanqui.

José Julián Martí Pérez –el Apóstol de la Independencia de Cuba- juzgó acertadamente acerca de la *Unión Internacional de Estados*

Americanos que *"jamás hubo en América, de la independencia acá, asunto que requiera más sensatez, ni obligue a más vigilancia, ni pida examen más claro y minucioso, que el convite que los Estados Unidos potentes, repletos de productos invendibles y determinados a extender sus dominios en América, hacen a las naciones americanas de menos poder... De la tiranía de España supo salvarse la América española; y ahora, después de ver con ojos judiciales los antecedentes, causas y factores del convite, urge decir, porque es la verdad, que ha llegado para la América española la hora de declarar su segunda independencia..."*

Estados Unidos insistió en controlar a Latinoamérica –ahora por la vía económica- y organizó en Washington la *Conferencia Monetaria Internacional Americana* –en el año 1891- para encadenar la paridad del oro y de la plata con el tipo de cambio del dólar. El proyecto yanqui otra vez fracasó, gracias al patriotismo de los delegados.

En el año 1891 también surgió en Valparaíso un conflicto con el buque *U.S. Baltimore* que, acreditado como el más rápido del mundo, fondeó en las costas chilenas con la hipotética misión de proteger a los ciudadanos estadounidenses durante la revuelta contra el Presidente Balmaceda. El 16 de octubre de aquél año, marinos yanquis y trabajadores portuarios se enfrentaron en un pleito de cantina que ocasionó varios heridos y dos muertos entre la tripulación del *Baltimore,* pero el gobierno yanqui transformó el asunto de borrachos en un conflicto internacional, y no se produjo la proyectada incursión gracias a la habilidad diplomática del nuevo gobierno chileno.

El gobierno estadounidense ordenó –en el año 1895- incautar las armas y municiones adquiridas por el *Partido Revolucionario Cubano* -fundado por José Martí y Máximo Gómez en 1891- para realizar el *Plan de la Fernandina,* con la intención de independizar Cuba y Puerto Rico. A pesar de confiscar las armas revolucionarias, la lucha por la libertad de Cuba se intensificó el 24 de febrero del año 1895, y Washington reactivó su sesgada política de neutralidad siempre a favor de España.

Los codiciosos políticos yanquis desfachatadamente promovían la necesidad de anexionarse Cuba porque –según ellos- el azúcar y la producción minera cubana eran tan vitales como el trigo y el algodón de la India para Inglaterra.

José Martí condenó el proyecto anexionista yanqui y fustigó a los cubanos indignos que imploraron a Estados Unidos la anexión de la isla. El autor de *Nuestra América*, demandó que *"ningún cubano que tenga en algo su decoro puede ver su país unido a otro... Los que han peleado en la guerra y aprendido en los destierros... Los que han levantado con el trabajo de sus manos un hogar virtuoso... Los científicos y comerciantes, los ingenieros, los maestros, los abogados, los periodistas y poetas no desean la anexión de Cuba por los Estados Unidos, pero desconfían de los elementos funestos que, como gusanos en la sangre, han comenzado su obra de destrucción..."*

Ese mismo año, Richard Olney –Secretario de Estado yanqui- exigió someter a un amañado arbitraje internacional los conflictos territoriales entre Venezuela y la denominada Guyana Británica. La incoherente solución al diferendo fue que Estados Unidos –que no tenía posesión en la zona- inexplicablemente se quedó con el control de la desembocadura del Río Orinoco y el Reino Unido despojó a Venezuela de ochenta mil kilómetros cuadrados.

Estados Unidos conspiró –en el año 1896- para evitar que el popular gobierno ecuatoriano de Eloy Alfaro organizara una expedición para apoyar la lucha por la independencia de Cuba y que efectuara –con apoyo del Presidente mexicano Porfirio Díaz- un Congreso Hispanoamericano, cuya misión era elaborar un *Derecho Latinoamericano* contrapuesto a la *Doctrina Monroe.*

Las invasiones estadounidenses se multiplicaron a finales del siglo XIX -Hawai, Puerto Rico, Filipinas, Cuba, Samoa, Guam, los puertos de China y Panamá- por lo que Mark Twain escribió encolerizado que *"deben pintarse de negro las franjas blancas y que se agreguen las tibias y la calavera, en lugar de las estrellas, a la bandera de Estados Unidos..."*

El primer atraco yanqui del siglo XX fue perpetrado contra Nicaragua y aconteció en el año 1901. En 1903 siguió Panamá. En el año 1905 los gringos atacaron rápidamente la Dominicana, en 1916 la ocuparon otra vez y permanecieron hasta 1924. El Salvador fue invadido en 1921. Honduras en 1924.

Europa y Estados Unidos siempre fantasearon con un canal interoceánico en Centroamérica, y en el año 1878 Lucien Napoleón Bonaparte Wyse -nieto del célebre emperador francés- obtuvo la concesión para construirlo en la provincia colombiana de Panamá, pero la obra fracasó.

El traidor presidente colombiano José Manuel Marroquín rubricó el leonino *Tratado Herrán-Hay* –el 22 de enero del año 1903- por el cual entregaba a los yanquis -por cien años- el derecho de construir y explotar el canal -así como una franja jurisdiccional estadounidense de cinco kilómetros a cada lado de la obra que envolvía a los principales puertos- pero el Senado de ese país sudamericano se opuso y no ratificó la proposición gringa porque vulneraba la soberanía nacional.

El Presidente Teodoro Roosevelt –ante el fracaso diplomático-financió la desestabilización de Colombia y el alzamiento de la provincia de Panamá; años después el gobernante yanqui se mofó reconociendo que *"yo tomé la zona del Canal mientras el Congreso debatía..."*

El 3 de noviembre del año 1903 fue proclamada la independencia panameña, se constituyó una *Junta Militar de Gobierno* -con sede en Puerto Colón- y soldados gringos desembarcaron en el *nuevo país* para evitar que Colombia recuperara su provincia.

Estados Unidos reconoció inmediatamente -el 7 de noviembre de 1903- la sospechosa independencia de Panamá, y pagó al deshonesto José Manuel Marroquín la ridícula suma de veinticinco millones de dólares como indemnización por la pérdida de aquél territorio.

Philippe Bunau Varilla -que *luchó* por la liberación panameña apoltronado en la suite 1162 del hotel *Waldorf Astoria* de Nueva York- fue elegido ministro plenipotenciario por la *Junta Militar de Gobierno* e hipotecó por casi un siglo la soberanía panameña sobre el istmo firmando -el 18 de noviembre del año 1903- un abyecto tratado que legalizó la concesión yanqui del canal a perpetuidad, que estableció una zona de dieciséis kilómetros a cada lado de la vía fluvial, y que concedió a los estadounidenses el derecho de injerencia en los asuntos políticos de Panamá. En el año 1906, el marrullero Teodoro Roosevelt recibió –incomprensiblemente- el Premio Nobel de la Paz.

La construcción del *Canal de Panamá* comenzó inmediatamente; los espurios legisladores panameños promulgaron en el año 1904 la *Constitución Nacional de Panamá* -con una sección que permitía la intervención militar cuando los yanquis lo consideraran conveniente- y Estados Unidos llenó al nuevo país de bases militares, y fundó la siniestra *Escuela de las Américas* –en 1946- que adiestró a todos los futuros dictadores y asesinos latinoamericanos.

Algunos años más tarde, el Presidente José Santos Zelaya convenció a los japoneses para construir en Nicaragua un canal interoceánico, pero Estados Unidos lo derrocó e impuso a Adolfo Díaz –un empleado de la minera yanqui *Fletcher*-.

El pueblo nicaragüense trató de expulsar al títere Díaz -en el año 1912- pero el Presidente Taft lo sostuvo enviando mil setecientos marines que se mantuvieron en Nicaragua hasta el año 1924.

El gobierno estadounidense obtuvo en el año 1914 –con el *Tratado Bryan-Chamorro*- el derecho a establecer una base militar en el Golfo de Fonseca, y la cesión de varias islas nicaragüenses por 99 años.

Los yanquis exhibieron su devoción democrática cuando invadieron a Honduras –en el año 1924- y el presidente impuesto por

Washington tuvo que juramentar a bordo del acorazado *Tacoma*. Décadas más tarde aconteció lo mismo con Guillermo Endara, que juramentó como presidente no ante el pueblo panameño –como debería ser en una democracia auténtica- sino en la base militar yanqui de *Fort Gulick*.

El embajador gringo en México -Henry Lane Wilson- participó en el complot que derrocó y asesinó al Presidente Francisco I. Madero, luego del fracaso de la táctica yanqui de apostar 34 mil soldados en la frontera -y decenas de buques militares en las costas mexicanas- para intimidar al presidente azteca y obligarlo a abandonar los postulados nacionalistas de la futura *Revolución Mexicana,* y detener las negociaciones comerciales con empresas europeas y japonesas.

Estados Unidos repetidamente apoyó al usurpador Victoriano Huerta, pero cuando el dictador mexicano buscó un acercamiento con Alemania y Japón, entonces Washington reclamó la reparación de inexistentes daños.

El gobierno azteca negó las imputaciones y el Presidente Wilson desplegó cincuenta navíos -con 23 mil soldados- frente al puerto de Tampico. El feroz combate cesó con la toma de la ciudad por los yanquis, quienes robaron los ocho millones de dólares depositados en la caja fuerte de la aduana portuaria. En el año 1919, Wilson sorprendentemente también ganó el Premio Nobel de la Paz.

Francisco Villa tomó Columbus en represalia por el apoyo gringo a Álvaro Obregón –otro tirano en potencia- y Estados Unidos respondió con una expedición punitiva de diez mil hombres al mando del General Pershing para capturarlo, pero la experiencia militar del *Centauro del Norte*, el sentimiento antiyanqui de la población, y la intervención del Ejército Mexicano obligaron al Presidente Wilson a retirar sus fuerzas en enero del año 1917. El sanguinario Pershing y sus dos oficiales consentidos -Eisenhower y Patton- regresaron de la cacería con las manos vacías, y con la deshonra de que Pancho Villa hubiera realizado exitosamente la primera invasión de suelo yanqui desde la fundación de ese país.

Detrás del caos y la guerra civil de Haití se han escondido siempre los intereses de las compañías estadounidenses, y el 28 de junio del año 1915 los yanquis desembarcaron en la paupérrima nación caribeña para explotarla por otros diecinueve años. El almirante gringo Capperton impuso a Sudre Dartiguenave como el nuevo presidente haitiano, y la lastimada patria de Toussaint Louverture fue arrodillada.

Los yanquis abandonaron Nicaragua en el año 1925 -después de trece años de ocupación- y el vicepresidente Juan Bautista Sacasa organizó -en diciembre de 1926- un movimiento político para restablecer al derrocado Presidente Carlos Solórzano.

Pronto llegaron dos mil marines -al mando del almirante yanqui Latimer- que desarmaron a los partidarios de Sacasa e impusieron otro abusivo *Tratado de Paz*, pero uno de los revolucionarios nicaragüenses -César Augusto Sandino- rehusó someterse y dirigió durante seis años una guerra nacional de liberación contra los ocupantes.

Ante la imposibilidad de la victoria, Washington buscó un acuerdo político y se retiró de Nicaragua en enero del año 1933. Sacasa fue designado presidente, pero Estados Unidos no quedó conforme y suministró dinero a Anastasio Somoza –jefe de *la Guardia Nacional*, jugador de póquer, falsificador de billetes y perro fiel de los norteamericanos- para que conspirara y tomara el gobierno nicaragüense.

Anastasio Somoza –calificado por Franklin Roosevelt como *"un hijo de puta, pero al fin y al cabo nuestro hijo de puta"*- organizó el 21 de febrero del año 1934, a petición yanqui, el secuestro y asesinato de César Augusto Sandino; crimen que le allanó el camino al poder en 1937. El poeta Rigoberto López Pérez -en el año 1956- asesinó al déspota nicaragüense que fue nombrado *Príncipe de la Iglesia* por el adulador Papa Pío XII, pero Anastasio Somoza Debayle -su hijo- prolongó la dinastía tiránica durante varios años más.

La *Guerra del Chaco* fue esencialmente una disputa fronteriza entre Paraguay y Bolivia –entre los años 1932 y 1935- pero creció cuando la compañía yanqui *Standard Oil* descubrió petróleo en la precordillera andina boliviana y conjeturó que El Chaco albergaría también extraordinarias reservas de hidrocarburos; la empresa angloholandesa *Royal Dutch* supuso lo mismo.

Bolivia y Paraguay se trenzaron en una aguda campaña chovinista financiada por las dos ambiciosas petroleras –con la bendición del gobierno yanqui- y durante tres años más de doscientos cincuenta mil soldados bolivianos y ciento cincuenta mil paraguayos se enfrentaron en los cañadones chaqueños.

La *Guerra del Chaco* es considerada la mayor guerra moderna en la historia de Iberoamérica, porque el enorme despliegue de material bélico y municiones no tiene comparación con ningún otro conflicto en la región a lo largo del siglo XX, ni siquiera con la *Guerra de las Malvinas*.

Más de 130 mil paraguayos y bolivianos murieron en la *Guerra del Chaco* y, por el *Armisticio de 1935*, Bolivia concedió a Paraguay trescientos kilómetros de su territorio. Años después se corroboró que no existían más yacimientos petrolíferos aparte de los que ya se habían encontrado en la precordillera boliviana del Chaco.

Cuando Juan Domingo Perón comenzó a perfilarse seriamente como el futuro Presidente de Argentina -en el año 1945- el embajador yanqui en el país -Sprude Braden- comenzó una virulenta campaña antiperonista e incluso se alió con los *Comunistas, Socialistas, la Unión Cívica Radical, el Demócrata Progresista, el Conservador, la Federación Universitaria Argentina, la Sociedad Rural de Terratenientes, la Unión Industrial, la Bolsa de Comercio,* y hasta con los sindicatos opositores.

Sprude Braden -accionista principal de la petrolera yanqui *ESSO*- publicó un *Libro Blanco* para acusar a Juan Domingo Perón de nazi, pero éste le contestó con un *Libro Azul y Blanco* en el que denunciaba oportunamente que Estados Unidos *"quiere instalar en nuestro país un gobierno propio, un gobierno títere, y para ello ha comenzado por asegurarse el concurso de todos los Quislings disponibles..."*

Juan Domingo Perón fue electo democrática y mayoritariamente como Presidente de Argentina –el 24 de febrero de 1946- e instauró una política nacionalista que incluía la enseñanza universitaria gratuita, el derecho de indemnización y jubilación para los trabajadores, la creación de un sistema nacional de salud, la nacionalización de los ferrocarriles, el desarrollo de la fusión nuclear para usos industriales, y muchos importantes proyectos que perturbaron las ambiciones imperialistas de Washington.

Las míseras concesiones del Presidente Kennedy -que no permitió que se izara la bandera panameña al lado del estandarte yanqui en el Canal de Panamá- avivaron las grandes manifestaciones del año 1964 entre soldados gringos y estudiantes panameños.

Omar Torrijos –el Presidente de Panamá- firmó un tratado con James Carter -en el año 1977- que puntualizó la salida definitiva de las tropas yanquis del canal marítimo, y el retorno de éste a la autoridad panameña en el año 2000. Torrijos murió en un misterioso accidente aéreo que se sospecha fue ejecutado por la CIA, debido al nacionalismo del presidente panameño, y a las relaciones amistosas que su gobierno sostenía con Cuba.

Estados Unidos -con la política de contención comunista enunciada por el Presidente Truman en los comienzos de la Guerra Fría- denigró a los movimientos sociales del orbe etiquetándolos como comparsas de Moscú, y montó una justificación moderna y eficaz para reprimir las libertades y la democracia, no sólo en América Latina sino en el mundo entero.

En la *Conferencia Panamericana* de Caracas -en el año 1954- Foster Dulles –el Secretario de Estado- sentenció que la presencia de rasgos comunistas en cualquier gobierno del hemisferio sería considerada como una agresión extracontinental.

Foster Dulles y su hermano Allen -el director de la CIA- eran los accionistas principales de la *United Fruit Company*, asentada en Guatemala desde que el dictador chapín Estrada Cabrera -eternizado por Miguel Ángel Asturias en la novela *El Señor Presidente*- firmara el primer contrato en 1901.

Una revuelta popular derrocó -en el año 1944- al régimen guatemalteco, constituido por fieles ayos de Washington y de la *United Fruit Company* –*la Mamita Yunai,* como la llamaban los guatemaltecos-.

El Presidente Jacobo Arbenz, elegido democráticamente en el año 1951, creó un sistema de seguridad social, inició la reforma educativa, promovió la democracia y las libertades, proyectó la construcción de un puerto marítimo, retomó el control de las carreteras del país -en manos de la *United Fruit Company*- y profundizó la reforma agraria comenzada por su antecesor, el General Arévalo.

Ochenta y cinco mil hectáreas fueron confiscadas a la *United Fruit Company,* pero Arbenz no contó con la resistencia de los aporreados hermanos Dulles que formaron -con la complicidad del gobierno hondureño- un supuesto ejército de liberación acaudillado por el coronel Castillo Armas, ligado con la *International Railways of America*, filial de la *Mamita Yunai.*

Los bombarderos yanquis traspasaron el cielo guatemalteco en el mes de mayo -del año 1954- y destruyeron el Puerto Barrios y el Puerto de San José. Al tiempo que los mercenarios de Castillo Armas desembarcaban y tomaban la ciudad de Guatemala, un joven médico argentino de veintiséis años -Ernesto Guevara- trataba de organizar la defensa legal del régimen de Jacobo Arbenz.

Castillo Armas tomó el mando, derogó la ley de la reforma agraria y todas las medidas progresistas de Arbenz, e inauguro casi cinco décadas de represivos gobiernos militares en Guatemala. En los años sesenta del siglo XX, el ejército guatemalteco -con armamento, asesores, *green berets* y el aval político de Estados Unidos- exterminó a casi trescientos mil indígenas en cuatrocientas cuarenta incursiones genocidas. El *U.S. Department of State* reconoció desvergonzadamente en un informe desclasificado que *"para eliminar a unos pocos cientos de guerrilleros habrá que matar al menos a cien mil campesinos guatemaltecos..."*

Con las primeras reformas de la victoriosa Revolución Cubana comenzaron las agresiones yanquis, que culminaron en la invasión de Cuba estableciendo una cabeza de playa en Bahía de Cochinos.

Allen Dulles embelesó al Presidente Kennedy asegurándole que, con la ayuda de los anticastristas, el desembarco yanqui motivaría una sublevación total. La incursión fue repelida. En setenta y dos horas todos los asaltantes fueron muertos, heridos o capturados. Varios pilotos yanquis fueron derribados, y el absoluto apoyo de Washington al plan fue evidente. Kennedy tuvo que admitir su fracaso y canceló la *Operación Mongoose*, que incluía entre sus objetivos el asesinato de Fidel Castro.

El Presidente Kennedy retó el creciente influjo de la Revolución Cubana con la *Alianza para el Progreso* –un ilusorio programa de ayuda económica para América Latina y publicitado por Washington como una repetición a escala menor del *Plan Marshall*- pero el Presidente Lyndon Johnson desmanteló el proyecto en cuanto logró imponer dictaduras militares en el continente.

El golpe de Estado contra Joao Goulart -el legítimo presidente electo de Brasil que estaba a punto de realizar una reforma agraria y nacionalizar el petróleo- afianzó un ciclo golpista en el que Estados Unidos aparece como promotor de dictaduras en Iberoamérica.

En El Salvador, una Junta Militar proyanqui tomó el poder en el año 1961; en Guatemala, el presidente electo -Idígoras Fuentes- fue tumbado por militares en el año 1963; en Honduras, el Presidente Villeda también fue depuesto por el ejército ese año; en Ecuador, el presidente elegido -Otto Arosamena- fue derribado por simpatizar con Castro; en Perú, la milicia usurpó el gobierno en el año 1962; los militares se apoderaron del gobierno de Bolivia en 1964, y el General Onganía -en Argentina- derrocó a Arturo Illia –el presidente legítimo- en junio del año 1966.

Joao Goulart –el último presidente socialista de Brasil hasta el triunfo de Luiz Inácio Lula Da Silva en octubre del año 2002- fue derrocado por militares brasileños el 31 de marzo de 1964, y dos días más tarde el Presidente Lyndon Johnson felicitó impúdicamente a los traidores añadiendo que en Estados Unidos *"admiramos la voluntad decidida de la sociedad brasileña por resolver sus dificultades en el marco de la democracia constitucional..."*

El Golpe de Estado contra Joao Goulart fue cínicamente descrito por el gobierno estadounidense como una espontánea rebelión democrática, a pesar de que la presunta convicción liberal de los militares fue expresada, durante años, con una brutal represión y asesinato de los cariocas que clamaban –precisamente- libertad y democracia.

Documentos recién desclasificados de la CIA muestran claramente que Estados Unidos no sólo tuvo conocimiento previo del Golpe de Estado contra Joao Goulart sino que lo cimentó financiando -desde el año 1962- a los opositores del presidente brasileño; que la CIA entrenó a los oficiales golpistas en la *Escuela de las Américas;* que la *U.S. Agency for International Development* –USAID- prometió dinero y armamento para sostener al régimen militar después de la toma del poder; y que el *Pentágono* autorizó la *Operación Brother Sam* que incluyó el desplazamiento de buques de guerra hasta las costas brasileras, para apoyar a los complotados en caso de necesidad.

Estados Unidos ocupó la República Dominicana de 1916 a 1924. Con el beneplácito de Washington, Rafael Leonidas Trujillo ejerció durante treinta años una dictadura atroz hasta que fue traicionado por sus amos -con un complot organizado por la CIA- y asesinado por Joaquín Balaguer -uno de sus más cercanos colaboradores- quien convenientemente se tornó en defensor de la libertad y la democracia. A pesar de que Balaguer controló el país, nadie creyó en su careta popular. Se sucedieron varios golpes de Estado -y contragolpes- que terminaron en la convocatoria a elecciones realmente libres en diciembre del año 1962. El problema para Estados Unidos fue que Juan Bosch -un líder social exiliado durante veinticinco años- triunfó en los comicios. La Casa Blanca derrocó a Bosch en septiembre de 1963 e impuso a un hombre de su confianza -Donald Reid Cabral- pero el pueblo y algunos militares constitucionalistas –guiados por el coronel Caamaño- se sublevaron e intentaron reponer a Bosch. Caamaño y el pueblo estaban a un paso de la victoria, pero Lyndon Johnson saboteó el triunfo y envió marines a la isla –en el año 1965- con la desgastada coartada de proteger a los ciudadanos gringos.

El mundo presenció pasmado cómo Estados Unidos -el mendaz paladín de la libertad y de la democracia- infringió la carta de la *OEA,* invadió un país soberano y derrocó a Bosch -un presidente electo por mayoría-. El relámpago de la indignación cruzó Latinoamérica, y varias embajadas y empresas yanquis fueron saqueadas. Balaguer fue reinstalado por sus patrones, y el coronel Caamaño murió años más tarde en un intento por libertar la República Dominicana.

Estados Unidos envió a Bolivia –en el año 1967- un grupo de *green berets* para encontrar y asesinar a Ernesto Che Guevara.

El socialista Salvador Allende -apoyado por la coalición *Unidad Popular-* triunfó arrolladoramente en la elección presidencial de Chile, realizada el 4 de septiembre del año 1970.

Washington inmediatamente comenzó a conspirar contra el carismático presidente chileno. El informe *Covert Action* presentado al Senado yanqui en el año 1975, los documentos secretos sobre la *ITT* y diversos archivos actualmente desclasificados, son rotunda evidencia de la participación de Estados Unidos en el derrocamiento y asesinato de Salvador Allende.

El 15 de septiembre del año 1970, Kissinger, Nixon y Richard Helms -director de la CIA- formularon el plan de acción *Track I* y *Track II,* con el objetivo de impedir que el Congreso Chileno proclamara a Salvador Allende como Presidente de la República. Nixon dio instrucciones precisas a la CIA de intentar todo -incluso el asesinato- para evitar que Allende tomara o se sostuviera en el poder.

Contra el presagio, Salvador Allende asumió la presidencia, aunque sufría una intriga silenciosa enunciada admirablemente por Pablo Neruda en su composición *Incitación al Nixonicidio y Alabanza de la Revolución Chilena.* El 11 de septiembre del año 1971 los militares desleales usurparon el poder, al tiempo que el *Pentágono* ejecutaba –coincidentemente frente a las costas chilenas- el ejercicio naval *UNITAS.*

La amarga historia que comenzó el 11 de septiembre del año 1971 ha sido convenientemente enterrada y manoseada por la propaganda yanqui: Salvador Allende murió peleando valientemente en el *Palacio de la Moneda* -consumido entre las llamas por el alevoso bombardeo de la aviación chilena- y la contrarrevolución yanqui sometió a Chile durante diecisiete años a la dictadura de Augusto Pinochet, que torturó, asesinó y desapareció a miles de personas que clamaban por sus libertades fundamentales.

El renegado Augusto Pinochet -acosado por el pueblo- convocó a un plebiscito en el año 1989, en el que fue vencido y tuvo que entregar el poder a un gobierno democráticamente electo; en el año 1988 fue detenido en Inglaterra por orden del juez Baltasar Garzón y liberado alegando demencia; increíblemente, el exdictador consentido de Washington evadió la horca y permaneció libre hasta el día de su muerte -sujeto sólo a un cómodo arraigo domiciliario en Santiago de Chile- después de estar sujeto a innumerables procesos por secuestro y asesinato que nunca fueron resueltos.

La *CIA* también ordenó la muerte de Carlos Prats -el Comandante en Jefe del Ejército de Chile, Ministro del Interior y Ministro de la Defensa Nacional durante el gobierno de Salvador Allende- quien junto con su esposa fue víctima de un atentado dinamitero en Buenos Aires –en el año 1974- ejecutado por el gringo Michael Vernon Townley, un agente de ésa organización especialmente designado para el caso. Michael Townley también asesinó a Orlando Letelier -exministro en el régimen de Allende- y a su secretaria, en la ciudad de Washington. Hoy, Townley vive tranquilamente en Estados Unidos, protegido por el gobierno yanqui.

Documentos desclasificados involucran directamente a Henry Kissinger y a otros altos funcionarios yanquis en la *Operación Cóndor* -cuya misión fue coordinar a los regímenes golpistas sudamericanos en la represión, asesinato y desaparición de cientos de miles de opositores políticos en Argentina, Brasil, Chile, Uruguay, Paraguay y Bolivia- que fue diseñada y financiada por Estados Unidos.

El pueblo hermanado en el *Frente Sandinista de Liberación Nacional* –FSLN- liberó a Nicaragua –en el año 1979- de la tiranía de Anastasio Somoza Debayle. Estados Unidos no podía tolerar la derrota de su dictador ni que el país ansiara la libertad y la democracia. Ronald Reagan financió fuerzas opositoras al gobierno nicaragüense y armó –en 1981- un ejército de mercenarios –doce mil exguardias somozistas- que operaba desde Honduras. El *Irangate* mostró irrebatiblemente el papel yanqui como proveedor de armas y de dinero proveniente del tráfico de drogas para derrocar a un gobierno legítimo mediante los *Contras*. La Corte Internacional de Justicia declaró -en el año 1984- que Estados Unidos era culpable de terrorismo por minar el puerto nicaragüense de Corinto. Después de diez años de guerra, Washington consiguió imponer –en el año 1990- a Violeta Chamorro en la presidencia del país centroamericano.

Washington incrementó –en el año 1980- el entrenamiento y el envío de armamento a los militares salvadoreños que mataban indiscriminadamente a los insurgentes del FMLN; proliferaron los *Escuadrones de la Muerte* -financiados por los yanquis- y el arzobispo Romero fue asesinado por uno de ellos; 35 mil civiles murieron entre los años 1978 y 1981; la violación y asesinato de cuatro monjas por los sicarios al servicio de Estados Unidos hizo que el gobierno yanqui suspendiera la ayuda militar, pero sólo por un mes.

Reagan invadió el 25 de octubre del año 1983 la minúscula isla de Granada. Washington simuló que la incursión se decidió a petición de cinco países caribeños con nula presencia internacional: Barbuda, Antigua, Dominique, Santa Lucía y San Vicente. Para sazonar el cuento, Reagan dijo que los cubanos estaban construyendo en Puerto Salinas una pista para el aterrizaje de aviones rusos. En realidad, el ataque a Granada fue organizado para hacer olvidar al pueblo yanqui la ofensa inflingida a Estados Unidos por *Hezbollah* en Beirut –la organización insurgente mató cincuenta marines en un atentado unas semanas antes- y usado como puntal en la reelección de Reagan. Hoy, Granada es un paraíso para los estadounidenses de la tercera edad.

George H. W. Bush, invadió Panamá el 20 de diciembre del año 1989. La operación militar, denominada *Causa Justa*, tenía el objetivo de instalar en la presidencia panameña a Guillermo Endara, un sirviente más dócil a Washington. Los barrios populares y la *Guardia Nacional* -dirigida por el General Noriega- lucharon por sostener al presidente investido Francisco Rodríguez. Más de dos mil panameños fueron asesinados al mismo tiempo que el fantoche

Endara –escondido en una base militar estadounidense- juramentaba como Presidente Constitucional de la República de Panamá.

A pesar de que el Canal de Panamá retornó a la soberanía panameña -el 31 de diciembre del año 1999- y que los soldados yanquis se retiraron, Estados Unidos mantiene su intrusión con la cláusula del *Pacto de Neutralidad* -que es una coacción velada-, el acuerdo *Salas-Becker* de febrero del 2002, el TLC, y el acuerdo entre Alemán Zubieta y el *Servicio de Guardacostas* y la *Agencia de Protección Ambiental* de Estados Unidos.

El sacerdote Jean Bertrand Aristide ganó la elección presidencial de Haití en febrero de 1991, pero su ascenso fue estimado peligroso por Estados Unidos, la oligarquía haitiana y el Vaticano. Estos poderes forjaron un golpe de Estado que el General Raúl Cedras ejecutó en septiembre de 1991. Cedras consumó el golpe de Estado número 172, desde que Haití lograra la independencia en el año 1804.

El Vaticano detestaba a Aristide por su compromiso personal con la *Teología de la Liberación*, y fue de los primeros en otorgar su reconocimiento al gobierno golpista. La brutal represión del gobierno militar y la miseria obligaron a miles de haitianos a escapar por mar hacia las costas yanquis. El éxodo fue enorme y Clinton -con el aval de la ONU- lanzó una falsa operación humanitaria, reinstaló a Aristide, pero previamente limitó su capacidad de maniobra por los acuerdos financieros y políticos que le impuso. Luego del gobierno de René Preval -su sucesor- Aristide fue reelecto para otro mandato, pero el 29 de febrero del año 2004 fue raptado otra vez por orden de Washington.

La abogada Eva Gollinger consiguió en el año 2004 desclasificar documentos que demuestran que la *CIA*, la *Agencia de Seguridad Nacional,* y el Departamento de Estado sabían que se preparaba un golpe para derrocar al Presidente Hugo Chávez. Entre los escritos aparece un telegrama del entonces presidente español, José María Aznar, ensalzando la asonada contra Chávez Frías. El mandatario venezolano fue apresado -el 11 de abril del año 2002- y estuvo a punto de ser asesinado por un grupo de militares golpistas que formaron una *Junta* encabezada por el empresario Pedro Carmona. Washington no alertó a Caracas, financió y fue complaciente con los complotados porque su interés era instaurar un gobierno marioneta que le entregara la inmensa riqueza petrolera venezolana.

Jorge Valero -el Embajador de la República Bolivariana de Venezuela ante la OEA- presentó -en marzo del año 2004- numerosas pruebas que exponen la abierta participación yanqui en el golpe de Estado contra el pueblo venezolano y el Presidente Hugo Chávez.

El diplomático venezolano explicó que -el 12 de abril del año 2002- funcionarios del *U.S. Department of State*, y de la misión permanente de Estados Unidos ante la OEA, realizaron tanto en el seno de esa organización como ante el cuerpo diplomático un intenso *lobby* destinado a justificar el golpe de Estado, mientras que en Caracas el Embajador gringo -Charles Shapiro- realizaba una *visita de cortesía* al impostor Pedro Carmona Estanga.

El gobierno del Presidente Hugo Chávez posee evidencias de que helicópteros militares yanquis aterrizaron en el aeropuerto de Maiquetía durante el golpe de Estado en el año 2002; que buques de guerra gringos penetraron clandestinamente en aguas del caribe venezolano; que militares estadounidenses se reunieron antes y durante el *putsch* con militares venezolanos traidores, incluso en Fuerte Tiuna; que un avión de Estados Unidos se encontraba el 12 de abril en la Orchila -isla venezolana a la cual fue llevado el Presidente Chávez durante su secuestro- y que despegó apresuradamente cuando sus tripulantes se enteraron que fragatas patrulleras de la Armada Venezolana se dirigían al lugar.

También existe un documento enviado al dictador Carmona por Philip Chicola -en nombre del *U.S. Department of State*- con una serie de recomendaciones que éste cumplió al pie de la letra -como consta en una nota enviada a César Gaviria el día 13 de abril- salvo una: La que solicitaba se les proporcionara una copia de la renuncia firmada por el Presidente Hugo Chávez. La renuncia nunca existió, pero eso no impidió que Philip Reeker -en otro comunicado oficial del *U.S. Department of State*- divulgara mundialmente que Hugo Chávez había renunciado y que celebrara el ascenso de los golpistas.

Las pruebas exhibidas por la República Bolivariana de Venezuela indican que el *National Endowment for Democracy* –un organismo yanqui que sirve de pantalla para hostigar a regímenes que no se someten a los dictados de Washington- apoya una lista amplia de organizaciones y partidos –*COPEI, AD, Súmate, la Confederación de Trabajadores de Venezuela*- que conspiran contra el popular y legítimo gobierno de Hugo Chávez Frías.

El gobierno del renegado Pedro Carmona Estanga -que duró solo cuarenta y ocho horas en el poder- mostró su verdadera orientación eliminando por decreto la Asamblea Nacional, derogando la Constitución Bolivariana, destrozando los *Acuerdos Petroleros* con Cuba, y lanzando una campaña de exterminio contra los funcionarios y militantes chavistas.

LA CASA BLANCA SOBORNA A PERIODISTAS

Estados Unidos presume de ejercer una *Libertad de Prensa* que verdaderamente no existe en ese país porque el régimen –republicano o demócrata- siempre ha empleado el dinero del pueblo yanqui no para mantenerlo informado sino para bloquear y manipular invariablemente la realidad –produciendo noticias falsas que distribuyen todos los medios informativos- y para sobornar a la multitud de corruptos profesionales de la comunicación –periodistas, comentaristas, y analistas políticos que promueven la antisocial e imperialista agenda de la ambiciosa oligarquía gringa- a pesar de las críticas de organizaciones que crédulamente defienden la libertad periodística en las empresas del ramo.

Durante los últimos cinco años, al menos veinte agencias federales estadounidenses -incluyendo el *U.S. Department of Defense* y el *U.S. Census Bureau*- han utilizado excesivos fondos fiscales para producir y distribuir miles de segmentos noticiosos -con datos falsificados- que promocionan las erradas políticas del gobierno de Bush. Esos embustes fueron difundidos por cientos de emisoras locales que intencionalmente no advirtieron a su audiencia que estaban transmitiendo propaganda.

El servicio noticioso de la *U.S. Navy* y de la *U.S. Air Force* contrató desde el año 2001 -al inicio de la presidencia de Bush- a cuarenta reporteros, productores y relacionistas públicos, con la misión de crear *buenas noticias* militares para difundirlas en radios y televisoras locales. Esos segmentos de *buenas noticias* fueron vistos por casi cincuenta millones de telespectadores sin que las estaciones de radio y televisión señalaran al público que lo que estaban presenciando era propaganda gubernamental.

El *New York Times* anunció –el 13 de marzo del año 2005- que *"Estados Unidos ha ingresado plenamente a una era de noticieros televisivos manipulados porque el gobierno federal distribuye agresivamente noticias adulteradas a las estaciones de televisión..."*

El *Centro para Medios y Democracia*, y *Free Press* -dos organizaciones que velan por la libertad de prensa estadounidense- han presionado infructuosamente a la gubernamental *Federal Communications Commission* –FCC- para que investigue y sancione a las compañías que difunden noticias producidas por el gobierno sin identificar la fuente.

Josh Silver -el director ejecutivo de *Free Press*- afirma que *"la Federal Comunications Commission debe actuar de inmediato para erradicar el fraude noticioso y hacer cumplir las leyes vigentes sobre la payola..."*

Steven Aftergood –colaborador del *Proyecto sobre Secretismo Gubernamental de la Federación de Científicos de Estados Unidos*- considera que el apoyo clandestino a comentaristas, y la difusión de paquetes de noticias manipuladas, refuerza las sospechas de que las informaciones transmitidas en los medios de comunicación son en realidad propaganda pagada porque *"sobornar a periodistas para que escriban noticias positivas es parte del patrón gubernamental de secretismo y manipulación pública que socava nuestra seguridad y nuestra democracia..."*

La práctica de distribuir noticias falseadas se oficializó en la Administración Clinton, pero Bush no sólo la ha mantenido sino que ha duplicado los fondos públicos utilizados con ese fin hasta alcanzar –durante su primer mandato presidencial- los doscientos cuarenta y cinco millones de dólares.

La *Oficina de Contabilidad del Congreso* -una agencia autónoma que trabaja dentro del poder legislativo yanqui- determinó que los paquetes de noticias manipuladas que producen las dependencias del gobierno gringo son precisamente propaganda encubierta.

Bush El Pequeño siempre ha replicado que difundir noticias falsas y sobornar a periodistas es una práctica absolutamente legal porque las agencias del *Poder Ejecutivo* no están obligadas a cumplir los dictámenes de la *Oficina de Contabilidad del Congreso* –GAO- y que por eso lo seguirá haciendo.

La *Administración Bush* ha sobornado a centenares de ambiciosos periodistas yanquis y recientemente se descubrió que la *Casa Blanca* -a través de algunas oficinas ejecutivas del gobierno federal- pagó cientos de miles de dólares a tres influyentes comunicadores para que promovieran favorablemente las políticas del pequeño George durante sus emisiones televisivas.

Uno de los sobornos fue revelado por el reportero Greg Toppo –en el periódico *USA Today* con fecha del 7 de enero del año 2005- quien obtuvo la información a través de documentos proporcionados por el *U.S. Department of Education,* mediante una solicitud previa basada en la *Freedom of Information Act.* Los documentos demostraron que Armstrong Williams –un importante columnista y analista político de la *CNN* y la *CNBC*- recibió 241 mil dólares a través de un contrato triangulado -entre el *U.S. Department of Education* y *Ketchum Communications*- y que a cambio del dinero alabó un cuestionado plan educativo gubernamental -*No Child Left Behind*- en su programa nacional de televisión, en la sección que publicaba en una cadena periodística y también indujo a otros periodistas a publicar comentarios favorables a esa ley. Cuando fue descubierto, el respetable Williams se disculpó públicamente y remarcó que no advirtió el conflicto de intereses al recibir el cohecho, pero sus columnas periodísticas fueron canceladas por la *Tribune Company* –la empresa editorial para la que trabajaba-.

La digna periodista Maggie Gallager también aceptó sobornos de la *Administración Bush* y fue desenmascarada cuando Howard Kurtz escribió en el *Washington Post* –el 26 de enero del año 2005- que ella había recibido 41 mil 500 dólares -a través de dos contratos federales con el *Department of Health and Human Services*- por escribir un artículo favorable a la legislación republicana sobre el matrimonio, cuya meta era reducir los fondos de asistencia social –*welfare*- para destinarlos al pago de consejería prematrimonial, para promover la abstinencia sexual, y para recompensar a los Estados de la Unión que disminuyeran el número de niños nacidos fuera del matrimonio.

Los Angeles Times destapó –el 28 de enero del año 2005- que el columnista Michael McManus –autodescrito como el *Promotor de los Matrimonios* y cuya sección denominada *Ética y Religión* se publica en cincuenta periódicos- recibió numerosos pagos de cuatro mil dólares más viáticos por cada artículo que ensalzara las disparatadas políticas gubernamentales. Todas las retribuciones fueron realizadas por el *U.S. Department of Health and Human Services* e incluyeron un donativo de 49 mil dólares entregado a la organización *Marriage Savers Inc,* que tutela el honorable McManus.

De igual manera, el *U.S. Department of Defense* corrompe a los periódicos iraquíes para que publiquen historias redactadas por la *División de Información del Ejército Estadounidense* -con la finalidad de mejorar la imagen de Estados Unidos en Iraq- y organizó el *Bagdad Press Club* que paga a los periodistas iraquíes doscientos dólares por cada reportaje que glorifique las operaciones militares gringas en esa nación árabe.

Los Angeles Times publicó –el 30 de noviembre del año 2005- que el *Pentágono* tiene un contrato con *Lincoln Group* -una pequeña firma radicada en Washington D.C.- para traducir y colocar las historias yanquis en la prensa de Bagdad; que ha pagado a la prensa iraquí por cientos de artículos que elogian las actividades de las fuerzas invasoras, condenan el terrorismo, presentan sólo un lado de la realidad, y omiten información potencialmente negativa para Estados Unidos o los representantes gubernamentales iraquíes; y que ha comprado al menos una estación de radio y un periódico para difundir mensajes proestadounidenses en Iraq.

El Presidente Bush declaró desvergonzadamente el 4 de diciembre del año 2005 –después de descubrirse que el *Pentágono* soborna y paga a la prensa iraquí para que publique noticias favorables a Estados Unidos- que *"estoy muy molesto por esa práctica corrupta porque aunque las noticias se refieren a hechos reales hay que hacerlo de manera tal que fortalezca y no socave la libertad de los medios... He pedido al Secretario de Defensa –Donald Rumsfeld- que investigue ese programa de pagos a los periodistas iraquíes, y que lo suspenda si viola los principios de la prensa libre..."*

El *U.S. Department of Defense* sólo simuló investigar el caso de los sobornos, dejó pasar el tiempo para que el escándalo se olvidara y le renovó a *Lincoln Group* su contrato por otros dos años, con un costo de seis millones de dólares.

El diario *The Miami Herald* reveló -el 8 de septiembre del 2006- que desde hace muchos años al menos diez periodistas del sur de Florida han recibido cuantiosos sobornos de la *Oficina de Difusión sobre Cuba* –un organismo oficial estadounidense que forma parte del agresivo proyecto intervencionista contra la isla caribeña- para difamar a la legítima revolución de Fidel Castro.

Miami Herald Media Company -la empresa responsable de la publicación de los diarios *The Miami Herald* y El *Nuevo Herald*- despidió inmediatamente a tres de sus más prominentes periodistas luego de descubrir que desde hace varios años han aceptado cohechos de esa dependencia ligada al *U.S. Department of State*, tal como lo ha denunciado desde hace varios años el mismo gobierno cubano.

Jesús Díaz Jr. –el presidente de la *Miami Herald Media Company*- enfatizó ante el escándalo que el hecho de que los reporteros hayan aceptado estar en la nómina del gobierno estadounidense *"violó la sagrada confianza que existe entre los periodistas y su público, porque ni siquiera la sola apariencia de que la objetividad o la integridad han quedado comprometidas es algo perdonable en esta profesión... No creo, personalmente, que la integridad y la objetividad pueden ser garantizadas si alguno de nuestros reporteros recibe compensaciones monetarias de alguna entidad sobre la que pueda cubrir, especialmente si es una institución gubernamental..."*

Los decentes periodistas que obtuvieron los sobornos más jugosos son Pablo Alfonso -un reportero veterano del *Nuevo Herald* y columnista asignado a la cobertura permanente de las noticias relacionadas con Cuba- que obtuvo unos 175 mil dólares desde el año 2001; Olga Connor -otra veterana colaboradora del matutino que se encargaba de la información cultural cubana- se embolsó 71 mil dólares en los últimos cinco años; y Wilfredo Cancio Isla -responsable en el *Nuevo Herald* de las noticias sobre la comunidad de ascendencia cubana en Miami- recibió 15 mil dólares entre los años 2001 y 2006.

En la lista de los corruptos periodistas que recibieron pagos para difamar al régimen cubano figuran también Carlos Alberto Montaner -colaborador del diario conservador español ABC y presidente de una agrupación de membrete denominada *Unión Liberal Cubana*- quien criticó a Andrés Manuel López Obrador –el verdadero triunfador de las recientes elecciones presidenciales mexicanas- por comportarse *"como si fuera Francisco I. Madero"*; Helen Aguirre Ferré –directora de la sección editorial del *Diario de las Américas*- y el columnista de la misma publicación Ariel Remos; Miguel Cossío -director de noticias del *Canal 41* de la televisión local floridana-; Juan Manuel Cao, reportero del *Canal 41* -televisora afiliada a *Univision*- y responsable de los asuntos vinculados a la comunidad de origen cubano en Florida; y Ninoska Pérez -exvocera de la *Fundación Nacional Cubanoamericana*- quien funge actualmente como locutora de *Radio Mambí*, una emisora comercial de Miami conocida por sus posiciones anticastristas.

El venal Juan Manuel Cao –por ejemplo- se agenció 11 mil 400 dólares por sus tendenciosos reportajes con *Tv Martí* -sólo durante el primer semestre del año 2006- y logró notoriedad cuando acosó con preguntas mediocres a Fidel Castro –en la *Cumbre del MERCOSUR* realizada en junio del año 2006 en Argentina- hasta que el Comandante le preguntó que quién le pagaba por asumir esa conducta majadera. *"Nadie me paga por hacer preguntas, ese es mi trabajo..."* –respondió el sinvergüenza Cao-.

El escándalo de los deshonestos periodistas miamenses ha logrado mayor repercusión porque la poderosa mafia anticastrista -radicada en Florida- consiguió que el presidente de la *Miami Herald Media Company* renunciara a su cargo -por presuntas anomalías en la dirección- y obtuvo que todos los indecentes comunicadores fueran recontratados.

La *Oficina de Difusión sobre Cuba* –la *U.S. Office of Cuba Broadcasting*- realiza su labor de zapa a través de *Radio Martí* y *TV Martí* que recibieron 37 millones de dólares –sólo en el año 2006- para mantener en el aire una grosera programación anticubana que no puede sintonizarse dentro del territorio yanqui, por las presuntas prohibiciones de varias leyes contra la propaganda, aunque el motivo real sea evitar que la población presencie y condene la forma vil en que se ataca a un país soberano con el dinero de los propios contribuyentes estadounidenses.

¿LIBERTAD DE PRENSA?

"El periodista que no critica nunca a su gobierno no es periodista..."

Propaganda visible en la pizarra electrónica de la Oficina
de Intereses de Estados Unidos en La Habana.

El gobierno de Estados Unidos –que declara la guerra a los valores que cínicamente promueve en el extranjero- siempre ha considerado a los poquísimos periodistas que no aceptan los sobornos de la presidencia yanqui como un estorbo para su ambiciosa agenda imperialista, y ahora pretende liquidar la limitada libertad de prensa estadounidense para sustituirla por el monótono entretenimiento disfrazado de noticias, que minimiza la información y uniforma el mediocre criterio político de la sociedad gringa.

Desde que Franklin D. Roosevelt instituyó el 19 de diciembre del año 1941 la *Office of Censorship* –mediante la *Orden Ejecutiva 8985*- y le confirió amplios poderes para censurar todas las comunicaciones al interior y al exterior de Estados Unidos, los periodistas y sus fuentes de información han sido permanentemente amenazados por la Casa Blanca de ser acusados según las leyes de contraespionaje.

El *U.S. Department of State* decretó el 16 de julio del año 2004 –en violación de las normas oficiales vigentes en la mayoría de los países- que los reporteros extranjeros tienen que abandonar el territorio estadounidense mientras obtienen la extensión del visado que acredita su permiso de estancia legal.

La *Association of American University Presses*, la *Association of American Publishers,* y otras organizaciones periodísticas presentaron una demanda conjunta –el 27 de septiembre del año 2004- contra la *Office of Foreign Assets Control* –una dependencia del *U.S. Department of Treasury*- por evitar deliberadamente que la obra de escritores cubanos, sudaneses e iraníes ingrese a Estados Unidos, y por utilizar las sanciones económicas contra esos tres países como un pretexto para detener el libre flujo de la información y el pensamiento.

La Corte de Justicia en Estados Unidos –controlada por jueces impuestos por el partido republicano- declaró culpables a ocho reporteros –incluidos Jim Taricani de la *NBC*, Judith Miller del *New York Times,* y Matthew Cooper de la revista *Time*- por negarse a revelar sus fuentes confidenciales de información.

Más de una docena de periodistas extranjeros fueron detenidos arbitrariamente en los aeropuertos de Estados Unidos durante el año 2004. Un periodista suizo –por ejemplo- fue detenido sin explicación, fichado policialmente, y expulsado en el aeropuerto de Washington sin permitirle contactar a la embajada suiza en Estados Unidos.

La despótica *Administración Bush* redobló –en la primavera del año 2006- la represión contra los periodistas y sus fuentes de información cuando decenas de empleados de la *CIA*, de la *National Security Agency,* y de otras organizaciones yanquis de espionaje fueron interrogados por el FBI, y sometidos al detector de mentiras como parte de una *cacería de brujas* efectuada para localizar al que divulgó la información de las prisiones secretas de la CIA en Europa y el programa de espionaje nacional por parte de la NSA.

El periodista Tony Valdez -de la empresa *Fox News-* fue amenazado de muerte por participar en la cobertura televisiva de las formidables protestas realizadas -el 1 de mayo del 2006- por organizaciones de inmigrantes que luchan por una reforma migratoria en Estados Unidos.

La Asamblea Legislativa de Florida aprobó la *Ley de Viajes a Estados Terroristas* -el 3 de mayo del año 2006- que le prohíbe a las universidades e instituciones de educación superior en ese Estado financiar o ser intermediarias en el financiamiento de cualquier tipo de actividad académica en Cuba y otros países.

La *Junta Escolar* de Miami-Dade decidió -el 14 de junio del año 2006- retirar de las bibliotecas escolares los ejemplares del libro infantil *Vamos a Cuba* porque –según la particular y politizada opinión de los miembros de la *Junta Escolar-* el *"libro no describe de forma correcta la vida en la isla, y da una impresión idílica no acorde con la realidad política y el sufrimiento humano en Cuba..."*

Alberto González –Secretario de Justicia yanqui- expuso en mayo del año 2006 que pueden ser sometidos a juicio los periodistas que divulguen datos secretos –un eufemismo para rotular la información que denuncia los actos ilegales y la corrupción de la *Administración Bush-* y afirmó que en nombre de la seguridad nacional el gobierno puede rastrear las conversaciones telefónicas de los periodistas como parte de una investigación criminal. González hizo esas declaraciones mientras el gobierno investigaba quien filtró a los periodistas los datos sobre un programa de la *National Security Agency* que –sin permiso de un juez- vigila las comunicaciones de todos los estadounidenses.

Matthew Friedrich –jefe de la división criminal del *U.S. Department of Justice-* declaró el 7 de junio del año 2006 que el gobierno estadounidense tiene el derecho de usar contra los periodistas la ley de espionaje –que data de la Primera Guerra Mundial- porque esa legislación no exonera a ninguna categoría de profesionales, y que los reporteros no son inmunes ante posibles acciones judiciales bajo los estatutos en vigor.

El FBI quiere apoderarse de los archivos del fallecido columnista Jack Anderson y pretende congelarlos argumentando -sin proveer detalles- que los documentos del periodista son un peligro para la seguridad nacional porque incluyen información sobre las fuentes y los métodos que utiliza el espionaje yanqui. Anderson logró reconocimiento al documentar y denunciar –por ejemplo- un plan de la CIA para asesinar a Fidel Castro Ruz o por desenmascarar los pormenores del caso *Irán-Contras*, en el que se obtuvo fondos mediante la venta de drogas para financiar a los *Contras* en Nicaragua, pese a la prohibición del Congreso yanqui.

La *Administración Bush* –un gobierno espurio catalogado como el más autoritario, secreto e impopular en toda la historia yanqui- amenazó con enjuiciar al *New York Times* por divulgar que el gobierno vigila –sin orden judicial ni legislativa- las transacciones bancarias de todos los estadounidenses mediante el *Terrorist Finance Tracking Program*.

La *House of Representatives* votó 227 contra 183 –el 29 de junio del año 2006- a favor de una resolución que apoya el programa de vigilancia bancaria implementado por la *Administración Bush* y condena a los medios de información que revelaron el plan gubernamental ante el público. Algunos blandengues legisladores republicanos también propusieron que se le revocara al *New York Times* las credenciales periodísticas para ingresar al Congreso estadounidense, que el *U.S. Department of Justice* investigara y fiscalizara a los reporteros, editores y propietarios de ese rotativo, y que en el futuro –en el colmo del descaro- los reporteros que revelen noticias comprometedoras para el gobierno yanqui sean juzgados por *Alta Traición*.

La *Asociación de Prensa Interamericana* protestó la expulsión decretada por el *U.S. Department of Defense* –el 15 de junio del año 2006- de tres reporteros –Carol Rosemberg del *Miami Herald*, Michael Gordon del *Charlotte Observer*, y Carol Williams de *Los Angeles Times*- que indagaban en el campo de concentración de Guantánamo el misterioso caso de tres prisioneros árabes que se suicidaron.

La *International Federation of Journalists* expresó -en el año 2006- que está profundamente atemorizada por los violentos ataques contra los periodistas y sus fuentes de información, e insistió que *"es inaceptable que países como Estados Unidos, Inglaterra y Dinamarca amenazen descaradamente a los periodistas, mientras que otros como Alemania y Holanda se la pasan interviniendo los teléfonos de los informadores..."*

El *Committee to Protect Journalists* declaró –el 22 de septiembre del año 2006- estar hondamente consternado por la sentencia carcelaria de un juez federal contra dos reporteros -del *San Francisco Chronicle*- que rehusaron revelar la fuente que les proporcionó los datos para denunciar el uso de esteroides por parte de atletas profesionales en Estados Unidos.

EL *PEN American Center* y más de mil cien escritores también han expresado su tremenda ansiedad porque la vigilancia gubernamental y la censura –implementadas con el subterfugio de la lucha contra el terrorismo- son un serio peligro para la prensa en Estados Unidos, y porque la persecución de periodistas es una forma descarada de silenciar la libertad de expresión.

James Risen –el cronista del *New York Times* que obtuvo el premio *Pulitzer* por denunciar que el presidente George W. Bush autorizó que la *National Security Agency* espiara a los estadounidenses sin una orden judicial- ha sido amenazado por el gobierno federal -bajo la *Espionage Act*- con ser encarcelado por sus incómodos reportajes.

Richard Esposito y Brian Ross –el jefe de la sección de periodismo de investigación en la *ABC*- denunciaron que fueron espiados y presionados por la CIA mientras realizaban un reportaje sobre el programa de cárceles secretas de la CIA en Europa.

Greg Palast -el popular periodista estadounidense que colabora para *The Guardian* de Londres y la *BBC*- también ha experimentado las amenazas del régimen Bush que ha esgrimido absurdas coartadas para condenarle a prisión e impedirle informar.

El mismo Greg Palast aclaró en septiembre del año 2006 que *"el supuesto delito, que nos colocaba en el lado equivocado de la calle respecto a la ley antiterrorista post 11 de septiembre del 2001, era el que hubiéramos filmado imágenes de la refinería de Exxon en Batton Rouge, cerca de la cual, mil 600 supervivientes del huracán Katrina permanecen confinados tras una alambrada metálica... Por supuesto, el meollo de la cuestión nunca fue que informáramos a Osama Bin Laden de que Louisiana tiene refinerías y sí, en gran medida, la sensibilidad de un gigante petrolero ante la perspectiva de que se ofrecieran imágenes poco favorecedoras de sus plantas, que son una importante fuente de contaminación a lo largo del conocido Corredor del Cáncer de Louisiana... He sabido que en abril del pasado año, Exxon presentó ante el Departamento de Seguridad Nacional cargos similares contra Willie Fontenot, ayudante del fiscal general de Louisiana. Fontenot hacía de guía para un grupo de alumnos de estudios medioambientales del Antioch College que se encontraban visitando el Corredor del Cáncer. Las quejas por parte de Exxon de que las fotos de sus refinerías tomadas por el grupo suponían una amenaza para la seguridad nacional le costaron el puesto a Fontenot... La cuestión no es la seguridad nacional sino la seguridad de la imagen de Exxon. Uno puede conseguir los minutos de filmación que desee de la propia Exxon siempre y cuando acepte las bellas y asépticas imágenes de sus comunicados de prensa en vídeo mostrando chimeneas rodeadas de garzas felices..."*

La perniciosa propaganda yanqui afirma que cualquiera puede escribir un libro en Estados Unidos y que cualquier excusa es válida para hacerlo –haber pasado un año en Iraq, ser la madre de una joven embarazada asesinada por su marido, o haberse casado con un homicida convicto- pero la realidad indica que aquellos que escriben un libro para criticar al gobierno estadounidense tienen una altísima probabilidad de ser asesinados por el represor régimen yanqui.

Evoquemos el caso del periodista Gary Webb –galardonado con el premio *Pulitzer*- que reveló con su serie *Dark Alliance* -publicada en el *San Jose Mercury News* durante el año 1996- que la CIA permitió la importación y la venta de toneladas de drogas en los barrios de Los Ángeles, que contribuyó a la drogadicción en Estados Unidos y convirtió a la metrópoli californiana en la *capital del crack*, que utilizó ese dinero ilícito para financiar las operaciones de la *Contra* nicaragüense que trataba entonces de derrumbar al legítimo gobierno sandinista en Nicaragua, y que Luis Posada Carriles y sus cómplices cubanoamericanos estaban involucrados en ese criminal negocio.

La investigación de Webb -extraordinaria por su seriedad y su amplitud- causó un alboroto nacional, fue publicada por todos los periódicos de la cadena *Knight-Ridder* con excepción del *Miami Herald* –vinculado a la popularmente denominada *mafia narcoterrorista cubanoamericana*- y la gran prensa comercial adicta al gobierno divulgó extensos reportajes atacando el trabajo del reportero.

Gary Webb fue encontrado muerto el viernes 10 de diciembre del año 2004 –con dos balazos en el rostro- en su domicilio de California. La policía determinó que fue un suicidio –no abrió una investigación por homicidio y la prensa cómplice no cuestionó la versión judicial- pero los abogados de su familia arguyen que *"no dejaremos que el caso quede así... ¿Cómo es posible que alguien reciba dos heridas de bala diferentes y aún se considere como suicidio la causa de su muerte? Primero eran múltiples heridas de bala, después era una sola herida, y ahora múltiples otra vez. ¿Cómo es posible que alguien que trate de robarte termine involucrándote en el robo? ¿De veras cree usted que alguien pueda dispararse un arma en el rostro dos veces?"*

Rememoremos también el tema del escritor James Hatfield que escribió un libro minucioso sobre la vida del pequeño Bush –quizás el más exhaustivo y más interesante trabajo de investigación sobre la vida del gobernante estadounidense- y las relaciones de sus abuelos con el nazismo, los negocios petroleros de sus padres, las relaciones financieras con la familia Bin Laden, y mucho más.

Hatfield intuyó que cuando George Bush se presentó como candidato presidencial era el mejor momento para dar a conocer su obra –*Fortunate Son, George W. Bush and the Making of an American President*- pero los asesores del aspirante republicano lanzaron una vigorosa campaña para desacreditarlo, y amenazaron a su editor con demandarlo si publicaba el libro que denunciaba que el candidato Bush había sido detenido por posesión de cocaína en el año 1972 y que ese delito -según las leyes locales- lo privaba de los derechos cívicos, de modo que estaba inhabilitado para presentarse como candidato al puesto de gobernador de Texas y menos a la presidencia de Estados Unidos.

St. Martin Press –el editor de Hatfield- se asustó con las amenazas proferidas por los enviados de Bush y -para evitar un conflicto con los poderosos texanos- quemó los ochenta mil textos que tenía listos para ser distribuidos en las librerías estadounidenses.

Bush El Pequeño ganó fraudulentamente la elección presidencial y Hatfield creyó que su carrera como escritor estaba terminada, pero Sander Hicks –un pequeño empresario dueño de *Soft Skull Press*- le ofreció reeditar el libro con cuarenta y cinco mil ejemplares.

Antes del nuevo lanzamiento de *Fortunate Son*, Hatfield le comentó a Hicks que era mejor detener la impresión de la obra porque dos consejeros de Bush lo amenazaron de muerte -a él, a su esposa y a su niña de dos meses- si persistía en la idea de publicar el libro.

De cualquier manera, el libro editado por *Soft Skull Press* no llegó a los estantes de venta en la fecha pactada porque una demanda judicial paralizó –temporalmente- la distribución de la obra.

Soft Skull Press salió triunfante de la acusación y logró publicar *Fortunate Son* que rápidamente obtuvo el reconocimiento de la crítica, se ubicó entre los libros más vendidos de Estados Unidos, y fue clasificado como *best-seller* por el *New York Times*.

James Hatfield fue encontrado muerto el 18 de julio del año 2001 -en una habitación del motel *Days Inn* en Springdale- y según el parte policial se trató de un suicidio, aunque los investigadores independientes argumentan que fue asesinado. El periodista David Cogswell –enterado de todas las dificultades y amenazas que tuvo que afrontar el fallecido- ha escrito dos excelentes artículos que detallan cómo su amigo era vigilado y acechado por el gobierno, y que tratan de esclarecer su muerte. La defunción de Hatfield motivó muchas inquietudes entre los intelectuales, pero extrañamente no generó mayor debate o curiosidad en los *mass media* de Estados Unidos.

Fortunate Son ha sido editado en español con el nombre de *El Nerón del Siglo XXI*, fue presentado en Madrid el mismo día que se declaró la fraudulenta victoria de Bush para un segundo mandato presidencial –el 3 de noviembre del año 2004- y cuenta con las magníficas introducciones de José Saramago, Thierry Meyssan y Bruno Cardeñosa.

En junio del 2007 fue encarcelado el periodista estadounidense Matt Lepacek -en Manchester, New Hampshire- por cuestionar insistentemente a los consejeros del candidato Rudolph Giuliani con relación al conocimiento previo del derrumbe de las Torres Gemelas, y del edificio siete en Nueva York, luego del impacto de los dos aviones el 11 de septiembre del 2002. El arresto de Lepacek se produjo a petición del secretario de prensa del candidato Giuliani, aconteció durante un debate entre los precandidatos republicanos a la presidencia gringa, y el reportero arrestado poseía una credencial oficial de CNN para estar presente en el evento.

No es la primera vez que periodistas con preguntas incómodas son arrestados en Estados Unidos: Hace algunos años –por ejemplo- fue arrestado el corresponsal Alex Jones en un evento de George W. Bush -entonces Gobernador de Texas- luego de preguntarle al futuro presidente si pensaba eliminar la *U.S. Federal Reserve*.

En junio del año 2007 fue arrestado -por la policía de Miami- el reportero Oscar Corral en un presunto caso de solicitud de los servicios de una prostituta en la calle. Pero recordemos que fue Corral -del Miami Herald- quien desenmascaró a los periodistas de Florida que recibían sobornos del gobierno yanqui por sus contribuciones a la programación anticubana de *Radio Martí* y *TV Martí*; quien se atrevió a investigar al terrorista Luis Posada Carriles y publicó -el 3 de julio del 2005- un documento del 8 de mayo del año 2003 y firmado por los tres congresistas del sur de Florida -Lincoln Díaz-Balart, Mario Díaz-Balart e Ileana Ross-Lehtinen- en el que solicitan a la expresidenta panameña Mireya Moscoso que perdonara a Carriles; quien indagó en la auditoría de la GAO -Oficina General de Contaduría- que demostró cómo la mafia cubanoestadounidense robó -entre los años 1996 y 2005- los millones de dólares asignados a través de la USAID a la guerra sucia contra Cuba. Corral fue recientemente víctima de amenazas de muerte de la mafia anticastrista, y el asunto debe interpretarse como una advertencia para cualquiera que intente hurgar en las actividades de la extrema derecha miamense. El periodista se declaró inocente del delito.

La propaganda de los imperialistas gringos trata inútilmente de esconder que la libertad de expresión en la *Tierra del Tío Sam* gime lastimeramente bajo la bota fascista, y ni siquiera *Reporteros sin Fronteras* –una sumisa organización al servicio de los intereses yanquis- se atreve a negar la inconcebible ausencia de libertad de prensa en la nación que la patrocina, y acepta en su *Índice de Libertad de Prensa Mundial* que Estados Unidos ocupó planetariamente –en el año 2005- el lugar número 44 entre 168 países, y que en el año 2006 descendió nueve posiciones para ubicarse en el deshonroso lugar número 53.

CIUDADANOS SILENCIADOS

"Se nos ha privado de nuestro derecho al voto. La elección fue robada tanto en 2000 como en 2004 debido a que la maquinaria electrónica electoral es fácilmente manipulable. Llevamos dos elecciones ilegítimas seguidas... El pequeño Bush dice que estamos en guerra pero no es así porque para que haya guerra el Congreso tiene que votarla. Dice que libramos una guerra contra el terror, pero eso es una metáfora, aunque dudo que él sepa lo que significa metáfora. Es como combatir la caspa; algo que no tiene fin ni sentido... Vivimos en una dictadura totalmente militarizada; todos somos espiados por el mismo gobierno. Las tres ramas del gobierno están en manos de esta junta militar..."

Gore Vidal, Escritor estadounidense.

El derrumbe de las Torres Gemelas disimuló la estafa de la elección presidencial que entronizó a Bush, pero también enterró supuestas libertades que envanecían a los estadounidenses porque ahora el espurio régimen yanqui –como en los tiempos del nazismo- espía las conversaciones telefónicas, la correspondencia electrónica y ordinaria, las pláticas en los salones de chat, las transacciones bancarias, las cátedras de los profesores, y hasta el historial de los libros prestados en la biblioteca por sus ciudadanos que actualmente pueden ser detenidos sin autorización judicial, y ser juzgados por tribunales militares.

El derecho de *Habeas Corpus* ha sido eliminado.

George W. Bush firmó -en diciembre del año 2004- la *Ley de Reforma de los Servicios de Inteligencia y Prevención del Terrorismo*, que es un paso más de Washington para arrasar los limitados derechos obtenidos por el pueblo estadounidense en el siglo pasado.

La estación televisiva NBC alertó –el martes 13 de diciembre del 2005- que el *Pentágono* espía en forma sistemática a las organizaciones pacifistas estadounidenses porque sus actividades ponen en peligro las bases militares o el reclutamiento de soldados.

Estados Unidos considera peligroso que sus ciudadanos ejerzan las libertades consignadas en la *U.S. Constitution* y el *Pentágono* reconoció –el miércoles 14 de diciembre del año 2005- que utiliza la información de los civiles estadounidenses -compilada por los servicios policiales- para proteger las instalaciones militares del país.

El *New York Times* denunció –el 15 de diciembre del año 2005- que George W. Bush autorizó personalmente a la *National Security Agency* –NSA- para que espiara a miles de estadounidenses y extranjeros radicados en territorio yanqui sin una orden de la Corte. Bajo la instrucción presidencial -firmada en el año 2002- la NSA monitoreó llamadas telefónicas internas y mensajes de correo electrónico internacionales de miles de personas dentro de Estados Unidos. Recordemos que una ley nacional de vigilancia –instituida en el año 1978- ordena que los servicios de inteligencia yanquis soliciten permiso a una Corte antes de monitorear comunicaciones de civiles estadounidenses en territorio de la Unión Americana.

La abogada Mara Verheyden –cofundadora de la organización *Partnership for Civil Justice*- declaró al conocerse el espionaje contra la población estadounidense que *"la libertad de expresión está considerada ahora como una amenaza para la Casa Blanca... La exposición de la base de datos sobre incidentes sospechosos pone en claro que el Pentágono está espiando a los civiles que en Estados Unidos se oponen a la guerra en Iraq y al militarismo estadounidense..."*

La base de datos mencionada por la abogada Mara Verheyden incluye mil 500 incidentes sospechosos captados en todo el país y contiene –por ejemplo- videos de una multitudinaria protesta en Los Ángeles –realizada el 19 de marzo del año 2005- contra la guerra y contra la Administración Bush.

James Lafferty –director ejecutivo de *National Lawyers Guild*- dijo que *"el plan de espionaje de Bush está dirigido a intimidar a la gente para que no proteste y el efecto más devastador lo sufrirán las comunidades inmigrantes, especialmente los latinos y los musulmanes, porque en estos momentos son la gente que está siendo más oprimida y está más vulnerable..."*

George Bush acudió -a la noche siguiente de descubrirse la ilegal acción- al popular programa del periodista Jim Lehrer –*The News Hour*- para insistir infundadamente que *"lo que hago es para proteger a los estadounidenses y tengo obligación de hacerlo... Las decisiones tomadas son bajo el entendimiento de que tenemos la obligación de proteger las libertades civiles de los estadounidenses..."*

La *Unión Norteamericana por las Libertades Civiles* –ACLU por sus siglas en inglés- y el *Centro para los Derechos Constitucionales* –CCR-

demandaron sin éxito ante una Corte de Distrito en Michigan a la *National Security Agency*, a su director –el Teniente General Keith Alexander- y exigieron infructuosamente que cesara el espionaje doméstico del presidente George W. Bush porque es ilegal.

Bill Goodman –el director legal de CCR- afirmó en alusión al espionaje telefónico del que fue objeto Martin Luther King en los años sesentas que *"nos entristece que la vigilancia ilegal que una vez tuvo como objetivo a este gran estadounidense se haya vuelto característica del actual gobierno... La actividad ilegal se parapeta detrás de la seguridad nacional cuando en realidad es un intento de la Administración Bush de ejercer un poder ilimitado sin la interferencia de otros poderes..."*

El *New York Times* ha destacado en varias ocasiones que la mayoría de las actividades de espionaje conducidas por el gobierno yanqui contra los ciudadanos -luego del derrumbe de las Torres Gemelas- fueron aplicadas mayoritariamente a personas inocentes. Funcionarios citados por el rotativo aseguraron que esas acciones resultaron improductivas, condujeron a la policía federal a callejones sin salida o al arresto de inocentes, y que las llamadas telefónicas y los mensajes electrónicos interceptados generaron un volumen de información que abrumó al FBI. El periódico neoyorquino también aseveró que el mismo Robert Mueller –director del FBI- cuestionó la legalidad del programa de espionaje civil, pero que su opinión no fue tomada en cuenta por el gobierno del pequeño Bush.

El diario *USA Today* publicó en exclusiva –el 11 de mayo del año 2006- que el programa de espionaje doméstico del gobierno Bush es más amplió de lo que se pensaba porque la NSA posee un programa diseñado para identificar patrones de comunicación telefónica de casi todos los estadounidenses, en un supuesto esfuerzo para detectar posibles actividades terroristas, cuyo objetivo es crear un banco de datos de toda llamada que se haya realizado dentro de Estados Unidos.

La NSA recolecta los datos de cientos de millones de llamadas telefónicas realizadas en Estados Unidos gracias a que las compañías *AT&T, Verizon y BellSouth* comenzaron dócilmente a entregarle al *Pentágono* -poco después del derrumbe de las Torres Gemelas- la información de las comunicaciones de millones de consumidores.

Ahora, la *National Security Agency* posee una ventana secreta que le permite observar los hábitos de comunicación de millones de estadounidenses, y aunque en ese programa no se procesan los nombres, direcciones y otro tipo de información personal, será muy fácil para la NSA acceder a la información de los individuos por medio de los números telefónicos.

El *New York Times*, el *Wall Street Journal* y *Los Angeles Times* publicaron una serie de artículos –el 23 de junio del año 2006- que demostraron que el *U.S. Department of Treasury*, la *CIA* y varias agencias gubernamentales yanquis implementaron -inmediatamente después del derrumbe de las *Torres Gemelas*- el *Terrorist Finance Tracking Program* para espiar ilegalmente las transacciones bancarias de todos los estadounidenses mediante el acceso al banco de datos de *SWIFT* -*Society for Worldwide Interbank Financial Telecommunication*- una organización ligada a más de ocho mil instituciones financieras en doscientos cinco países.

El Ministerio Francés de la Defensa advierte -en un informe del año 2006- que existe una intensa relación entre *Microsoft* y los servicios de espionaje yanquis -algunos de los cuales trabajan en el desarrollo de las tecnologías informáticas de esa empresa-. Bill Gates –el propietario de *Microsoft*- ha reconocido públicamente que ha creado su propio *Programa de Seguridad Nacional* para entregarle información al gobierno de Estados Unidos.

El sistema operativo *Windows* y el navegador *Internet Explorer* guardan un número de identificación del usuario –el *Globally Unique Identifier* o GUID- que es registrado y grabado en todos los documentos creados con las aplicaciones de *Microsoft Office*. El GUID puede ser consultado desde Internet por medio de comandos especiales previstos por *Microsoft*.

Windows e *Internet Explorer* contienen otros comandos especiales que permiten sondear e indagar el contenido del *disco duro* del usuario -sin conocimiento de éste- durante sus conexiones a Internet. *Microsoft* ha reconocido la existencia de esos comandos especiales y del GUID.

Steve Ballmer –el segundo hombre más importante al mando de *Microsoft*- admitió en una entrevista concedida al diario *El País* -el 22 de octubre del año 2006- que la compañía supeditaría la privacidad de sus usuarios a los intereses de la *Agencia de Seguridad Nacional* y *el FBI*.

El informe del ministerio francés también señala la presencia de programas espías -*back-doors*- en los softwares de *Microsoft*, y alerta que *Intel Corporation* también ha fijado, en los microchips *Pentium III* y *Xeon*, un número de identificación verificable a distancia.

El FBI se niega a entregar información sobre el programa de espionaje electrónico *DCS-3000* -una variante muy avanzada del programa *Carnivore*- y la *Electronic Frontier Foundation* -una ONG integrada por abogados y defensores de los derechos civiles que se dedica a denunciar las acciones ilegales de vigilancia digital en Estados Unidos- reconoció el 8 de octubre del año 2006 que retiró la denuncia antepuesta ante la Corte de Justicia estadounidense porque el FBI se negó -en nombre de la guerra contra el terrorismo- a entregar documentos sobre esta herramienta, solicitados a través del la *Ley para la Libertad de la Información* -FOIA-.

El programa de espionaje electrónico *Carnivore* es un sistema computacional diseñado para permitir al FBI, en colaboración con un proveedor de Internet, que haga valer una orden judicial que exige la recolección de cierta información –en correo electrónico u otro medio digital- de un usuario que es objeto de investigación. Pero la orden judicial –como hemos visto al conocerse el escándalo del espionaje de la *National Security Agency*- ya no suele ser necesaria para intervenir la correspondencia e instalar programas de escucha a espalda de los ciudadanos de ese país.

Estados Unidos pretende vigilar todos los aspectos de la vida de los ciudadanos, y la *Electronic Frontiers Foundation* afirma que las compañías fabricantes de impresoras colaboran con el gobierno yanqui programando sus dispositivos para que añadan a cada página un código secreto que identifica a la impresora que la produjo, y que puede utilizarse para detectar a disidentes políticos.

Seth Schoen -experto tecnológico de *Electronic Frontiers Foundation*- ha advertido que en las páginas producidas por impresoras en color existe la presencia de una serie de puntos amarillos -organizados en una matriz de quince filas por ocho columnas- indetectables a simple vista pero visibles si se usa una potente lupa. Los puntos amarillos representan el número de serie de la impresora, la fecha y la hora en que se produjeron.

Lee Tien -abogado de *Electronic Frontiers Foundation*- afirma que el descubrimiento de esas etiquetas tecnológicas -sobre cuya existencia no se informa a los ciudadanos- pone de manifiesto *"cómo el gobierno estadounidense y la industria privada pueden suscribir oscuros acuerdos para debilitar nuestra privacidad, comprometiendo equipos que se usan cada día, como las impresoras..."*

El gobierno de Estados Unidos argumenta como siempre que todo esto es legal, y que trabaja con empresas y otros Estados en el establecimiento de sistemas que permitan reducir la falsificación de papel moneda. El código que insertan las impresoras no es el único desarrollo realizado en este sentido. La empresa *Adobe Systems*, por ejemplo, acepta que ha incluido software desarrollado por el gobierno estadounidense en *Photoshop,* lo que afecta el modo en que se manejan las imágenes de billetes en este programa.

El *U.S. Department of Justice* ordenó a *Google* –en marzo del año 2006- que entregue sólo una mínima parte de los dos millones de registros solicitados -cincuenta mil direcciones electrónicas de sus clientes y cinco mil términos de búsqueda en Internet- porque presuntamente quiere usar esa información para mejorar el *Child Online Protection Act* –una iniciativa que protege a los menores de edad y que penaliza a los operadores de las Web pornográficas que no dispongan de métodos para verificar que sus usuarios son mayores de diecisiete años-.

Google argumentó que la solicitud era innecesaria, demasiado amplia, muy costosa, que podría revelar los secretos comerciales de la empresa y detalles con los que se podría identificar a sus clientes.

A diferencia de *Google,* tanto *Yahoo* como *Microsoft* y *America Online* colaboraron inmediatamente con el *Pentágono* y –sin informar a sus millones de usuarios- entregaron sus respectivas bases de datos.

El obsesivo gobierno de Bush también intenta silenciar y suprimir el resultado de las investigaciones científicas que contradicen sus intereses económicos y su ideología.

Un grupo de prestigiosos científicos -que incluyó a veinte premios Nobel y a diecinueve galardonados con la *Medalla nacional de la Ciencia*- firmó en el año 2004 una carta abierta en la que acusan al gobierno de Bush de tergiversar deliberadamente hechos científicos con fines políticos y partidistas.

Mike Kelly –del Servicio Nacional de Pesquerías Marinas- dimitió en el año 2002 por las presiones que recibió para que aumentara el bombeo de agua para irrigación desde el río Klamath –en Washington- que beneficiaría a los partidarios de Bush pero que destruiría la fauna de la vía fluvial en cuestión. Karl Rover –el consejero político de la Casa Blanca- reemplazó el análisis ecológico de Kelly y el caudal del río fue desviado, pero al año siguiente más de treinta mil salmones murieron por el bajo nivel de agua.

James Hansen –experto en cambio climático de la NASA- fue obligado a borrar del Internet sus análisis que sugerían que el año 2005 podría ser el más cálido registrado en el último siglo, y a retractarse públicamente de sus conclusiones científicas en las que atestigua que las emisiones de gases de invernadero están profundamente relacionadas con el calentamiento global.

A Hansen –un físico que se integró a la NASA en el año 1967- se le prohibió hablar sin permiso con los periodistas, la autorización de expresarse en público le fue negada varias veces, y cuando se le permitía hablar era para que presentara obligadamente el lado favorable del asunto, porque en caso contrario enfrentaría severas consecuencias.

El científico Hansen –de sesenta y tres años de edad- dice que *"nunca vi nada en mis últimos treinta años que se acercara al grado de control sobre la información que fluye de los científicos hacia el público como se hace ahora en Estados Unidos..."*

Michael Halpern –presidente *del Programa de Integridad Científica de la Unión de Científicos Comprometidos*- opina que *"la tergiversación de la ciencia por parte de la Administración Bush está debilitando lo que ha sido una parte esencial del éxito económico de Estados Unidos..."*

La manipulación de la ciencia por parte del régimen Bush ha generado muertes innecesarias como ocurrió en el caso de los ejecutivos de la *Food and Drugs Administration* –FDA- que eliminaron las investigaciones que demostraban que el popular analgésico *Vioxx* estaba vinculado a 139 mil ataques cardíacos y derrames cerebrales.

Los funcionarios designados por Bush no sólo han atropellado a la ciencia y desarrollado reglas favorables a los grandes negocios sino que también las elaboran con base en su conservadurismo religioso.

La *Food and Drugs Administration* destituyó fulminantemente a las comisiones científicas contrarias a sus intereses, y denegó el acceso público a un anticonceptivo de emergencia llamado *Plan B,* mientras que el gubernamental *Instituto Nacional del Cáncer* ha dicho –pese a que no hay una conexión científica- que sí existe un vínculo entre el aborto y el cáncer de mama.

El Presidente George Bush promulgó –el 28 de mayo del año 2006- una ley para impedir que los activistas en contra de la ocupación de Iraq se manifiesten en los funerales militares, y dos años antes firmó otro decreto que prohibió -a los medios de comunicación- transmitir o publicar imágenes de los cientos de féretros con soldados yanquis que comenzaron a llegar a Estados Unidos desde aquella nación árabe.

Un juez federal en Brooklyn decretó –el 14 de junio del año 2006- que el gobierno de Estados Unidos tiene amplios poderes para detener indefinidamente a extranjeros con base en su religión, raza u origen nacional.

La Corte Suprema de Estados Unidos –controlada por los nuevos jueces designados por Bush- falló el jueves 15 de junio del año 2006 que la policía puede allanar las viviendas, y confiscar evidencia, sin necesidad de tocar la puerta.

Dieciocho abuelas estadounidenses de entre 80 y 90 años de edad fueron juzgadas en Nueva York -en abril del año 2006- por participar en una manifestación contra la guerra en Iraq. Ninguna de las encausadas tiene nietos sirviendo en Iraq, pero dijeron que eso carecía de importancia porque *"estamos aquí por un propósito mayor. Nos rompe el corazón ver a todos esos jóvenes –estadounidenses e iraquíes- muriendo en la guerra... Venir a esta maldita Corte no es nada comparado con lo que le pasa a la gente en Iraq..."*

Doce personas fueron golpeadas y encarceladas –el 31 de enero del año 2006- por manifestarse pacíficamente en Fort Benning y exigir la clausura del *Instituto de Cooperación de Seguridad del Hemisferio Occidental* –denominado anteriormente como la *Escuela de las Américas*-. Ese plantel, solventado por Estados Unidos, es vivero de bárbaros adiestrados para aniquilar la libertad y los derechos humanos en Latinoamérica, donde cientos de miles fueron torturados, asesinados y desaparecidos en los cuarenta últimos años del pasado siglo. Roberto D" Abuison (El Salvador), Anastasio Somoza (Nicaragua), Augusto Pinochet (Chile) y Leopoldo Galtieri (Argentina) se *graduaron* en esta nefasta institución.

Cindy Sheehan, la pacifista estadounidense cuyo hijo soldado murió en el año 2005 -durante la ocupación de Iraq- fue apresada en Nueva York junto con otras tres personas –el 6 de marzo del 2006- por protestar en la acera de la embajada de su país ante la ONU, y por tratar de entregarle al embajador provisional John Bolton una petición firmada por sesenta mil personas que piden el fin de la guerra contra Iraq.

Sheehan fue arrestada previamente en enero del 2006 en el Capitolio –antes de que Bush ingresara para rendir su informe de gobierno- porque se quitó su abrigo y mostró una camiseta con un lema antiguerra. La activista obtuvo notoriedad pública por acampar durante semanas cerca de la residencia de descanso del pequeño Bush –el rancho de Crawford en Texas- para intentar hablar con el mandatario acerca del retiro de los soldados yanquis en Iraq.

La policía de Florida maltrató y arrestó -el 26 de febrero del año 2006- a diecisiete personas durante una manifestación neonazi en un vecindario predominantemente afroamericano, pero lo irónico es que los gendarmes no detuvieron a los miembros del *Movimiento Nacional Socialista* –que desfilaron provocadoramente por las calles de Orlando- sino a los ofendidos residentes de color, bajo los cargos de oponerse a la libertad de expresión consagrada por la constitución estadounidense.

La historia demuestra claramente que el gobierno yanqui siempre ha castigado a sus ciudadanos –hombres y mujeres libres a los que ha etiquetado como disidentes, subversivos, comunistas, populistas, radicales, alzados, indisciplinados- por el único delito de pensar en forma contraria a lo que la propaganda gubernamental pregona.

El gobierno de Estados Unidos –por ejemplo– adoptó en junio del año 1917 la *Espionage Act* –reforzada en mayo de 1918 con la *Sedition Act*- una ley que imponía castigos de veinte años de prisión y diez mil dólares de multa a los estadounidenses que criticaran la barbarie yanqui en la *Primera Guerra Mundial*, a los que se opusieran a la venta de bonos para financiar la guerra, y a los que usaran *"un lenguaje abusivo, profano, desleal o burlón contra el gobierno estadounidense, contra cualquiera de las agencias gubernamentales o contra los funcionarios federales..."*

Armado con la *Espionage Act* y la *Sedition Act*, el *U.S. Department of Justice* arrestó al menos a mil 597 personas en menos de un año y condenó a cuarenta y un individuos a la pena máxima de veinte años en prisión y diez mil dólares de multa por el único delito de ejercer su libertad de pensamiento. Los periódicos que criticaban al déspota régimen yanqui por la deficiente conducción de la guerra -en los lejanos campos de Flandes- fueron privados de sus privilegios postales, y algunos fueron cerrados.

Recordemos que el Presidente Truman ordenó –en el año 1947- que el *FBI* y el *Civil Service Commission* investigaran la lealtad de todos los empleados federales para detectar a elementos subversivos; que el *FBI* y el *U.S. Department of Justice* emprendieron –en el año 1948- una campaña contra las actividades comunistas en Estados Unidos, detuvieron a cientos de personas por el supuesto delito de conspirar para derrocar al gobierno yanqui y las sentenciaron con base en la *Smith Act* del año 1940; que el *U.S. Congress* aprobó –en el año 1950- la *Internal Security Act* –conocida popularmente como *McCarran Act*- que exigió a todas las organizaciones comunistas en Estados Unidos que entregaran la información completa de sus finanzas y de sus miembros a la Fiscalía Nacional –*Attorney General*-; y que durante los primeros dos años de la presidencia de Eisenhower, el Senador McCarthy condujo un comité congresional para investigar la hipotética influencia comunista en el gobierno federal, y que acusó injustificadamente a cientos de personas que laboraban en el *U.S. Department of State* y en el *U.S. Army*.

No estaría de más –ante el hecho preocupante de que en la Tierra del Tío Sam el fascismo se ha envalentonado y comienza a quitarse el disfraz- que los estadounidenses apagaran su televisor para ponerse a hurgar entre sus libros de historia –perfectamente conservados porque nunca los usan- y repasaran lo que Benjamín Franklin les advirtió acerca de que *"aquellos que son capaces de renunciar a las libertades esenciales para obtener un poco de seguridad temporal no merecen ni la libertad ni la seguridad..."*

CAPÍTULO V

EL MITO DEL SUEÑO
AMERICANO

41 MILLONES DE HAMBRIENTOS

"Aquí y ahora declaro la guerra a la pobreza... Nosotros estamos construyendo una gran sociedad donde ningún hombre o mujer tendrá que temer al hambre, la pobreza o el odio racial; donde cada hombre y mujer tendrá la oportunidad plena de ser próspero y feliz..."

Presidente Lindon Johnson.

El informe anual presentado por el *Departamento de Agricultura de Estados Unidos* –USDA- el viernes 19 de noviembre del 2004, revela uno de los más alarmantes e incongruentes aspectos de la vida en el país presumiblemente más opulento del mundo: La existencia y el persistente incremento del hambre.

La investigación de la *USDA* estaba programada para emitirse a finales de octubre del año 2004 –justo antes de la elección presidencial en Estados Unidos- pero su difusión fue postergada por instrucciones de George W. Bush.

La declaración central del documento de que más de treinta y ocho millones de estadounidenses –incluyendo trece millones de niños- no cuentan con dinero suficiente para comprar comida, nos revela la razón por la cual no era conveniente divulgarlo durante la campaña de reelección del pequeño Bush.

El estudio de la *USDA* declara que -en el año 2004- 11.9 por ciento de todos los hogares estadounidenses –equivalente a 13.5 millones de casas- sufrieron *inseguridad alimenticia* por la escasez de dinero, y que 4.4 millones de hogares sufrieron una escasez tan severa que son clasificados como *hogares hambrientos*.

En el año 1999 padecieron hambre treinta y un millones de estadounidenses, en 2001 fueron 33.6 millones, en 2002 eran treinta y cinco millones de personas -cifra que incluye a trece millones de niños- y en el 2004 el número aumentó a 38.2 millones de personas hambrientas.

El *Informe de Seguridad Alimenticia de las Familias en Estados Unidos para el año 2005* –publicado por el *USDA*- enuncia que 35 millones de estadounidenses no tuvieron dinero para comprar comida suficiente en ese año, y alaba la primera declinación -en el último sexenio- del número de personas que pasaron hambre, pero los expertos independientes y las organizaciones caritativas critican el resultado porque la disminución se logró sólo en el papel -alterando la metodología en el manejo de los datos- y denuncian que la cifra de hambrientos es mayor que la registrada en el año 2004.

Una prueba del falseamiento de datos -por parte de la USDA- para mostrar datos favorables en el *Informe de Seguridad Alimenticia de las Familias en Estados Unidos para el año 2005* es el hecho de que en el texto deliberadamente evitaron mencionar el hambre y los hambrientos, y suavizaron el problema utilizando el eufemismo *inseguridad alimenticia*.

El Washington Post criticó el interés del USDA por esconder el hambre en el país que -según la propaganda *bushista*- vive un período histórico de riqueza y crecimiento sostenido, y expresó que "*algunos estadounidenses carecen de comida, pero el Departamento de Agricultura no los quiere llamar hambrientos... El gobierno de Estados Unidos ha jurado que los estadounidenses jamás volverán a estar hambrientos, pero enfatizó que ello no significa que no sufrirán de inseguridad en la alimentación...*"

El *Informe de Seguridad Alimenticia de las Familias en Estados Unidos para el año 2005* demuestra claramente que al 98 por ciento de las familias estadounidenses le preocupa que se les termine la comida antes de que puedan conseguir dinero para comprar más, que al 96 por ciento la comida no le alcanza, que el 94 por ciento de los hogares yanquis no pueden comer balanceadamente por falta de dinero, que el 96 por ciento ha tenido que reducir el tamaño de las porciones o se ha saltado comidas por no tener dinero para comprar alimentos, y que el 94 por ciento ha comido menos de lo que hubieran querido por no tener para comprar comestibles. La cifra de personas que han pasado hambre sin poder saciarla es dramática porque sesenta por ciento de los individuos dijo que no comen porque no tienen dinero para comprar comida, y 44 por ciento indicó que han perdido peso corporal por la pobreza.

Millones de familias estadounidenses actualmente tienen que elegir entre comer, pagar la renta o ir al doctor; uno de cada dos hogares escoge entre comer o pagar la renta de la casa y los servicios –agua, luz, gas- y uno de cada tres escoge entre comer o ir al médico y comprar medicinas.

Aunque California presuma de estar entre las primeras economías del mundo, lo cierto es que cada vez más familias se truenan los dedos para llegar al fin de mes.

Expertos en el tema señalan que cuatro de cada diez residentes en Los Ángeles pasan apuros económicos para comer y adquirir las necesidades básicas. Aunque en el año 2006 se reportó un punto porcentual menos de familias que viven en extrema pobreza, aún hay 3,7 millones de angelinos que deben subsistir por debajo del doscientos por ciento del nivel estipulado como pobreza por el gobierno federal.

La mayor parte de los hambrientos en Estados Unidos son niños menores de dieciocho años, y las estadísticas señalan que el cuarenta y tres por ciento de las raciones alimenticias que se proporcionan como asistencia son para niños.

Las familias hambrientas estadounidenses –contra lo que pudiera pensarse- son familias trabajadoras: Una de cada dos familias que solicitan asistencia para comida tienen un adulto trabajando.

Los hogares de la comunidad afroamericana y latina tienen doble probabilidad de sufrir hambre –22 y 21.7 por ciento respectivamente- que el promedio nacional.

La realidad no puede ser modificada manipulando el idioma. Al presente -en el tercer trimestre del año 2006- las organizaciones humanitarias y los expertos en el tema estiman –extraoficialmente- que la cifra de hambrientos en Estados Unidos se acerca a los cuarenta y un millones de personas que diariamente viven una lucha constante para poner alimentos suficientes en la mesa.

El hambre -definida sencillamente como una sensación dolorosa causada por la falta de alimento- es incuestionablemente una violación a los derechos individuales consagrados en la *Declaración Universal de los Derechos Humanos,* firmada hace cincuenta y seis años por Estados Unidos.

LAS ESTAMPILLAS DE ALIMENTOS

En Estados Unidos el programa gubernamental de *estampillas de comida –Food Stamps-* es exclusivo para familias con bajos ingresos pero –indudablemente- debería extenderse para ayudar sin distinción a los millones de hambrientos en ese país.

Aunque el programa de *estampillas de comida* tiene enormes deficiencias -ochenta por ciento de los hogares elegibles al beneficio ignoran que pueden obtenerlo, y noventa por ciento de las familias que lo reciben afirman que los 83.77 dólares mensuales otorgados por persona apenas les alcanza para la mitad del mes- es un instrumento primordial en la lucha contra el hambre en Estados Unidos.

En varios Estados de la Unión Americana, los niños que reciben *estampillas de comida* califican automáticamente para obtener *meriendas escolares.*

Los programas de *desayunos escolares* son básicos para que los chiquillos estén atentos durante el aprendizaje, pero sólo cuatro de cada diez niños hambrientos que reciben *almuerzo escolar* obtienen *desayuno escolar.*

En el período escolar 2002-2003, 8.2 millones de niños tuvieron *desayunos escolares* mensualmente pero solo 6.8 millones eran niños de bajos ingresos, lo que equivale al 42.3 por ciento de los dieciséis millones de niños pobres que disfrutaron los suculentos *almuerzos escolares* –proveídos por el *National School Lunch Program-* ese mismo año.

En el año 2003, el *Summer Food Service Program* -creado para alimentar durante las vacaciones escolares a los niños pobres que pierden el acceso a sus comidas escolares diarias- alimentó a 3.2 millones de niños menesterosos, lo que representa sólo el veinte por ciento de todos los niños desventurados que recibieron almuerzos escolares durante el año educativo.

A pesar de lo anterior -en vez de perfeccionar y extender el programa de *estampillas de comida* y de alimentos para los estudiantes- el *Comité de Agricultura del Congreso Estadounidense* aprobó -el viernes 28 de octubre del año 2005- los recortes presupuestarios propuestos por George W. Bush que eliminaron las *estampillas de comida* para más de trescientos mil personas y cancelaron las comidas escolares para cuarenta mil estudiantes.

Las reducciones aprobadas por el *Comité de Agricultura del Congreso* –controlado por republicanos en aquél momento- fueron parte del esfuerzo de los congresistas para eliminar cincuenta mil millones de dólares en gastos federales reservados a servicios sociales y destinarlos al financiamiento de la guerra en Iraq.

Los recortes relacionados a agricultura y alimentos redujeron los gastos en tres mil setecientos millones de dólares.

"La realidad es que nuestro país está precipitándose a la bancarrota –declaró al final de esa sesión legislativa el congresista John Boehner, uno de los pocos *republicanos* opuesto a los recortes en programas sociales- *porque estamos gastando el dinero que no tenemos y pasando la factura a nuestros niños, y en un momento dado, alguien tiene que decir ¡ya basta!"*

El *U.S. Census Bureau* publicó –el 30 de agosto del año 2005- que los niños representan un tercio de la población pobre y hambrienta en Estados Unidos.

EL RAQUÍTICO SALARIO MÍNIMO

Los medios de comunicación al servicio de la ambiciosa élite yanqui esconden las paupérrimas condiciones laborales en Estados Unidos porque de los ocho convenios básicos para regular la actividad laboral –propuestos por la Organización de las Naciones Unidas y la Organización Internacional del Trabajo- Washington ha ratificado sólo dos, lo que sitúa al país en el mismo nivel que China, Armenia, Birmania y Omán, y muy por detrás de Afganistán, Qatar, Somalia y Vietnam.

Estados Unidos ha firmado pero no ha ratificado –por ejemplo- el *Convenio Relativo a la Libertad Sindical y a la Protección del Derecho de Sindicalización, el Convenio sobre el Derecho de Sindicalización y de Negociación Colectiva, y el Convenio sobre la Edad Mínima de Admisión al Empleo.*

El *U.S. Department of Labor* reportó –en noviembre del año 2005- que el desempleo en Estados Unidos era del cinco por ciento –7.6 millones de personas- y que veinte por ciento de los desempleados habían estado sin trabajo por más de seis meses.

La televisora *CNN* transmitió –el 12 de enero del año 2005– que Estados Unidos perdió 1.3 millones de nuevos empleos en la última década porque fueron desplazados hacia China.

La publicación *The Week* comentó –el 14 de enero del año 2005– que los patrones estadounidenses eliminaron un millón de puestos de trabajo tan sólo en el año 2004.

El *New York Times* publicó –el 9 de enero del año 2005– que a tres millones seiscientos mil trabajadores yanquis se les canceló el seguro de desempleo en el 2004, y que un millón ochocientos mil desempleados –uno de cada cinco– no tienen trabajo desde hace más de seis meses.

Estados Unidos ocupa el último lugar –entre los veinte países más industrializados– por su crecimiento del *índice de compensación total de la fuerza de trabajo*, es decir, los trabajadores yanquis trabajan más horas por año que en cualquier otro país desarrollado, pero obtienen menos ganancias y prestaciones laborales.

La situación salarial en Estados Unidos es terrible para la clase obrera porque llevan casi una década solicitando un aumento al raquítico salario mínimo que actualmente posee el más bajo poder adquisitivo de los últimos treinta y siete años, y es pagado al ochenta y cinco por ciento de los trabajadores.

Nueva Zelanda -el primer país que aplicó leyes garantizando el salario mínimo en el año 1896– paga a todos sus trabajadores mayores de dieciocho años un sueldo mínimo equivalente a 10.25 dólares estadounidenses por hora en el año 2006.

Australia estableció el salario mínimo en el año 1907 –con la ley *Harvester Judgement*- y el pago mínimo establecido por la ley para los trabajadores mayores de 21 años de edad –en el primer semestre del 2006- es equivalente a 10.20 dólares estadounidenses por hora.

La *Constitución Canadiense* delega en las Provincias y Territorios la responsabilidad de implementar las leyes laborales y determinar el sueldo mínimo. Eso significa que cada Provincia y Territorio tiene su propio salario mínimo. Así, el jornal mínimo más bajo en Canadá era -en julio del año 2006- el aplicado en New Brunswick y correspondía a 6.70 dólares estadounidenses por hora; el salario mínimo más alto se pagaba en Nunavut y ascendía a 8.50 dólares estadounidenses por hora.

En Francia, el salario mínimo en julio del año 2006 era de 8.27 euros por hora que -al tipo de cambio vigente en ese mes- significaba 10.46 dólares estadounidenses.

En Irlanda el salario mínimo es de 7.65 euros por hora, y representa 9.56 dólares estadounidenses.

244

El salario mínimo en Inglaterra –implementado en el año 1909- es casi el doble del sueldo mínimo estadounidense porque en la nación europea se paga 5.52 Libras por hora -correspondientes a 10.76 dólares estadounidenses- a todos los adultos mayores de veintidós años de edad.

Un informe de *Merril Lynch* –publicado en septiembre del 2003- patentizó que si el salario mínimo estadounidense en el año 1990 –de 3.80 dólares por hora- hubiera aumentado en la misma proporción que el sueldo de los ejecutivos entonces la paga mínima sería de 21.41 dólares la hora, en vez de los 5.15 dólares vigentes en aquél año.

La revista *Business Week* publicó que la diferencia salarial entre los grandes ejecutivos de las compañías y los trabajadores –en el año 2003- fue de una proporción de 301 a 1, es decir, mientras los trabajadores promediaban ingresos semanales de 517 dólares los directivos se embolsaban 155 mil 769 dólares en el mismo período.

Esas comparaciones exhiben la escandalosa brecha salarial entre los ricos y los pobres estadounidenses, pero las cifras actuales son aún más preocupantes porque en diciembre del año 2006 el salario mínimo yanqui todavía permanecía en 5.15 dólares la hora.

Decidir entre comprar comida o ir al médico está a la orden del día para quienes ganan el salario mínimo, pero quienes reportan algo más de dinero tampoco tienen todas las garantías de que puedan cubrir sus necesidades a tiempo.

El informe *Proyecto del Presupuesto de California 2007* señala que los residentes del Estado Dorado necesitan al menos ingresar 50 mil 383 dólares al año para costear la vivienda, la comida, el transporte, la cobertura médica, las facturas indispensables como la luz y el teléfono, y cumplir con pagar los impuestos a la agencia tributaria. Las familias californianas, especialmente las que tienen dos o más hijos pequeños, necesitan ganar bastante más sobre lo marcado en el nivel de pobreza federal para pagar únicamente las necesidades básicas. El *índice de pobreza federal* del 2006 se ubicó en 20 mil 444 dólares para una familia de cuatro personas, y no toma en cuenta el alto costo de la vivienda ni, por ejemplo, los gastos sobre cuidado infantil que deben asumir las familias donde ambos padres trabajan, en el caso de que necesiten dejar a los hijos bajo el cuidado de un adulto. Una familia donde ambos padres trabajan necesita ganar 72 mil 343 dólares al año para subsistir con lo básico, mientras que en el caso donde sólo uno de ellos esté empleado, el salario que debería tener es de 24.22 dólares por hora trabajada. Un padre o madre de familia soltero tendría que ganar al menos 28.72 dólares la hora para subsistir sin tener que decidir entre comprar unas cosas u otras ni tener que buscar dos empleos. En el caso de quienes no tienen hijos, deberían ganar 28 mil 336 dólares anuales para mantenerse a sí mismos, es decir, 6.12 dólares más por hora de lo que refleja en la actualidad el salario mínimo. Entre tanto, los trabajadores de tiempo completo que tienen un solo empleo y que perciben el salario mínimo en California pueden ganar cuando mucho 15 mil 600 dólares anuales.

Con el salario mínimo de California, las familias necesitarían tener tres trabajos de tiempo completo para poder vivir -lo cual es imposible porque entonces no dormirían- y lo que sucede es que los trabajadores tienen que elegir entre poner un techo o la comida sobre la mesa, porque el costo real de vida no se puede manejar con un ingreso tan raquítico. Ni siquiera trabajando en dos empleos a tiempo completo -las 52 semanas del año- alcanzaría para cumplir las necesidades básicas si la persona gana el salario mínimo.

Los sueldos en California –y en toda la nación- no han aumentando al mismo ritmo que lo ha hecho la inflación. En el año 1968 se podía vivir con el salario mínimo, pero hoy en día ya no es así, y esto ha provocado que muchos tengan que buscar dos trabajos para poder pagar una casa y mandar a sus hijos a la universidad, o tener que marcharse a vivir a otros Estados donde vivir no resulte tan caro.

En un malogrado debate legislativo –realizado en el año 2005- miembros del partido demócrata propusieron un aumento del salario mínimo en tres etapas de setenta centavos cada una, durante los próximos veintiséis meses, para totalizar 7.25 dólares por hora. Los republicanos proponían dos etapas de cincuenta y cinco centavos cada una para llegar a 6.25 dólares.

El Senador Kennedy –demócrata de Massachussets- expresó desilusionado por el fracaso del proyecto que *"los estadounidenses creen que nadie que trabaja duro por el sustento debería vivir en la pobreza porque un empleo debería sacarte de la pobreza, no mantenerte en ella... El huracán Katrina demostró la pobreza en que vive nuestro país, y esto es grave porque un padre soltero con dos niños que gane el salario mínimo percibe anualmente diez mil setecientos dólares, es decir, cuatro mil quinientos dólares menos que el nivel federal de pobreza..."*

Mientras que las propuestas de la mayoría republicana –diseñadas para favorecer a la clase empresarial- eran más amenazantes, es necesario reconocer que las provisiones de los legisladores demócratas -en el caso de que llegaran a adoptarse- no detendrían el empobrecimiento de los trabajadores.

El portavoz de la Casa Blanca –Scott McClellan- y los senadores republicanos –que eran mayoría en aquél momento- defendieron las posturas de los barones del dinero replicando que un salario mínimo más alto puede afectar negativamente a los pequeños negocios, obligándolos a recortar personal o cerrar sus puertas.

Scott McClellan –interrogado sobre la postura de Bush sobre el tema- dijo que *"el presidente cree que deberíamos analizar subir el salario mínimo de manera razonable... pero necesitamos asegurarnos de que, cuando lo hagamos, no sea un paso que afecte negativamente a las pequeñas empresas o expulse a la gente del mercado laboral..."*

El ofrecimiento del Senado Federal de aumentar el salario mínimo fue rechazado el miércoles 19 de octubre del 2005.

Los demócratas presentaron una nueva oferta de aumento al salario mínimo –respaldada por los sindicatos del país- que también fue ahorcada cuando los republicanos rechazaron otra vez -en junio del año 2006- los argumentos para elevar gradualmente el salario base a 7.25 dólares la hora, en un plazo de dos años y medio.

Los republicanos arguyeron que un aumento al salario mínimo terminaría dañando a los trabajadores de salarios bajos a quienes los demócratas pretenden ayudar.

El voto en contra del aumento al salario mínimo –por parte del Senado estadounidense- marcó la novena ocasión en que los demócratas proponen y los republicanos bloquean un incremento al salario mínimo.

El legislador republicano Johnny Isakson insistió neciamente que *"es inaceptable aumentar el salario mínimo porque ese aumento sólo provocará pobreza y pérdida de empleos..."*

Más inaceptable es que durante los casi diez años en que el Congreso estadounidense ha objetado el aumento al salario mínimo, los abnegados legisladores hayan votado siete veces a favor de substanciosos aumentos salariales y prestaciones adicionales para ellos mismos –quejándose de la galopante penuria que afecta su nivel de vida- por un total de 29 mil 800 dólares.

Estados Unidos intentó reglamentar –con la *National Industrial Recovery Act del año 1933*- el salario mínimo en veinticinco centavos por hora, pero la Suprema Corte declaró extrañamente que el acto era inconstitucional y lo abolió.

La *Fair Labor Standards* reestableció el salario mínimo estadounidense en el año 1938 –otra vez en veinticinco centavos por hora- y era equivalente en su poder adquisitivo a un sueldo de 3.25 dólares por hora en el año 2006.

El salario mínimo yanqui alcanzó su mayor poder adquisitivo en el año 1968 cuando era de 1.60 dólares por hora –correspondiente a 9.27 dólares en el año 2006-.

RICOS VS POBRES

La brecha entre ricos y pobres en Estados Unidos sigue ensanchándose porque el salario mínimo federal ha permanecido estático durante años, cada vez hay menos trabajadores sindicalizados, el déficit yanqui crece cada trimestre, el dólar sigue desplomándose, y porque el gobierno federal agobia con impuestos a los desheredados y exime del pago de contribuciones a los opulentos.

El último *Índice de Pobreza Humana* -publicado en el año 2006 y realizado por la *Organización de las Naciones Unidas*- estaba encabezado por Suecia como país con menor porcentaje de población pobre, mientras que Estados Unidos aparecía en el decimosexto lugar.

Un informe del *London School of Economics* –divulgado en el año 2005- comprobó que Estados Unidos es –entre los ocho países más industrializados- la nación con la mayor desigualdad en la distribución de la riqueza.

La revista *Newsweek* publicó –el 19 de septiembre del 2005- que *"Estados Unidos ocupa el primer lugar por su alto nivel de pobreza entre los veintidós países más desarrollados y que duplica fácilmente el índice de pobreza de los ocho países más industrializados..."*

Otro documento con datos del *Federal Reserve System* -difundido por el *Wall Street Journal* el 15 de junio del año 2004- expone que el uno por ciento más rico de la nación posee el sesenta y cuatro por ciento de los bonos, el cincuenta y tres por ciento de todas las acciones bursátiles -compradas por familias e individuos- y controla más de un tercio de la riqueza nacional.

En el año 2001 -según la revista *Forbes*- las cuatrocientas personas más ricas de Estados Unidos poseían activos por valor de novecientos mil millones de dólares, una cantidad tres veces superior al ingreso anual aglutinado de treinta millones de pobres estadounidenses.

En Washington D.C. el veinte por ciento de las familias más adineradas tienen ingresos treinta y una veces mayores que el veinte por ciento de las familias más pobres.

Dos estudios independientes realizados por el *Spectrem Group* y el *Boston Consulting Group* revelaron que los millonarios yanquis poseían -en el año 2004- más de once trillones de dólares en propiedades –un aumento de nueve por ciento con respecto al año 2003- mientras que la población viviendo en pobreza e indigencia aumentaba por la disminución abrupta de los ingresos.

El último censo nacional en Estados Unidos indicó que los ingresos del veinte por ciento de las familias más pobres se incrementaron sólo 2 mil 660 dólares –diecinueve por ciento- en los últimos veinte años; las familias de la clase media disfrutaron un aumento del veintiocho por ciento en ese mismo periodo –10 mil 218 dólares- pero los ingresos del veinte por ciento de las familias más ricas del país ascendió un promedio de 45 mil 100 dólares –casi un cincuenta y nueve por ciento-.

Los datos anteriores significan –expresados en otra forma- que las familias estadounidenses más pobres tenían ingresos anuales de 16 mil 780 dólares, las de clase media tenían entradas de 46 mil 875 dólares y las más ricas ganaban un imponente promedio de 122 mil 150 dólares.

Los números del *U.S. Census Bureau* indican fehacientemente que la extrema pobreza aumentó de 12.5 por ciento –en el 2003- a 12.7 por ciento en el 2004, que el número de yanquis extremadamente pobres creció de 35.9 a 37 millones, y que la brecha entre los ricos y los pobres -en el año 2006- es mayor que en cualquier otro momento desde la presidencia del funesto Herbert Hoover porque una de cada siete personas vive en pobreza extrema, y porque poco a poco se derrumba el estándar de vida en la nación más rica, pero no la más igualitaria del mundo.

LOS LIMOSNEROS YANQUIS

La mayoría de las personas -adiestradas por la propaganda hollywoodense- ignoran que el modelo socioeconómico yanqui es un peligro hasta para sus propios ciudadanos porque la desigual distribución de la riqueza, los raquíticos salarios, el desempleo, las nulas prestaciones laborales, el sobrevaluado mercado inmobiliario, las abusivas tasas de interés hipotecarias, la cancelación de los programas de asistencia para los primeros compradores de viviendas, y las carísimas rentas están dejando literalmente en la calle a cientos de miles de familias que tienen que subsistir como indigentes.

Las cifras de la Administración Bush indican que 3.5 millones de yanquis –el 1.2 por ciento de la población- han sido indigentes por un significativo período de tiempo, y esto incluye a 1.35 millones de niños.

El diario *USA Today* descubrió –en una exploración muy superficial realizada en junio del año 2005- que habían casi un millón de indigentes en el territorio estadounidense, lo que significa que uno de cada trescientos gringos no tenía un hogar para vivir.

Los organismos humanitarios independientes estiman que la población indigente en Estados Unidos sobrepasó fácilmente los 3.5 millones de personas en el año 2006 y denuncian que, a pesar de eso, el régimen Bush recortó permanentemente -desde el año 2004- los fondos para la construcción de viviendas económicas y forzó a muchos gobiernos locales a detener los planes al respecto.

El *Urban Institute* dice que nacionalmente –incluyendo áreas urbanas y rurales- los niños representan el 39 por ciento de los indigentes, los adultos de entre 31 y 50 años de edad son el 41.6 por ciento, y los ancianos que viven en la calle totalizan el 19.4 por ciento.

Un millón de niños duermen actualmente en las calles o en albergues para desamparados y las familias con niños fueron -en los años noventa- la categoría de más rápido crecimiento entre los mendicantes.

La *Homes for the Homeless Organization* afirma que las familias indigentes representan el 38 por ciento de toda la población menesterosa nacional, y que el promedio de permanencia de una familia en un *albergue para desamparados* -en la década anterior- era de cinco meses, pero en el 2005 se elevó a un año.

Los veteranos de las guerras de agresión yanquis representan el cuarenta por ciento de los indigentes en ese país, y un altísimo porcentaje de ellos padecen peligrosos desórdenes siquiátricos.

Una investigación -patrocinada por la *United States Conference of Mayors*- demostró que en el año 2005 las peticiones para vivir en *albergues de desamparados* se incrementaron un promedio de seis por ciento con respecto al año anterior, y que las solicitudes de alimentos por parte de los indigentes aumentaron doce por ciento en 76 de las 100 principales ciudades estadounidenses.

El *Washington Post* denunció –el 28 de octubre del año 2005- que anualmente más de 3 mil 100 familias -con casi seis mil niños- acuden a los albergues para desamparados en Washington D.C. pero los que no alcanzan lugar tienen que dormir en las gélidas calles, en carros, o en estaciones de autobuses y del tren subterráneo.

Más de 37 mil menesterosos –incluyendo 16 mil niños- pernoctan en los albergues de Nueva York, según informes del *Urban Institute*.

Sólo las grandes ciudades estadounidenses tienen servicios de *albergues para desamparados,* y la demanda siempre supera la disponibilidad de los refugios.

Una encuesta nacional expuso que el 59.2 por ciento de los desamparados sin acceso a los albergues viven y duermen en automóviles, y que el 24.6 por ciento construyen refugios con cajas de cartón, viven en cuevas o debajo de los puentes de las autopistas.

Los recortes presupuestales de Bush para financiar la ocupación de Iraq han obligado a los Estados y a las ciudades a adoptar una actitud hostil hacia los desamparados –42 por ciento de los que solicitan refugio son rechazados- y a inventar pretextos para encarcelarlos.

La autoridad portuaria de Nueva York y de Nueva Jersey prohibió –en el año 2004- mendigar en las estaciones del tren subterráneo y en las terminales de autobús.

San Francisco tiene más de diez mil desamparados y fue considerada por algunos -debido a su benigno clima que permite vivir a la intemperie y a que la ciudad socorría con pagos en efectivo a los necesitados- como la capital de los pordioseros en Estados Unidos.

La ciudad de Chicago –en Illinois- destaca también por la gran cantidad de indigentes, y ya es parte del paisaje urbano ver a las personas –de ojos azules- pidiendo limosna en casi cada esquina.

El periódico *Los Angeles Times* reportó –el 16 de junio del año 2005- que el condado de Los Ángeles era la nueva capital de los menesterosos en Estados Unidos con un promedio diario de noventa mil mendigos -incluyendo 35 mil personas que el gobierno clasifica como *indigentes crónicos*-.

Los datos del censo bianual del año 2005 confirman que el condado de Los Ángeles tiene la más alta concentración de mendicantes en la nación.

La Universidad de California –en Berkeley- frecuentemente solicita a la policía que encarcele a los limosneros del *People's Park* y que clausure el *People's Café* –un restaurante que proporciona alimento a los necesitados-.

En Santa Cruz –California- docenas de pordioseros han sido arrestados semanalmente por dormir afuera de las oficinas de correos en esa ciudad.

La policía encarceló -en octubre del año 2006- a novecientos mendigos de *Skid Row* –un área de cincuenta cuadras ubicada en el centro de Los Ángeles con una población de pordioseros similar a la que tiene la ciudad de San Francisco-. Los limosneros también existen en Hollywood y en la ciudad de Santa Mónica.

Los noticieros esconden que uno de cada 72 estudiantes que pertenecen al *Distrito Escolar Unificado de Los Ángeles* –LAUSD- viven en las calles y que 10 mil 357 niños –194 más que en el año 2005- asisten a los planteles del LAUSD –desde el *preescolar* hasta la *High School*- sin tener una vivienda donde puedan comer, asearse, estudiar y dormir, a pesar de que la mayoría tienen a sus dos padres trabajando a tiempo completo.

LA MEDIOCRE ATENCIÓN MÉDICA

Es una verdadera vergüenza que en Estados Unidos –la publicitada *tierra de la igualdad*- la población no tenga cobertura universal de salud, que el acceso al cuidado médico sea exclusivamente para los que pueden pagar, y que en el colmo del cinismo gubernamental se aprobara en el año 2006 –en el Estado de Massachussets- una ley que obliga a las personas a contratar los carísimos seguros particulares so pena de sufrir cuantiosas sanciones.

Estados Unidos realiza el mayor gasto *per capita* en salud de todo el planeta -el dieciséis por ciento de su PIB y los demás países desarrollados sólo el diez por ciento o menos- pero la crisis de su sistema médico –totalmente privatizado- es monumental porque la inversión oficial en el sector sólo sirve para enriquecer a las compañías que monopolizan el cuidado clínico, y por eso casi 60 millones de personas –el veinte por ciento de la población- no tienen acceso a la atención médica.

El costo promedio –en el año 2005- del pago por cuidado clínico para una familia fue de 10 mil 880 dólares, y en los años posteriores -según las tendencias- los precios se elevarán y más gente se quedará sin atención médica por las sobrevaluadas tarifas que cobran las compañías privadas de salud.

Las estadísticas reflejan que cada año mueren dieciocho mil yanquis por falta de atención médica –seis veces la cantidad de fallecidos en el derrumbe de las *Torres Gemelas*- y que novecientos mil gringos engrosan anualmente la cifra de personas sin cuidado clínico. En el año 2005 los costos de los servicios de salud en Estados Unidos aumentaron 8.2 por ciento con respecto al año anterior.

Estados Unidos ocupa el lugar número treinta y siete por la calidad global de su sistema de salud –según la clasificación de la Organización Mundial de la Salud- pero los análisis independientes y menos politizados indican que realmente se ubica en la posición número cincuenta y cuatro.

Sudáfrica y Estados Unidos son los únicos países en el mundo occidental que no proveen cuidado médico para todos sus ciudadanos.

Un informe de la *Commonwealth Fund* -publicado el 20 de septiembre del año 2006- demostró que el sistema de salud estadounidense es mediocre por cualquier lado que se le investigue.

El análisis de la *Commonwealth Fund* –realizado por académicos e instituciones líderes en el sector médico- ratifica que el sistema de salud yanqui es obsoleto -a pesar de que Estados Unidos destina en el presupuesto de salud mucho más dinero que cualquier otra nación desarrollada- y que exhibe el peor índice en cuidado de pacientes, en acceso a la salud y en eficiencia, en comparación con las demás naciones industrializadas.

Estados Unidos se ubica en el lugar número quince -entre 19 países industrializados- por el número de muertes que pudieran ser evitadas; Irlanda, Reino Unido y Portugal están en los últimos lugares de la lista y Francia es el mejor con 75 muertes por cada 100 mil habitantes.

La tierra del Tío Sam ocupa el último lugar -entre los países industrializados- por la expectativa de vida de sus habitantes, y también ostenta el último lugar en mortalidad infantil con siete muertes por cada mil recién nacidos comparados con 2.7 defunciones en las naciones con mejor cuidado.

En Grecia –por ejemplo- el ciudadano común gana menos de la mitad de lo que gana el yanqui promedio, pero los griegos superan ampliamente a los estadounidenses en la mayoría de los índices de salud –incluyendo la longevidad-.

El permanente lavado cerebral nos induce –equivocadamente- a creer que el sistema de salud yanqui es el mejor del mundo, pero la realidad corrobora que un bebé gringo tiene mayores posibilidades de morir -por el deficiente cuidado médico al que le somete su país- que un recién nacido en la República de Cuba o en la República Popular de China.

El *Nueva York Times* alertó –el 22 de octubre del año 2005- que Estados Unidos está posicionado –mundialmente- en el lugar número cuarenta y uno por su índice de mortalidad infantil, y muy por detrás de la República de Cuba.

La propia CIA reconoce -en su último *World Fact Book*- que si en Estados Unidos existiera un sistema de salud tan eficaz como el de Cuba entonces se podría evitar la muerte de dos mil doscientos doce bebés anualmente.

Singapur tiene el mejor índice de mortalidad infantil en el mundo porque sólo mueren dos niños por cada mil nacimientos vivos antes de cumplir un año, y si el sistema de salud gringo fuera tan excelente como el de la pequeña nación asiática podrían salvarse 18 mil 900 bebés estadounidenses cada año.

Suecia, Japón e Islandia tienen un índice de mortalidad infantil de menos de la mitad que el índice estadounidense.

La cantidad de bebés de menos de un año de edad que mueren en Estados Unidos anualmente es casi igual al número de soldados yanquis que han perecido en la invasión de Iraq.

Una mujer yanqui muere diariamente al momento de parir, es decir, existe setenta por ciento mayor probabilidad de que las mujeres mueran al alumbrar en Estados Unidos que en Europa.

En el Estado de California –modelo de la sociedad estadounidense- viven más de siete millones de personas que no tienen servicios médicos, y ochocientos mil son niños ciudadanos por nacimiento.

El Gobernador Arnold Schwarzenegger –cuando era candidato- prometió ampliar el seguro médico para todos los niños de California, pero ya olvidó su promesa de campaña y eliminó en el último presupuesto –año fiscal 2006 al 2007- quinientos millones de dólares que habrían proporcionado cuidado médico a todos los menores californianos, incluyendo a los indocumentados.

La legislatura californiana –tradicionalmente dominada por los demócratas- ha propuesto en varias ocasiones, durante los últimos años, la aprobación de una ley de cobertura médica universal que siempre ha sido rechazada por los gobernadores independientemente de su filiación partidista.

Schwarzenegger vetó en el año 2005 un proyecto de ley -de la asambleísta demócrata Wilma Chan- que proponía un plan universal de salud.

Otro proyecto de ley para brindar atención médica universal –la propuesta SB840- presentado por la senadora demócrata Sheila Kuehl fue anulado en el Senado californiano a comienzos del mes de abril del año 2006.

La ciudad de Nueva York tiene dos millones de personas sin acceso a atención médica, a pesar de que el setenta y cinco por ciento de ellos están empleados.

La clase obrera estadounidense trabaja muy duro, paga gravosos impuestos, y a pesar de eso no tiene acceso a la atención médica porque la primitiva legislación yanqui –a diferencia de la mayoría de los países- no exige a los contratantes que paguen por el cuidado clínico de sus trabajadores, y la propaganda le hace creer a los empleados que el servicio de salud no es un derecho sino una dádiva patronal que debe ser obligatoriamente agradecida con constantes genuflexiones.

Los gringos sobreviven sin atención médica no por decisión propia sino porque al ochenta y cinco por ciento de los trabajadores jamás les ha ofrecido su patrón el servicio médico.

Los escasos patrones que otorgan atención médica a sus empleados en realidad sólo pagan una parte de la factura por el servicio, obligan a los trabajadores a pagar el resto, siempre contratan al proveedor que les conviene –o que les proporciona alguna gratificación por debajo de la mesa- y el setenta por ciento de los jefes exigen a los obreros que sufraguen cuotas cada vez mayores por el deficiente cuidado clínico o los amenazan con definitivamente cancelarlo.

Las personas sin atención médica no pueden obtener cuidado preventivo, exámenes básicos, tratamientos para condiciones crónicas ni servicios de emergencia, y eso resulta en gravísimas enfermedades y muertes prematuras.

Los estudios demuestran que el cincuenta por ciento de las personas sin seguro médico están muy endeudadas con los consultorios particulares a los que acuden por necesidad, y que el cuarenta por ciento tiene que cambiar su forma de vivir –dejar de comer y pagar la renta- para poder sufragar las visitas al doctor y comprar las medicinas.

El Congreso estadounidense aprobó –el 21 de noviembre del año 2005- una reducción presupuestal de cincuenta billones de dólares en gastos de salud, alimentación para los pobres y proyectos escolares para niños, pero autorizó cifras históricas para los gastos militares.

Los expertos en el cuidado médico confirman que si Estados Unidos mejorara y universalizara el acceso a la salud podrían salvarse de cien mil a ciento cincuenta mil vidas anualmente, y el gobierno yanqui podría ahorrar de cincuenta billones a cien billones de dólares cada año en gastos aplicados al tratamiento de enfermedades avanzadas.

EL PERRO DEL HORTELANO

"El perro del hortelano ni come ni deja comer al amo..."

Refrán latinoamericano.

Las transnacionales yanquis -sobre todo las compañías petroleras- se parecen cada día más al *perro del hortelano* porque jamás obsequian un centavo *–penny-* para aliviar la pobreza de los estadounidenses, pero se oponen con ferocidad canina a que algún organismo o gobierno auxilie altruistamente a los millones de necesitados en ese país.

Existe evidencia sólida que demuestra que las petroleras yanquis disminuyen intencionalmente la oferta de productos refinados para aumentar el precio a los consumidores, y garantizarse así fabulosas ganancias.

ExxonMobil –la mayor petrolera del mundo gracias a la especulación- obtiene invariablemente cada trimestre -desde el año 2001- ganancias históricas de 10 mil 920 millones de dólares –en promedio- mientras que el galón de gasolina –3.79 litros- oscila desde hace años entre 3 y 3.40 dólares, y el costo del gas para calefacción aumenta anualmente 32 por ciento.

Varios legisladores y organizaciones independientes han denunciado los abusos y han solicitado aumentarle el impuesto a las petroleras, para que la recaudación se emplee en el *Programa de Asistencia Energética para Hogares de Bajos Ingresos* –LIHEAP- pero George W. Bush ha rechazado tajantemente esa posibilidad.

El gobierno estadounidense siempre ha promovido el escandaloso enriquecimiento de las compañías petroleras -subsidiándolas con billones de dólares de los contribuyentes, y exentándolas de pagar impuestos y regalías por la extracción- pero las familias necesitadas que sufren por no poder sufragar los elevados costos de los energéticos no son dignas de recibir siquiera un *penny* de ayuda gubernamental.

Por todo lo anterior y ante la llegada del crudo invierno, el caritativo gobierno de la República Bolivariana de Venezuela formalizó –el 22 de noviembre del año 2005- un programa de distribución de combustible a precios económicos para las comunidades pobres de Estados Unidos.

El Presidente Hugo Chávez instauró el compasivo programa de combustible a costos módicos para cumplir la promesa que formuló cuando visitó Nueva York -en septiembre del año 2005- a los estadounidenses afectados por el devastador huracán Katrina.

El proyecto humanitario venezolano consistió –inicialmente- en ofrecer durante el invierno doce millones de galones de combustible para calefacción, con un descuento de cuarenta por ciento sobre los precios de mercado, a más de diez mil familias en Massachussets.

El combustible fue suministrado por *CITGO* –una filial de PDVSA que vende cada año aproximadamente 45 mil 600 millones de litros de gasolina en Estados Unidos, con su red de casi 14 mil expendios- gracias al convenio con *Citizens Energy Corporation* y *Mass Energy.*

William Delahunt –congresista demócrata- fue uno de los funcionarios que agradeció el gesto de la República Bolivariana de Venezuela afirmando que *"con las temperaturas que bajan y los precios del crudo que suben, todos estamos preocupados por las personas sin medios para calentar sus hogares... Es gratificante que al menos una de las grandes compañías de petróleo esté dispuesta a ayudar voluntariamente y asumiendo los costos..."*

Sean McCormack –portavoz del *U.S. Department of State*- declaró ásperamente al conocerse el plan de ayuda venezolana que *"CITGO tiene la libertad de decidir, según sus deseos, cómo distribuye petróleo en Estados Unidos, pero la operación debe respetar las leyes y las normas..."*

El generoso programa –por la gran necesidad- fue exitosamente extendido a las ciudades de ocho Estados y cuatro naciones indígenas –*micmac, maliseet, penobscot y passamaquoddy*- para otorgar más de cuarenta millones de galones de combustible subsidiado a más de 181 mil hogares estadounidenses.

A mediados de abril -del año 2006- los representantes de las comunidades estadounidenses favorecidas con el combustible le agradecieron a Bernardo Álvarez –Embajador venezolano en Estados Unidos- y a Félix Rodríguez –presidente de CITGO- el importante apoyó proporcionado por la Republica Bolivariana de Venezuela bajo el lema: *"Del corazón venezolano a los hogares estadounidenses..."*

Los testimonios de los estadounidenses pobres que clamaron hacia la Venezuela Bolivariana por asistencia son más que elocuentes porque es la primera ocasión en la historia –quizás- que en la tierra del Tío Sam el petróleo se utiliza para promover el bienestar humano y no como maldición mortal para las personas.

Rusell Anderson –residente de Maine- dijo que *"para un hombre pobre y enfermo como yo, cien dólares significan un montón, y cien galones de petróleo aun más..."*

Wayne Mitchell –integrante de la tribu penobscot- expresó en aquél acto que *"ahorré setecientos dólares este invierno gracias al programa... No conozco a Hugo Chávez, pero me gusta mucho lo que ha hecho por los indígenas de Venezuela, al regresarles sus tierras y compartir la riqueza, algo muy diferente a lo que sucede en este país, donde nunca nos dieron nada... Es una vergüenza que se permita que compañías petroleras como Exxon, Shell, Mobil y Conoco Phillips acumulen miles de millones de dólares en ganancias obscenas a costa del sufrimiento de los pobres..."*

Una mamá soltera de Rhode Island -visiblemente emocionada- mostró al público la fotografía de sus tres hijos y aclaró que *"vengo a darles las gracias de parte de mis niños porque son quienes realmente fueron beneficiados, ya que este invierno no tuve que escuchar: ¡Mamá, tengo mucho frío!"*

Otra mujer de Vermont reconoció que el programa de combustible venezolano salvó innumerables vidas porque cada invierno mueren muchas personas a causa de incendios provocados por velas o calentadores de carbón que la gente enciende por necesidad.

Una madre de Filadelfia lloró al recordar cuando sus hijos tenían frío y no tenía como calentar su casa, explicó que *"ponía a hervir agua, también encendía el horno y abría la puerta del horno..."* y aceptó que *"muchas veces hay vergüenza al pedir ayuda, pero con este programa no hubo vergüenza... Nunca sentí que estuviera rogando..."*

Un niño de Boston tomó la palabra y subrayó que *"quiero decir que la gente está hablando con la verdad... Es verdad que la gente muere congelada por no tener calefacción... Es verdad que dejan encendido el horno todo el día con la puerta abierta... Es verdad que queremos un cambio..."*

El *U.S. Congress* –pusilánime a la hora de legislar contra las avorazadas compañías petroleras yanquis- solicitó a CITGO –el 21 de febrero del 2006- que le presentara toda la documentación acerca del programa de suministro de combustible para los estadounidenses pobres, porque considera que *"la iniciativa es peligrosa para la seguridad del país, refleja una política exterior cada vez más hostil y belicosa hacia Estados Unidos de parte de un gobierno poco amistoso, y su único objetivo es poner en situación incómoda al Presidente George W. Bush..."*

CITGO cumplió cabalmente con la solicitud del *Comité de Energía y Comercio de la Cámara de Representantes* –presidido por el republicano Joe Barton cuya campaña electoral fue financiada con dos millones de dólares donados precisamente por las compañías petroleras- y presentó todos los registros sobre el programa de combustible barato para los necesitados estadounidenses.

Ed Markey –congresista demócrata- criticó a finales de febrero del 2006 la investigación promovida por Joe Barton contra CITGO y recalcó que *"los republicanos están en otro planeta en lo relativo a la política energética porque en lugar de hacer algo para atender la disparidad de los precios del petróleo se ponen a inspeccionar una donación caritativa de combustible para calefacción que alivia el sufrimiento de algunos miles de familias estadounidenses..."*

Es muy fácil adivinar porqué los ciudadanos estadounidenses están tan contentos con el programa bolivariano de donación de combustible, y la alegría es todavía mayor cuando se enteraron –a mediados del 2006- que el Presidente Hugo Chávez les anunció que los cuarenta millones de galones entregados el año pasado casi se triplicarían en el invierno 2006-2007 porque *"nadie debe creer que esto sólo es un apoyo momentáneo... Váyanse tranquilos y díganles a los vecinos de las comunidades que ustedes representan que el programa continuará porque esto apenas ha comenzado..."*

LA EDUCACIÓN DEFICIENTE

"Me preocupa que no estemos invirtiendo lo suficiente en nuestros hijos ni en nuestro futuro económico porque eso es inmoral... Hoy, seis millones de niños están a punto de reprobar sus clases... Arreglar nuestro sistema escolar no sólo es una prioridad sino que debe estar al frente del debate nacional..."

Antonio Villarraigosa; Alcalde de Los Ángeles, respuesta al *State of the Union* pronunciado por Bush en el 2006.

El gobierno estadounidense invierte más recursos en educación que cualquier otro país, pero el talento académico de sus estudiantes –según la *Organization for Economic Cooperation and Development*- lo posiciona en los últimos lugares de aprovechamiento entre los países industrializados.

El *Programme for International Students Assessment –PISA-* es una evaluación mundial trienal que se aplica a los alumnos de 15 años de edad y es reglamentada por la *Organization for Economic Cooperation and Development –OCDE-*.

PISA fue aplicado en el año 2003 –por segunda vez- y demostró que los alumnos yanquis de High School –los que están a un paso de la universidad o del mercado laboral- ocupan globalmente el lugar número veinticuatro -entre 38 países- por sus habilidades matemáticas, el lugar diecinueve en ciencias, el número doce en lectura, y la posición veintiséis por su capacidad para resolver problemas medianamente complejos.

Los resultados del examen PISA del año 2003 exponen concluyentemente que los países que gastan más dinero en educación no necesariamente son los mejores en aprovechamiento académico porque Australia, Bélgica, Canadá, la República Checa, Finlandia, Japón, Corea y Holanda gastan menos dinero en ese rubro pero sus resultados educativos son tremendamente superiores que los alcanzados por Estados Unidos.

Estados Unidos ocupa mundialmente –por su nivel de alfabetización- el lugar número cuarenta y nueve, y se ubica en el lugar número veintiocho –entre los cuarenta países más desarrollados- por la habilidad matemática de sus estudiantes.

Las estadísticas oficiales indican que once millones de estadounidenses presuntamente alfabetizados no son capaces de leer ni entender un libro de texto de sexto curso, un manual de instrucciones, un horario de autobuses, una declaración de hipoteca, una boleta electoral, o cualquier otro sencillo material impreso.

Decenas de miles de universitarios yanquis son incapaces de expresarse eficientemente en forma oral o escrita, y jamás han leído un libro por completo, a pesar de que el gobierno gastó en cada uno de ellos casi doscientos mil dólares desde el kindergarten hasta su acceso a la educación superior.

En el año 2000 –por ejemplo- el gobierno gringo gastó diez mil doscientos dólares por cada estudiante de nivel primaria –*elementary school*- y en otros países desarrollados el gasto fue de menos de seis mil dólares.

El estrepitoso fracaso de la educación yanqui fue expresado muy sencillamente por la revista *The Economist* –en abril del año 2000- al decir que *"mientras un infante estadounidense promedio de diez años –4°. Grado- califica por encima de los chiquillos de varios países en habilidades matemáticas, para cuando llega a las puertas de la universidad estará detrás del 98 por ciento de los jóvenes que viven en la mayoría de los naciones avanzadas..."*

Podemos observar una muestra de la pésima calidad educativa estadounidense en el hecho de que el veinte por ciento de los yanquis piensa que el Sol gira alrededor de la Tierra, y que el diecisiete por ciento opina que diariamente la Tierra da una vuelta alrededor del Sol.

La *Inspección Internacional sobre Alfabetización de Adultos* reveló que los gringos con menos de nueve años de estudios se desempeñan inmensamente peor que sus similares en el resto de las naciones desarrolladas.

El *New York Times* publicó –el 12 de diciembre del año 2004- que *"nuestros trabajadores son tan ignorantes y carecen de tantas habilidades básicas que el American Businesses gasta anualmente 30 mil millones de dólares en entrenamiento básico para solucionar las deficiencias..."*

Las universidades yanquis no están graduando ingenieros, científicos y técnicos en la cantidad que requiere la industria en ese país, y la Unión Europea supera considerablemente a Estados Unidos –desde la década de los noventa- en el número de científicos e ingenieros graduados, en la inversión pública destinada a la investigación, y en la producción de literatura científica.

El *U.S. Department of Education* legalizó -el martes 24 de octubre del 2006- la segregación educativa con base en el sexo del individuo, y ahora permite crear clases a las que asistan alumnos del mismo género ya sea en un nivel determinado o para toda la escuela porque eso –según la *Administración Bush*- eleva el aprovechamiento académico. La anacrónica disposición -refrendada por el impopular *Secretario de Justicia*, Alberto González- entró en vigor el 24 de noviembre del 2006, y terminó con una política de educación igualitaria adoptada en el año 1975.

Carl Sagan escribió que *"no debería haber nadie que no pudiera aprender a leer porque no tiene la educación a su alcance... Pero hay muchas escuelas en Estados Unidos donde se enseña a leer como si se tratara de una excursión tediosa a los jeroglíficos de una civilización desconocida, y muchas aulas en las que no se puede encontrar ni un solo libro..."*

Los investigadores de la Michigan State University han encontrado que el excesivo gasto estadounidense en educación no se refleja necesariamente en el aprendizaje de los estudiantes, porque fortalece más a los bolsillos de los maestros y de los funcionarios educativos.

Muchos expertos -que han denunciado la corrupción, la discriminación y la burocracia que ahoga al sistema educativo estadounidense- creen firmemente que nada mejorará con cambios superficiales, e insisten inútilmente en que lo prioritario son las verdaderas reformas estructurales.

La violencia es otra lacra del sistema educativo yanqui porque cincuenta estudiantes y treinta maestros –al menos- fueron asesinados en incidentes con armas de fuego entre los años 1996 y 2003.

El *National Center for Education Statistic* informó –en el año 2001– que dos millones de crímenes fueron cometidos en las escuelas estadounidenses, que 62 por ciento de esos delitos fueron robos y que 24 asesinatos y 8 suicidios fueron cometidos -entre julio de 1999 y junio del 2000- en los planteles educativos de esa nación.

Las estadísticas también revelan que el 47 por ciento de los bachilleres yanquis toman alcohol, y que el diez por ciento se embriagaba en el interior del centro educativo; que 24 por ciento de los preparatorianos fuman marihuana, que ocho por ciento lo hace dentro del plantel y que veintinueve por ciento compra el enervante adentro de la escuela.

Pero parece ser que el problema esencial del sistema educativo yanqui es de visión y filosofía porque la enseñanza que se imparte en Estados Unidos no fomenta el humanismo, la libertad, el libre albedrío y la igualdad, sino que promueve el materialismo, la obediencia ciega al líder aunque sea un tonto, la discriminación y el silencio del pensamiento independiente.

Tomemos como ejemplo a La *Junta de Educación del Distrito Escolar Unificado de Los Ángeles* –el segundo más importante de Estados Unidos- que eligió el jueves 12 de octubre del 2006 -sin consultar a la comunidad educativa ni a los padres de los 800 mil alumnos inscritos en las escuelas del área- a David L. Brewer III –un vicealmirante de la *U.S. Navy*- como superintendente del LAUSD.

Nadie sabe todavía que criterio utilizó la *Junta Directiva del LAUSD* –caracterizada por actitudes reaccionarias- para eliminar al menos a una docena de expertos en pedagogía –con sólidas trayectorias académicas- que presentaron su candidatura para la posición de *superintendente escolar,* y ninguno se explica porqué eligió al vicealmirante Brewer siendo que él mismo expresó que su experiencia con el sistema educativo deriva únicamente de tener a algunos familiares trabajando como maestros.

El *Sindicato de Maestros Unidos de Los Ángeles* calificó de indignante el nombramiento del vicealmirante Brewer, y el presidente de la agrupación declaró que *"es bastante misterioso que Brewer haya sido elegido como superintendente porque él nunca ha dado clases en ninguna primaria, secundaria o preparatoria... No me digan que fue elegido porque su esposa y unos cuantos familiares son maestros porque eso no es suficiente y es una burla..."*

Es muy asombroso que la Junta Escolar del LAUSD haya elegido como superintendente escolar a un militar para dirigir una entidad que opera a cientos de escuelas, emplea a más de 85 mil personas y cuyo presupuesto anual es de quince mil millones de dólares.

El *superintendente escolar* del LAUSD es el máximo jefe del sistema educativo angelino lo que le permite contratar -a su entera discreción y sin rendir cuentas- a sus asesores, a sus colaboradores, y concesionar multimillonarias obras que van desde la construcción de nuevos planteles hasta la adquisición de útiles escolares.

Los padres de familia y los educadores están molestos por el nombramiento de un militar como *superintendente escolar* porque temen que la información privada de los estudiantes sea utilizada para presionarlos a enlistarse en el ejército y porque lo que verdaderamente necesita el LAUSD es un educador que sepa cómo desterrar el *absentismo escolar* y mejorar el aprovechamiento académico.

El informe denominado *La Brecha Oculta de los Gastos Invertidos en Maestros* reveló –en el año 2005- que 42 de los cincuenta distritos escolares californianos gastan más en los planteles con mayoría anglosajona que lo que invierten en las escuelas con alumnado predominantemente hispano o afroamericano -la diferencia es de más de cien mil dólares cada año-.

LOS DERECHOS DE LA MUJER

El gobierno de Estados Unidos –fiel a su atávica conducta- también procede hipócritamente en la defensa de los derechos de la mujer porque se atreve a exigirle a las naciones que luchen contra todas las formas de discriminación que marginan e impiden la participación plena de las féminas en la sociedad, pero no hace lo mismo en casa.

Si Estados Unidos verdaderamente apoyara los derechos de la mujer entonces ratificaría el *Convenio para la Eliminación de todas las Formas de Discriminación hacia las Mujeres* –CEDAW- que fue adoptado por la Asamblea General de las Naciones Unidas el 18 de diciembre del año 1979 y entró en vigor el 3 de septiembre del año 1981.

Al mes de agosto del año 2006, 184 países -más del 95 por ciento de los Estados miembros de las Naciones Unidas- habían ratificado el *Convenio para la Eliminación de todas las Formas de Discriminación hacia las Mujeres,* pero Estados Unidos es el único país desarrollado que permanece sin revalidarlo.

El *Convenio para la Eliminación de todas las Formas de Discriminación hacia las Mujeres* –por el número de ratificaciones realizadas- ocupa la segunda posición entre las convenciones internacionales relativas a la protección de los derechos humanos.

El CEDAW –además de ser una declaración internacional de los derechos de la mujer- es un programa de acción para que los Estados signatarios garanticen no sólo el reconocimiento de la igualdad de la mujer con el hombre sino también el ejercicio de esa prerrogativa.

El caprichoso *U.S. Department of State* acusa anualmente a ciertos países de no combatir la trata de personas, pero esconde que Washington no ha firmado el *Convenio para la Represión de la Trata de Personas y de la explotación de la Prostitución Ajena,* y ni siquiera ha ratificado la *Convención sobre el Consentimiento para el Matrimonio, la Edad Mínima para contraer Matrimonio y el Registro de los Matrimonios.*

Washington esconde que las mujeres estadounidenses no gozan de la igualdad de derechos y oportunidades que tienen los hombres al participar en la actividad política, y que su presencia en el ambiente gubernamental ha disminuido constantemente desde el año 1980.

Las mujeres representan el 51.1 por ciento de la población estadounidense, pero sólo ocuparon 81 de los 535 asientos en el recientemente sustituido *109th U.S. Congress,* es decir, las mujeres ocuparon catorce de los cien escaños en el Senado, y sesenta y siete curules de las 435 disponibles en la *House of Representatives.*

Estados Unidos tiene cincuenta Estados, pero solamente hay ocho gobernadoras –el dieciséis por ciento- y nunca en la historia de esa nación alguna mujer afroamericana ha gobernado alguno de ellos.

En las cien ciudades estadounidenses más importantes sólo catorce mujeres son alcaldes; de 7 mil 382 personas sirviendo en las legislaturas estatales sólo mil 688 eran mujeres –el 22.6 por ciento- y únicamente 81 mujeres prestaban sus servicios –en noviembre del año 2005- en oficinas ejecutivas federales.

La sociedad argentina, inglesa, chilena, liberiana, nicaragüense, alemana, paquistaní, hindú e israelí ya ha elegido mujeres para la magistratura más alta en sus gobiernos. En Francia, Segolene Royal obtuvo –el 16 de noviembre del año 2006- una victoria contundente en las elecciones internas del Partido Socialista, lo que le permitió competir como candidata por la presidencia gala, pero posteriormente fue derrotada por Nicolás Sarkozy.

Una investigación promovida por la *Inter-Parliamentary Union* clasificó a Estados Unidos en el lugar número 68 –entre 180 países- por su representación femenina en su sistema legislativo, lo que significó un inmenso retroceso con respecto al año 2003, cuando ocupó el lugar número 58 en la lista.

La pequeña y devastada Ruanda ostenta mundialmente –por la participación de sus mujeres en la vida parlamentaria- el primer lugar con un cuarenta y ocho por ciento de féminas laborando en el sistema gubernamental.

Los medios de comunicación encubren que las mujeres estadounidenses sufren mayores niveles de desempleo que los hombres, y que reciben salarios menores por el mismo trabajo.

El *U.S. Census Bureau* demostró que el salario promedio anual de las mujeres y los hombres –en el año 2004- fue de 31 mil 233 dólares y 40 mil 798 dólares, respectivamente; que la diferencia entre el salario femenino y masculino es de 77 por ciento, y que las mujeres ejecutivas ganaron anualmente sólo 49 por ciento del salario devengado por sus contrapartes varones.

El *U.S. Equal Employment Opportunity Commission* recibió –en el año 2004- 24 mil 249 denuncias de discriminación laboral basada en el sexo del empleado, y cuatro mil 512 demandas de discriminación laboral por embarazo.

Las estadísticas certifican que los niveles de pobreza son más altos para las familias encabezadas por una mujer sola, y 28.4 por ciento de los hogares encabezados por mujeres solas estaban en pobreza extrema.

Las medios de comunicación también ocultan que la violencia doméstica y los delitos sexuales amenazan terriblemente a las mujeres estadounidenses.

El *American Institute on Domestic Violence* denunció que una de cada tres mujeres yanquis ha sufrido de violencia doméstica alguna vez en sus vidas, que anualmente 5.3 millones de mujeres son abusadas en Estados Unidos, y que mil 232 son asesinadas por un compañero íntimo.

El *Federal Bureau of Investigation* –FBI- reportó en octubre del año 2005 que 94 mil 635 mujeres fueron violadas en toda la nación durante el año 2004, que las violaciones sexuales contra mujeres aumentaron 0.8 por ciento con respecto al 2003, y que se incrementó notablemente el número de mujeres que son acosadas sexualmente mientras trabajan.

El *U.S. Equal Employment Opportunity Commission* recibió 13 mil 136 denuncias de acoso sexual en los centros de trabajo, y 84.9 por ciento fueron formuladas por mujeres.

Una investigación patrocinada por el *Pentágono* –publicada el 23 de diciembre del año 2005- reveló que el seis por ciento de las mujeres en las academias del *Army*, de la *Navy* y de la *Air Force* experimentaron acosos y abusos sexuales durante el período de entrenamiento 2004-2005. En las unidades de la *U.S. Reserve Force* y de la *U.S. National Guard*, el 60 por ciento de las mujeres y el 27 por ciento de los hombres son sexualmente asaltados o acosados durante su servicio, pero el once por ciento de las mujeres son violadas.

El sistema carcelario de Estados Unidos también se caracteriza por maltratar y abusar de las mujeres condenadas.

Un informe del *U.S. Bureau of Justice Statistics* –fechado el 24 de abril del año 2005- dice que el número de prisioneras –en junio 30 del 2004- alcanzó la cifra de 103 mil 310 -lo que representa un aumento de 2.9 por ciento con respecto al año anterior- y que el 50 por ciento de las encarceladas ha sido asaltada sexualmente.

Ocho mil doscientas diez denuncias de violación sexual a mujeres prisioneras fueron formalmente presentadas contra el sistema penal estadounidense en el año 2004.

Está bien claro que la endeble posición asumida por el gobierno de Estados Unidos en la protección de los derechos de la mujer yanqui refuta la altisonante forma en que se pronuncia -y dice preocuparse- por el estado de los derechos humanos en el mundo.

EL INFIERNO INFANTIL

Las condiciones de vida de la mayoría de los niños estadounidenses son deplorables no sólo porque el índice de pobreza infantil sitúa a Estados Unidos en el penúltimo lugar entre las 22 naciones más industrializadas –México ocupa el último sitio- sino porque los abusos, maltratos y ultrajes convierten la vida de los menores en un auténtico infierno sobre la Tierra.

Todos los países del mundo han firmado y ratificado la *Convención de los Derechos del Niño*, menos Estados Unidos y Somalia.

El gobierno yanqui también se ha negado a ratificar el *Protocolo facultativo de la Convención sobre los Derechos del Niño* -relativo a la participación de niños en los conflictos armados- y el *Protocolo facultativo de la Convención sobre los Derechos del Niño* -relativo a la venta de niños, la prostitución infantil, y la utilización de niños en la pornografía-.

Estados Unidos y Somalia son los únicos países en el mundo que permiten que niños y niñas sean condenados a cadena perpetua sin derecho a libertad condicional, lo cual está expresamente prohibido por la *Convención de los Derechos del Niño*.

Amnistía Internacional –AI- y *Human Rights Watch* –HRW-denunciaron en octubre del año 2005 que al menos 2 mil 225 niños y niñas estadounidenses que cometieron delitos graves –homicidio, la mayoría- viven en prisiones para adultos, sentenciados a cadena perpetua, mientras que en el resto del mundo sólo existen doce casos similares.

Más de la mitad de esos chicos eran *primodelincueltes* al momento de ser juzgados, lo que no sirvió como atenuante ante los jueces y jurados.

El 93 por ciento de los menores de edad encarcelados fueron penados por homicidio, pero el 26 por ciento fueron procesados porque de alguna manera se vieron involucrados en hechos que culminaron con un asesinato aunque no hubieran participado directamente en la comisión del crimen –*felony murder*-.

Los datos oficiales demuestran que actualmente nueve mil 700 personas purgan cadena perpetua por delitos cometidos cuando eran menores de edad, que el dieciséis por ciento de los condenados tenía entre trece y quince años de edad al momento de perpetrar el crimen, que el 59 por ciento de ellos fue procesado a pesar de que era la primera vez que participaban en un acto punible, y que el número de menores de edad inculpados con cadena perpetua triplica las cifras acumuladas hace quince años.

Las cifras del *U.S. Department of Justice* indican que 102 mil niños y niñas cumplían condenas diversas en las cárceles estadounidenses durante el año 2004.

Como ocurre entre los adultos, también el tema racial y de clase determina drásticamente el futuro de los menores encarcelados porque las estadísticas revelan que por cada adolescente blanco condenado a cadena perpetua existen diez muchachos negros.

En California la predisposición es más extrema: Veintidós afroestadounidenses son sentenciados –en promedio- a prisión de por vida y sin derecho a libertad condicional por cada anglosajón.

En el caso de los latinos –o hispanos- también se verifica esta tendencia. En Pensilvania, por ejemplo, la tasa de encarcelación es de trece delincuentes juveniles de origen hispano por cada chico de raza blanca.

Amnistía Internacional documentó que de treinta y tres ejecuciones de menores de edad realizadas entre los años 1990 y 2003 en siete países -Estados Unidos, República Democrática del Congo, Irán, Nigeria, Pakistán, Arabia Saudita y Yemen- el sistema penal yanqui realizó diecinueve, es decir, los gringos ejecutaron a más niños que todos los demás países en conjunto.

Estados Unidos ejecutó a cuatro menores de edad en el año 2000, uno en el 2001, tres en el año 2002, uno en abril del 2003, y seis de las nueve ejecuciones se consumaron en Texas.

El menor de edad afroamericano Napoleon Beazley –por ejemplo- fue ejecutado en Texas en el año 2002 por un asesinato cuando tenía 17 años, y durante el juicio el fiscal anglosajón lo describió como una *bestia,* ante un jurado compuesto exclusivamente por blancos. Los testigos que comparecieron en el proceso resaltaron sus posibilidades de rehabilitación porque su comportamiento en la prisión fue ejemplar, pero al final fue sentenciado a la pena de muerte.

Todos los países arriba mencionados –con excepción de Estados Unidos- abolieron la pena capital contra los menores de edad y públicamente condenaron su utilización antes de finalizar el siglo XX.

En contra de la tendencia mundial y en franca violación de la *Convención sobre los Derechos del Niño* y del *Pacto Internacional de Derechos Civiles y Políticos,* Estados Unidos se convirtió en el único país que siguió autorizando la pena de muerte contra menores y que reivindicó el derecho de hacerlo.

La pena capital contra menores de edad fue aplicada habitualmente desde el año 1976 –por autorización del Tribunal Supremo de Estados Unidos- en diecinueve Estados: Alabama, Arizona, Arkansas, Delaware, Florida, Georgia, Idaho, Kentucky, Louisiana, Mississippi, Nevada, New Hampshire, North Carolina, Oklahoma, Pennsylvania, South Carolina, Utah, Texas y Virginia.

La condena internacional y la realidad de que Estados Unidos se encontraba aislado ante un mundo que repudiaba la ejecución de menores hizo que el Tribunal Supremo de Estados Unidos anunciara –en marzo del año 2005- la abolición de la pena de muerte contra los menores de edad que hubieran cometido delitos graves.

Otro problema -cuidadosamente oculto- es que miles de niños estadounidenses que trabajan en el campo lo hacen en condiciones peligrosas porque la industria agrícola yanqui contrata a menores de edad –mayoritariamente latinos- para trabajar jornadas de catorce horas, y porque los exponen –por negarles la adecuada protección- al envenenamiento por pesticidas, a las enfermedades provocadas por el calor, y a sufrir lesiones o discapacidades para toda la vida.

Los menores que trabajan en el campo están normalmente expuestos a químicos peligrosos y padecen irritaciones, dolores de cabeza, mareos, nausea y vómitos. Entre las consecuencias a largo plazo del envenenamiento por pesticidas están el cáncer, el daño cerebral y los problemas de aprendizaje y memorización.

Miles de inocentes laboran en los campos yanquis sin que los patrones les proporcionen los tres requisitos sanitarios fundamentales en un lugar de trabajo: Acceso a servicios sanitarios, instalaciones para lavarse las manos, y agua potable adecuada.

La falta de instalaciones para el aseo contribuye al envenenamiento por pesticidas y a las infecciones bacterianas, mientras que la falta de agua potable provoca deshidratación y enfermedades relacionadas con el calor porque los niños trabajan a temperaturas superiores a los 36 grados centígrados.

Los niños que trabajan en el campo constituyen el ocho por ciento de los menores trabajadores, pero sufren el 40 por ciento de los accidentes mortales en el trabajo infantil.

Las largas jornadas laborales interfieren en la educación de los niños que trabajan en los campos, y está demostrado que sólo el 55 por ciento de los niños campesinos de Estados Unidos terminan los estudios de secundaria.

Las leyes estadounidenses que regulan el trabajo infantil en la agricultura son mucho menos estrictas que las relativas a otros sectores de la economía, y eso permite que los niños trabajen a edades más tempranas, más horas y en condiciones más peligrosas, en comparación con los menores empleados en otros trabajos.

La *Fair Labor Standards Act* –que data del año 1938- exime específicamente a los menores que laboran en la industria agropecuaria de los requisitos sobre edad mínima y horario máximo que protegen a otros niños.

En el ámbito estatal, dieciocho Estados no tienen una edad mínima establecida para el trabajo agrícola, mientras que en los Estados restantes la edad mínima es sólo de nueve o diez años.

Lee Tucker -consultora de *Human Rights Watch*- critica que *"un niño de 12 años puede trabajar un número ilimitado de horas en una finca, pero no se le permite que trabaje las mismas horas en un restaurante de comida rápida... No existe un buen motivo para tener ese doble rasero."*

Los menores de edad que trabajan en la industria agrícola son cruelmente estafados con respecto al pago, y la mayoría gana sólo dos dólares por hora, mucho menos del raquítico salario mínimo federal que es de 5.15 dólares por hora.

Estados Unidos fue uno de los primeros países en ratificar el *Convenio sobre las peores formas de trabajo infantil* -incluso niega beneficios comerciales a los países del Tercer Mundo que violan el documento- pero lo incumple flagrantemente en su propio territorio.

Lois Whitman -directora ejecutiva de la *División de Derechos del Niño de Human Rights Watch*- ha denunciado que *"el trabajo agrícola es la actividad más peligrosa donde pueden trabajar los niños en este país... Las leyes estadounidenses deben modificarse para que protejan la salud, la seguridad y la educación de todos los niños..."*

La niñez yanqui desgraciadamente también es víctima de los criminales sexuales, y cada año cuatrocientos mil niños son forzados a prostituirse en las calles estadounidenses.

Un informe del *National Center for Missing and Exploited Children* alerta que la explotación sexual de niños en Estados Unidos aumentó de 4 mil 537 casos –en 1998- a 81 mil 987 casos en el año 2003.

Una investigación -patrocinada por la *American Catholic Bishops*- demostró que 756 sacerdotes católicos y empleados de las diócesis estadounidenses fueron acusados de hostigamiento sexual contra niños en el año 2004.

La *AFP* informó –el 17 de febrero del 2005- que los estudios indican que entre los años 1950 y 2000 fueron sexualmente abusados por sacerdotes libidinosos más de diez mil seiscientos muchachos y muchachas en Estados Unidos.

Pero los sacerdotes católicos no son los únicos pederastas que acechan a los ingenuos niños estadounidenses porque –anualmente- 4.5 millones de chiquillos –uno de cada diez- son molestados o violados sexualmente por sus lascivos maestros, y porque muchos funcionarios agazapados en todos los niveles gubernativos –hasta en el Congreso y en la Casa Blanca- son depravados sexuales que abusan de los menores de edad, pero los medios de comunicación al servicio del poder siempre suavizan, minimizan o de plano esconden las acusaciones.

El *Sun Newspaper* denunció –el 18 de mayo del 2004- que novecientos mil niños fueron abusados sexualmente durante el año 2002, y que mil cuatrocientos murieron por violaciones brutales.

El *Washington Post* publicó –el 1 de enero del 2005- que la vida de los niños estadounidenses también peligra por la ola criminal que azota a esa nación, y que veinticuatro menores de edad fueron asesinados en Washington D.C. durante el 2004 –el doble que en el año 2003-.

Un documento emitido por el *U.S. Department of Justice* –el 29 de noviembre del 2004- atestigua que el nueve por ciento de los alumnos -de entre nueve y doce años de edad- aceptaron que su vida estuvo en peligro por incidentes con armas de fuego mientras estaban en la escuela durante el año 2003.

Las estadísticas confirman que dos de cada cien mil niños yanquis son asesinados por sus padres o tutores, y en Maryland el porcentaje aumenta a 2.5 por cada cien mil menores de edad.

El *Houston Chronicle Newspaper* divulgó –el 2 de octubre del año 2004- que las agencias encargadas de proteger los derechos de los niños en cada localidad texana manejaban cincuenta casos en promedio cada mes.

Dos tercios de la población recluida en los reformatorios de 33 Estados de la Unión Americana son niños y adolescentes afectados con trastornos mentales, y encarcelados injustificadamente porque nunca se les fincó responsabilidad penal.

El *USA Today* notificó –el 8 de julio del año 2004- que quince mil jóvenes encarcelados en los reformatorios yanquis estaban esperando que se les proporcionara tratamiento siquiátrico, y que cientos de niños menores de diez años de edad estaban detenidos en las cárceles juveniles de Estados Unidos.

El *San José Mercury News* anunció –el 18 de marzo del 2004- que los reformatorios gringos violan sistemáticamente los derechos humanos de los menores de edad al usar fuerza excesiva y drogas para controlarlos, que no cuidan apropiadamente a los muchachos que sufren desórdenes mentales, y que dos jóvenes presos en una correccional de California se suicidaron después de ser golpeados bestialmente por sus carceleros.

LA DISCRIMINACIÓN RACIAL

La *Declaración de Independencia de Estados Unidos* reza que *todos los hombres son creados iguales,* pero la brecha entre los anglosajones y las minorías étnicas que habitan ese país -en el siglo XXI- es un desmedido insulto no contra la hipotética esencia libertaria yanqui –porque ya vimos que los fundadores de las Trece Colonias siempre apoyaron la esclavitud- sino contra los derechos humanos de esas multitudes que viven una escalofriante realidad cotidiana sepultada maliciosamente por los medios de comunicación.

Estados Unidos es una nación constituida por inmigrantes de origen multiétnico, y los grupos raciales minoritarios conforman actualmente una cuarta parte de la población en esa nación.

Los hispanos y afroamericanos –por su número- son los dos principales grupos de residentes entre las minorías raciales que coexisten en Estados Unidos.

La publicación *The State of Black America 2005* denunció que los ingresos de las familias negras son sólo un décimo de los que perciben los hogares blancos.

El periódico inglés *The Guardian* publicó –el 9 de octubre del 2004- que los ingresos netos de una familia anglosajona –en el año 2002- eran de 88 mil dólares, lo que significaba once veces las entradas de una familia hispana y quince veces las ganancias de una familia afroamericana.

Un tercio de las familias afroamericanas y veintisiete por ciento de los hogares hispanos registran números negativos en sus ganancias anuales.

El 74 por ciento de las familias anglosajonas vive en casa propia, mientras que sólo el 47 por ciento de afroamericanos y latinos son propietarios de la vivienda que habitan.

El *Washington Post* divulgó -el 11 de abril del 2005- que al 29 por ciento de los afroamericanos que solicitaron préstamos para comprar una casa –en el año 2004- les dieron tasas de interés muy altas –una práctica discriminatoria muy común- y que sólo el ocho por ciento de los blancos fueron víctimas de ese abuso.

Las estadísticas de la *U.S. Federal Reserve* demostraron claramente –en septiembre del 2005- que las elevadas tasas de interés se aplican con criterios raciales porque en el año 2004 –por ejemplo- los préstamos con altas tasas fueron otorgados al 32.4 por ciento de los negros, al 20.3 por ciento de los hispanos, pero sólo al 8.7 por ciento de los blancos.

Los Angeles Times reportó –el 14 de julio del 2005- que los afroamericanos de California son superados por otras minorías en ingresos, vivienda, cuidado médico y educación.

El ingreso anual promedio de los hogares afroamericanos es de 31 mil 509 dólares, mientras que los blancos tienen entradas de 53 mil 978 dólares.

Las minorías étnicas que viven en Estados Unidos sufren la discriminación racial en los empleos porque los patrones les niegan sistemáticamente las posiciones mejor pagadas.

Un informe del *U.S. Departement of Labor* indicó –en noviembre del 2005- que el nivel de desempleo entre los afroamericanos era de 10.8 por ciento y que la tasa de desocupación de los blancos alcanzaba sólo 4.3 por ciento.

A los varones afroamericanos que obtienen un empleo se les paga el setenta por ciento del salario que se le da a los blancos, y las mujeres negras ganan el ochenta por ciento del sueldo que perciben sus contrapartes de la raza blanca.

La *U.S. Equal Employment Opportunity Commission* declaró que la discriminación en el empleo era del 31 por ciento para los asiáticos, de 26 por ciento para los afroamericanos y que la discriminación contra los musulmanes se duplicó después del derrumbe de las Torres Gemelas.

La publicación *China Press* informó –en el año 2005- que aunque los africanos, hispanos y asiáticos constituyen el 57 por ciento de la fuerza laboral en la ciudad de Nueva York, sólo 19 por ciento de ellos ocupan puestos gerenciales, mientras que los blancos mantienen el 76 por ciento de esas posiciones y el 97 por ciento de las plazas en oficinas gubernamentales.

La cantidad de personas sin atención médica en Estados Unidos es mayor entre las minorías étnicas que entre los anglosajones porque el porcentaje de individuos sin servicio clínico es de 19.7 para los negros y de 32.4 para los hispanos –es decir, uno de cada tres hispanos no tiene acceso a cuidados de salud-.

La expectativa de vida para los afroamericanos es seis veces menor que la de los blancos, y la mortalidad infantil entre niños afroamericanos menores de un año es el doble que la de sus similares anglosajones.

La discriminación racial en el sistema de justicia estadounidense es un problema muy serio en pleno siglo XXI.

William J. Bennett –el racista Secretario de Educación de Estados Unidos- declaró alguna vez que la única forma de acabar con el crimen en ese país era obligando a abortar a todas las mujeres afroamericanas.

La *National Urban League* reveló que en Estados Unidos los afroamericanos que son arrestados –en comparación con los anglosajones- tienen tres veces mayor probabilidad de ser encarcelados, que los negros son sentenciados a muerte cuatro veces más que los blancos, y que a una persona afroamericana se le imputa en promedio seis meses más de cárcel que a un blanco enjuiciado por los mismos delitos.

La pena capital –un recurso bárbaro del sistema judicial estadounidense- es un acto de injusticia racial porque las investigaciones indican que el sistema de justicia yanqui valora más la vida de los individuos anglosajones que la de los negros.

En Estados Unidos las personas anglosajonas y afroamericanas son asesinadas casi en las mismas proporciones pero –desde que se reestableció la pena de muerte en el año 1976- el ochenta por ciento de las 840 personas ejecutadas fueron condenados por asesinar a personas de raza blanca.

La mayoría de los homicidios cometidos en Estados Unidos son protagonizados por asesinos y víctimas pertenecientes al mismo grupo racial, y doscientos afroamericanos han sido ejecutados recientemente por matar a anglosajones –una cifra quince veces superior a la del número de blancos ejecutados por asesinar a ciudadanos afroamericanos, y dos veces más alta que la de afroamericanos ejecutados por liquidar a otros negros-.

Los informes de los organismos de Derechos Humanos revelan que al menos uno de cada cinco afroamericanos ejecutados en Estados Unidos desde el año 1976, y uno de cada cuatro negros ejecutados por asesinar a anglosajones, fueron sentenciados por jurados compuestos exclusivamente por individuos de raza caucásica.

Los afroamericanos constituyen el cuarenta por ciento de los condenados a muerte en Estados Unidos, y uno de cada tres ejecutados es un negro.

Un estudio de la Universidad de Maryland corroboró –en diciembre del 2005- que en Estados Unidos aquél que mata a un anglosajón tiene el triple de posibilidades de ser sentenciado a la pena capital con respecto a otro asesino cuya víctima fuera miembro de alguna minoría étnica; que un afroamericano que mata a un anglosajón tiene 2.5 veces mayor probabilidad de ser condenado a muerte que un anglosajón que asesina a otro blanco, y que las posibilidades son 3.5 veces mayores que la de un afroamericano que asesina a otro negro.

Los ciudadanos de origen africano conforman sólo el 12.2 por ciento de la población yanqui, pero el 41 por ciento de todos los reos gringos –detenidos por más de un año- son negros, y el 8.4 por ciento de todos los varones negros –de entre 25 y 29 años de edad- están en la cárcel.

Los estudios promovidos por las organizaciones independientes coinciden en que los miembros de grupos minoritarios, especialmente los negros y los hispanos, tienen muchas más posibilidades de recibir un trato desfavorable durante el proceso de justicia penal en Estados Unidos.

Las investigaciones subrayan que la denominada *Guerra contra las Drogas* es un ejemplo perfecto de la aplicación parcial de una ley aparentemente neutral en función de la raza de un individuo.

La información disponible remarca que de todas los individuos que ingresan en prisiones estadounidenses por delitos relacionados con las drogas, el 63 por cierto son afroamericanos y el 37 por ciento son anglosajones, a pesar de que los mismos datos federales muestran con claridad que esta disparidad racial tiene poca relación con la realidad del narcotráfico porque existen cinco veces más anglosajones consumidores de drogas que afroamericanos.

En Estados Unidos el índice de detención de varones negros -por delitos relacionados con la droga- es 13,4 veces superior al de los hombres blancos, y ello sucede porque el objetivo principal de las agencias policíacas son los barrios pobres –poblados por minorías raciales- en lugar de las zonas suburbanas más acomodadas y habitadas en su mayoría por blancos.

Un estudio patrocinado por el *U.S. Department of Justice* concluyó que los menores afroamericanos acusados formalmente de un delito relacionado con las drogas tenían una probabilidad 48 veces mayor de ser encarcelados que los menores de edad anglosajones.

Human Rights Watch ha denunciado que –desde el derrumbe de las Torres Gemelas- casi un millar de musulmanes han sido detenidos como testigos materiales bajo una *novedosa* ley federal que permite arrestar y encarcelar indefinidamente a las personas presuntamente involucradas en importantes sucesos criminales.

Los crímenes de odio contra las minorías étnicas en Estados Unidos han aumentado inusitadamente durante la última década.

El *Federal Bureau of Investigation* comunicó –en octubre del 2005- que 9 mil 528 personas fueron víctimas de crímenes de odio en el año 2004, que 53.8 por ciento de esos individuos fue atacado por prejuicios raciales, que el 67.9 por ciento eran afroamericanos, que el 60.6 por ciento de los agresores eran anglosajones, y que los negros tienen veinte veces mayor posibilidad que los blancos de ser víctimas de un crimen de odio racial.

En la ciudad de Los Ángeles, el 56 por ciento de los crímenes de odio racial son perpetrados contra personas afroamericanas.

La atmósfera de terror provocada premeditadamente por el gobierno de Bush para mantener el apoyo a la guerra de agresión contra el pueblo atormentado de Iraq provocó –en el año 2003- mil 19 atentados contra personas que profesan el Islam, es decir, un incremento del 69 por ciento con respecto al año anterior.

Los Angeles Times alertó –el 3 de mayo del 2004- que en California se registraron 221 ataques contra ciudadanos árabes en el año 2003 –el triple del año anterior-.

La discriminación racial sigue existiendo en el sistema escolar yanqui porque uno de cada ocho estudiantes negros que viven en el sur de Estados Unidos asisten a escuelas con una población de 99.9 por ciento afroamericanos.

El racismo también existe en las universidades gringas, y es muy frecuente ver carteles y letreros que promueven la presunta superioridad de la raza blanca.

El *Santa Rosa Junior College* -ubicado en California- ha publicado artículos antisemitas en su periódico escolar y permite que las salas de conversación en el website oficial de la institución estén a cargo de supremacistas anglosajones.

En el *Darmouth College*, un grupo de alumnas sajonas promovió una subasta de esclavos negros para recolectar fondos escolares.

En la Universidad de Southern Mississippi, decenas de estudiantes blancos atacaron a cuatro estudiantes negros después de perder un partido de fútbol y entonaron cantos racistas.

El *Olivet College* –en el Estado de Michigan- contaba en su matrícula escolar del año 2005 con sólo 55 estudiantes afroamericanos, pero al final se quedó con cuatro discípulos porque los otros cincuenta y uno abandonaron la institución después de sufrir ataques raciales que ponían en peligro su integridad física.

LA OLA CRIMINAL

Estados Unidos es la nación con la mayor tasa delictiva entre los países industrializados, y los gringos viven permanentemente atemorizados por la ola criminal que los azota, porque la seguridad dista mucho de los niveles de eficiencia pregonados por la fantasía cinematográfica hollywoodense.

El *U.S. Department of Justice* informó –el 25 de septiembre del 2005- que en el año 2004 se cometieron en Estados Unidos cinco millones 182 mil 670 crímenes violentos, lo que significa que uno de cada 47 ciudadanos fueron víctimas de los delincuentes.

Las estadísticas del *U.S. Federal Bureau of Investigation* demuestran que los asesinatos –comparados con el 2004- se incrementaron nacionalmente en 2.1 por ciento durante el primer semestre del año 2005.

El *USA Today* publicó –el 20 de diciembre del 2005- que cuatro mil ochenta asesinatos fueron reportados en ciudades con más de diez mil habitantes, y que los homicidios aumentaron trece por ciento en las localidades con menos de diez mil residentes.

En Chicago se cometieron más de 125 mil delitos durante los primeros seis meses del año 2005: 352 asesinatos, once mil 564 robos, ocho mil 903 asaltos, y 534 incendios premeditados.

El *Washington Post* denunció –el 2 de enero del 2006- que en Washington D.C. –con menos de 600 mil habitantes- 194 personas fueron asesinadas en el año 2004.

El *Philadelphia Daily News* alertó –el 14 de noviembre del 2005- que la ciudad de Philadelphia superó -con 334 asesinatos en el primer semestre del 2005- la cifra de homicidios acontecidos en el año 2004.

Los Angeles Times divulgó –el 2 de julio del 2005- que 198 homicidios fueron cometidos en la primera mitad de ese año, lo que representa un incremento del once por ciento con respecto al mismo período del año 2004.

La ciudad de Camden –en Nueva Jersey- fue la localidad más peligrosa de los Estados Unidos –en el año 2005- con una tasa de asesinatos diez veces mayor que el promedio nacional y con un índice de robos siete veces más alto que el resto del país.

St Louis –situada en el Estado de Missouri- fue en el año 2006 la localidad más violenta, con un aumento en el índice de violencia del dieciocho por ciento anual.

En el primer semestre del año 2006, la tasa de homicidios en Estados Unidos se elevó –con respecto al año anterior- en 4.95 por ciento en la región del medio oeste, 2.2 por ciento en el sur, 1.9 por ciento en el noreste y 0.2 por ciento en el oeste.

En Washington D.C. –hasta el tercer semestre del año 2006- los homicidios se triplicaron en comparación con la cifra acumulada en el año 2005.

La embajada yanqui en México siempre mira la paja en el ojo ajeno y denunció ante el mundo –el 15 de noviembre del 2006- la rampante criminalidad en la capital azteca –una urbe con 22 millones de personas que ostenta 7.6 homicidios por cada 100 mil habitantes- pero esconde farisaicamente que es más peligroso vivir en Estados Unidos porque en Los Ángeles se cometen 3.4 homicidios por cada 100 mil habitantes, en Phoenix 14.7, en Nueva York 7, en Chicago 15.5, en Houston 13.2, en Pennsylvania 22.2, en San Antonio 7.6, en San Francisco 11.6, en San Diego 4.8 y en Dallas 2.2.

El corrupto régimen Bush permitió la expiración de la ley que prohibía la posesión particular de rifles de asalto –para beneficiar a los fabricantes- y ese es un factor que indudablemente contribuye a la ola delictiva que azota a los estadounidenses porque aumenta la disponibilidad de las armas de fuego.

La sociedad yanqui ocupa el primer lugar mundial por la posesión de armas de fuego y se estima que el 39 por ciento de los hogares yanquis poseen armas largas –rifles, escopetas, ametralladoras- y que el veinticuatro por ciento poseen pistolas.

Estados Unidos también es el incontestable líder global por la violencia ocasionada con armas de fuego. En el año 2002 –por ejemplo- murieron 30 mil 242 personas por incidentes relacionados con armas de fuego: 11 mil 829 fueron asesinatos –39 por ciento-, 17 mil 108 fueron suicidios –52 por ciento-, 762 fueron accidentes –tres por ciento- y en 243 casos –uno por ciento- el motivo fue desconocido.

La cifra anterior es realmente espeluznante si tomamos en cuenta que en el mismo año sólo seis personas fueron asesinadas con armas de fuego en Nueva Zelanda, 56 en Japón, 96 en Reino Unido, 168 en Canadá, y 331 en Alemania.

Un estudio realizado en el año 2005 por la *Brady Campaign* –una organización que lucha contra la proliferación de armas de fuego en Estados Unidos- revela que los costos directos e indirectos de la violencia con armas de fuego son de cien billones de dólares al año, y que el costo promedio de un crimen con arma de fuego llega a ser de 1.7 millones de dólares –incluyendo tratamiento médico, salarios perdidos, persecución y encarcelamiento del criminal-.

Una investigación conjunta del *Washington Post* y la *American Broadcasting Company* descubrió que el diez por ciento de los estadounidenses han sido baleados alguna vez en su vida, y catorce por ciento ha estado en peligro de muerte por incidentes relacionados con las armas de fuego.

Los informes del *Bureau of Justice Statistics* –fechados en el 2005- confirman que en el año 2004 se cometieron en Estados Unidos 339 mil 200 delitos relacionados con armas de fuego, que 31 mil gringos murieron balaceados y que 75 mil quedaron gravemente heridos, es decir, ochenta personas son diariamente acribilladas a balazos.

El *Washington Post* reportó –el 25 de diciembre del año 2005- que el 70 por ciento de los asesinatos, el 41 por ciento de los robos, y el 19 por ciento de los asaltos fue cometido con armas de fuego.

Ningún ciudadano puede estar plenamente confiado de que vive a salvo de la ola criminal que azota a Estados Unidos: La madre y el esposo de la juez Joan Humphrey Lefkow fueron asesinados a tiros en su casa ubicada en una zona muy exclusiva de Chicago.

La cadena *CNN* transmitió –el 21 de marzo del 2005- que Jeff Weise -un muchacho de 17 años- mató a sus abuelos en Minnesota y luego se dirigió a la *Red Lake High School* para asesinar a otras ocho personas, y herir gravemente a otras catorce.

Los aterrorizados estadounidenses –sobre todo los miembros de las minorías raciales- viven tratando de protegerse no sólo de los delincuentes sino también de la policía, porque los supuestos *agentes del orden* poseen una inclinación a abusar de los indefensos detenidos, maltratarlos y hasta asesinarlos.

En la actualidad, cinco mil agencias policiales estadounidenses utilizan la pistola TASER –un aparato que inmoviliza con un choque de 50 mil voltios a los detenidos- y ochenta personas ya han muerto por los disparos de ese artefacto.

Los Angeles Times reportó –el 14 de julio del 2005- que más de una decena de desquiciados policías de la ciudad de Los Ángeles ametrallaron a un sospechoso latino, y a su inocente bebé de diecinueve meses de edad, sin haber agotado los recursos de negociación. Han pasado más de dos años de ese doble asesinato, y el *Departamento de Policía de Los Ángeles* -a pesar de que existe un video que incrimina claramente a los agentes- ha declarado que sigue investigando para saber que fue lo que realmente ocurrió, mientras que los peligrosos policías asesinos siguen libres y en servicio.

La agencia informativa *AP* reportó –el 9 de octubre del año 2005- que cinco policías de Nueva Orleáns le dieron injustificadamente una paliza a un maestro jubilado de 64 años de edad.

En el mes de diciembre del año 2005, un policía blanco –también de Nueva Orleáns- mató de seis disparos a un asaltante afroamericano -que se encontraba a treinta metros de distancia- porque no se rindió y estaba armado sólo con una navaja de bolsillo.

En Estados Unidos los casos de abuso policial suman miles cada año, pero el racismo y la parcialidad imperante en el sistema judicial yanqui hace casi imposible encarcelar a un policía aunque el ofendido presente testigos y pruebas videograbadas.

Un caso muy popular de brutalidad policial en Estados Unidos quedó consignado en un largo video -difundido en noviembre del 2006 en el popular sitio de Internet *YouTube.com*- que muestra a un joven hispano -de 23 años de edad- recibiendo diez puñetazos en el rostro por parte de un policía de Los Ángeles, mientras otro agente sujetaba a la víctima. A pesar de la contundente evidencia fílmica -y de que el salvaje policía fue descubierto falsificando su informe de los hechos- el *Departamento de Policía de Los Ángeles* –LAPD- ha declarado incongruentemente que necesita realizar una investigación más amplia para saber qué es lo que realmente sucedió.

Los Angeles Times expuso –el 31 de marzo del año 2005- que de doscientos denuncias presentadas contra la policía californiana -en el 2004- sólo ocho demandas fueron apropiadamente resueltas.

La glorificada capacidad de investigación de la policía yanqui también representa un peligro para la sociedad estadounidense, e incluso es severamente cuestionada por algunos medios informativos que transmitieron -en el año 2005- algunos de los miles de casos de ciudadanos sentenciados con evidencias falsificadas o confesiones obtenidas bajo tortura sicológica y amenazas.

El *Nueva York Times* publicó –el 8 de diciembre del 2005- que el ciudadano Robert Clark Jr había sido liberado porque –después de 24 años de reclusión- una prueba de ADN demostró su inocencia.

En la emisión televisiva de *Larry King Live* –del 21 de diciembre del 2005- entrevistaron a cuatro individuos que estuvieron encarcelados falsamente durante diez años, y al abogado defensor Mark Geragos que advirtió sobre reveladores estudios oficiales que indican que al menos el veinte por ciento de los encarcelados en Estados Unidos son inocentes.

EL COMPLEJO INDUSTRIAL DE PRISIONES

"El Complejo Industrial de Prisiones no sólo es un grupo de poderosos intereses e instituciones sino una ideología... La ambición por la riqueza está consumiendo al sistema criminal de justicia de nuestra nación, desplazando las nociones de seguridad y servicio al público con una carrera por las ganancias fabulosas... El anhelo de los funcionarios por aprobar legislaciones de mano dura contra el crimen –combinado con la mala voluntad para revelarnos los costos sociales de esas leyes- ha alentado toda suerte de abusos financieros..."

Eric Schlosser; *The Atlantic Monthly*, Diciembre de 1988.

El *Complejo Industrial de Prisiones* es un poderoso grupo de organizaciones -sindicatos de guardias de prisión, compañías de construcción, vendedores de tecnología de vigilancia, industrias civiles y militares- que hacen fabulosos negocios a costa del sistema penitenciario estadounidense.

La propaganda proclama que Estados Unidos es un *paraíso de libertad,* pero nunca en la historia de la humanidad ninguna sociedad ha encarcelado a tantos de sus propios ciudadanos como acontece en la tenebrosa tierra del Tío Sam.

Estados Unidos ostenta el indeseable primer lugar mundial por albergar no sólo a la mayor población criminal en el planeta -dos millones cuatrocientos mil reos- sino que, proporcionalmente, es el país que ha encarcelado a más personas.

Las estadísticas oficiales confirman que Estados Unidos tiene el veinticinco por ciento de todos los presos del mundo, pero solamente el cuatro por ciento de la población mundial.

Estados Unidos tiene medio millón de presos más que China -país que quintuplica a la población yanqui-.

La población carcelaria estadounidense ascendió -de menos de trescientos mil presos en el año 1972- a un millón de reos en 1990, a dos millones en el 2000, a dos millones 267 mil 787 prisioneros en el 2004, y se estima que la cifra ronda -en el año 2007- los dos millones 480 mil personas.

Los prejuicios raciales están profundamente arraigados en el sistema judicial yanqui –controlado absolutamente por anglosajones con tendencias fascistas- y por eso las personas afroamericanas, latinas o de otras minorías son encarceladas en proporción mayor que los individuos de la raza blanca.

Los negros e hispanos representan el 65 por ciento de la población carcelaria, a pesar de que en conjunto esos grupos étnicos representan sólo el 27 por ciento de la población estadounidense.

Al final del año 2004, el 12.8 por ciento de la población afroamericana -de entre 25 y 29 años de edad- estaba en prisión mientras que sólo el 1.6 por ciento de los hombres blancos -del mismo grupo- fueron encarcelados.

Recordemos que la sentencia promedio de un afroamericano encarcelado es seis meses mayor que la de un blanco condenado por el mismo delito, y que los negros que son arrestados por la policía tienen tres veces mayor probabilidad de ser encarcelados que los blancos que son detenidos.

Entre diez y quince por ciento de los hombres negros están recluidos en doce Estados, y los hispanos son encerrados en una proporción diecisiete veces mayor que los hombres blancos.

Las mujeres afroamericanas son internadas en proporciones de diez a treinta y cinco veces más altas que las aplicadas a las mujeres blancas.

Todo lo anterior se entiende porque el objetivo principal del *Complejo Industrial de Prisiones* no es rehabilitar a los prisioneros -ni disminuir los índices de criminalidad- sino hacer negocios y acumular poder.

El *Complejo Industrial de Prisiones* es el segundo mayor patrón de Estados Unidos –con casi seiscientos mil empleados- detrás sólo de *General Motors.*

Estados Unidos tenía –en el año 1990- sólo cinco prisiones privadas que albergaban a dos mil prisioneros, y actualmente dieciocho compañías que controlan el negocio administran ciento tres centros penitenciarios concesionados en veintisiete Estados.

Se estima que para finales del año 2007 serán cuatrocientos mil los reos encarcelados en penales privados.

Los expertos opinan que la contratación privada de prisioneros para trabajar promueve el encarcelamiento de las personas porque las prisiones dependen de esos ingresos.

Los accionistas del *Complejo Industrial de Prisiones* -uno de los sectores económicos de mayor crecimiento en Estados Unidos que cotiza sus acciones en *Wall Street*- cabildean para alargar las condenas de los presos y así asegurar su fuerza laboral.

La *Guerra Contra las Drogas*, La *Guía de Sentencias Federales*, y la *Ley de los Tres Delitos* –*Three Strikes*- fueron redactadas para favorecer cínicamente al *Complejo Industrial de Prisiones,* y con una voluntad racista para encarcelar a más hispanos y afroamericanos que a ciudadanos de raza blanca.

El trabajo forzado de los presidiarios estadounidenses es la continuación del sistema esclavista yanqui mediante la copia -y el perfeccionamiento- del modelo expoliador utilizado en los campos de concentración de la Alemania nazi.

Los magnates que invierten en la industria carcelaria están felices porque los prisioneros trabajan a *tiempo completo* -nunca llegan tarde o faltan por problemas familiares, no hacen huelgas y no tienen derecho a seguro de desempleo, vacaciones, tiempo extra ni cobertura médica o dental- y si la paga de veinticinco centavos por hora no les conviene y se niegan a trabajar entonces pueden ser confinados impunemente en celdas de castigo.

El abuso y la violencia contra los prisioneros por parte de los carceleros es la norma en el *Complejo Industrial de Prisiones,* y casi todos los penales estadounidenses encaran miles de acusaciones por brutalidad, violaciones sexuales, explotación, alimentación deficiente y falta de asistencia médica.

El *Complejo Industrial de Prisiones* produce -con el trabajo esclavo- el cien por ciento de todos los cascos militares, cartucheras, chalecos blindados, tarjetas de identificación, ropa, tiendas de campaña y cantimploras utilizados por el *U.S. Army.*

Los reos fabrican el 93 por ciento de las pinturas y pinceles de los acuarelistas, el 92 por ciento de todos los muebles de cocina, el 36 por ciento de todos los utensilios caseros, el treinta por ciento de los audífonos, micrófonos y altoparlantes, y el veintiuno por ciento de todos los muebles para oficina.

Los condenados también producen partes de aviones, material médico, crían perros guías para ciegos, y cosechan los campos de los Estados antiemigrantes que se han quedado sin mano de obra indocumentada.

La explotación del trabajo de los reos -por compañías que montan sus fábricas dentro de las prisiones- ha sido concesionada y legalizada por treinta y ocho Estados de la Unión Americana.

Las empresas yanquis más importantes -*IBM, Boeing, Motorola, Microsoft, AT&T Wireless, Texas Instrument, Dell, Compaq, Honeywell, Hewlett-Packard, Nortel, Lucent Technologies, 3Com, Intel, Northern Telecom, TWA, Nordstrom, Revlon, Macy's, Pierre Cardin, Target Stores, y muchas más*- se enriquecen con la repugnante explotación laboral de los presos estadounidenses.

Las empresas yanquis están entusiasmadas por el éxito económico generado con el trabajo de prisioneros, que generó ganancias de entre cuatrocientos millones de dólares –en el año 1980- y 1.3 billones de dólares –en 1994-.

Los trabajadores prisioneros en las cárceles estatales o privadas de Estados Unidos reciben el ridículo pago de diecisiete centavos la hora por seis horas diarias de trabajo, lo que significa un pago de veinte dólares por mes.

El máximo salario en el *Complejo Industrial de Prisiones* lo otorga la prisión *CCA* -en Tennessee- pagando cincuenta centavos por hora en el trabajo clasificado como posición altamente calificada –*highly skilled positions*-.

El *Complejo Industrial de Prisiones* publicita desfachatadamente que Estados Unidos es de nuevo –gracias a la explotación de los prisioneros- un punto atrayente para las inversiones en trabajos que solamente estaban diseñados para el *Tercer Mundo*.

Los promotores del trabajo esclavo señalan orgullosamente –en su website oficial- el caso de una compañía que operaba una maquiladora en México, y que finiquitó sus trabajos para trasladarlos a la prisión estatal de San Quenton, en California.

Aquél portal cibernético también destaca que otra empresa despidió a sus ciento cincuenta trabajadores y contrató a prisioneros del penal privado en Lockhart –Texas-. En la prisión de Lockhart también se fabrican circuitos integrados para *IBM* y *Compaq*.

El congresista Kevin Mannix alentó a la firma *Nike* para que trasladara su producción de Indonesia a Oregon, y le ofreció un trabajo competitivo en la prisión, indicándole a los fabricantes de calzado que disminuirán abruptamente sus costos de transporte.

La privatización del sistema penitenciario comenzó durante el gobierno de Ronald Reagan -en el año 1980- pero alcanzó su auge con Bill Clinton -en 1990- que planeó la reducción de la fuerza laboral federal y permitió que el *Departamento de Justicia* concesionara la custodia de los reos a prisiones privadas.

Los organismos defensores de los Derechos Humanos han claudicado indignamente ante el imperialismo yanqui –sólo hostigan a Venezuela, a Cuba, a China o a Rusia– y han relegado en su agenda ésta forma de explotación *sui generis* que despóticamente florece en el país promovido como el defensor de las libertades y de los derechos civiles.

LA DEMOCRACIA BANANERA

Estados Unidos es objetivamente una *democracia bananera* cuyo sistema electoral –basado presuntamente en la idea de que el voto de una persona realmente cuenta- es una farsa porque en el país del *Tío Sam* el derecho al sufragio no está protegido constitucionalmente y son las autoridades estatales -abiertamente partidistas y fascistas- quienes deciden quién puede votar, y cómo y dónde lo hará.

Mientras Estados Unidos se declara juez, capitán y promotor de la democracia en el mundo, en ese país sólo se simula el ejercicio de ese sistema político porque –nunca debemos olvidarlo- las dos últimas elecciones presidenciales en la nación yanqui fueron fraudulentas -en diciembre del año 2004, por ejemplo, se comprobó que 250 mil votos prodemocratas en Ohio no se contaron- y todas las anomalías halladas en ambos procesos electorales benefician a George Bush, lo que indica que fueron realizadas adrede.

Estados Unidos no consiente que sus elecciones presidenciales sean efectivamente fiscalizadas por los *Observadores Internacionales* –recordemos que los inspectores que la Unión Europea envió para verificar la elección del 2004 fueron obstaculizados en su trabajo- y la labor del *Centro Carter* es demasiado turbia porque investiga y califica rigurosamente los comicios de otros países –especialmente de los que no se someten a la ambición imperialista yanqui- pero no vigiló ni impugnó la doble estafa presidencial que todo el mundo sabe aconteció en esa nación.

En el país que se autoproclama falsamente como el campeón de la democracia todo se reduce a un circo elitista manipulado por la oligarquía yanqui, y por eso los fraudes, sobornos, amenazas, trinquetes, cochupos, y demás conductas indebidas son comunes en Estados Unidos.

La elección presidencial y congresional del año 2004 costó 4.2 billones de dólares, y ha sido clasificada como la campaña electoral más costosa en la historia estadounidense.

El *Center for Responsive Politics* –una organización no gubernamental dedicada a investigaciones sobre el proceso electoral estadounidense- informó que los candidatos en las elecciones legislativas del año 2006 establecieron un nuevo récord al gastar aproximadamente dos mil seiscientos millones de dólares durante ese proceso –un aumento del dieciocho por ciento con respecto a la elección legislativa del año 2002 cuyo costó fue de dos mil doscientos millones de dólares-. Eso significó una erogación promedio de cincuenta y nueve dólares por voto -en las campañas para senadores- y 35 dólares por voto para los congresistas.

El *Washington Post* reportó –el 3 de diciembre del año 2004- que el Partido Demócrata colectó 389.8 millones de dólares para su campaña, y que el Partido Republicano obtuvo 385.3 millones de dólares.

Los datos de la *Federal Election Commission* muestran que para la campaña estadounidense del 2004, el promedio de gastos realizados por un candidato a Senador era de entre 2 millones 518 mil 750 dólares y 31 millones 488 mil 821 dólares; la campaña para un representante federal –diputado- costó entre 551 mil 43 dólares y 9 millones 43 mil 293 dólares.

El sistema electivo estadounidense –una *democracia bananera* si se le compara con los sistemas electorales latinoamericanos- se encuentra en la *Edad de Piedra* porque carece de un *Tribunal Federal* que estandarice nacionalmente el proceso comicial, que centralice el manejo administrativo y judicial de la elección, y que sea dirigido por personas verdaderamente honestas y ajenas a los partidos políticos.

Spencer Overton -profesor de Leyes en la Universidad George Washington, experto electoral y autor del libro *El robo de la democracia: la nueva política de supresión del votante*- previno que *"en las elecciones legislativas nacionales del 2006 la confusión masiva es la amenaza más grave al derecho al voto... Los políticos han creado un laberinto de 4 mil 600 sistemas electorales diferentes, todos con diferentes reglas y prácticas, y la confusión sobre las propias reglas amenaza con desanimar la participación electoral..."*

Una encuesta de la cadena de televisión CNN –difundida el 19 de octubre del 2006- reveló que la mitad de los estadounidenses cree que la mayoría de los miembros del Congreso estadounidense son corruptos, y más de un tercio consideró que sus congresistas locales también lo son. El nivel de aprobación del trabajo de los congresistas también es muy bajo -aunque más en el caso de los republicanos que en el de los demócratas- y tan sólo un 36 por ciento de los encuestados aprobó la labor de los legisladores republicanos, frente al 42 por ciento que dio su visto bueno al trabajo de los del partido demócrata.

Otra investigación de CNN –publicada el 23 de octubre del 2006- indicó que el setenta y uno por ciento de los gringos cree que el sistema de gobierno estadounidense está descompuesto y que no puede ser arreglado, siete por ciento señaló que el gobierno tiene graves fallas pero conserva la esperanza de que podrían ser remediadas, y sólo veintidós por ciento cree que el gobierno no está descompuesto y que todo marcha muy bien en ese país.

Un sondeo de opinión difundido a comienzos de noviembre del año 2006 -realizado por *ABC News/Washington Post*- registró que 68 por ciento de los yanquis opina que su país camina por el carril equivocado -el índice más alto en diez años-.

La encuesta de *Ap/Ipsos* –realizada a fines de noviembre del 2006- confirmó que sólo uno de cada cuatro estadounidenses cree que su voto es contado de manera precisa en alguna elección, y un tercio desconfía de que sus votos sean contados correctamente -casi el mismo índice registrado en México, donde el 39 por ciento de los mexicanos duda que su voto sea computado puntualmente-.

El voto electrónico –establecido después del fraude presidencial del año 2000 con un presupuesto de cuatro mil millones de dólares para que los Estados compraran máquinas de votación supuestamente infalibles- socava aún más la confianza de los sufragantes yanquis en su sistema electoral porque no cuentan con un comprobante de papel, lo que imposibilita definitivamente un recuento independiente.

Las máquinas de votación electrónica en Estados Unidos son totalmente vulnerables al *pirateo* –hacking- y así lo demostró una investigación de la Universidad de Princenton, incluso uno de sus expertos –el profesor Edward Felton- logró ingresar electrónicamente a una máquina de la empresa *Diebold*, cambiar las claves de acceso e instalar un virus que altera el conteo, en menos de un minuto y sin ser detectado. En Estados Unidos al menos treinta Estados utilizan máquinas de votación electrónica sin comprobantes de papel y algunos casos –como el acontecido en Florida- son muy sospechosos porque las nuevas máquinas electrónicas registraban los votos favorables a los candidatos demócratas como si fueran para los republicanos.

La *Quinta Enmienda* -adicionada a la *U.S. Constitution* en el año 1870 cuando fue ratificada por las tres cuartas partes de los Estados del país- presuntamente garantiza el derecho de los ciudadanos estadounidenses al voto, y enfatiza que *"el voto no será negado o prohibido en Estados Unidos por algún Estado a causa de raza, color o previa condición de esclavitud..."*

Sin embargo, Estados Unidos es el único país en el mundo que prohíbe a los expresidiarios el derecho al voto, lo que deshabilita a casi seis millones de exprisioneros -primordialmente de la raza afroamericana e hispana- y cuyo voto muy bien podría cambiar el espectro político estadounidense.

La elección presidencial del 2004 –lo mismo que la del año 2001- fue fraudulenta desde el comienzo, con el acoso a las minorías étnicas para evitar que votaran, intimidación de observadores electorales para impedirles asistir a los centros comiciales, despliegue selectivo de máquinas de votación defectuosas, boletas de ausentes sin el nombre del candidato Kerry en ellas, boletas para personas ausentes ya marcadas en favor de Bush, boletas de personas ausentes nunca enviadas por correo, pantallas digitales que se alumbraban a favor de Bush cuando Kerry fue escogido, colas de votantes negros de cinco horas de largo mientras que los votantes blancos a una milla votaron en quince minutos, decenas de miles de boletas provisionales arrojadas a la basura, distritos electorales hispanos sin centros de votación que hablaran español, mala información deliberada sobre sitios Web oficiales, eliminación de los votos registrados contrarios al gobernante republicano, errores de conteo en los condados opositores a la reelección del presidente Bush... Y eso es sólo un poco de la podredumbre que las organizaciones independientes han podido descubrir, porque el Partido Demócrata mantiene un silencio asquerosamente cómplice y se opone a cualquier investigación sobre el asunto.

El diario *USA Today* reveló –en diciembre del año 2004- que debido a presuntos errores de conteo doce mil boletas a favor del candidato Kerry no fueron contabilizadas, y que otros noventa y dos mil votos no fueron captados –misteriosamente- por las máquinas electrónicas.

Se presentaron treinta y cinco demandas –en diecisiete Estados- contra el Partido Republicano por bloquear -en los condados que le eran opuestos electoralmente- el registro de los votantes o impedirles ejercer el voto, especialmente contra grupos afroamericanos, hispanos y minorías.

En Florida –el Estado gobernado por el hermano de Bush- se *rasuraron* las listas de votantes demócratas porque en la mayoría de los Estados -cuando te registras para votar- tienes que declarar a que partido perteneces, y a los afroamericanos se les negó el voto en proporción diez veces mayor que a los blancos.

La *BBC* reportó –el 22 de septiembre del 2004- que alguien –con acceso al padrón electoral- distribuyó un día antes de la elección cartas en los hogares afroamericanos, intimidándolos con el cuento de que cualquiera que adeudara recibos de energía eléctrica, de renta, o multas de tránsito sería arrestado a la salida de los centros de votación.

Ese delito electoral –indudablemente con sello bushista- también lo perpetró el derrotado candidato republicano Tan Nguyen -una semana antes de la elección legislativa realizada en el Estado de California en noviembre del año 2006- cuando le envió a miles de ciudadanos estadounidenses –de origen hispano- cartas amenazantes engañándolos que por su origen étnico no tenían derecho a votar y que podrían ser deportados. Tan Nguyen y los funcionarios del partido republicano que le permitieron el acceso al padrón electoral californiano permanecen libres y no han sido juzgados.

Sujetos armados que inexplicablemente nunca fueron detenidos por la policía -a pesar de las reiteradas denuncias de su presencia- se apostaron afuera de las casillas electorales –durante la elección presidencial del año 2004- y se encargaron de mantener alejados a los observadores internacionales, además de exigir –ilegalmente- identificación a los votantes afroamericanos e hispanos que pretendían ingresar a los centros de votación.

Los expertos han denunciado que durante las elecciones legislativas estadounidenses –en noviembre del 2006- se presentaron problemas relacionados con delitos electorales en por lo menos diez Estados, y aconsejan a los ciudadanos gringos que cuando voten estén preparados no sólo para marcar su boleta sino para defender su voto.

La falsedad de la información en los mensajes electorales es la característica distintiva de las campañas políticas yanquis porque los anuncios partidistas y los debates políticos son deliberadamente distorsionados para engañar al público.

Las investigaciones del *Annenberg Public Policy Center of University of Pennsylvania* indican –claramente- que los comerciales emitidos durante la campaña presidencial yanqui del año 2004 tenían una gran cantidad de información falsa que era suficiente para confundir a los votantes, y que el setenta y cinco por ciento de los anuncios pagados por el Partido Republicano contenían información falsa o ataques personales.

La democracia yanqui siempre ha sido un asunto de pudientes y para los opulentos –a *game for the rich*– y para convencernos sólo es necesario recordar que en la elección de alcalde para la ciudad de Nueva York –en noviembre del año 2005– el billonario Michael Bloomberg gastó 77.89 millones de dólares de su fortuna personal para tratar de reelegirse. Esos comicios fueron calificados por la *Associated Press* como la reelección más costosa de un alcalde en toda la historia yanqui.

En la contienda electoral del año 2005 por la gubernatura de Nueva Jersey, los candidatos republicano y demócrata –también multimillonarios– gastaron combinadamente setenta y cinco millones de dólares –John Corzine, el ganador, derrochó cuarenta millones de dólares-. La carrera política de John Corzine es un ejemplo típico de la democracia yanqui exclusiva para los ricos porque ese personaje desembolsó sesenta millones de dólares –en el año 2000- únicamente para obtener una curul en el Senado, lo que significa que despilfarró –oficialmente- cien millones de dólares para su campaña electoral en menos de cinco años.

El *Washington Post* ha publicado que un Senador necesita cuando menos veinte millones de dólares para reelegirse, y que *"el sistema político estadounidense convierte los cargos de elección en una subasta al mejor postor y eso, definitivamente, no es lo más sano ni aconsejable..."*

Los políticos yanquis sólo obedecen y sirven a los que financian sus costosas campañas –las compañías petroleras, las corporaciones de energía, los contratistas militares, las empresas de comunicación- pero los poderosos donadores económicos no regalan el dinero por cuestiones ideológicas -o por el carisma de un candidato- sino que lo hacen con la intención principal de maximizar su influencia en las elecciones, y determinar las decisiones legislativas de los futuros funcionarios.

En treinta y ocho Estados de la Unión Americana –por ejemplo- los jueces necesitan ser elegidos en votaciones, y muchos solicitan apoyo económico de las grandes empresas, con el resultado de que la codicia los lleva a ser sirvientes de la clase pudiente y no del pueblo como idílicamente lo retrata la propaganda hollywoodense. La ambición de los políticos por los devaluados dólares se descubre cada vez que estallan los escándalos de corrupción, solidificando la certeza de que los funcionarios yanquis se venden a los intereses que patrocinan sus carreras políticas.

Los cinco mayores contribuyentes para las elecciones legislativas realizadas en noviembre del año 2006 fueron –legalmente- la *Asociación Nacional de Bienes Raíces* -con un total de 2.7 millones de dólares-, la empresa bursátil *Goldman Sachs* -con 2.6 millones-, el sindicato electricista *IBEW* -con 2.2 millones-, la empresa *AT&T* -con 2.18 millones- y la *Asociación Nacional de Vendedores y Fabricantes de Cerveza* -con 2.17 millones de dólares-. La lista completa de los donantes económicos está todavía en el sitio *www.opensecrets.org*.

Bill Moyers -un veterano periodista que sirve como presidente del *Schumann Center for Media and Democracy*- escribió recientemente que *"Washington es una ciudad ocupada, un pueblo bajo dominio empresarial y el gobierno es una subsidiaria servil de los patrones de gran riqueza... Érase una vez cuando la Cámara de Representantes se conocía como la Casa del Pueblo. Ya no. Pertenece a la Calle K ahora. Esa es la dirección de los cabilderos que abundan por todo el Capitolio. Hay sesenta y cinco cabilderos por cada miembro del Congreso. Gastan doscientos millones de dólares por mes en envinar, alimentar y seducir a funcionarios federales. ¡Cada mes!"*

Los comicios legislativos estadounidenses -realizados en noviembre del año 2006- confirmaron las tendencias electorales en esa nación porque la mayoría de los ciudadanos con derecho a voto no participó, expresando de cierta manera con su ausencia que eso que la propaganda yanqui promueve como democracia no es un juego para todos.

Tradicionalmente, entre 35 y 40 por ciento del electorado yanqui sufraga en elecciones legislativas donde la presidencia del país no está en juego, poco más de 50 por ciento suele votar en elecciones presidenciales, y un 45 por ciento de la población es considerada *no votante* porque aunque está empadronada casi nunca acude a las casillas.

Los expertos estiman que Estados Unidos se ubica en la posición número 131 por su insignificante tasa de participación electoral, independientemente del tipo de comicios que se desarrollen.

Si algo es bien seguro en la democracia estadounidense es que no todos los votos son contados, que no todos los que desean votar lo pueden hacer, que el pueblo no tiene absoluta garantía de que el gobierno que supuestamente eligió es el mismo por el cual votó, y que da lo mismo elegir un demócrata o un republicano -porque la pugna partidista entre *burros* y *elefantes* es sólo aparente- ya que los dos partidos políticos son sólo las cabezas de la mortal bestia yanqui.

CAPÍTULO VI

EL MITO DE LA PROTECCIÓN AMBIENTAL

EL PROTOCOLO DE KIOTO

"El Protocolo de Kioto está fatalmente equivocado en muchos asuntos... Sus objetivos fueron acordados en forma arbitraria, en negociaciones políticas y no basados en información científica creíble... Posee enormes riesgos para Estados Unidos y la economía mundial, y es inefectivo para controlar el cambio climático porque excluye a los países subdesarrollados..."

George W. Bush, junio del 2001.

La mayoría de los gobernantes que participaron en la *Conferencia de Río de Janeiro* -el 12 de junio de 1992- firmaron la *Convención Marco de las Naciones Unidas sobre el Cambio Climático,* y comenzaron a adoptar medidas para reducir el calentamiento atmosférico y la elevación de la temperatura en el planeta.

Los gobiernos acordaron –posteriormente- reforzar la *Convención Marco de las Naciones Unidas sobre el Cambio Climático* con medidas jurídicamente vinculantes, y adicionaron el celebrado *Protocolo de Kioto* que -adoptado por unanimidad en diciembre de 1997- propone estabilizar la emisión de gases de efecto invernadero a un nivel que evite una interferencia peligrosa con el sistema climático terrestre.

La principal característica del *Protocolo de Kioto* es que tiene objetivos obligatorios respecto a la emisión de gases de efecto invernadero para las principales economías mundiales que lo hayan aceptado, y los países que no alcancen esos propósitos serán multados y tendrán que cumplir con niveles de contaminación más reducidos en el futuro.

La meta del *Protocolo de Kioto* es reducir globalmente –para el año 2012- al menos un 5,2 por ciento la emisión de los seis principales gases de efecto invernadero: Bióxido de carbono, metano, óxido nitroso, hidrofluorocarbonos, perfluorocarbonos y hexafluoruro de azufre.

La ratificación rusa del *Protocolo de Kioto* -el 18 de noviembre del año 2004- permitió su entrada en vigor el 16 de febrero del 2005. Canadá, Japón y Nueva Zelanda -de acuerdo a las últimas negociaciones- también ratificaron este acuerdo internacional.

El *Protocolo de Kioto* –en agosto del año 2006- ha sido firmado y ratificado por 165 países –lo que constituye el 61.6 de las emisiones contaminantes- con excepción de Estados Unidos y Australia.

Los estadounidenses representan sólo el cuatro por ciento de la población mundial, pero ocasionan el veinticinco por ciento de la contaminación con bióxido de carbono generado por la quema de combustibles fósiles.

Estados Unidos –el país que genera mayor contaminación emitiendo casi treinta y cinco por ciento de todos los gases de invernadero que se producen en el planeta- emite más bióxido de carbono que China, India y Japón juntos.

Washington siempre intentó descarrilar el *Protocolo de Kioto*, hasta que finalmente se retiró del proceso, secundado por el gobierno de Australia.

La Casa Blanca –después de rechazar el *Protocolo de Kioto*- se ha inventado un plan cuyo presunto objetivo es reducir -para el 2012- la intensidad de su emisión de gases de efecto invernadero en un dieciocho por ciento con respecto al año 2000.

Eso supone que las emisiones reales yanquis habrán aumentado entre dieciséis y veintiséis por ciento respecto al año 1990 –según datos gubernamentales- y más de treinta por ciento según estudios científicos independientes.

Documentos del *Departamento de Estado* -desclasificados en junio del 2005- muestran que el *Global Climate Coalition* –patrocinado por *ExxonMobil, Ford, Royal Dutch, Shell, Texaco, British Petroleum, General Motors y Daimler Chrysler*- cabildeó para moldear la política ambiental estadounidense, y presionó al gobierno de Bush para retirarse del *Protocolo de Kioto*.

El *Global Climate Coalition* representa a las transnacionales yanquis que producen gran parte de la emisión de gases de invernadero en Estados Unidos, y fue creado para oponerse a la implementación de acciones que reduzcan la contaminación y el calentamiento global, desvirtuando los informes presentados por el *Intergovernmental Panel On Climate Change*.

En una *Conferencia de la ONU sobre el Cambio Climático* -realizada en Argentina en el año 2004- los representantes estadounidenses arruinaron las negociaciones y rechazaron la propuesta de realizar encuentros futuros sobre el tema.

Estados Unidos se autonombra el paladín de la protección ambiental, pero rehúsa participar en las iniciativas internacionales al respecto y se ha negado tercamente –por ejemplo- a ratificar el *Convenio de Estocolmo sobre los Contaminantes Orgánicos Persistentes* –un tratado cuyo fin es reducir o eliminar la liberación de productos y subproductos industriales químicamente nocivos para el ser humano y el medioambiente-, el *Convenio de Basilea sobre el Control de los Movimientos Transfronterizos de los Desechos Peligrosos y su Eliminación*, y el *Convenio sobre la Diversidad Biológica*.

El gobierno yanqui ni siquiera ha firmado el *Convenio sobre la Protección y Utilización de Cursos de Agua Transfronterizos y Lagos Internacionales*, el *Estatuto del Centro Internacional de Ingeniería Genética y Biotecnología*, y la *Convención de las Naciones Unidas sobre el Derecho del Mar*.

El pequeño Bush miente al asegurar que se retiró del *Protocolo de Kioto* porque el cumplimiento del acuerdo lesionaría la competitividad de las empresas yanquis en favor de China, y porque estudios del *Department of Energy* revelaban que *"los países que implementan el Protocolo de Kioto demuestran un peligroso decline en su PIB..."*

Los datos contradicen -una vez más- las mentiras de los yanquis.

La República Popular de China –por ejemplo- ratificó el *Protocolo de Kioto* y no está obligada a comprimir sus emisiones de dióxido de carbono -bajo las cláusulas que rigen el acuerdo actual- pero voluntariamente disminuyó sus emisiones de CO_2 -de 715 a 181 millones de toneladas anuales- mientras seguía creciendo para convertirse en la cuarta economía mundial.

Dinamarca también demostró que es posible aumentar la producción y el empleo mientras se reduce la emisión de gases de invernadero.

El gobierno danés estimuló la inversión y la investigación de energías renovables -para reducir la importación de combustibles fósiles- y al mismo tiempo creó más de quince mil empleos excelentemente remunerados en el sector de la energía eólica.

El consumo energético total proveniente de fuentes renovables aumentó en Dinamarca de cuatro por ciento –en 1993- a dieciséis por ciento –en el año 2004-.

George W. Bush encubre que renunció a implementar el *Protocolo de Kioto* para beneficiar –fundamentalmente- a la clase empresarial estadounidense que está renuente a invertir en novedosa tecnología para beneficiar al medio ambiente.

Se estima que la implementación del *Protocolo de Kioto* costará entre 150 mil y 300 mil millones de dólares anualmente, pero si esa inversión no se realiza las consecuencias económicas y ambientales serán fatales en el futuro.

El Protocolo de Kioto –a pesar de lo que dicen sus fatuos calumniadores- es indisputablemente la mejor estrategia de lucha contra el calentamiento global, y el mayor esfuerzo multinacional para que el futuro del planeta y de la humanidad se prolongue durante generaciones.

EL CALENTAMIENTO GLOBAL

"Dada la amenaza inminente del calentamiento global, se podría esperar que la administración Bush lanzase una Guerra contra el Calor. Después de todo, como candidato en el 2000, George W. Bush hizo el voto de establecer objetivos de reducción obligatorios para la emisión de dióxido de carbono, diciendo que haría de esta cuestión un asunto de prioridad máxima..."

Tim Dickinson; *Rolling Stone Magazine*,
19 de mayo del 2004.

La mayoría de los científicos advierten que se extenderán las calamidades ambientales si no reducimos drásticamente la emisión de los gases de invernadero -la causa principal del calentamiento global- y que de continuar la actual tendencia se producirá el derretimiento de los glaciares, la elevación de los niveles del mar, la extinción de miles de especies, y el incremento de la temperatura del planeta -para finales del siglo XXI- entre 3 y 9 grados centígrados.

Los términos *calentamiento global* y *cambio climático* se emplean frecuentemente como sinónimos. El *calentamiento global* es el aumento en la temperatura media de la atmósfera terrestre y de los océanos a lo largo de un periodo de tiempo. El *cambio climático* designa a cualquier cambio del clima independientemente de su causa.

La *Convención Marco de las Naciones Unidas sobre el Cambio Climático* aclara en su artículo primero -párrafo segundo- que *"por cambio climático se entiende un cambio de clima atribuido directa o indirectamente a la actividad humana que altera la composición de la atmósfera mundial y que se suma a la variabilidad natural del clima observada durante períodos de tiempo comparables..."*

El calentamiento global se produce porque el dióxido de carbono y otros contaminantes se acumulan en la atmósfera formando una espesa capa que evita que el exceso de calor escape al espacio.

Estudios recientes afirman que el nivel de dióxido de carbono en la atmósfera podría duplicarse en los próximos treinta años, y que el calentamiento global generará cambios climáticos que aniquilarán la cuarta parte de todas las especies animales y vegetales en el planeta para el año 2050.

Si la Antártica se derrite entonces el nivel del mar se elevará en 125 metros, pero un incremento de sólo seis metros puede inundar completamente a Londres, Nueva York, y a miles de ciudades.

Los registros indican que la temperatura mundial promedio ha aumentado –en los últimos cincuenta años- al ritmo más rápido de la historia, y la tendencia se está acelerando porque los tres años más calurosos que se han registrado ocurrieron a partir de 1998.

Las plantas que generan energía a partir del carbón son la principal fuente de contaminación con bióxido de carbono -emiten dos mil quinientos millones de toneladas al año- y los automóviles ocupan el segundo lugar porque producen casi mil quinientos millones de toneladas anuales de CO2.

Los yanquis constituyen sólo el cuatro por ciento de la población mundial, pero conducen un tercio de todos los automóviles existentes y producen anualmente casi la mitad del dióxido de carbono del planeta. Los automotores gringos contribuyen extraordinariamente al calentamiento global porque son menos eficientes en el consumo de combustible que los vehículos utilizados en otras partes del mundo.

Pero Bush y sus secuaces fomentan el uso de combustibles fósiles, invaden países para consolidar el control yanqui sobre esos recursos, falsifican y esconden los datos científicos sobre el calentamiento global para confundir al público, y socavan invariablemente las negociaciones y los tratados internacionales destinados a reducir esas emisiones.

Al comienzo de su primer mandato, George W. Bush declaró que *"nosotros realmente no sabemos cuánto o cómo el clima puede cambiar el futuro..."*

Esa imprudente afirmación motivó que veinte premios Nobel publicaran una carta para culpar al gobierno del inepto Bush *"por haber consistentemente tratado de socavar la comprensión pública del papel que desempeñan los humanos en el calentamiento global..."*

Bush manipula los datos sobre el calentamiento global siguiendo las indicaciones de un memorándum redactado por el asesor republicano Frank Luntz -en el 2003- que dice: *"El debate científico nos contradice pero todavía no se ha resuelto... Aún existe una oportunidad para seguir poniendo los hechos en duda... Los votantes creen que no existe un consenso sobre el calentamiento global en la comunidad científica, pero si llegan a creer que todo está resuelto entonces cambiarán de opinión..."*

La estadounidense Paula Dobriansky *—Subsecretaria de Estado para Asuntos Globales-* declaró de acuerdo con el guión que *"la ciencia nos indica que no se puede decir con certeza qué nivel de calentamiento es peligroso y se debe evitar..."*

El Senador yanqui James Inhofe *—Presidente del Comité de Medio Ambiente-* asegura descocadamente que el calentamiento global es una broma, y expresa que *"es mi deseo ferviente que el Congreso rechaze a los profetas de la condena que trafican con propaganda enmascarada como ciencia en nombre de la salvación del planeta de un desastre catastrófico..."*

El gobierno de Estados Unidos censura permanentemente todos los informes científicos que denuncian los efectos peligrosos del calentamiento global.

The Observer informó -en junio del año 2005- que Estados Unidos tomó *medidas extraordinarias* para borrar toda mención significativa de las causas humanas y de los peligros del calentamiento global en un comunicado de la cumbre del G-8 *—los principales países capitalistas-* realizada en Escocia.

Los censores de Bush borraron también *—en junio del 2003-* las referencias a la relación entre la actividad humana y el calentamiento global en un informe de la *Enviromental Protection Agency* *–EPA-*.

Otro funcionario de la Casa Blanca bloqueó la publicación de las conclusiones de un panel científico -de la *National Oceanic and Atmospheric Administration-* que encontró que el calentamiento global está aumentando la frecuencia y la fuerza de los huracanes.

El *New York Times* informó –en junio del año 2005- que el *Director del Consejo Ambiental de la Casa Blanca* -Phillip Cooney- alteró varias veces los informes gubernamentales para minimizar el peligro del calentamiento global.

Phillip Cooney –contratado por Bush para supervisar la EPA y modelar la política ambiental estadounidense- era al mismo tiempo abogado del *Instituto Petrolero Americano* –otro grupo de cabildeo de la industria petrolera- y obstaculizó los acuerdos internacionales para limitar la emisión de gases de invernadero. Cooney renunció después de la denuncia del *New York Times*, pero fue empleado inmediatamente por *ExxonMobil*.

La *Asociación Nacional de Evangélicos* –con treinta millones de miembros- es la mayor organización evangélica de Estados Unidos, y también ha reclamado al incapaz Bush que adopte medidas para contrarrestar el calentamiento global porque *"éste es el mundo de Dios y cualquier daño que hagamos al mundo de Dios es una ofensa contra Dios mismo..."*

Una encuesta de la firma *Ellison Research de Phoenix* -en septiembre del año 2005- mostró que el setenta por ciento de los cristianos opina que el calentamiento global representa una amenaza gravísima para las generaciones futuras.

El pietista Bush -que se autodescribe como un *cristiano renacido* con una fuerte base de apoyo político entre los evangélicos- repite obstinadamente que no existen pruebas científicas de un aumento de la temperatura atmosférica debido a la actividad industrial y el uso de motores.

Recordemos que uno de los primeros actos de la *Administración Bush* -en el año 2001- fue abandonar el *Protocolo de Kyoto,* un instrumento legal que establece metas para la reducción de las emisiones industriales y de automotores.

Un informe secreto del *Pentágono* –obtenido por *The Observer* en el año 2004- también predice que el cambio climático abrupto, ocasionado por el calentamiento global, pondrá al planeta al borde de la anarquía mientras las naciones desarrollan armamento nuclear para defender y asegurar sus medios de producción alimenticia, y sus fuentes energéticas.

El documento del *U.S. Department of Defense* anuncia que el peligro que representa el calentamiento global para la seguridad mundial supera ampliamente la supuesta amenaza del terrorismo y dice que *"Estados Unidos y Europa experimentarán -a partir del año 2010- períodos de calor con picos de temperatura de más de 32,2° centígrados... En el 2020 Europa será tremendamente afectada por el cambio climático con una caída de la temperatura media anual en más de seis grados centígrados... El clima del Reino Unido será más frío y seco con patrones climáticos parecidos a los de Siberia..."*

El texto vaticina que *"áreas ricas como Estados Unidos y Europa se convertirán en fuertes virtuales para impedir la entrada a millones de inmigrantes forzosos tras haber perdido sus tierras sumergidas por el aumento del nivel del mar o por no poder seguir cultivando... Los inmigrantes escandinavos buscaran climas más cálidos al sur... El sur de Europa se encontrará sitiado por inmigrantes provenientes de las zonas más afectadas de África..."*

Y continúa advirtiendo que *"violentas tormentas destruirán las barreras costeras convirtiendo a gran parte de Holanda en inhabitable... Ciudades como la Haya serán abandonadas... Los diques del Estado de California –en el área del río Sacramento– rebalsaran y dañaran el sistema de agua potable que surte a la población... El clima se convertirá en una peste económica cuando tormentas, sequías y olas de calor causan devastación en los campos... Las megasequías afectarán a los mayores graneros del mundo, incluido el medio oeste estadounidense, donde fuertes vientos causaran la pérdida de suelo fértil..."*

El *Pentágono* pronostica que *"la proliferación de armas nucleares es inevitable... Japón, Corea del Sur y Alemania desarrollarán armas nucleares, y lo mismo hará Irán, Egipto y Corea del Norte... Israel, China, India y Pakistán consolidarán su poderío atómico..."*

Y añade: *"Revueltas destrozaran India, Sudáfrica e Indonesia... El acceso al agua será el mayor campo de batalla... El Nilo, el Danubio y el Amazonas serán áreas de conflicto militar... La enorme demanda alimenticia de la población china hará vulnerable a esa nación... Bangladesh será prácticamente inhabitable debido al aumento del nivel del mar, el cual contaminará los recursos hídricos del interior... La capacidad del planeta para mantener a la población actual disminuirá en los próximos veinte años..."*

El informe del *Pentágono* concluye declarando que *"en el futuro las guerras serán a causa de cuestiones de supervivencia en vez de religión, ideología u honor nacional... Las muertes por el hambre y la guerra serán por millones hasta que la población del planeta sea reducida a números que la Tierra pueda soportar... 400 millones de personas en las regiones subtropicales están en peligro inminente... Las revueltas y conflictos serán elementos intrínsecos de la vida y una vez más la guerra definirá la forma de vivir humana..."*

Bob Watson -Jefe científico del *Banco Mundial* y miembro oficial del *Panel Intergubernamental sobre el Cambio Climático*- enfatiza que *"las advertencias directas del Pentágono no pueden ser ignoradas por más tiempo..."*

El calentamiento global ya está causando daños en muchas partes de los Estados Unidos.

Arizona y Oregon sufrieron –en el año 2002- las peores temporadas de incendios en la historia de esos Estados, y en California ocurrió lo mismo en el año 2006.

Estados Unidos rompió todas las marcas históricas al registrar 562 tornados en sólo un mes –en mayo del año 2004- y algunos ocurrieron en Seattle, una ciudad que jamás había sido afectada por ese fenómeno.

La sequía provocó –en el año 2002- severas tormentas de polvo en Montana, Colorado y Kansas.

Las inundaciones y los huracanes –Katrina el más devastador- han provocado daños por miles de millones de dólares en Texas, Montana, Dakota del Norte, Florida y Louisiana.

La acumulación de nieve ha disminuido sesenta por ciento con respecto a la década anterior y las temporadas invernales se han acortado en algunas áreas de la Cordillera de Cascade –en Oregon y Washington-.

Por supuesto que los impactos del calentamiento global no se limitan al territorio estadounidense: Veinte mil personas murieron en Europa -y más de mil quinientas en la India- por una ola de calor extremo en el año 2003. En marzo del 2004 –por primera vez en la historia- un huracán azotó las costas de Brasil. El invierno canadiense en el periodo 2003-2004 fue el más frío registrado en la historia.

El área del casquete polar ártico está disminuyendo nueve por ciento cada década, un suceso considerado por los científicos como una significativa señal de alerta roja sobre los futuros eventos climáticos.

Sir David King –Asesor Científico del Primer Ministro de Inglaterra- notificó a Tony Blair –en enero del año 2004- que era necesario informarle al mundo sobre el riesgo del cambio climático.

Tony Blair le recomendó a Sir King mantenerse callado, pero éste acudió a la *Publicación Científica Americana* y expresó que *"desde mi punto de vista, el cambio climático es el problema más severo con el que nos estamos enfrentando hoy en día, mucho más serio aún que la amenaza del terrorismo..."*

El gobierno inglés obligó a Sir David King -después del desliz informativo- a mantener absoluto silencio sobre el asunto, y amenazó con encarcelarlo si discute públicamente el tema.

Los científicos más brillantes del mundo –al menos mil setecientos de ellos- y la *Unión de Científicos Preocupados* atestiguan cortésmente que las opiniones de Bush sobre el cambio climático reflejan –por lo menos- su parca información.

La capacidad académica del inexperto Bush -y sus asesores- es dolorosamente aporreada por las concluyentes pruebas científicas sobre el cambio climático, pero la Casa Blanca seguirá ignorando las evidencias para complacer a las compañías petroleras y energéticas, cuya actividad está íntimamente relacionada con la agenda imperialista estadounidense.

Washington se ha propuesto ocultar los efectos adversos del cambio climático etiquetándolo como Asunto de *Estado,* y por eso durante la campaña presidencial del 2004 el candidato John Kerry no profundizó en el tema.

LAS PELIGROSAS CENTRALES NUCLEARES

"La energía nuclear protege el medio ambiente porque sin ella nosotros emitiríamos adicionalmente 700 millones de toneladas de bióxido de carbono cada año, equivalentes a 136 millones de automóviles... La energía nuclear es segura gracias a los avances científicos y de ingeniería en el diseño de plantas; es segura porque los trabajadores y gerentes de nuestras plantas son personas fabulosamente entrenadas que saben perfectamente lo que están haciendo... La energía nuclear es abundante y accesible porque una vez que construyes una planta y la activas, los costos de operación de esa instalación son significativamente menores que cualquier otra forma de generación de electricidad..."

George W. Bush; Pottstown, Pennsylvania;
24 de mayo del 2006.

El Presidente Bush visitó -el 24 de mayo del año 2006- una planta de energía nuclear en Pennsylvania para promover precisamente la construcción de más instalaciones nucleares en Estados Unidos.

Aquél día, Bush pregonó que las plantas nucleares no perjudican el ambiente, que son la fuente de energía más barata del planeta, que muy difícilmente se producen accidentes, y que la mayoría de los ciudadanos las consideran una opción ambientalmente aceptable.

George W. Bush convenientemente ocultó que Estados Unidos tiene un funesto y abultadísimo historial de accidentes relacionados con la producción de energía nuclear y con el manejo de artefactos atómicos –civiles y militares- que han ocasionado numerosas muertes y contaminación masiva del territorio yanqui.

Las calamidades comenzaron en el año 1956, cuando dos explosiones destruyeron parte de *Silvana Electric Products Metallurgy Atomic Research Center* en Queens, Nueva York. En 1956, una falla en el sistema de enfriamiento de un reactor provocó expulsión radioactiva en una demostración científica en Detroit, Michigan. En 1958, otro accidente ocurrió durante el proceso de recuperación de plutonio en el laboratorio de Los Álamos, en Nuevo México.

Una grieta en el tubo principal de enfriamiento -el 26 de julio del año 1959- ocasiono que el reactor del *Santa Susana Field Laboratory* –denominado actualmente como *Boeing-Rocketdyne Nuclear Facility*, en el condado de Ventura en California- expulsara la tercera mayor cantidad de *yodo-131* radioactivo en la historia nuclear del planeta. Los habitantes del área sufrieron cáncer y anormalidades en la tiroides, y fueron compensados con 30 millones de dólares.

El 3 de enero del año 1961 estalló el reactor del *National Reactor Testing Station,* en Arco, Idaho. La gubernamental *Nuclear Regulatory Commission* –NRC- determinó que la explosión fue un sabotaje.

El 24 de julio del año 1964 sobrevino otra explosión en *United Nuclear Corporation en Charlestown,* Rhode Island.

El 19 de noviembre de 1971, el tanque de almacenaje del reactor de la *Northern States Power Company* -en Monticello, Minnesota- sobrepasó su capacidad y derramó doscientos mil litros de agua radioactiva en el río Mississippi, que abastece el sistema potable de la ciudad de St Paul.

Fuentes anónimas alertaron en el año 1966 que la compañía *Isomedix* -de Nueva Jersey- desechó agua radioactiva a través de las cañerías públicas y contaminó el sistema de drenajes de la ciudad.

En el año 1982, *International Nutronics* usaba baños radioactivos para purificar gemas, alimentos y materiales médicos, pero vertía el agua radioactiva en el drenaje público de la populosa ciudad de Dover, Nueva Jersey. El *NRC* se enteró del asunto por otro anónimo, diez meses más tarde.

La *NRC* revocó -en el año 1986- la licencia de operación a *Radiation Technology Inc* -ubicada también en Nueva Jersey- por tirar desechos radioactivos en los botes de basura regular.

La *Atomic Energy Commission* reportó -el 28 de mayo de 1974- que 861 *eventos anormales* acontecieron en las 42 plantas nucleares que operaban en Estados Unidos.

Un bobo *técnico nuclear* que buscaba fugas de aire con una vela encendida causó -el 22 de marzo de 1975- daños por cien millones de dólares cuando el aislante y los controles de enfriamiento del reactor Browns Ferry - en Decatur, Alabama- se quemaron completamente.

El 28 de marzo de 1979 se estropeó el sistema de enfriamiento en la planta nuclear de *Three Mile Island* -cerca de Middletown en Pennsylvania- y la parte superior del reactor de 150 toneladas se derritió al calentarse a cinco mil grados centígrados. El agua contaminada escapó a un edificio cercano liberando una nube radioactiva que obligó a evacuar a doscientos mil personas. Los patronos de la industria nuclear publicitaron –incesantemente- que nadie murió en el accidente, pero un estudio del Doctor Ernest J. Sternglass -profesor en la Universidad de Pittsburgh- demuestra que fallecieron cientos de personas -430 niños- y que decenas de miles están afectados hasta el día de hoy.

En 1981, el *Critical Mass Energy Project of Public Citizen* alertó que en ese año sucedieron cuatro mil sesenta pequeños accidentes y 140 accidentes peligrosos en las plantas nucleares estadounidenses, contra los 3 mil 804 pequeños accidentes y 104 accidentes peligrosos ocurridos en el año 1980.

La inundación del sótano de la *Unidad 1* en la instalación nuclear de *Nine Mile Point* -en julio de 1981- hizo que 33 mil litros de agua radioactiva quedarán expuestos al medio ambiente y que se filtraran al subsuelo. En esa misma instalación, en otra ocasión, 200 mil litros de agua radioactiva fueron vertidos al lago Ontario. Un informe médico de 1989 liga estos accidentes con la alta incidencia de cáncer entre la población vecina de *Nine Mile Point*.

El *Critical Mass Energy Project of Public Citizen* advirtió que 84 mil 322 trabajadores de las plantas nucleares fueron expuestos a la radiación en 1982, contra los 82 mil 183 que se expusieron en el año 1981.

Una manguera agrietada en la *Rochester Gas & Electric Company* -cerca de Nueva York- derramó sesenta mil litros de agua radioactiva y liberó vapores mortales en la atmósfera, el 25 de junio de 1982.

Del 15 al 16 de enero del año 1983, la planta nuclear de *Browns Ferry* desaguó 850 mil litros de agua radioactiva en el río Tennesee.

EL 25 de febrero de 1983, noventa segundos antes de que explotara el reactor *Salem1* -en New Jersey- la planta fue desconectada manualmente porque el sistema automático había fallado por segunda ocasión en 72 horas. Esta instalación también evacuó doce mil litros de agua fuertemente radioactiva -en junio de 1981- y ochenta mil litros de agua medianamente radioactiva -en febrero de 1982-.

En 1988, el *Critical Mass Energy Project of Public Citizen* denunció que hubo 2 mil 810 accidentes en plantas nucleares comerciales en 1987, cifra ligeramente menor a los 2 mil 836 accidentes reportados en el año 1986.

En el laboratorio californiano de Menlo Park -en el año 1991- una de cuatro celdas de fusión explotó mientras era transportada; los trabajadores murieron -las tres celdas restantes fueron enterradas en el lugar- y existen indicios de que una explosión nuclear ocurrió, pero el informe oficial afirma que sólo fue una explosión química producida por la mezcla de oxigeno y deuterio catalizados en el subsuelo. La investigación presuntamente continúa.

La *Nuclear Regulatory Commission* avisó a los operadores de los 34 reactores nucleares del país -el 28 de mayo del año 1993- que los instrumentos utilizados para medir los niveles de agua en el reactor eran defectuosos y daban falsas lecturas.

En la planta nuclear de *Indian Point II* -en Nueva York- hubo una fuga radiactiva el 15 de febrero del año 2000. La *NRC* minimizó el accidente.

El 6 de marzo del 2002, descubrieron un agujero de cincuenta centímetros en el reactor de la planta nuclear de *Davis-Besse* -en Ohio- que expulsó 320 mil litros de agua presurizada altamente radioactiva.

Pero el riesgo radioactivo no proviene exclusivamente de los laboratorios y de las plantas nucleares civiles en Estados Unidos.

La *U.S. Navy* también contamina radioactivamente el planeta porque desde el año 1954 ha tenido cuando menos quince accidentes nucleares altamente peligrosos.

En el año 1954 –por ejemplo- un reactor experimental refrigerado con sodio y utilizado a bordo del *USS Seawolf* –el segundo submarino nuclear de Estados Unidos- fue apresuradamente hundido frente a Delaware y Maryland. Se estima que el reactor contenía al momento de su hundimiento niveles de 33 mil curies, y es el mayor objeto radioactivo desechado premeditadamente en el océano. Los intentos actuales para localizar el reactor han sido vanos.

Los submarinos y buques atómicos yanquis tienen la espantosa costumbre de tirar al mar el agua radioactiva que enfría al reactor que los impulsa. Aunque el agua del sistema de enfriamiento primario de un reactor es radioactiva sólo por tres segundos, ésta misma agua transporta residuos de cobalto, cromio y otros elementos –resultado del desgaste interno de los ductos del aparato- que son radioactivos por décadas.

Desde 1950, la *U.S. Air Force* ha ocasionado veinticuatro desastres nucleares que han puesto en peligro a ciudades completas, e imprudentemente ha extraviado cuando menos siete bombas atómicas y cuatro bombas de hidrógeno que pueden explotar o liberar radiación en cualquier momento.

El 5 de diciembre del año 1965, un *A-4E Skyhawk* transportando una bomba de hidrógeno *B-43* cayó del elevador del portaaviones *Ticonderoga,* y se hundió a una profundidad de casi seis mil metros, con el riesgo de que la presión del agua hiciera explotar el artefacto. Los investigadores independientes afirman que la detonación ocurrió, pero el *Pentágono* lo niega.

El diario *El País* informó –el 8 de septiembre del 2006- que Estados Unidos finalmente aceptó –después de cuarenta años- limpiar la radioactividad presente en el medioambiente de Palomares –provincia de Almería- por dos bombas atómicas yanquis que cayeron tras un accidente aéreo el 17 de enero de 1966. El hecho ocurrió cuando un bombardero gringo -que volaba sobre la Península Ibérica procedente de Turquía- chocó con otra nave en pleno vuelo y soltó cuatro bombas atómicas, de las que dos cayeron en Palomares y liberaron plutonio radioactivo –aunque no explotaron-. La tercera bomba fue recuperada intacta en tierra, y la cuarta se localizó meses después en el fondo del mar.

Otro aspecto de la energía nuclear cuidadosamente encubierto por los políticos e industriales yanquis es el procesamiento, almacenaje y destrucción de los desechos radioactivos.

Los expertos afirman que los desechos nucleares deben almacenarse al menos diez mil años, y en este momento no existe una solución adecuada sobre el almacenamiento de los reactores atómicos usados y del combustible atómico agotado.

Las plantas de energía nuclear funcionan durante 30 años -como límite- antes de que los componentes críticos del reactor sean irremediablemente radioactivos por cientos de siglos. En este punto la planta debe desmontarse o el reactor tiene que ser reemplazado a gran costo.

Los medios de comunicación encubren que los litorales yanquis y los mares de las naciones tercermundistas han sido empleados como basurero para al menos ciento treinta mil contenedores con desechos radioactivos, desde 1946 hasta el año 2000.

En el año 1979, el *Critical Mass Energy Project of Public Citizen* registró 122 accidentes durante el transporte de material nuclear, y diecisiete que ocasionaron contaminación radioactiva.

Una compuerta rota en una planta de procesamiento de uranio arrojó -el 16 de julio del año 1979- cuatrocientos millones de litros de líquidos radioactivos y mil cien toneladas de desechos sólidos peligrosos río abajo en Church Rock, New México.

El *U.S. Department of Energy* aceptó -en el año 1983- que al menos mil doscientas toneladas de mercurio han sido expulsadas a través de las décadas desde la *Planta de Componentes Nucleares Y-12*, en Oak Ridge, en Tennessee –una de las primeras plantas de producción de armas nucleares en Estados Unidos-.

En el año 1987, el *Department of Energy* admitió que las plantas para componentes nucleares *Y-12, K-25 y X-10* han contaminado el suelo, la atmósfera y el agua decenas de kilómetros a la redonda.

Aunque el *U.S. Department of Energy* clausuró en 1989 la *Fernald Uranium Plant* –localizada 20 millas al noroeste de Cincinnati- el daño causado por esta factoría de 300 hectáreas que producía combustible atómico es irremediable. La fábrica –que operó treinta años con la protección del gobierno estadounidense- derramó 230 toneladas de material radioactivo en el valle Greater Miami River, y lanzó a la atmósfera 39 toneladas de polvo de uranio; 83 toneladas de ese polvo también fueron desparramadas en los ríos, y 5 mil 500 toneladas de sustancias radioactivas y tóxicas fueron enterradas en la zona; por si fuera poco, 337 toneladas de *uranio empobrecido* se *esfumaron* de los inventarios y permanecen extraviadas hasta la fecha.

El gobierno yanqui desclasificó en 1986 -después de 40 años de encubrimiento- diecinueve mil páginas que revelan que la empresa estatal *Hanfoird Engineer Works* es responsable del derrame de trillones de litros de líquidos radioactivos en el río Columbia y de la expulsión de billones de metros cúbicos de gases -conteniendo plutonio- que dañaron el suelo y el aire de la región. Los habitantes de la zona denunciaron insistentemente -desde 1948- que más de 20 mil personas recibieron dosis de yodo radioactivo mil 300 veces más altas que lo permitido para los seres humanos, que mil 200 niños recibieron dosis mayores que estas, y que 300 mil personas fueron afectadas por niveles radioactivos un poco menores aunque mortales. Las demandas fueron archivadas por el gobierno federal y la *Hanfoird Engineer Works* continuó produciendo, con sus ocho reactores, plutonio para armas atómicas. En mayo de 1997, *la Hanfoird Engineer Works* derramó de 80 mil a 150 mil litros de agua contaminada con plutonio y el *Department of Energy* ocultó la catástrofe; finalmente, cuando no se pudo mantener el secreto, el dueño de la compañía que operaba el sitio fue multado con 140 mil 625 dólares y nunca pisó la cárcel.

El *Washington Post* publicó -el 8 de agosto de 1999- que miles de trabajadores fueron expuestos al plutonio y otros metales altamente radioactivos -durante 23 años- en la *Planta de Difusión Gaseosa Paducah del Department of Energy*, en Kentucky. Los trabajadores denunciaron que manejaron uranio –más tóxico que el plutonio- e inhalaron polvo radioactivo mientras procesaban estos materiales, como parte de un experimento federal para reciclar combustible nuclear usado.

La cereza en el pastel corresponde al veredicto emitido el 15 de febrero del 2006 -por un jurado federal- que obliga a *Dow Chemical Company y Rockwell International Corporation* a indemnizar con 554 millones de dólares a trece mil familias expuestas a contaminación radioactiva. Las dos compañías eran propietarias de la planta de armas nucleares *Rocky Flats*, y produjeron gatillos de plutonio para ojivas nucleares durante 45 años. El tribunal determinó que la contaminación con plutonio aumentó drásticamente la incidencia de cáncer, redujo el valor de los bienes raíces y, desafortunadamente, es irreversible.

El novato Bush encubre deliberadamente que la energía nuclear no sólo es peligrosa sino extremadamente gravosa, y que los enormes riesgos de seguridad asociados con las instalaciones nucleares -y con sus antecedentes- hacen que las compañías aseguradoras se nieguen a extenderles cobertura, y por eso la industria nuclear consiguió que el gobierno federal se hiciera cargo de la abultada póliza.

George W. Bush firmó -en el 2005- la *Energy Policy Act*, una ley que con dinero de los contribuyentes -35 mil 900 millones de dólares en los próximos cinco años- proveerá créditos, estímulos y seguros contra accidentes para los constructores de nuevas plantas nucleares. Estos *seguros de cobertura completa* protegerán a los dueños de las plantas nucleares contra demandas, accidentes, obstáculos burocráticos, y contra cualquier eventualidad.

Bush esconde –adicionalmente- que para fabricar y desechar el material radioactivo que utilizan las plantas nucleares se consumen tremendas cantidades de combustible fósil -que producen gases de invernadero-.

Una central nuclear emite –durante todo su ciclo- entre una tercera y una quinta parte de los gases de invernadero que produce una central térmica de gas con ciclo combinado de igual potencia, siempre que el uranio se haya obtenido de minerales de elevada riqueza. Si el combustible nuclear procede de minerales con bajo contenido en uranio entonces la central nuclear generará más gases de invernadero que una central térmica de ciclo combinado de igual potencia.

Las centrales nucleares son objetivamente –en términos simples-bombas atómicas que generan electricidad y desechan plutonio -un elemento extremadamente radioactivo e inexistente en nuestro planeta-.

Una central nuclear de mil megawats de potencia produce en promedio trescientos kilogramos de plutonio -Pu239- cada año, cantidad suficiente para fabricar entre 20 y 30 bombas atómicas.

Las declaraciones de George Bush sobre las bondades de la energía atómica excluyen los innegables efectos que las plantas nucleares ocasionan en el ambiente y en la seguridad: El *U.S. Department of Energy* eroga más de cuatro billones de dólares anualmente tratando de restaurar localidades civiles contaminadas radioactivamente, y el *Enviromental Management Program* maneja instalaciones en treinta Estados del país -equivalentes a un millón de hectáreas- contaminadas por la producción de armas nucleares.

Si George W. Bush –producto del mediocre sistema educativo estadounidense- certifica impúdicamente que las centrales nucleares respetan el medio ambiente –a pesar de la categórica certidumbre científica que demuestra que contaminan por partida doble- eso sólo es otro ejemplo de que en el mundo actual hay personas que han perdido totalmente su capacidad de raciocinio.

LA MONTAÑA YUCCA

"Yo comprendo el asunto de los desperdicios nucleares y haremos algo al respecto... Debemos de ser sabios en el manejo de la basura nuclear... Yo estoy convencido que la montaña Yucca es el lugar científicamente indicado para depositar esa basura radioactiva y espero que el Congreso estadounidense lo reconozca también..."

George W. Bush; 24 de mayo del 2006.

El presidente Bush afirma que la montaña Yucca –en el Estado de Nevada- será acondicionada como el futuro basurero nuclear de Estados Unidos porque es el sitio más seguro para evitar fugas radioactivas.

Bush ignora que no existen en el planeta zonas estables para albergar desechos nucleares. Recordemos que un terremoto de 5.5 grados en la escala de *Richter* -en enero de 1980- cerca del *Lawrence*

Livermore National Laboratory, donde se almacenan grandes cantidades de material nuclear, produjo una fuga de tritio.

La basura radioactiva no puede ser destruida y no existe la seguridad de que no contaminará la biosfera si es enterrada.

Además, la basura radioactiva no puede ser desechada en forma convencional porque contiene *plutonio* y *uranio-235* –elementos cuya vida media es de 24 mil años y 704 mil años respectivamente-.

Una planta nuclear –por ejemplo- desecha anualmente treinta toneladas de uranio, trescientos kilos de plutonio, y mil kilogramos de productos de fisión y actínidos.

El plutonio es el más peligroso elemento radioactivo porque su intensa emisión de rayos *beta* no disminuye a niveles seguros hasta después de 170 mil años.

Así, los desechos radioactivos son altamente peligrosos al menos doscientos mil años, y presentan otros potenciales peligros por al menos otro millón de años.

La torpe decisión del Presidente Bush de usar la montaña Yucca como basurero radioactivo afectará a incontables generaciones futuras, no sólo en Nevada, California, Arizona y Utah, sino en todo el planeta.

Está previsto que la montaña Yucca comience a funcionar –como basurero nuclear- para el 31 de marzo del año 2017.

El transporte terrestre de los desperdicios radioactivos hasta la montaña Yucca se realizará a través de 43 Estados –muchos de los cuales no tienen industrias nucleares- y pasarán a menos de un kilómetro de los hogares de millones de personas, en cien de las principales ciudades yanquis.

Los embarques radioactivos por ruta marítima se efectuarán a través de diecisiete puertos -en la costa atlántica- pero una gran mayoría viajará a través de *Los Grandes Lagos* –la mayor fuente de agua potable en Estados Unidos- vía el lago Michigan.

Para depositar en la montaña Yucca toda la basura nuclear desperdigada por Estados Unidos se necesitaría que un tractocamión partiera –con su mortal carga- cada cuatro horas, 24 horas al día, los 365 días del año, durante treinta y ocho años.

Cuando el basurero nuclear de la montaña Yucca esté funcionando, las futuras poblaciones en esos Estados vivirán con el permanente pánico de que los contenedores corroídos derramen sustancias radioactivas en las aguas subterráneas que abastecen a las ciudades, y que se liberen a la atmósfera.

Pero el principal peligro del derrame radioactivo en las profundidades de la montaña Yucca consistirá en la indudable acumulación de radionúcleos fisionables dentro del depósito principal -o muy cerca- hasta que su concentración sea suficiente para inducir una reacción en cadena que provocará una gigantesca explosión nuclear.

La montaña Yucca albergará toda la basura nuclear comercial y la generada por los programas de armamento estadounidense y ruso.

El depósito subterráneo en Yucca –con una capacidad de 77 mil toneladas métricas de uranio, equivalentes a cerca de dos millones de kilogramos de material atómico fisionable- será el mayor basurero nuclear del planeta.

Al gobierno de Estados Unidos no le importa que el plutonio permanezca radioactivo por 170 mil años ni que el *uranio-235* lo sea por medio millón de años -cuando menos- porque su promesa de implementar medidas tecnológicas para mantener la basura radioactiva en Yucca por diez mil años como límite es insignificante.

La razón primordial por la que el Congreso estadounidense seleccionó a la montaña Yucca como basurero nuclear es por su presuntamente excepcional integridad geológica, pero existen estudios objetivos -e independientes- que desacreditan a ésa montaña como un terreno seguro para depositar los desechos radioactivos por miles de años.

Un basurero nuclear en la montaña Yucca -ubicada en el oeste estadounidense- es peligroso en el futuro inmediato porque existe la posibilidad de terremotos, movimientos tectónicos continentales, y actividad volcánica.

El Estado de Nevada ocupa el tercer lugar en Estados Unidos por su actividad tectónica, y desde el año 1976 se han presentado 626 terremotos con una intensidad mayor a 2.5 grados -en la escala de Richter- en un radio menor a 70 kilómetros de la montaña Yucca.

Científicos independientes afirman que el período geológico *Cuaternario* no ha finalizado, y que es un inmenso disparate emplear a Yucca como basurero nuclear para un futuro a largo plazo porque el territorio estadounidense –además de soportar las consecuencias del cambio climático- sufrirá una futura glaciación que congelará e inundará la árida Nevada, desmoronará la montaña Yucca y liberará los desechos radioactivos en el medio ambiente.

La *Atomic Energy Commission* –AEC- y su sucesor, el *U.S. Department of Energy* –DOE- han ignorado y archivado firmemente, desde 1945, todos los estudios que advierten sobre el peligro de los desechos nucleares.

El *U.S. Department of Energy* -con el irrestricto apoyo del Congreso, del Presidente Bush y de los barones de la industria nuclear- ha gastado más de ocho mil millones de dólares *fomentando* investigaciones para demostrar que la montaña Yucca es el único sitio seguro para instalar un basurero nuclear, y ha retirado el dinero para los estudios independientes –incluso los propuestos por el Estado de Nevada- que atestigüen lo contrario.

EL URANIO EMPOBRECIDO

El *uranio empobrecido –hexafluoruro de uranio* o isótopo *U238*- es un producto secundario –no fisionable- del proceso de enriquecimiento durante el cual los isótopos fisionables *U234* y *U235* son separados del *uranio natural.*

El *uranio natural* contiene 99.2 por ciento de *U238* y el *uranio empobrecido* contiene 99.8 por ciento. Documentos del *U.S. Department of Energy* -DOE- revelan que el uranio empobrecido también contiene pequeñas proporciones de plutonio y metales tóxicos.

El *hexafluoruro de uranio* es 60 por ciento menos radioactivo que el *uranio natural* porque los isótopos *U234* y *U235* –que emiten rayos *gamma* y *beta*- han sido removidos, pero es sumamente peligroso porque la emisión de partículas *alfa* –que causan muerte celular y mutaciones genéticas- se incrementa proporcionalmente.

La vida media del *uranio empobrecido* es de 4 mil 468 millones de años, por lo que su almacenamiento representa altísimos costos ambientales y económicos.

El *uranio empobrecido* comenzó a acumularse desde la década de los cuarenta -cuando Estados Unidos y la URSS comenzaron sus programas de armamento nuclear- y fue almacenado porque verdaderamente no existe forma segura para desecharlo, y porque se espera que los avances tecnológicos permitan generar energía con esos residuos.

En la actualidad ya existen algunos reactores de uso civil cuyo combustible es el *uranio empobrecido,* pero la industria nuclear prefiere el *uranio enriquecido*, es decir, el *uranio natural* al que se le ha aumentado industrialmente su proporción de isótopo *U235.*

El *Pentágono* anunció –en el año 1970- que el *Ejército Rojo* había blindado sus vehículos con una aleación que las municiones yanquis no podían penetrar, y comenzó a experimentar con materiales que incrementaran la dureza de los proyectiles.

Los yanquis concluyeron que el *uranio empobrecido* era el mejor material para los nuevos proyectiles, no sólo por sus propiedades físicas –denso, maleable e inflamable- sino porque era muy barato y existían enormes cantidades disponibles para su uso. Se encontró que el segundo material más resistente era el *volframio,* pero tenía que importarse desde China.

A finales de la década de los setenta, Estados Unidos comenzó a usar sus colosales depósitos de *uranio empobrecido* para fabricar proyectiles –*kinetic energy penetrators*-, contrapesos, blindajes y escudos antirradiación.

Inglaterra, Israel, Francia, Rusia, Grecia, Turquía, Arabia Saudita, Bahrein, Egipto, Kuwait, Pakistán, Tailandia y Taiwán, producen o compran municiones con *uranio empobrecido.*

Los proyectiles de *uranio empobrecido* son fabricados en dieciocho países, pero sólo Estados Unidos, Inglaterra e Israel los han utilizado en combate militar.

Los expertos afirman que la evidencia fotográfica de los equipos militares destruidos durante la *Guerra Árabe-Israelí* -en el año 1973- demuestra que el *uranio empobrecido* fue utilizado por el *Tzahal* -por primera vez- en ese conflicto.

En Yugoslavia –durante la *Batalla de Serbia* en 1995- el ejército yanqui disparó diez mil proyectiles con uranio empobrecido, y posteriormente lanzó otros treinta y un mil proyectiles en cien misiones en Kosovo y en el interior de Serbia.

Estados Unidos e Inglaterra también usaron indiscriminadamente el uranio empobrecido en la *Guerra del Golfo Pérsico.*

La aviación angloestadounidense lanzó aproximadamente 859 mil 950 proyectiles de *uranio empobrecido,* y 9 mil 640 fueron disparados por los tanques -totalizando 315 toneladas del peligroso U238- pero las investigaciones recientes indican que esta cifra es tan baja y que realmente es sólo el veinticinco por ciento del total.

La *Guerra del Golfo Pérsico* dejó 350 toneladas métricas de desechos radiactivos en la zona de combate que podrían haber afectado ya a 250 mil personas.

Los ejercicios militares con proyectiles de uranio empobrecido están teóricamente prohibidos por la comunidad internacional, pero la *U.S. Navy* los realizó en Okinawa –entre los años 1995 y 1996- y no informó al gobierno japonés.

El *U.S. Army* también se ejercita con proyectiles de *uranio empobrecido* en Indiana, Nevada, Nuevo México, Florida, Maryland, y en la isla de Vieques.

Documentos desclasificados revelan que la *U.S. Navy* ha practicado ejercicios de tiro en Vieques -con miles de proyectiles de uranio empobrecido- durante décadas.

La *Subcomisión para la Prevención de la Discriminación y la Protección de Minorías* –perteneciente a la *Comisión de Derechos Humanos* de la ONU- pasó dos mociones -en los años 1996 y 1997- que incluían entre las armas de destrucción masiva al armamento construido con *uranio empobrecido.*

La *Comisión de Derechos Humanos* de la ONU ha establecido que el armamento con *uranio empobrecido* viola la *Declaración Universal de los Derechos Humanos, la Carta de las Naciones Unidas, la Convención contra el Genocidio, la Convención contra la Tortura, la Convención de Génova –el Protocolo I-, la Convención de Armas Convencionales, y la Convención de Armas Químicas.*

Carla del Ponte –la encargada del *Tribunal Criminal Internacional* en Yugoslavia- declaró en el año 2001 que el uso de proyectiles con *uranio empobrecido* sobre Yugoslavia debería ser investigado y juzgado como *crímenes de guerra.*

Un incidente durante la reciente invasión de Iraq –el 28 de marzo del 2003- en el que un caza yanqui disparó un proyectil que mató a un soldado británico e hirió a otros tres, reveló que Estados Unidos de nuevo estaba empleando proyectiles de *uranio empobrecido.*

Los oficiales del *Pentágono* habían declarado algunos días antes de la incursión a Iraq –coincidentemente- que los estudios clínicos demostraron que noventa de los soldados más gravemente expuestos al *uranio empobrecido* durante la *Guerra del Golfo Pérsico* –en 1991- no han tenido problemas de salud aunque siguen bajo estricta supervisión médica.

Un portavoz del *Comando Central* yanqui admitió posteriormente el uso limitado de municiones con uranio empobrecido en la invasión de Iraq, y dijo que solamente los aviones *A-10 Warthog* portan ese tipo de proyectiles.

Pero algunas estimaciones de analistas independientes sugieren que los gringos han utilizado en la invasión y ocupación de Iraq más de mil toneladas de *uranio empobrecido.*

La maquinaria propagandística anunció también –el 5 de mayo del año 2003- que los invasores yanquis habían detenido -en Bagdad- a la Doctora Huda Salih Ammash, bajo la acusación de estar presuntamente relacionada con la producción de armamento biológico en Iraq.

Todos sabemos que en Iraq no se encontraron armas químicas, bacteriológicas y mucho menos atómicas, porque nunca existieron.

La detención de la Doctora Ammash esconde un infausto móvil político porque Estados Unidos trata de silenciar –como ha hecho con sus propios científicos- la actitud abiertamente crítica de la investigadora sobre los funestos efectos de los bombardeos yanquis con *uranio empobrecido*.

La Dra. Ammash -Decana de la Universidad de Bagdad- es la autora de *Contaminación tóxica, Guerra del Golfo y Sanciones,* un pormenorizado artículo de investigación publicado en *Iraq Under Siege -South End Press,* 2002- una recopilación de textos que examina los efectos de la *Guerra del Golfo Pérsico* y de las sanciones económicas sobre Iraq.

La investigación de la Doctora Ammash -avalada por autoridades científicas internacionales- demuestra concluyentemente la relación existente entre el *uranio empobrecido* utilizado durante la *Guerra del Golfo Pérsico* y el aumento de cáncer, leucemias y malformaciones congénitas en la población iraquí.

El *Pentágono* miente públicamente al decir que el *uranio empobrecido* es relativamente inofensivo porque el mismo ejército estadounidense señaló en un informe secreto -del año 1995- que *"si el uranio empobrecido penetra en el cuerpo tiene la potencialidad de provocar graves consecuencias médicas... El riesgo asociado es tanto químico como radiológico..."*

El coronel Michael Sigmon -cirujano del ejército estadounidense- alteró los hechos al declarar ante la prensa de Bagdad que los niños iraquíes que juegan en los tanques destruidos tendrían que comer y prácticamente asfixiarse en residuos de uranio empobrecido para que les causara daño, porque *"en realidad no hay ningún riesgo conocido para la población de Iraq..."*

Los exámenes epidemiológicos -efectuados por organismos internacionales independientes- han encontrado que el cuadro clínico denominado *Síndrome de la Guerra del Golfo* está efectivamente relacionado con la exposición a la radiación generada por los proyectiles de *uranio empobrecido*.

La explosión de un   proyectil de uranio empobrecido genera micropartículas penetrantemente tóxicas y radiactivas que pueden ser ingeridas o inhaladas tras quedar depositadas en la zona aledaña al impacto, o ser transportadas a kilómetros de distancia por el aire e introducirse en la cadena alimenticia.

Al menos un millar de niños yugoslavos residentes en áreas donde la aviación yanqui bombardeó con *uranio empobrecido* -en el año 1996- padecen síntomas similares al del *Síndrome de la Guerra del Golfo*.

La isla de Vieques es un ejemplo mundial que confirma los efectos de contaminación y daños a la salud presentados en otros lugares donde se ha usado uranio empobrecido.

En Vieques –al Este de Puerto Rico- se ha documentado la presencia de contaminantes orgánicos, inorgánicos y radioactivos que se han bioacumulado en la fauna y la flora de la isla, y han contaminado la cadena alimenticia.

El *Pentágono* defiende tercamente ante los medios de comunicación que no existe riesgo con el *uranio empobrecido* para los residentes de Bagdad, pero los soldados yanquis han sido instruidos para tomar precauciones al respecto.

Un sargento yanqui en Bagdad -que tiene asignado un tanque *M1A2 Abrams*- expresó en una entrevista que *"cuando disparamos algo con uranio empobrecido, no se supone que vamos a ir allí, porque podría causar cáncer... No conocemos los efectos de lo que puede hacer... Si uno de nuestros vehículos arde con proyectiles de uranio empobrecido dentro, o un camión de munición, no nos acercaríamos a donde está ni aunque tuviera importantes documentos dentro... Trabajamos seguro... Si vemos algo ardiendo, no nos paramos en ningún lugar próximo... Simplemente seguimos conduciendo..."*

Seis tanques *M1A1 Abrams* -atacados por *fuego amigo* con proyectiles de *uranio empobrecido* en el año 1991- estaban tan contaminados como para devolverlos a Estados Unidos y fueron quemados en Arabia Saudita, y otros dieciséis blindados que retornaron a Carolina del Sur tuvieron que quemarse en un vertedero de residuos de baja radiación.

La fabricación y el empleo intensivo de proyectiles con *uranio empobrecido* no ha disminuido significativamente los depósitos yanquis de ese material, que es controlado por el *U.S. Department of Energy*.

El *U.S. Department of Energy* –DOE- tiene amontonados 57 mil 122 cilindros de acero que contienen individualmente doce toneladas de *uranio empobrecido* –728 mil toneladas métricas- cerca de las plantas de enriquecimiento en Paducah –Kentucky-, en la villa de Oak Ridge –Tennessee- y en Portsmouth –Ohio-.

El almacenamiento a la intemperie del uranio empobrecido es muy riesgoso porque el producto reacciona al contacto con el aire -o con el agua- produciendo *fluoruro de uranio* y *fluoruro de hidrógeno*, dos productos altamente solubles y tóxicos.

El DOE ya ha encontrado muchas funciones para el uranio empobrecido en la industria nuclear y ahora propone utilizarlo para reforzar carreteras, puentes, edificios, embarcaciones, giroscopios, rotores, y hasta en dentaduras postizas para simular la fluorescencia del diente natural.

La industria aeronáutica yanqui también utiliza el *uranio empobrecido* –un *Boeing 747* puede contener de cuatrocientos a mil quinientos kilogramos- pero el peligro radica en que si el avión se estrella se producirá un incendio que oxidará el U238 y lo convertirá en un finísimo polvo contaminante que se esparcirá varios kilómetros a la redonda.

Un *Boeing 747-F* se estrelló en un suburbio de Amsterdam –en octubre del año 1992- y liberó materiales tóxicos al oxidarse su estructura reforzada con *uranio empobrecido*.

Los fabricantes *Boeing* y *McDoneld-Douglas* aparentemente renunciaron –a finales de los años ochenta- a la utilización del *uranio empobrecido* en las estructuras de sus aeronaves comerciales.

El *uranio empobrecido* es –al final de cuentas- basura radioactiva que requiere obligatoriamente almacenaje por miles de años, y por eso el DOE está investigando -e inventando- aplicaciones que le permitan deshacerse del peligroso metal, sin importarle las consecuencias medioambientales y de salud pública.

El diputado Jim McDermott -un doctor que visitó Bagdad antes de la invasión a Iraq- afirma que el uranio empobrecido puede estar directamente asociado con el incremento de las malformaciones congénitas, y solicitó inútilmente que el Congreso promulgue leyes que limiten los daños ocasionados por su uso en Estados Unidos.

El Doctor Pekka Havisto –representante de las Naciones Unidas- ha insistido públicamente que todas las áreas en el mundo y todos los equipos expuestos al uranio empobrecido deberían ser aislados y limpiados por completo.

Los informes más recientes de organismos autónomos –luego de más de diez años de investigación en militares y civiles expuestos a la radiación emitida por los proyectiles de uranio empobrecido- muestran que los índices de cáncer y de enfermedades relacionadas en las zonas afectadas se han incrementado entre trescientos y quinientos por ciento.

El excoronel estadounidense Doug Rokke -Profesor de Ciencia Medioambiental en la Universidad de Jacksonville, exdirector del proyecto de uranio empobrecido del Pentágono, y comisionado para la limpieza radioactiva del desierto kuwaití y saudí al finalizar la Guerra del Golfo Pérsico- ha opinado acertadamente que *"el uso de uranio empobrecido es un Crimen de Guerra... Esta guerra era por la supuesta posesión de Iraq de armamento de destrucción masiva, sin embargo, somos nosotros los que estamos utilizando armas de destrucción masiva... Estos dobles raseros son repugnantes... Nuestro ejército no puede contaminar deliberadamente otra nación, causar daños a personas y al medioambiente, y después ignorar las consecuencias... Hacerlo así es un Crimen contra la Humanidad... Debemos prohibir las municiones de uranio empobrecido... No podemos usar munición que deja una tierra devastada por los residuos tóxicos... Esto equivale a un Crimen de Guerra... Estados Unidos y Gran Bretaña deben reconocer la inmoralidad de sus acciones, y la responsabilidad que les corresponde en el cuidado médico y en reparar el medioambiente..."*

EL LETAL *AGENTE NARANJA*

El pueblo vietnamita -durante la *Guerra de Vietnam*- aprovechó excelentemente las condiciones topográficas de su patria –serranías cubiertas de tupidas selvas que permitían movilizarse sin ser detectados- para expulsar a los agresores yanquis.

El *Pentágono* respondió con un programa de fumigación –*guerra química*- aprobado por el Presidente Kennedy con el doble propósito de destruir la selva que protegía los movimientos del Viet Cong y arruinar los campos de cultivo para privarlos de alimentos.

El programa comenzó en el año 1961, y constó de tres fases denominadas *Operación Trail Dust*, después *Operación Hades*, y finalmente *Operación Ranch Hand*.

Los estadounidenses ensayaron una gama de mortales sustancias –*Rainbow Herbicides*- en la primera y segunda fase del programa de defoliación; utilizaron principalmente *Agente Naranja, Agente Morado y Agente Blanco*, pero también probaron los efectos del *Agente Rosa, Agente Verde, Dinoxol, Trinoxol, Bromacil, Diquat, Tandex, Monuron, Diuron y Dalapon.*

Los letales químicos eran realmente incoloros, y la denominación por color corresponde a las franjas impresas en los barriles de doscientos litros que servían para identificar el contenido. Para atomizar estos agentes viscosos se diluían previamente en queroseno o en diesel.

El *Agente Azul* –por ejemplo- estaba compuesto de arsénico, y se lanzaba sobre los campos de arroz para envenenarlos.

El *Agente Naranja* resultó ser el más letal de los *Rainbow Herbicides* porque la *dioxina* -uno de sus componentes- es quizás el tóxico más poderoso fabricado por el hombre; permanece por décadas en el ambiente, resiste temperaturas de hasta mil grados, es insoluble en agua, soluble en los tejidos humanos y en la leche de las madres lactantes; un nanogramo –la millonésima de un gramo- puede causar cáncer y deformidades congénitas con carácter hereditario; ochenta gramos pueden aniquilar a casi ocho millones de personas.

Las pruebas finalizaron en el año 1964 y el Pentágono optó por el *Agente Naranja* para iniciar la fase *Ranch Hand* -en enero de 1965- con aviones *C-123* modificados, aunque también se fumigaba desde helicópteros, camiones e incluso a mano.

A partir del año 1968 fue utilizada una *versión mejorada* conocida como *Orange II* o *Super Orange*.

El *Agente Naranja* -desde 1961- fue la sustancia más usada para destruir el medioambiente en Vietnam, y las fumigaciones alcanzaron su punto máximo entre los años 1967 y 1969; el programa finalizó oficialmente en 1971.

Los datos oficiales indicaban –en el año 1974- que 96 millones de litros de *Agente Naranja* –equivalentes a noventa mil metros cúbicos- habían sido rociados sobre Vietnam, Laos y Camboya.

La aviación yanqui realizó 6 mil 500 misiones, y lanzó ochenta millones de litros de *Agente Naranja* –conteniendo casi ochocientos kilogramos de *dioxina*- sobre Vietnam.

Un millón y medio de hectáreas fueron asperjadas con *Agente Naranja*, un tercio de ellas fue rociada más de una vez, y cincuenta y dos mil hectáreas fueron pulverizadas más de cuatro veces.

La *Operación Ranch Hand* destruyó el catorce por ciento de la selva de Vietnam y la mitad de sus manglares.

Los documentos revelan que los mortales químicos fueron producidos principalmente por las compañías *Diamond Shamrock, Dow Chemicals, Monsanto, Hercules, T-H Agricultural & Nutrition, Thompson Chemicals, y Uniroyal*.

Union Carbide –actualmente *Dow Chemicals*- fabricó el *Agente Naranja* en Homebush Bay –en Sydney, Australia-.

Nueva Zelanda confirmó –en el año 2005- que elaboró *Agente Naranja* en New Plymouth –entre los años 1961 y 1987- y que lo embarcó a bases militares yanquis en el sur de Asia.

Los especialistas calculan –reservadamente- que tres millones de vietnamitas fueron envenenados con el *Agente Naranja*; una cifra a la que deben sumarse decenas de miles de soldados estadounidenses, surcoreanos, australianos y neozelandeses que se enfermaron al manipular el peligroso producto.

La *New Jersey Agent Orange Commission* -instaurada en el año 1980- fue la primer comisión estatal creada para estudiar los nocivos efectos del *Agente Naranja,* y coordinó su investigación con la Universidad Rutgers para dar paso al *The Pointman Project.*

The Pointman Project fue desmantelado por el Gobernador Christine Todd Whitman –en el año 1996- pero durante sus dieciséis años de actividad produjo tremendas conclusiones sobre los malignos efectos del *Agente Naranja.*

La *National Academy of Science* concluyó –en el año 2003- que tres mil 181 poblados vietnamitas fueron directamente rociados con *Agente Naranja,* que entre dos y cinco millones de personas estuvieron expuestos a las fumigaciones, y que documentos desclasificados revelan que la cantidad de *Agente Naranja* asperjado por la *U.S. Air Force* es superior en diez millones de litros a lo publicado en el año 1974.

La canadiense *Hatfield Consultants Ltd* publicó –a fines de los noventa- un informe sobre la contaminación provocada por el *Agente Naranja* y su relación con los problemas ambientales y de salud pública en Vietnam.

La investigación de *Hatfield Consultants* encontró altos niveles de *dioxina* en la sangre de peces, de animales y en los vietnamitas que nacieron después de la guerra, lo que demuestra que el tóxico se transmite a través de la *cadena alimenticia.*

La compañía canadiense encontró granjas piscícolas -cercanas a una antigua base aérea yanqui- contaminadas con *Agente Naranja,* y recomendó la creación de un plan de salud pública para evitar el consumo de esos alimentos porque *"los niveles de dioxina encontrados en esos criaderos causarían una reglamentación del consumo y posiblemente su prohibición en Canadá y cualquier país occidental..."*

El diario *San Diego Union-Tribune* publicó –el 1 de noviembre de 1998- que una investigación de doscientos millones de dólares acerca de la toxicidad del *Agente Naranja* –emprendida en 1979 por el *Pentágono* con la idea de terminarla en el año 2006- ha sido falsificada y al final de cuentas resultará inútil.

El *San Diego Union-Tribune* explica en su artículo que el *Pentágono* ha retenido dos estudios sobre los graves defectos congénitos entre los hijos de veteranos expuestos al *Agente Naranja*; ha alterado documentos para minimizar los casos de cáncer y de anomalías congénitas producidas por el *Agente Naranja;* y ha ignorado la recomendación de la *National Academy of Science,* acerca de que la investigación debería ser realizada por científicos independientes.

El periódico californiano sustenta que la investigación del *Pentágono* ha sido un factor determinante para negarle compensación a los veteranos enfermos por la exposición al *Agente Naranja.*

Los veteranos de Vietnam –y sus descendientes- han presentado 92 mil 276 demandas de compensación -relacionadas con el *Agente Naranja*- al *Departamento de Veteranos de Guerra de Estados Unidos,* pero sólo 5 mil 908 reclamos han sido resueltos.

El *Departamento de Veteranos de Guerra de Estados Unidos* ha reconocido el cáncer de próstata, el cáncer de las vías respiratorias, el mieloma múltiple, la diabetes tipo II, la enfermedad de Hodgkin, los linfomas y sarcomas en tejidos blandos, la neuropatía periférica, y la espina bífida como algunas de las enfermedades engendradas por el siniestro *Agente Naranja.*

Dow Chemical y *Monsanto* -los dos mayores fabricantes de *Agente Naranja* para el *Pentágono*- han sido demandados junto con docenas de otras compañías por las enfermedades ocasionadas con el nocivo producto.

La mayoría de las demandas de los veteranos de guerra han sido arregladas afuera de los juzgados y sin admisión de culpabilidad por parte de las corporaciones.

Los veteranos estadounidenses fueron compensados con 180 millones de dólares –en el año 1984- y los veteranos australianos, canadienses y neozelandeses también han obtenido millonarios arreglos extrajudiciales.

Veinte mil surcoreanos demandaron –en 1999- a *Dow Chemical* y *Monsanto* por cinco billones de dólares; perdieron en el año 2002, apelaron, y la *Corte de Apelaciones Surcoreana* ordenó –en enero del 2006- que las corporaciones demandadas paguen sesenta y dos millones de dólares en compensación a seis mil ochocientas personas.

El juez coreano dictaminó que *"los fabricantes fallaron al etiquetar sus productos como peligrosos y con alta concentración de dioxina... Y la misma National Academy of Science ha encontrado que hay una relación directa entre el Agente Naranja y once enfermedades graves, incluyendo cáncer del pulmón, laringe y próstata..."*

Los surcoreanos fueron el mayor contingente extranjero que participó en la *Guerra de Vietnam* -como aliado de los yanquis- con 320 mil soldados.

La *Asociación Vietnamita para las Víctimas del Agente Naranja* también demandó -el 31 de enero del 2004- en la *Corte Federal de Distrito* en Brooklyn, a las 37 empresas fabricantes de *Agente Naranja* que lo vendieron al ejército yanqui para usarlo en la *Guerra de Vietnam*.

Pero ningún vietnamita ha sido compensado porque el juez Jack B. Weinstein inexplicablemente desechó -el 10 de marzo del 2005- la demanda de la *Asociación Vietnamita para las Víctimas del Agente Naranja* contra las compañías que lo produjeron.

El juez Weinstein -que antes había otorgado la razón a los veteranos gringos afectados con *Agente Naranja*- misteriosamente desestimó el caso argumentando que no existían pruebas que vincularan las enfermedades de los demandantes con el *Agente Naranja*, que éste químico no era considerado un veneno ni estaba listado entre las armas prohibidas por las convenciones internacionales, y que las compañías fabricantes no eran responsables por la forma en que lo utilizó el ejército yanqui.

Jack B. Weinstein amedrentó a los demandantes recordándoles que el gobierno de Estados Unidos –según las leyes de ése país- no puede ser demandado por extranjeros porque posee *inmunidad de soberanía*.

La verdad es que Estados Unidos sólo busca evadir su responsabilidad porque se descubrió que el *U.S. Department of Justice* le envió una circular al juez Weinstein –antes del dictamen- advirtiéndole que un falló a favor de la *Asociación Vietnamita para las Víctimas del Agente Naranja* sentaría un mal precedente contra el ejército estadounidense.

La *Asociación Vietnamita para las Víctimas del Agente Naranja* apeló la decisión en la *Corte de Apelaciones de Segundo Circuito* –el 30 de septiembre del año 2005- y se espera la respuesta –que puede demorar muchos meses- para algún momento en el otoño del 2007.

La encuestadora Zogby encontró en un sondeo –del 12 de octubre del año 2004- que el cincuenta y dos por ciento de los estadounidenses cree que las compañías yanquis deben compensar a los vietnamitas afectados por el *Agente Naranja*, y el sesenta y cinco por ciento opina que el gobierno gringo tiene una gigantesca responsabilidad moral con las víctimas del mortal compuesto químico.

EL GENOCIDIO DE BHOPAL

"El horror... Lo indecible... Impelida por el viento, la nube de gas alcanza en casi todas partes al flujo humano que huye intentando ponerse a salvo... Algunos, con los pulmones reventados, ruedan por el suelo con atroces convulsiones..."
Dominique Lapierre y Javier Moro;
autores de *Era Medianoche en Bhopal.*

La fuga de productos químicos que más personas ha asesinado en la historia moderna ocurrió en una fábrica de pesticidas ubicada en Bhopal –India- y propiedad de la empresa yanqui *Union Carbide.*

Un mortífero manto gaseoso con cuarenta toneladas de *isocianato de metilo* cubrió Bhopal la noche del 2 de diciembre del año 1984.

Las cifras oficiales del *Genocidio en Bhopal* afirman que antes de 72 horas ya habían muerto ocho mil personas por la exposición al gas, pero el número verdadero es un secreto. Más de dieciséis mil seres humanos han fallecido en los años posteriores, y medio millón de habitantes sobreviven diezmados en su salud como consecuencia de la catástrofe.

Las instalaciones de *Union Carbide* en Bhopal –inexplicablemente- no han sido limpiadas y siguen contaminando el medioambiente alrededor de las comunidades.

Los grupos ambientalistas han advertido del tremendo peligro que representan los desechos tóxicos de la planta en Bhopal porque envenenarán lentamente –durante décadas- a generaciones de inocentes.

Estudios médicos revelan que las enfermedades del sistema nervioso, del hígado, del riñón y la incidencia de cáncer en la zona ha aumentado después de la explosión de la planta de *Union Carbide.*

Miles de toneladas métricas de químicos venenosos –*hexacloruro de benzeno* y *mercurio*- permanecen en depósitos abiertos o derramados en el suelo. Algunas áreas están tan contaminadas que nadie puede permanecer en ellas por más de diez minutos sin desmayarse. La lluvia transporta los tóxicos muy lejos, y se ha detectado que en los pozos de las ciudades vecinas los niveles de contaminación son quinientas veces superiores a lo permitido.

La Corte Suprema de la India ordenó que *Union Carbide* pagara 470 millones de dólares en compensación por el genocidio en Bhopal -una suma ridícula que no soluciona los daños si se toma en cuenta que la demanda original era por tres billones de dólares- con fecha límite al 31 de marzo del año 1989.

Union Carbide pagó, pero muy poco dinero ha llegado realmente a los sobrevivientes de Bhopal que se sienten traicionados no sólo por la compañía yanqui sino por su propio gobierno.

El *Departamento de Ayuda y Rehabilitación para la Tragedia de Bhopal* informó -a finales del año 2003- que había compensado con dos mil 200 dólares a 554 mil 859 personas por los daños físicos sufridos, y a otros quince mil 310 que eran familiares de los muertos.

El treinta por ciento de los reclamos de indemnización han sido rechazados por el *Departamento de Ayuda y Rehabilitación para la Tragedia de Bhopal* –un organismo federal de la India- mientras que dieciséis mil demandas de compensación permanecen congeladas, y los pocos que han sido reconocidos reciben pagos irrisorios.

La nefasta *Dow Chemical Company* compró la *Union Carbide* en el año 2001 -por 10.3 billones de dólares- y alega que el acuerdo extrajudicial entre *Union Carbide* y el gobierno hindú la libera completamente de la responsabilidad en el *Genocidio de Bhopal.*

Dow Chemical esconde que al absorber a *Union Carbide* no sólo heredó los activos de esa empresa sino también los pasivos correspondientes a la matanza de Bhopal.

Los esfuerzos realizados por los sobrevivientes de Bhopal para conseguir justicia en las Cortes Judiciales de la India y de Estados Unidos han sido infructuosos.

Dow Chemical –como antes lo hizo *Union Carbide*- desconoce insolentemente la autoridad y las resoluciones de los jueces hindúes, siempre ha rechazado su responsabilidad por el *Genocidio de Bhopal* y -mientras el asunto se dirime en las cortes yanquis- las víctimas siguen sufriendo por la mortífera exposición a los contaminantes presentes en la ciudad.

Pero Dow Chemical Company sigue produciendo y comercializando -inexplicablemente- plaguicidas en la India.

La Corte Suprema de la India ordenó -en julio del año 2004- que el gobierno federal le entregue a los damnificados de Bhopal los 330 millones de dólares restantes -de la indemnización solventada por

Union Carbide- pero en el año 2005 –incomprensiblemente- ese dinero permanecía depositado en el *Reserve Bank of India.*

En la actualidad –sorprendentemente también- nadie ha sido castigado por el *Genocidio de Bhopal.*

Warren Anderson –el Director Ejecutivo de *Union Carbide-* no se presentó a una audiencia judicial sobre el caso –el 1 de febrero de 1992- y fue declarado prófugo de la justicia por un juez de Bhopal.

El gobierno de la India solicitó a Estados Unidos -porque existía un tratado vigente- la extradición del delincuente Anderson que se encontraba en territorio yanqui, pero la demanda oficial nunca fue atendida.

Ahora la Corte Suprema de la India está tratando de transformar los cargos de homicidio que enfrenta el fugitivo Anderson por el de negligencia criminal, con lo que sólo alcanzaría diez años y la posibilidad de salir antes de tiempo bajo fianza.

Las organizaciones defensoras de las víctimas del *Genocidio de Bhopal* han denunciado que la tibieza del gobierno hindú para encarcelar a los estadounidenses culpables del accidente se debe al deseo de mantener las inversiones yanquis en el país.

Jude Finesterra -un representante de *Dow Chemical-* fue entrevistado por la BBC en el veinteavo aniversario del *Genocidio de Bhopal,* y anunció que su compañía limpiaría las toneladas de desechos tóxicos y que compensaría totalmente a los afectados.

La proclama de Finesterra provocó que las acciones bursátiles de *Dow Chemical* se desplomaran 4.2 por ciento –en veintitrés minutos- con pérdidas de dos billones de dólares. *Dow Chemical* anunció que ellos no tenían un empleado con ese nombre, que Finesterra era un impostor, y que su afirmación era una broma de *mal gusto.* La BBC se disculpó. El asunto fue ampliamente publicitado.

Jude Finesterra era realmente Andy Bichlbaum –un miembro del grupo contestatario *The Yes Men* que se hacen pasar por voceros de importantes empresas u organizaciones para hacer declaraciones que critican la globalización y los crímenes contra la humanidad-.

Cuarenta y cinco supervivientes del *Genocidio de Bhopal* realizaron una caminata de mil kilómetros –el 26 de marzo del año 2006- para exigirle a Manmohan Singh –el Primer Ministro- que cumpla con las demandas formuladas por los afectados.

Las víctimas del *Genocidio de Bhopal* –después de veintidós años- siguen reclamando que *Dow Chemical* limpie los desechos tóxicos abandonados en la fábrica, que asegure la rehabilitación médica y el tratamiento a largo plazo de los sobrevivientes, que garantice el resarcimiento económico de las personas afectadas, y que provea agua potable a las comunidades que hoy dependen de las fuentes subterráneas altamente contaminadas.

Los infortunados sobrevivientes de la hecatombe de Bhopal no piden absolutamente nada que *Dow Chemical* no tuviera que hacer si la mortandad hubiera ocurrido en Estados Unidos.

Bhopal es sólo uno de los muchos sitios contaminados por *Dow Chemical* y cientos de compañías yanquis que instalan sus plantas en el Tercer Mundo y siguen provocando graves daños ambientales, no sólo con nuevos accidentes sino con la imposición del modelo de producción agrícola que incrementa el uso de esos venenos.

LOS *UNTERMENSCHEN* Y EL INFORME KISSINGER

"Los negros, hispanos y asiáticos, por causa de su naturaleza animal, se reproducen como conejos y pronto sobrepasarán los límites de sus barrios y contaminarán los mejores elementos de nuestra sociedad con enfermedades y genes inferiores... El acto más piadoso que puede hacer una familia numerosa por uno de sus hijos pequeños, es matarlo... Los servicios de maternidad para las mujeres de los barrios miserables son perjudiciales para la sociedad y la raza... La caridad no hace más que prolongar la miseria de los ineptos... Ninguna mujer y ningún hombre tendrá derecho a ser madre o padre sin un permiso de procreación... Más nacimientos entre las personas aptas y menos entre las no aptas, ese es el objetivo principal del control de la población..."

Margaret Sanger; Fundadora del Planned Parenthood Federation of America (PPFA).

Así como los nazis llevaron la eugenesia hasta la última consecuencia aniquilando a los *untermenschen* –hombres inferiores- e incentivando la procreación entre las personas consideradas modelos de la raza aria, igualmente Estados Unidos impone la esterilización del pueblo latinoamericano al que intolerantemente considera inferior racial y culturalmente.

La tesis eugenésica enuncia claramente que su propósito es evitar la mezcla entre razas no afines, vigilar el sano desarrollo de la juventud, y lograr que las generaciones venideras sean numerosas para evitar la destrucción de la humanidad por taras hereditarias y por el retroceso en los índices de natalidad.

Pero la propaganda imperialista yanqui deformó los postulados eugenésicos, y ahora nos insta a creer que para mantener la vida humana sobre el planeta es necesario disminuir la población, aunque existen estudios científicos poco publicitados que revelan que la Tierra puede albergar a catorce mil millones de personas antes de que se produzca un colapso por la escasez de recursos.

La verdadera causa por la que cientos de millones de desdichadas personas padecen hambre, enfermedades y mueren anualmente, no es por la escasez de recursos sino por la injusta distribución de la riqueza y de los recursos vitales.

El imperialismo gringo nos manipula diciéndonos que la superpoblación produce deterioro ecológico y el agotamiento de los recursos, pero oculta que ese agotamiento no depende tanto del número de habitantes sino del estilo de vida de las naciones, y encubre que la sociedad estadounidense -con menos del cuatro por ciento de la población mundial- consume como una plaga de langostas el setenta por ciento de los recursos mundiales.

Los países desarrollados –con el veinticinco por ciento de la población total- gastan el setenta y cinco por ciento de la energía, y el setenta y nueve por ciento del combustible que se utiliza en el mundo.

Los poderosos del planeta –el diecisiete por ciento de la población mundial- ostentan el ochenta y cinco por ciento de la riqueza existente, pero en el Primer Mundo el treinta por ciento de sus habitantes vive en la pobreza extrema.

Las materias primas y los recursos naturales que posee el Tercer Mundo han sido y continúan siendo robados por Estados Unidos para deleitar a su derrochadora sociedad.

En Estados Unidos el entorno social, legislativo y médico fomenta que el individuo tenga muchos hijos –cuatro es un número bastante aceptable-; si no puedes mantenerlos no hay problema porque el gobierno te apoyará con estímulos fiscales y en especie –welfare-; si no quieres a un recién nacido tampoco tendrás dificultades porque puedes regalarlo en cualquier hospital o estación de bomberos, para que sea enviado al programa de granjas para criar niños –similar al proyecto Madre y Niño de los nazis-.

Si el imperialismo yanqui nos atosiga con la idea de que el control natal es imprescindible para salvar a nuestro mundo, entonces... ¿Por qué en Estados Unidos no se esteriliza obligatoriamente a sus ciudadanos? ¿Por qué en Estados Unidos un doctor jamás le sugerirá a un paciente –ni siquiera en broma- que puede o debe esterilizarse? ¿Por qué en Estados Unidos absolutamente nunca se ve, se lee o se escucha en los medios de comunicación, insinuación alguna para esterilizarse o tener familias pequeñas, por el bien de la humanidad y del maltratado planeta?

La respuesta a las anteriores cuestiones podemos hallarlas en el *Informe Kissinger* -un documento secreto redactado en el año 1974 por el *U.S. Department of State*- que asegura que el crecimiento demográfico de los *Países Menos Desarrollados* (PMD) es peligroso para la economía y la seguridad de Estados Unidos porque disminuye la cantidad y el acceso a minerales, energéticos, y materias primas que el imperialismo yanqui necesita.

El *Informe Kissinger* –designado *NSSM200* y desclasificado en el año 1989- insistía en reducir rápidamente la población de trece países tercermundistas: Brasil, México y Colombia destacaban en esa lista.

En la página 37 el *NSSM200* expone: *"La ubicación de formidables reservas de importantes minerales, petróleo y materias primas en los Países Menos Desarrollados (PMD) favorece la creciente dependencia de Estados Unidos hacia la región. El problema real del suministro de materias y energéticos no sólo radica en si hay una cantidad básica suficiente, sino en los asuntos políticos y económicos que permitan el acceso a dichos suministros; en las condiciones para su exploración y explotación; en la división de los beneficios entre los productores, los consumidores, y los gobiernos de los países anfitriones... Ya sea a través de la acción gubernamental, de los conflictos laborales, del sabotaje o de los disturbios civiles, el flujo continuo de materiales estará en peligro. Aunque indudablemente la presión demográfica no es el único factor, este tipo de frustraciones es menos probable con un crecimiento lento o cero de la población..."*

El *Informe Kissinger* reitera que: *"La economía de Estados Unidos requerirá grandes y crecientes cantidades de materias primas, energéticos y minerales de los PMD; por eso tenemos gran interés en la estabilidad política, social y económica de esos países... Restringir la natalidad aumenta las posibilidades de dicha estabilidad... La política de control demográfico es vital para mantener nuestro abastecimiento de materias primas y para los intereses de nuestra nación..."*

El *National Security Study Memorandum* pronostica en la página 115: *"Existe el peligro de que algunos líderes de los PDM, vean nuestra campaña de disminución de la población –anticonceptivos, abortivos y esterilización- como una forma de imperialismo económico y racial. Estados Unidos minimizará las acusaciones de tener un movimiento imperialista detrás de su apoyo a las políticas de control natal afirmando repetidamente que dicho apoyo se deriva de una preocupación por (a) el derecho del individuo a determinar libre y responsablemente el número y el esparcimiento de sus hijos... y (b) el desarrollo fundamental, socioeconómico de los países pobres..."*

Y en la Pág. 177 recalca: *"El gestionar servicios integrados de salud y de planificación familiar ayudará a Estados Unidos a enfrentarse a la acusación ideológica de que está más interesado en disminuir la población de los PMD que en su futuro y su bienestar. Debemos reconocer que se ha hecho mucho ruido con la evidencia de que nuestra contribución a los programas para el desarrollo y la salud en los PDM ha disminuido ininterrumpidamente, mientras que hemos aumentado el presupuesto para disminuir la población a un ritmo constante..."*

En las páginas 118, 119 y 120 el informe enfatiza que: *"Los programas de esterilización y control natal deben ser obligatorios y debemos considerarlo así desde ahora... ¿Podrían considerarse los alimentos un instrumento de nuestro poder nacional?... Estados Unidos debe negar la ayuda alimenticia a los pueblos que no pueden o no quieren controlar el crecimiento de su población... Nuestra asistencia debe otorgarse por la capacidad de estos países para fomentar acciones de control demográfico... Debemos inculcar niveles mínimos de educación, especialmente para las mujeres, así como el adoctrinamiento de la actual generación de niños en los PDM, con respecto a la conveniencia de que las familias sean muy pequeñas... Es ineludible convencer a las masas que es de su interés individual y nacional el tener como promedio solamente uno o dos hijos, o quizás ninguno... Lo fundamental para nosotros es cambiar las actitudes de la próxima generación... Un crecimiento demográfico desmedido de la población en los PDM podría constituirse en una tentación a la rebeldía contra Estados Unidos, que a pesar de su capacidad militar disolvería sus fuerzas en un conflicto de esa naturaleza..."*

El imperialismo yanqui alucina con sojuzgar el mundo entero, pero reconoce íntimamente que su diminuto ejército mercenario es incapaz de ganar simultáneamente las futuras guerras de agresión que ha planeado contra Cuba, Irán, Venezuela, Corea del Norte, China y Rusia; por eso desea duplicar la población estadounidense para engrosar a su extenuada tropa que se ha diluido en las invasiones de Afganistán e Iraq.

El *NSSM200 -National Security Study Memorandum-* permanece vigente en el siglo XXI y forma parte del bloque de acciones de la política exterior yanqui en el *Tercer Mundo.*

Los pensamientos eugenésicos germinaron en Estados Unidos en los años ochenta del siglo XIX, cuando la inmigración constante y el gran porcentaje de población negra atemorizaba a quienes deseaban tutelar la identidad de los sectores presuntamente superiores de la sociedad yanqui.

Por eso fue establecido en Nueva York el prejuicioso *Eugenics Record Office* -dirigido por Charles Davenport y Harry Laughlin- que recolectaba datos mediante trabajo antropológico y dudosas pruebas psicológicas inspiradas en las investigaciones del racista Alfred Binet, que señalaban que las características raciales indeseables se transmitían hereditariamente.

Los intelectuales yanquis inventaron –a pesar de que no existe fundamento científico que establezca que sólo los pobres o las minorías étnicas cometen delitos- una relación causal entre la raza y la inclinación a prácticas criminales, realizando intensas campañas para limitar la inmigración, la esterilización de las minorías y la aniquilación organizada de los indígenas asentados en territorio estadounidense, donde los sobrevivientes fueron encerrados en *campos de concentración* de calibre menor eufemísticamente denominados como *reservas*.

Estados Unidos promulgó en ese período leyes contra la *miscegenación* que fueron abolidas en 1967 -por la Corte Federal- pero que siguieron usándose en dieciséis Estados hasta el año 2000, cuando Alabama se convirtió en el último Estado en derogarlas plenamente.

Los políticos estadounidenses manipularon astutamente las ideas eugenésicas y emponzoñaron a la sociedad gringa con la incurable histeria racista que permitió que, en la *Gran Depresión Económica* de 1929, deportaran a un millón de ciudadanos estadounidenses -de origen hispano- hacia México, histeria que se prolonga hasta el siglo XXI contra los latinos, los árabes, los negros y otras minorías.

Margaret Sanger fue una maliciosa promotora de una eugenesia trastornada que alabó las leyes hitlerianas sobre la esterilización obligatoria y fundó en el año 1919 la fanática *American Birth Control League* -ABCL-.

Cuando la opinión pública se enteró de las bestialidades en los campos de exterminio nazi, Sanger sustituyó –oportunistamente- sus peroratas racistas por el mito de la superpoblación, eliminó la frase *control de la natalidad* en el nombre de su organización, y la rebautizó como la *Planned Parenthood Federation of America* (PPFA) en el año 1942.

La *International Planned Parenthood Federation* (IPPF) fue establecida en 1952 –también con apoyo de Sanger- y agrupa a todas las organizaciones de control natal subvencionadas por los países desarrollados.

Sanger estableció su primera clínica para disminuir la natalidad en un barrio de Nueva York habitado por negros e inmigrantes latinos. En el año 1939, Sanger obtuvo financiamiento de Clara Gamble –heredera de la empresa *Procter & Gamble*- para reducir la población negra e hispana en Estados Unidos. Clara Gamble también patrocinó la *Pathfinder Fund,* que recibe cuantiosos fondos del gobierno estadounidense para restringir la población en el *Tercer Mundo.*

El *Departamento de Estado* yanqui y la *ONU* reciben -además de los fondos oficiales- dinero de fundaciones poderosas como la *Ford* y la *Rockefeller* para solventar a las decenas de organizaciones dedicadas a mermar la población tercermundista.

John D. Rockefeller III es fundador del *Population Council.* Ted Turner y Bill Gates también apoyan con jugosos donativos los planes de esterilización en el *Tercer Mundo.*

Las entidades que disminuyen la población tercermundista están al servicio de la ambición imperialista yanqui, y nos engañan cuando aseveran que el control natal se realiza exclusivamente por medio de *esterilizaciones voluntarias* porque en el Tercer Mundo -tan arruinado por el voraz neoliberalismo inducido desde Washington- la voluntad se desvanece ante los pírricos estímulos monetarios para los que aceptan ser esterilizados, o por la posibilidad de severas multas o acceso limitado al escaso trabajo para los que no lo hacen.

Eso explica que en Brasil el cuarenta y cinco por ciento de las mujeres estén esterilizadas, lo que contrasta con la cifra de siete por ciento de mujeres esterilizadas para los países desarrollados.

Las brasileñas son esterilizadas después del parto -cuando aún están bajo gran stress psicológico- y muchas empresas cariocas exigen certificados de esterilización como condición para obtener empleo.

En Perú las mujeres son esterilizadas contra su voluntad, aún aquellas que ya están en la menopausia; se les caza como animales y muchas mueren por operaciones mal practicadas. A las indígenas peruanas se les engaña diciéndoles que no las esterilizarán, que les aplicarán una vacuna contra el tétano.

Además, muchas de las *esterilizaciones voluntarias* son a cambio de un saco de arroz, de azúcar o de otros alimentos -ésa es la libertad de los desheredados- y los médicos peruanos reciben un bono de cinco o diez dólares por cada esterilización.

Edward Bos –delegado del *Banco Mundial* en Perú- declaró sobre la esterilización de los peruanos que "*este es el principio de una época dorada, porque los menores de quince años no aportan nada; sólo son consumidores netos de recursos en alimentación, salud y educación..."*

John Bongaarts –vicepresidente del *Population Council*, con sede en Nueva York- afirma que *"el programa de esterilización obligatoria va a permitir que Perú se concentre en la calidad y no en la cantidad de escuelas..."*

México –arrodillado vilmente ante el dogma neoliberal- también esteriliza obligatoriamente no sólo a las mujeres indígenas sino a adolescentes y mujeres después del parto.

José Luis Soberanes -el *ombudsman* mexicano- demandó infructuosamente al corrupto Vicente Fox -el 15 de marzo del año 2004- respetar los derechos sexuales y reproductivos de las mujeres mexicanas, y terminar con el programa de esterilización obligatoria realizado por instituciones gubernamentales de salud.

Estados Unidos disfraza sus ambiciones imperialistas tratando de convencernos que sus leyes eugenésicas son indispensables para asegurar el desarrollo económico de los países pobres, a pesar de que está demostrado que no existe una correlación directa entre la disminución de la población y el desarrollo económico. Más bien la tendencia es al contrario.

Rusia -el país con mayor extensión territorial- está escasamente poblado con 143 millones de personas, decrece en setecientos mil habitantes anualmente, y la mayoría de las parejas fértiles no desean tener hijos -o como máximo sólo tienen uno-.

Si mermar la población fuera beneficioso, entonces el Presidente Vladimir Putin no habría confirmado -en su *Informe Anual* del 10 de mayo del año 2006- que la disminución de la natalidad es el problema más grave que enfrenta Rusia si pretende seguir existiendo como nación.

El juicioso Estado ruso subsidiará con doscientos cincuenta mil rublos –9 mil 400 dólares- a las parejas que tengan un segundo hijo, y aumentará tremendamente los pagos por maternidad.

En la *Unión Europea* la tasa de fecundidad es de menos de dos hijos por mujer, y esa baja fertilidad acelera el envejecimiento de la población.

Europa ostenta –como región- el porcentaje más alto de personas mayores de 65 años, y busca revertir esa tendencia que presagia tiempos difíciles para sus economías.

Francia ha mejorado las prestaciones laborales y ahora otorga cuantiosos subsidios a las parejas que tengan tres hijos; el resto de Europa está implementando legislaciones similares.

La economía de cualquier país necesita cierto nivel elevado de población para desarrollarse y funcionar con eficiencia. Una reducción de la población económicamente activa disminuye la productividad de una nación, mientras que el aumento de la proporción de personas mayores amenaza la solvencia de los sistemas de pensiones y de seguridad social. Cuando desciende el número de integrantes en los hogares, se reduce la capacidad para cuidar de las personas mayores, y estos se enfrentan al aumento del costo por la atención sanitaria.

Por lo anterior podemos concluir que la causa de la pobreza en el *Tercer Mundo* no es la superpoblación.

Las causas de la pobreza latinoamericana -y mundial-indubitablemente hay que buscarlas en el imperialismo comandado por Estados Unidos.

La historia y el *Informe Kissinger* demuestran cómo el gobierno yanqui deliberadamente realiza una sedosa campaña para exterminar a la población del *Tercer Mundo*, la cual afecta absolutamente a todos los países latinoamericanos.

América latina –diezmada durante quinientos años por el saqueo de sus recursos, por las guerras, por el genocidio del imperialismo yanqui y sus instituciones internacionales- está subpoblada, tiene altísimas tasas de mortalidad, y consume y contamina menos, por lo que no necesita reducir sino aumentar su población si desea perpetuarse en el ciclo evolutivo de la especie humana.

CONCLUSIÓN

-¡*Latinoamérica para los latinoamericanos y gobernada por los latinoamericanos honestos!* -Ese debe ser en el futuro el lema de nuestro pueblo que quiere y debe ser el dueño de su propia casa, para vivir en ella de acuerdo con su mentalidad y sus gustos-.

Toda la actividad de nuestro pueblo debe ser un descomunal grito de guerra contra los ambiciosos imperialistas yanquis, y un clamor de inflexible unidad contra el gran enemigo del género humano: Estados Unidos de América.

Las fabulosas riquezas de América Latina permanentemente inducen a paseos sin riesgo al ejército yanqui, porque un pueblo desarmado siempre será una irresistible tentación para los codiciosos imperialistas gringos que ansían conquistar laureles baratos, y para Washington una oportunidad de distraer la atención de sus electores al campo de la política exterior mediante la aventura de una guerra.

Estados Unidos es el único verdaderamente interesado en que a Latinoamérica se le siga tratando como a un pueblo de segunda clase y que se le quite la posibilidad de su defensa, tan necesaria para mantener su seguridad y su existencia.

El pueblo hispanoamericano puede y debe ser militarmente fuerte -no para amenazar sino para protegerse- porque la barbarie yanqui merodea hambrienta nuestro continente y nos desafía a un combate que no podemos rehuir, por lo que no hay más remedio que prepararlo y decidirse a emprenderlo.

La guerra asimétrica puede ser un conflicto largo y cruel, pero es definitivamente nuestra principal carta de victoria contra los invasores yanquis que morderán –otra vez- el polvo en nuestra patria.

Renunciar a la libertad es renunciar a la cualidad de hombres, a los derechos de humanidad e incluso a los deberes, y no hay justificación posible para quien abdica porque tal dimisión es incompatible con la naturaleza del hombre.

En la hora crítica en que nuestra patria -debido a los oscuros manejos de los oligarcas al servicio del imperialismo yanqui- sucumbe visiblemente para quedar a merced de la más dura humillación, la obediencia y el cumplimiento del deber para con aquellos es puro formulismo doctrinario, porque no obra la obediencia con los malhechores sino la lealtad con el pueblo.

Nuestra América Latina que actualmente yace en las ruinas, expuesta a las patadas del imperialismo yanqui y de sus cipayos, necesita justamente aquella fuerza de sugestión que genera la confianza en sí mismo.

Ese sentimiento de confianza en sí mismo debe ser inculcado desde la niñez, porque toda la educación y la instrucción del individuo debería tener como objetivo –precisamente- construir la convicción de que en ningún caso él es menos que otros.

Lo que ha de levantar de nuevo a nuestro postrado pueblo es -sin duda- la confianza de obtener finalmente el goce de la libertad, del bienestar social y de la plena independencia, pero esta certidumbre no puede sino ser el sentimiento común arraigado en el alma de millones.

La certeza de nuestra resurrección reside en el legado invicto de los grandes hombres de nuestra América como Simón Bolívar, San Martín, Francisco de Miranda, José Martí, Benito Juárez, José María Morelos, Mariátegui, Farabundo Martí, César Augusto Sandino, el Che Guevara, Camilo Torres, Jacobo Arenas, Salvador Allende, Omar Torrijos, Emiliano Zapata, Francisco Villa, Lázaro Cárdenas, y tantos y tantos que sacrificaron su vida en esa noble batalla que podemos sintetizar en un vigoroso denominador común: ¡La lucha por la segunda y definitiva independencia!

Hoy, millones de latinoamericanos -a pesar de su diligencia y de su voluntad de trabajo, a pesar de su energía, de su mejor intención y de vivir en una patria con inmensas riquezas naturales- vanamente buscan el sustento cotidiano.

El pueblo no vive para la economía, y la economía no existe para el capital, sino que el capital sirve a la economía y la economía al pueblo.

Es mentira que todos los pueblos están metidos en el mismo barco, y que no les queda más remedio que confiar en el fatal rumbo que le ha trazado el avorazado capitán que arbitrariamente lo maneja, porque en Estados Unidos -bajo la falsa apariencia de la libertad, de la democracia y del respeto a los inalienables derechos del hombre- sólo domina la política de las potencias del oro, del capital, de las sociedades secretas, o la de los grupos partidistas en lucha –sólo aparente- unos contra otros.

Pero en política –desafortunadamente- no deciden nunca sólo las ideas que se defienden, sino también -y en medida decisiva- los medios de poder que se está dispuesto y se es capaz de utilizar hasta vencer.

Una deslumbrante idea sin poder político seguirá siendo siempre, aunque sea justa, sublime teoría. Es por eso que los portadores de la libertad latinoamericana deben concentrar toda su agudeza en conquistar el poder político, para luego, con el empleo del poder, realizar la idea.

El colaboracionismo es la rendición de la Patria: Los gobiernos progresistas latinoamericanos no deberían consentir -en su territorio- la formación de organizaciones y partidos de mercenarios al servicio de Washington porque -correspondiendo al contundente voto de confianza que el pueblo les ha otorgado- su deber es anular la nociva influencia de aquellos que con plena intención sabotean al régimen.

La igualdad teórica ante la ley no puede tolerar a los que conspiran para entregar -como siempre- la libertad y las riquezas de la nación a los ambiciosos imperialistas yanquis.

La jurisprudencia latinoamericana debe servir esencialmente para conservar y engrandecer a la comunidad nacional, porque no son las oligarquías -ni las transnacionales- sino el pueblo quien debe ser el objeto primordial de los cuidados legales.

Las traiciones a la Patria y al pueblo latinoamericano deberían extirparse severamente y sin ninguna consideración.

Lo que Latinoamérica necesita y necesitará siempre no son cien o doscientos intrigantes desalmados, porque la obra de redención latinoamericana no debe realizarse en conciliábulos sino en imponentes demostraciones populares.

Tenemos que enseñarle a los ambiciosos imperialistas yanquis que el verdadero dueño de América Latina es el pueblo, que un día será también dueño del Estado.

La libertad no es más que una, y lo mismo se lucha valientemente por ella allá en Iraq y en Palestina que acá en Latinoamérica, porque si el imperialismo yanqui consigue conquistar plenamente a todas las naciones -con la ayuda de su credo neoliberal y por la fuerza de las armas- su diadema será entonces la corona fúnebre de la humanidad y nuestro planeta volverá a rotar estéril y deshabitado en el cosmos, como hace millones de años...

FIN DEL LIBRO PRIMERO

www.ingramcontent.com/pod-product-compliance
Lightning Source LLC
Chambersburg PA
CBHW030936150426
42812CB00064B/2943/J